KB070705

초간노자와 그밖의 노자

그 밖 의 노 자

정치서임을 밝히고, 백서·통용본의 변화된 내용을 말한다

초간노자를 새롭게 석문·주석하여 무결점의 완벽한

일러두기

㉮ 저자의 〈노자〉는 고문자를 직접 보고 석문한 것이다.

㉯ 초간에 쓰인 古文字 中 현재에 없는 글자는, 한 글자로 만들지 않고, { }
로 표현하였고[예: {下又}], 현재 우리가 쓰고 있는 글자의 古字일 경우
는 ( )로 나타냈다[예: {幺匕}(絶)]. 그리고 의미상 그 글자로 판단된다고
보이는 경우는 '?'를 하였다[예: {卜曰又}(吏?)]. 없는 고문자의 '음'은 자
의적이다.

㉯⁻¹ 본문(해독)은 현재에 없는 글자만 { }로 표기하였고, 모두 오늘날 쓰는
글자로 옮겼다. 원래의 고문자는 번호를 잇지 않은 채 **[고문자 해독]**에서
설명하였다.

㉯⁻² 고문자의 해독은 字典의 字源을 중심으로, 없는 글자는 破字 등의 방법
으로, 풀었으며 '블로그'의 석문도 참고하였다[저자는 '고문자류편(고명
편, 동문선)'과 '한한대자전(제3판, 민중서림)'을 보았다].

㉯⁻³ 초간의 없는 글자를 통용되는 글자·부수의 조합으로 나타낼 수 없는 경
우는, 글자를 만들었다(예: '박'의 경우, 撲에서 扌가 없는 글자 꼴이 없
어 만들었다). 가끔 백서본에도 없는 글자가 나오는데, 초간과 같다.

㉰ 亡은 '(유형의) 잃다', '(무형의) 잊다'의 訓이 있다. 어감을 강하게 표현
하기 위해 모두 '잃다'로 썼다.

㉰⁻¹ 又(쥐다)와 胃(소화하다)는, 통용본에 有와 謂의 뜻이나, 초간의 뜻을
더 명확히 드러내고자 그대로 사용하였다.

㉱ 편·장은 **[원문]**, 석문(**[해독]**), 번역, 해석(**[해설]**), **[고문자 해독]**, 그리고 **[백
서 이하 비교]** 순으로 했다. 사이사이 간간이 **[쉬어가기]**도 있고, **[참고]**의
글도 있다.

㉱⁻¹ 편·장의 표시는 제2편, 제6편-②장 혹은 6-②로 하되, 문맥에 맞췄다.

㉲ 한문의 훈은 따로 싣지 않았다. **[고문자 해독]**에서 어느 정도 어려움을 해

결해 줄 것으로 본다.

마[1] 한문은 음을 달지 않는 것을 원칙으로 했으나, 저자의 판단에 따라 읽기 어렵다고 보는 한자 등에는 음을 달았다. 반복되는 한지는 1회만 표현하였다.

바 어투에서도 조금은 일반적이지 않은 표현들이 있다. 이는 뜻이 좀 더 분명하게 드러날 수 있겠다고 생각해서다.

사 저자는 최대한 직역을 했다. 바른 직역만이 글 쓴 저자의 뜻이 가장 잘 드러난다고 보기 때문이다. 특히 철학서일 경우는 더욱 그렇다. 아마 다른 책과는 독해가 다름을 느낄 것이다.

아 [원문]은 선명한 글자로 바꾼 수정문이다. 단 수정은 최소화했으며 훼멸된 죽간의 글자는 넣었다.

자 인용문은 (저자, 책 제목, 출판사, 출판일 등, 000쪽 참조) 등으로 표시하는데, 저자가 읽은 책을 p19에 나열했기 때문에, 구별이 가능한 최소한으로 표현한 경우도 있다.

　　예 내용에서 누구의 글인지 알 수 있다면, 'p000'만 표현함.

차 [백서 이하 비교]에서 일부 번역 글 속에 한문 문장을 그대로 쓴 곳이 있다. 이는 번역이 동일해 지면관계상 올리지 않은 것이다.

《곽점초묘죽간》〈노자〉 소개

초간〈노자〉는 中國 호북성 형문시 사양구 사방향 郭店村에서 전국시대 초 (楚)나라 귀족들의 무덤군락 中, 楚墓 1에서 다른 儒家계열의 글귀들과 함께 1993년 10월에 발견되었다. 세상에 공개한 것은 1995년이며, 그 후 1998년 형 문시 박물관에서 펴낸 《곽점초묘죽간(郭店楚墓竹簡)》 속 〈노자석문주석〉으 로 출간되었다.

《곽점초묘죽간》 中 「노자」에 관한 죽간(이하 초간 또는 초간〈노자〉[1])은 67매며 글자 수는 총 1,751자[2]로 5천여 자인 통용본의 약 1/3에 해당한다. (太 一生水, 異本 제외)

까닭에 초간이 축약본인지, 예초의 원본인지(이 경우 백서본과 통용본은 위 서다), 아니면 스승이 제자에게 가르치기 위해 만든 편집본인지 분분하다.

• 초간〈노자〉가 쓰인 죽간 형태는 총 3종류다.
1) 32.3cm(甲) 39매 : 약 1,102여 자, (1매당 27~32자) 구멍 사이 길이 : 13cm
2) 30.6cm(乙) 18매 : 약 442여 자, (1매당 23~26자) 구멍 사이 길이 : 13cm
3) 26.5cm(丙) 10매 : 약 207여 자, (1매당 19~23자) 구멍 사이 길이 : 10.8cm
3[-1]) 병본의 이본 4매 : 약 53자, 기타 태일생수

무덤의 연대도 초간의 시기도 책에 따라 조금씩은 다른데, 백서본을 주장하는 쪽과 초간을 중요하게 생각하는 초간 해석가의 입장 차이가 반영된 것으로 생각 된다. 그러나 대체로 출토된 유물에 대한 연구에 의해, 중국 쪽에서 자료가 묻힌 연대를 적어도 기원전 4세기(BC 350~290, 즉 전국 중엽)로 판단하는 것 같다.

---

1 그냥 〈노자〉, 〈도덕경〉은 초간, 백서, 통용본 등으로 펴낸 모든 〈노자〉 관련 책, 또는 〈노자〉 일반을 의미하며, 끝에 本을 표기한 경우도 있다.
2 저자마다 약간의 차이가 있다. 그것은 죽간의 훼손으로 망실된 글자 수를 몇 字로 보느냐의 차이다.

따라서 죽간의 기록은 시기적으로는 기원전 4세기 중엽이나 5세기 초로 보는 것이 중국이나 일본 등 학계의 일반적인 입장으로 보인다. 특히 '칠이배'라는 초나라 때의 술산 밑바닥에 '동궁시사東宮之師(태자의 스승)'라는 글씨가 새겨져 있어, 무덤의 주인은 초나라 때 동궁에서 태자를 가르치는 학자였을 것으로 보고 있다. 그리고 지팡이 두 개도 부장품으로 나와 사망 당시 묘지 주인은 상당히 연로했던 것으로 추정한다.

《곽점초묘죽간》 속
〈老子釋文注釋〉의 문제점

　　중국 경학자들이 죽간 〈노자〉를 해독·해석한 〈노자석문주석〉은 죽간에 쓰인 고문자와는 엄청난 괴리가 있다. 시스템의 문제인지, 시간의 문제인지, 능력의 문제인지는 모르겠지만 고문자의 글자는 올곧게 석문(해독)되지 못했고, 주석(번역·해석)되지 않았다.[3] 고문자와 전혀 다른 글자로 해독된 漢字가 많을 뿐 아니라, 지금까지 전해지지 않는 古文字는 거의 모두 오늘날의 한자로 바꾸어 버렸기 때문이다.[4]

　　예를 들어, 통용본의 絶仁棄義(仁義를 버리고 끊다)가 나온 초간의 원문을, 中國의 경학자들은 絶僞棄慮(거짓을 끊고, 걱정을 버린다)로 풀었으나, 정확하게 옮기면 絶{爲心}弃{虐心}(절{위}기{차})로 해야 한다. 즉 초간에는 마음 心을 뜻하는 古文字가 두 곳{爲心}, {虐心}에 쓰여 있으나, 중국의 경학자는 한 곳에 '마음'이 들어있는 글자를 사용하지 않고 '속일 僞'를 썼다(물론 '근심하다'는 慮도 {虐心}로 해야 바른 해독이다). 이는 잘못이다. 글자는 4字이지만 이 문장은 내용 면에서 2

3　양방웅은 곽기의 〈郭店竹簡與先秦學術思想〉 책을 탐독하고 2003년 4월에 책을 출간했다고 쓰여 있는바, 〈노자석문주석〉을 정리한 정리조뿐만 아니라, 중국 교수 전반적으로 전혀 초간의 고문자와는 거리가 먼 해독을 하고 있는 것으로 보인다.

4　저자가 설명을 위해 자의적으로 나눈 것이다. 문장에서는 석문과 해독을, 번역과 주석을, 그리고 해석을 혼용해서 쓴 경우도 있다.

초간 노자와 그 밖의 노자

천 년 넘게 이어져 온 노자와 유교와의 관계에서 대척점이 있니 없니 논할 때 중요한 근거로 삼는 문장으로, 잘못 해독된 이것을 근거로 한 논문도 상당하다.

또 초간에 한 글자로 되어있는 {龍心}용의 경우, 통용본에 寵총(임금의 사랑)으로 나와서인지는 모르지만, 경학자는 이것을 龍(寵)으로 해독하고 '왕의 사랑을 듬뿍 받는 총애'의 뜻으로 해석한다. 그러나 이 글자는 오늘날 전하지 않는 글자다. 찾아봐도 없으면 {龍心}용으로 석문하고 字句로 해독·해석해야지 백서 이하 龍(寵)으로 썼다고 寵으로 해서는 안 되는 것이다. 저자는 이것을 '용의 마음' 즉 '용이고자 하는 마음'으로 풀이했다. 하나만 더 보자. 초간의 {虍壬}호라는 글자다. 물론 {龍心}과 마찬가지로 〈설문해자〉에도 없고, 오늘날 전하지 않는 오직 초간에만 있는 漢字다. 백서 갑 이하 통용본에서는 전혀 의미가 다른 '나 吾'로 썼다. 이것 역시 경학자들은 吾로 해독·주석했다(字典에서 吾의 字源을 보면 {虍壬}는 吾와 전혀 상관없는 글자다). 그러나 이 고문자 역시 자구로 풀어야 하는 글자다. 저자는 '호랑이 가죽을 쓰고(虍) 맡은(壬) 사람' 즉 '거짓 왕(폭군)'이라고 해독·주석했다. 이 글자는 총 4편(장)에 쓰였는데, 이 글자 한 자의 해독 차이는 초간〈노자〉를 근본적으로 달리 볼 정도다. 이하 정말 많은 고문자가 잘못 釋文되고 해독되었는데, 몇 개만 도표화하면 다음과 같다.

편(장)	저자	번역 뜻	초간 정리팀 주석	기타
1편	{下又}	아래 틀어쥐기	鞭(辯), 卞(조급하다)	辯
2편	{視兆}(覜)	알현할 조(조정)	盜(도둑)의 假借字	{見兆}=盜
4편	{卜曰又}(叓?)	계시 전하기	변(弁)의 이체자=辨, 判, 別	事

이처럼 초간을 석문·주석한 중국의 〈老子釋文注釋〉은 초간을 바르게 해독·해석했다고 볼 수 없다. 특히 잘못 해독·해석한 글자들은 초간의 줄기를 바꾸어 버릴 수 있는 중요한 글자가 태반이다. 이에 일본의 학자도 나름《곽점초묘죽간》의 〈老子釋文注釋〉을 비판적으로 재고증한 것 같은데, "실제적인 도움을 주었다."는 최재목의 책을 봤을 때, 〈老子釋文注釋〉의 큰 틀은 벗어나지 못한 것으로 판단된다.

지전 교수는 《곽점초간》의 주석 및 그에 제시된 견해들을 매우 비판적·객관적으로 검토하여 초간본〈노자〉를 재고증하고 있다(다). (p11)

당연히 그것을 기초로 해석한 중국·대만·일본의 책이나, 이것들을 검토해 책을 낸 우리나라의 〈노자〉, 〈도덕경〉이나 초간〈노자〉는 많은 문제점을 노출하고 있고, 초간의 진실에서 멀어질 수밖에 없다고 생각한다.

- 絕智(知)棄(弃)辯 (저자 제1편)
  - 지모를 끊고 괴변을 버리면 / (통치자가) 모략과 괴변을 버리면 / 앎을 끊고 언변을 버리면
- 智(知)足之爲足 (저자 제6편-②장)
  - [있는 그 상태로] 만족한다는 것을 아는 것이 곧 만족함이라는 것 / 만족함을 아는 것이 곧 만족이라는 것이며 / 만족할 줄을 아는 것이 만족이 되는 것

이 문장은 絕智棄{下又}로 해독하고 '(지도자가) 안다고 하는 자(智)를 끊고, 아래 틀어쥐기를 버리면'이 되어야 하고, 智足之爲足으로 해독하고, '안다고 하는 자의 足은 (스스로) 만족을 짓는 것이니'로 번역되어야 한다.

왜냐하면 초간 당시에 智는 '지혜로운 자, 안다고 하는 자'처럼 '사람'을 뜻했기 때문이다. 즉 초간의 智는 모두 '안다고 하는 자'처럼 사람으로 번역해야 뜻이 드러나게 되는데, 저자가 접한 초간 해석서는 그렇게 하지 않았다. 이는 字典만 찾아도 나오는 설명이고, 출간된 책 중 일부도 그 부분을 언급하고 있다. 저자의 말이 아니다.

- 우리나라 저자의 초간〈노자〉古文字 해독 비교다. (일부)[5]

고문자	저자	최재목	양방웅	안기섭	블로그	통용본
智	안다고 하는 자	지모, 알다	지모, 알다	알다	아는 자	知, 智
	智	智=知	知	智=知	智	
{彳人亍}	혜안과 바른 행실	도	도	도	바른 행위의 길 (인)	道
	{인}	{인}=道	道	{인}=道	{인}	
{虍壬}	폭군(거짓 왕)	나	나	나	假我, 허우대	吾
	{호}	{호}=吾	吾	{호}=吾	{호}=吾	
{龍心}	용의 마음	총애	총애	총애	추앙, 선망	寵
	{용}	{용}=寵	寵	{용}=寵	{롱, 용}	

이처럼 초간을 해석한 사람까지도 처음부터 거의 중국이나 일본의 해석을 따라, 가차자에 의한 석문(해독)[6]을 하는 까닭에, 초간의 뜻을 다 드러내지 못한 채 미완성본이라거나, 完整한 古原本이라고 규정했으면서도 내용이 형이상학, 정

---

5 최재목과 안기섭은 고문자에 대한 釋文이 있으나, 가차자로 많이 해독(번역)했다. (예시문의 경우, 저자와 釋文은 같고 해독은 모두 다르다.) 반면, 양방웅은 고문자의 석문 없이 바로 해독을 했다. (예시문의 경우, 저자와 석문·해독이 모두 다르다.) 한편 저자와 블로그의 경우, 석문①은 거의 같다. 해독②에서 몇 곳이 다르고(예시문의 경우, 해독에서 2곳이 다르다.), 훈③과 번역④에서는 상당히 멀어져 해석에서 완전히 달라졌다.
6 블로그를 제외한다. 이하 같다.

치, 불로장생, 깨달음 등으로 해석되어, 그의 설명글에도 불구하고 정확히 '완정한 고원본'의 의미를 정리하기 어렵고[7], 이에 그동안 본래 면목대로 번역하지 못했다며 불로장생의 양생술로 해석하는 책도 나오는 등 현재까지 초간은 초간의 글자가 아닌 글자로 변질된 채, 초간 해석서로 전해오고 있다. 일부 학자의 경우 초간은 〈노자〉라고 부를 수 없다는 주장까지도 이미 있어온 터다.

저자의 해석으로는, 〈노자〉가 무엇에 관한 글인지 학계의 오랜 다툼을 어느 정도 정리해 줄 수 있는 완벽한 글이며, 내용 또한 너무나 고귀한 1권의 책인 초간〈노자〉가 그렇게 여러 갈래로 읽혀져, 혹여 이것도 저것도 아닌 그것이 초간의 진실인 양 학계의 正說로 규정될까 못내 안타깝고, 더 나아가 세간에 통용되고 읽혀질까 두렵기까지 하다.

그런데 이런 방식의 해독에는 꼭 假借字란 말이 등장한다(양방웅의 경우는 고문자의 석문 없이 바로 해독된 한문을 써, 내용에서 가차자란 말이 거의 보이지 않는다. 마치 해독된 글자가 초간의 글자인 것처럼 독자에게 읽혀질 소지가 다분해 문제가 있어 보인다). 뜻은 다른 글자(가)인데 당시에 없는 글자여서 다른 글자로 '빌려다 쓴 글자(나)'라는 뜻이다. 경학자가 풀이할 수 없는 글자를 해독할 때 많이 쓴 방식으로 우리나라 철학자도 따랐다. 그러나 결론을 말하면, 초간에는 가차자가 없다. 지역이 광대했던 중국의 특성상 異體字(다른 꼴의 글자=僻字)는 있어도 假借字는 없다는 말이다. 이는 바꾸어, 없는 혹은 나타내고자 하는 뜻을 표현할 때는 노자가 글자를 만들어 썼다는 의미다. 그리고 이 생각은 거의 확실하다. 초간〈노자〉가 증명한다.

춘추시대 중엽이나 말엽이었을 암울한 시대상과 古文의 특성상, 초간의 특정 글자(예: 智)는 때를 반영하여 의미가 변했음을 생각했어야 했고, 또 정치서라는 내용의 특성상 노자에 의해 창작된 글자(예: {虍壬}호, {龍心}용)도 있었을 것임을 알아야 했다. 까닭에 내용 또한 함축되었다는 것을 생각지 못한다면 1,751자의 초간은 중국 경학자나 일본 학자의 해독으로는 완전한 책이 될 수 없다. 그들의 해독은 이미 통용본이나 백서본을 저본으로 하고 있어, 초간은 통용본의 일부분의 글자요, 문장이 될 뿐이다. 이는 자유로운 정신이라면 경학자나 일본의 학자 그들이 더 잘 알 것이다. 당연히 초간〈노자〉의 뜻이 온전히 드러날 수 없음은 불문가지다. 앞으로 펼쳐질 저자의 편(장)과 해석은 '차례'처럼 초간이 완벽한 1권의 책임을 증명해줄 것이다.

---

7 그의 책에는 "소수의 파손된 죽간을 제외하고 죽간의 문구는 모두 완전하게 연결된다. 또 파손된 죽간 부분도 여러 판본에 의해 보완이 가능하다. 그래서 초간본의 기록은 완정完整하다고 보는 것이다. (p228)"고 썼다.

[초간을 假借字로 釋文하는 것에 대한 문제점]

가차자를 말하려면, 먼저 허신의 〈설문해자〉를 이야기해야 한다. 허신은 후한시대 인물(AD 30~124)로 그가 쓴 〈설문해자(說文解字)〉는 약 1만 자의 漢字를 처음 만들어질 때의 글자 모양과 뜻 그리고 발음에 대해 종합적으로 해설한 자전(字典)이다. 그는 여기서 한자가 만들어지는 6가지 방법(造字法)을 제시했는데 그것이 6書다. 그중 가장 기본이 되는 조자법(造字法)은 ①~④이며, 이 분류법은 지금도 한자를 풀이하는 데 기본이 되고 있다.

① 상형(象形): 사물의 모양을 그리는 방법
② 지사(指事): 부호를 이용하여 추상적인 개념인 위치·상태 등의 의미를 표현하는 방법
③ 회의(會意): 이미 만들어진 한자를 합성하여 새로운 글자를 만드는 방법
④ 형성(形聲): ③과 같으나 그중의 한 글자는 반드시 音을 나타내는 방법
⑤ 전주(轉注): 의미가 전화하여 만들어진 다른 글자
⑥ 가차(假借): '잠시 빌리다'는 뜻으로 본디 造字의 도구나 뜻이 달리 해석되어 빌렸다고 보는 방법(글자)

즉 가차자란, 중국의 한자를 해석하는 방법 중 마지막 방법이다. 예를 들어 '나 吾'는 어원을 풀면 '지키다'는 뜻으로, 상형, 지사, 회의, 형성으로도 '나'라는 뜻이 나오지 않고, 전주로도 되지 않는다. 결국 마지막 방법인 가차로 해서 '나'로 푸는 방식이다(실제 자전에서 吾는 假借字다). 다시 말해 假借는 '모르는 한자'의 뜻이 무엇일까를 해석하는 방법 중 가장 마지막으로 쓰는 방법이다. 까닭에 기본은 앞 4가지며 가차는 마지막 수단이어야 한다.

그런데 초간을 해석함에 중국의 학자들은 너무 많은 가차를 사용하였다. 그 글자가 새로운 뜻이라면 일편 수긍할 것이나, 대부분은 백서나 통용본의 글자로 해석한다. 그런 해석을 어떻게 바른 풀이라고 받아들일 수 있겠는가?!

초간에 獸는 제9편에 侯王女能獸之萬勿將自{宀貝}로, 제12편에 獸中{篤}也로, 제15편-②장에 獵獸弗扣(누수불구)로 총 3회 쓰였고, 守는 초간 제6편-⑤장에 侯王能守之而萬勿將自{爲心}로 1회 나온다. 반면 백서 이하에서 獸는 '맹수'라는 제15편-②장만 빼고 서술어로 쓰인 2곳의 '사냥할 獸'는 모두 '지킬 守'로 바꾸어 쓰였다. 이에 중국의 변석이라는 유명한 학자가, 초간에 나오는

獸를 守의 假借字로 해석한 모양이다(이후 거의 모든 책이 獸를 守의 가차자로 해석해 守로 고쳐 해석한다). 블로그의 글이다.

　초간의 사냥할 獸는 중국의 변석이 주장했던 것처럼, 백서 '지킬 守'의 가차자가 아니다. 이를 '가차'라 하는 것은 중국 지성의 수치라 할 수 있으니… 획수도 작고, 쉬운 글자 '守'를, 복잡한 글자 獸로 대신해… 어이없는 실수를 저지르지는 않기 때문이다…. 사실 중국 측 초간 변석을 전혀 신뢰할 수 없는 이유 중 하나는, 고대에도 (엄연히 지금은 전혀 쓰이지 않고,) 후인들이 모르는 새로운 글자, 개념들이 쓰였을 수 있는데, 지금은 전혀 쓰이지 않는 초간의 모든 僻字(사투리 글자)를 후대, 지금의 글자로 대치될 수 있는 '가차'로 해독하고 있는 점이다…. 그러나 여기서 獸, 守의 경우는, 그 어느 쪽도 벽자가 아니니 그 뜻을 모르는 것도 아니고, 또 그 본래의 뜻으로 문맥이 전혀 통하지 않는 것도 아니며, 더구나, 고대에는 글자가 많지 않아 뜻이 다르더라도, 비슷한 음의 다른 글자를 썼다는 식의 변명의 여지조차 없는 것이다.
　(중략) 때문에 육서 중 유독 거의 '가차'에만 의지한 중국 측 변석은, 고서의 원뜻을 밝혀내지 못함은 물론이고, 후대의 착간, 왜곡을 승인, 묵인, 방소하는 현대판 분서갱유가 될 수 있다. 따라서 본고의 초간 해독법은, 갑골문의 상형, 지사를 기초로 해 필요하면, 형성, 회의 등은 물론이고 문맥이나 기타, 다른 편, 다른 판본의 쓰임 등을 종합한 결과인데, 다행히도 대부분 이 과정에서, 원 뜻이 해독되어, 전혀 후서의 '가차'로 넘어갈 필요가 없었다. (블로그 글 인용, 편집)

　인용한 블로거의 글처럼 獸와 守는 넓은 마음으로 어떻게든 假借라고 짜맞추기식 연결을 지으려 해도 말이 되지 않는 증거다. 사실 초간은 그러한 방법을 사용할 필요가 없다. 초간은 충분히 ①~④의 조자법(造字法)을 적용해 破字하여 釋文해도 거의 뜻이 풀리는 글이기 때문이다. 까닭에 이미 비교했듯이 저자는 초간을 해독·해석하는 방법으로 가차를 사용하지 않았다.

차 례

甲 本

乙　本

丙　本

들어가는 말

저자는 〈노자〉를 접한 이후 20여 년 동안 '노자'만 그렸고, 그 결과물로 통용본 1권, 백서본과의 비교 글 1권, 총 2권의 〈노자〉를 세상에 냈었다. 다만, 모두가 그렇듯 통용본이 가진 한계—내용이 가진 모순—때문에 완전하지는 않았다.

세상의 여러 관점 중에서도, 저자는 〈노자〉의 목적, 즉 무엇을 썼나 하는 것에 있어서는 계속 정치철학서라고 주장했었고, 그 정치철학의 논리를 합리화하기 위해 道라는 형이상학의 이론을 끄집어 왔다고 했었다. 그래서 〈노자〉는 형이상학과 삶과 정치철학이 有機的으로 연결된 깨달음의 책이기도 하다고 했다.

저자처럼 책 전체를 정치서로 보고, 형이상학과 깨우침, 삶 그리고 정치가 유기적으로 연결됐음을 말하지 않았어도 통용본이 정치를 논한다는 것에는, 형이상학서로 보는 입장도, 불로장생의 양생론으로 보는 입장도, 통합적인 잡학서로 보는 입장도 인정한다.

이렇게 다양한 관점은 출판된 초간 〈노자〉에서도 보인다. 형식은 초간을 미완성(성립과정)으로 보는 입장과 완정한 고원본이라고 보는 입장으로 상반되어 있지만, 내용에서는 모두 형이상학, 정치, 깨우침 심지어 불로장생의 양생술까지 언급되어 있다. 즉 정치를 언급한 글로 본다. 다만 최재목은 문장이 미완성본인 까닭에 각 장을 연결 짓는 해석은 보이지 않는데, 완정한 고원본이라는 양방웅은 각 장이, 각기 독립적이지만 내용이 충분히 정리된 글이라는 것인지, 아니면 형이상학부터 시작해 깨우침이나 정치를 거쳐 다시 형이상학으로 가지런히 이어져 정리된다는 것인지, 책을 읽으면서 그 의미를 찾기가 어려웠다. 그가 곽기 등을 따라 完整한 古原本이라고 규정했으면, 이 부분에 좀 더 설명이 있었으면 하고 생각했다.[8] 정리하면, 이들은 초간도 통합적인 잡학서의

---

8 각주 6) 참조

초간 노자와 그 밖의 노자

내용을 가지고 있다고 보는 것 같은데, 이것들이 유기적으로 연결이 된 완벽한 글이라는 것은 생각하지 못하고 있는 것 같다. 반면 처음부터 불로장생의 양생술로 보는 책은 완전히 정치를 배제하고, 侯王이 언급되어 있는 문장까지도 비유어로 해석해 깨우침이나 양생술의 글로 잇는다.[9]

그들이 이렇게 이해하는 것에는 초간을 일방적으로 독점하여 5년여 동안 석문하고 주석하여 세상에 책을 내놓은 중국 경학자의 책임이 크다. 그들은 거의 대부분, 모르는 글자는 가차자라고 하여 백서본이나 통용본의 글자로 풀었다. 누가 봐도 그것과는 전혀 다른 글자가 명백함에도 초간을 백서본이나 통용본의 글자들로 석문하고 주석한 것이다. 이러한 주장에는 초간이나 백서본 시대는 문자의 통일 이전이라 글자가 많지 않았다는 논리가 있다. 이는 저자의 가차자 이야기에서 이미 옳지 않음이 판명 났다. 초간을 바르게만 석문하고 해독했다면 이런 주장은 하지 않았을 것이다. 물론 원문을 공개했음에도 직접 깊이 있게 고문자를 성찰하지 못한 우리 학자들의 책임도 일정 부분 없다고 할 수는 없을 것이다.

저자는 초간의 고문자를 직접 석문·해독해보지 않고, 중국이나 외국의 석문(해독)·주석(해석)을 살폈다면, 초간을 자세히 검토했다거나 모두 대조했다는 표현은 쓰지 않았으면 하는 바람이 있다. 더더욱 초간 해석서라고 표현해서는 안 된다고 본다. 전혀 전문적일 수 없는, 오직 학자의 설명 글만 맹목적으로 바라보고 따르는, 대다수 독자들의 비판적 사고마저도 없애버리는 피해를 줄 수 있기 때문이다.

아무튼 초간을 백서본 이하의 글자들로 해독한 글로 인해, 그리고 각기 3종류의 죽간 간의 관계나, 표점(■)의 중요성을 간과하여 편(장)을 바르게 나열하지 못하고, 丙本의 異本을 제대로 설명하지 못하는 것 등으로 인해 초간은 전혀 다른 판본이거나, 완전한 글이 아니라는 것이 학계 정설처럼 되어가고 있는 것 같다. 김홍경의 〈노자〉처럼 초간을 취하지 않고 백서 갑을 〈노자〉로 삼는 것이나, 최진석의 〈도덕경〉처럼 완전한 〈노자〉는 없다고 판단하고 자신만의 객관성(?)으로 글자를 조합한 것으로 해서 5천여 자의 전체 문장을 완성본으로 삼는 이유도 다 이런 것에서 기인한다고 본다.

이제 저자의 초간 이야기를 시작하자.
초간 〈노자〉는 깨우친 성인의 완벽한 1권의 정치서다. 특히 道의 亡名(형이

9 최재목은 형이상학 등을 포함한 정치서의 입장으로, 양방웅은 정치, 양생술 등을 포함한 형이상학의 입장으로, 블로그는 깨우침의 글로, 안기섭은 불로장생의 양생술로 보는 것 같다. (깨우침은 공통적이다.)

상학)이 아니라, 사람(人)의 名에 관한 이야기이며, 권좌에 관한, 정치의 術에 관한 이야기다. 오직 초간은 처음부터 마지막까지 정치의 이야기다. 시원이 없는 시원인 道는 정치 이야기를 위해 쓰인 도구일 뿐이요, 깨우침에 관한 글도 지도자라면 응당 당연히 갖추어야 할 전제조건일 뿐이다.

이러한 초간의 정치 이야기는 긴 세월 많은 세력에 의해 왕을 열외 하는 글로 변질되고, 대상도 사람(人)에서 모두의 이야기(萬物)로 일반화되고, 깨우친 道者를 고작 왕을 보좌하는 자로 전락시켰다. 초간보다 약 2배나 많은 글자를 더하고 편·장을 찢어 흩트리고 중요한 단어를 바꿔, 통용본의 첫 장에 道可道 非常道처럼 道를 앞세워 초간의 정치서를 형이상학서(또는 깨우침의 글)로 둔갑시키려고까지 노력했다. 하지만 내용만 더 어지럽혀 관점에 따라 현학적, 수양론적, 불로장생술 등 여러 모습으로 읽혀지게 되었고, 정치는 제왕의 통치 이야기로 전락되었다.

이런 까닭에 통용본과 초간은 정치 이야기라는 딱 거기까지만 같다. 마치 줄 그어진 수박이라는 공통점만 있을 뿐, 내용에서는 흥보의 박과 놀부의 박 차이요, 하늘땅만큼의 질적 차이가 있다. 초간이 쓴 문장이나 글자는 꼭 그곳에 있어야 할 것인 반면 통용본의 정치 이야기는 전혀 질이 다른 글로 변질되었다. 핵심어들은 사라졌으며, 대신 잡다한 수식어와 수많은 지시사와 어조사 그리고 수준 낮은 글자로 덧칠되었다. 저자 또한 초간을 해석하고서 알았던 사실이다.

1998년 중국 형문시 박물관에서 펴낸, 《곽점초묘죽간》 속 〈老子釋文注釋〉이 나온 후, 중국이나 일본 그리고 대만 등 외국은 이에 대한 석문(고문자를 푸는 것)이나 주석(문장을 푸는 것)의 책 그리고 논문들이 꽤 있는 것 같다.[10]

우리나라도 그것들을 바탕으로 하는, 연구물이 많이 있는 것으로 보이나, 초간 전체를 해석한 책은 별로 없는 것 같다. 이는 초간이 워낙 고문자로 쓰여 있어 직접 석문(해독)부터 해야 하는 어려움이 있고, 또 일본의 지전지구 교수 연구논문[11]처럼 이미 초간을 통용본의 '성립과정'에 있는 책이라 낙인을 찍어, 일부 우리나라의 철학자들도 초간은 미완성이라고 생각하는 것, 중국의 곽기를 따라 '완정한 고원본'[12]이라면 그것을 증명해야 하는 것, 그리고 묶여 있지 않은 3갈래 죽간의 특성상 편(장)에서부터 논리를 세워야 하는 것 등이 가장 큰 이유로 보인다.

---

10 최재목 저, 〈노자〉, p12 참조
11 최재목, 〈노자〉, p70 각주 참조
12 초간본을 그 자체로 完整한 고원본(古原本, 완전한 판본)으로 보며, 다른 〈노자〉로 보는 입장이다. 完成本이라는 표현은 없다.

초간 노자와 그 밖의 노자

저자가 이 책을 쓰면서 참고한 책 혹은 블로그는 다음과 같다.[13]

- 최진석, 〈노자의 목소리로 듣는 도덕경〉(소나무, 2002)
- 김홍경, 〈노자 : 삶의 기술, 늙은이의 노래〉(들녘, 2003)
- 임채우, 〈왕필의 노자주〉(한길사, 2005)
- 최재목, 〈노자〉(을유문화사, 2006)
- 안기섭, 〈초간본 노자〉(학민사, 2018)
- 양방웅, 〈도덕경 원본 노자〉(이서원, 2018)
- 부엌데기 마리의 집에서 집 찾기 『고증노자』(블로그)

초간본〈노자〉를 해석한 책은 위 중 최재목, 안기섭, 양방웅의 책이고, 특히 양방웅의 책은 벌써 초간으로 3권이나 나와 독자들도 번역이나 차례는 인터넷에서 쉽게 접할 수 있을 것이다. 이 중 저자가 고문자를 석문(해독)하는데 가장 많이 참고한 것은, 최재목의 석문도 도움이 됐으나, '블로그'다.

워낙 초간이 생소한 甲骨文이나 金文으로 쓰여 있어, 처음 접했을 땐 낯섦 그 자체였다. 아마 초간을 직접 석문한 그들도 역시 그러했으리라. 그래도 시간이 어느 정도 낯섦을 지워주었다. 그 낯섦에서 낯이 익는 과정으로의 변화과정에 '블로그'가 길라잡이를 해주었다. 그의 釋文이 없었다면, 저자의 책은 훨씬 늦어졌을 것이다. 지면으로 고마움을 전한다.

김홍경과 최재목의 서문을 보고, 〈노자〉연구가 중국 외에 일본과 프랑스에서 앞서간다는 것을 알았다. 책을 읽으면서 정확히 무엇이 앞서간다는 것인지 이해할 수 없었으나, 내용이 아닌 시간의 문제라면 경계해야 할 말이다. 적어도 저자는 〈노자〉의 내용에 관한 한 중국도, 일본이나 프랑스도 아닌 우리가 제일 깊다고 생각하기 때문이다.

그들의 글을 종합해보면, 일본 쪽은 통용본(통행본)을 완성본으로 보아, 초간은 '완성본이 아니다'는 입장인 것 같고, 중국 쪽은 完整한 古原本으로 보지만, 丙本에 나온 태일생수조(제4편)까지도 초간〈노자〉의 원문으로 생각한다.[14] 양쪽 모두는 가차자 해독이 많아 古文字를 석문하는 데 문제가 있으며[15],

13 최진석과 김홍경의 책은 백서본 등을 해석하기 위한 자료로 초간을 사용한 까닭에, 초간을 자세히 살폈다고는 하나 직접 석문을 했는지 의문이다. (〈왕필의 노자주〉는 왕필이 석문주석한 〈노자〉를 번역한 것으로, 초간은 극히 일부 언급되었다.) 한편, 저자가 옮긴 백서의 문장은 중국 高明이 쓴 백서노자교주(중화서국, 2004)의 해독 글자를 참조하였다.
14 책에는 병본의 異本을 제34장으로 분류했으나, "후대에 삽입된 글로 본다."(p192)고 쓰였으며, 초간 병과 태일생수는 윤희가 쓴 글로 묘사되어 있다. (p222)
15 저자가 직접 중국이나 일본의 글을 볼 수는 없었고, 최재목이나 양방웅이 쓴 책 속의 글을 읽고 그렇게 판단했다는 것이다.

또 중요한 초간의 표점에 의한 풀이를 하지 않고 백서본 이하 문장 분류를 따르는 해석을 하고 있다. 특히 해석 순서가 다르다는 것은, 필연적으로 정답과 오답의 갈림길에 서 있다고 볼 수 있다.

그러나 그들이 이런 결론에 이른 것은 중·일 학자들의 석문을 비판적으로 검토하지 못하여, 원문을 스스로 석문하고도 결국은 중·일 학자들과 같이 통용본의 글자로 해독하고 해석했기 때문이라고 생각한다(심지어 석문을 해봤을까 하는 책도 있었다). 모든 오역의 출발은 잘못된 석문(해독)에서 시작함에도 그 부분을 쉽게 생각한 것 같다. 최재목도 많은 고문자의 釋文(해독)이 저자와 같음에도, 그것을 해석하는 데 많은 곳에서 통용본의 글자를 따랐다.[16] 처음부터 마지막까지 통용본과 너무 다른 글자들이 쓰여 있다 보니, 모르는 고문자의 해독·해석을 대부분 백서본이나 통용본의 글자를 참고하여 따라해 버린 것이다.

생소한 글자로 석문이 되었을 때, 뜻을 생각하기보다는 이미 백서본이나 통용본에 글자가 있어 그런 마음이 쉽게 들었는지 모른다. 그러나 초간이 통용본의 반도 안 되는 글자에, 편제가 백서본이나 통용본과 전혀 맞지 않으면서도, 꼬리에 꼬리를 무는 표점이 분명하게 있고(어떤 것은 한 문장마다 있으면서 5차례나 연이어 있고, 어떤 것은 무려 6개의 거대 장이 온 뒤에 있는 등 의미가 분명하다), 더욱이 혼란한 시대의 정치서를 가정하면, 내용이 변질될 수도 있음을 생각했어야 했고, 따라서 백서본 이하 전해오는 통용본은 오직 훼멸된 글자나, 석문을 위한 참고자료로만 활용하고 반드시 직접 죽간을 석문하고 해독했어야 했다.

결국, 초간 해석서를 펴낸 우리나라 교수나 학자의 책은 석문(해독)이나 주석(해석)을 중국이나 일본의 저자에 많이 의존했고, 입장도 그렇게 나누어지는 것으로 보인다.[17]

---

16 앞서 언급했듯, 초간 2편(최재목은 제1장)의 원문 {視北}를 유사하게 {見北}로 석문했으나, 저자는 좌우가 바뀐 規(엿볼 조)로 했으나, 최재목은 盜(도둑 도)의 가차자로 해버린다. 물론 경학자도 盜(도)로 했다(안기섭은 規悡으로 석문했으면서도 盜賊으로 해독했다).

17 또한 독자적(?)인, 안기섭(불로장생의 양생술)과 블로그(깨우침)의 입장도 있다.

초간 노자와 그 밖의 노자

구분	최재목	양방웅	저자
계통	일본 (지전지구)	중국(곽기 등)	
관점	정치술 중심 형이상학 혼재	형이상학 중심 도가적인 양생술 정치 혼재	정치철학서
다른 점	태일생수 제외 병본의 이본도 〈노자〉의 일부 초간본은 미완성본	태일생수조를 원본 〈노자〉로 봄 초간본은 完整한 古原本	태일생수는 별건 병본의 이본은 改作本 초간본은 1인의 완성본

　저자의 생각으로는, 異本이 갑본과 중복된다고 봤다면, 이것에 대해 좀 더 깊이 들여다봤어야 했다. 결론만 말하자면, 이본은 원본〈노자〉가 어떻게 백서 甲으로 변화했는지 그 과정을 짐작하게 하는 중요한 자료일 뿐, 내용으로서는 볼 것이 없으며, 당연히 원본의 일부가 아니다.[18]

　그리고 양쪽 모두는 초간의 표점(■)이 쓰인 것을 깊이 있게 살피지 않았다는 공통점이 있다. 이것이 문장을 나누는 핵심이 될 수 있음을 놓친 것이다.[19] 더욱 이것은 문장의 머리가 어디인지를 판단할 수 있는 중요한 요소임에도 의미를 부여하지 않은 것은 너무 아쉽다.

　갑골문이나 금문으로 쓰인 고문서의 죽간이 발견되어 세상에 나오면, 누구나 그것을 연구하면 된다. 초간도 그렇다. 내가 초간을 연구하면 노자를 해석하는 것이지 누구의 학문—해석이나 해독—을 따를 것은 없다. 모르는 것은, 저자도 '블로그'를 해독의 기초자료로 삼아 참고했듯, 그들의 자료를 참고해야 겠지만, 주관적일지라도 어디까지나 초간〈노자〉를 내 것으로 완전히 소화해야 한다는 전제가 있다. 소화해야 딛고 나갈 수 있는 것이다. 엄청난 시간과 노력이 들어간다고 해도, 그것은 참고 인내해야 하는 학자에게 주어진 당연한 책무다. 몇 글자 안 된다고 시간을 염두에 두고, 얼마 지나지 않고 다 볼 수 있다는 태도는 위험하다. 그렇게 쉬운 글이었으면 2,500년을 다투겠는가?!

　저자는 특별할 학파도 학벌도 없다. 그리고 다행인지 불행인지 같지 않다고 배척할 파벌도 없다. 까닭에 언제든지 저자의 풀이에 비평을 바란다. 그것은 고전을 해석한 학자의 입장에서는 두 손 들어 환영할 일이다.

---

18 저자 편(장) 분류상 갑본 6-⑤장(통용본 제64장)의 이본이다. 내용은 참고할 것이 없으나, 원본〈노자〉가 어떻게 백서본으로, 그리고 오늘날의 도덕경으로 변질 되었는지 등을 살필 수 있는 소중한 자료. 저자는 6-⑤장의 '백서 이하 비교'에서 설명했다.

19 중국의 정리조는 표점을 생각하여 나눈 것으로 보인다. 다만 뜻을 이해하지 못해, 병본에서 제대로 나누지 못했다. 그러나 양방웅은 곽기의 분류를 따라 정리조가 나눈 방식을 버리고 저자가 제11편으로 분류한 것을 제1장으로 놓았다.

노자와 초간〈노자〉²⁰

노자가 언급된 최초의 공식적 기록은 사마천이 쓴 〈사기〉의 '노자한비열전'
이다. 사마천도 자세히 알지 못해, 노자로 전해오는, 노담·노래자·태사담 3명
의 이름을 언급하고, 간략히 내용과 유학과의 관계를 언급한 것이 전부다. 이
에 대해서는 양방웅이나 최재목의 책에 자세히 정리·설명되어 있어, 저자는 최
재목의 글을 인용해 간략히 소개하고—아래 5,6번 참고— 저자의 주장을 펴고
자 한다(이것이 학계의 주된 입장으로 판단된다).

  5) 이제, (아래에서 다시 설명할) 초간본〈노자〉가 출토됨으로써 우리는 다
     음과 같은 결론을 낼 수 있게 되었다.
   • 일찍이 공자가 예를 물었다는 노담은 초간본〈노자〉(또는 그 원형에 해당
     하는 〈노자〉)를 쓴 사람이다(물론 그렇지 않을 수도 있고, 이를 뒷받침할
     새로운 자료가 나올 가능성도 얼마든지 있다).
   • 초간본〈노자〉를 저술한 노담은 공자보다 나이가 많은 춘추시대 말기의
     인물로 도가의 선구자이다. (p44)
     노담은 기원전 571년 이전에 하남성 녹읍현 출생이며, 기원전 535년에서
     522년 사이 공자(17~30세)가 방문했을 때, 그에게서 예(禮) 등에 대한
     조언을 들었던 것으로 보인다. (p69)

  6) 결국 초간본〈노자〉는 공자의 선배였던 노담의 원본〈노자〉를 개작한 것이
     라 보이며, 이 책은 늦어도 전국 초에는 세상에 널리 유포되었고… / 이처
     럼 〈노자〉는 '점진적 형성'으로 일단 추정해 보아도 될 것이고, 인물 노자
     와 책 〈노자〉는 다양한 시대를 통해 여러 형태로 각색되거나 재창조되어
     왔음을 알 수 있다. 그래서 노자=〈노자〉가 아니(다). (p45~46)

---

20 노자와 〈노자〉에 대한 설명은 양방웅이나 최재목의 책에 자세히 논하고 있어, 저자는 최소화했다.

정리하면, 노자는 공자[21]보다 先生인 노담이며, 그는 초간〈노자〉가 아닌 진본〈노자〉를 쓴 인물이다(초간〈노자〉를 쓴 인물일 수도 있다). 그럼 초간〈노자〉는 언제 쓰였는가! 양방웅의 〈초간노자〉를 참고하여 최재목이 도표화한 것에 나와 서술한다.

7) 기원전 'BC450년경 죽간본 갑·을 성립', 'BC380년경 죽간본 병·태일생수 편 성립' 그리고 'BC300년 이전, 초묘에 〈노자〉 묻음(→출토 죽간본)'[으로 정리하였다.] (p48)

즉 노담이 쓴 진본〈노자〉는 기원전 450년경 초간〈노자〉 갑·을로 탄생하고, 또 기원전 380년경 병과 태일생수가 생겨나, 지금의 초간〈노자〉로 기원전 300년 이전에 묻혔다는 것이다.

그럼 가장 원초적인 질문을 던져 보자. 첫째, 노담이 저술했다는 진본〈노자〉는 완성된 사상서가 아닌가(완성된 사상도, 완전한 글도 아닌데 무엇을 썼다고 할 수 있나)? 둘째, 초간〈노자〉 갑·을·병본은 주류 학파의 주장처럼 '미완성본'(양방웅도 완정한 고원본이지 완성본이라는 표현은 없다.)인가?

공자보다 선생인 노담이 쓴 진본〈노자〉는 완성본이며, 그것은 필사본 초간〈노자〉와 같다. 즉 노담의 진본〈노자〉 = 필사된 초간〈노자〉다. 초간〈노자〉는 완성본인 한 권의 책이며, 완벽히 서론·본론·결론이 갖추어진 논문이다(언제, 누구를 주기 위해, 왜 썼을까는, 막연한 생각은 있으나, 미궁이다). 그럼 각기 다른 형태의 초간 갑·을·병본 그리고 이본과 '태일생수' 편을 어떻게 설명할 것인가? 바로 이 부분에서 저자는 기원전 520년 주나라 왕자의 반란으로, 주나라의 많은 학자와 전적들이 초나라로 이동했다는 것에 주목한다. 좀 더 섬세하고 세밀한 것은 후대의 연구자들에게 맡기고 저자가 주장하는 바는 다음과 같다.

초간 갑·을·병본은 노담이 쓴 〈노자〉 진본의 필사본으로, 원래 3책으로 나누어 1권의 책으로 만들었다(즉 초간 甲의 형태로 만들어졌으며, 약 20쪽을 1책으로 나눈 3책 1권의 책이다). 진본이었으면 최고였을 것이나, 그것은 세상에 단 1권뿐이었을 것이기에 거의 불가능하다. 그래도 초간은 진본을(아니면 진본에 가장 가까운 필사본을) 필사한 원본〈노자〉다. 더욱이 진본 시대와 거의 가깝다. 그 시기는 기원전 520년보다 앞선 기원전 550~520년으로 본다. 이는 노담이 노자라면, 그의 생존시기와 공자와 노담의 만남을 생각할 때 가장 합리

적인 생각이다. 그럼 초간 을·병은 언제 만들어졌을까? 초간 乙은 기원전 520년 직후라고 생각한다. 저자가 기원전 520년에 있었다는 주나라 왕자의 난 이후 많은 전적들이 초나라로 옮겨졌다는 것에 주목하는 이유다.[22]

이때 초간 갑의 형태 3번째 책이 분실되어 초나라로 이동 직후 3번째 책은 초간 乙로 다시 필사되어 탄생했다(갑과 을의 죽간 끝 형태나 길이 그리고 같은 글자가 다른 것은 나라가 달랐기 때문이며, 구멍길이가 같은 것은 필사 시기가 甲本과 많이 떨어지지 않았다는 뜻이다). 이후 초간 乙 또한 어떤 이유로든—시간이 많이 지났고, 잇는 줄이 떨어져 방치됐다는 등—뒷부분을 분실하게 되었고, 그 필사본은 초간 丙으로 탄생하게 된 것이다. 그럼 초간 丙은 언제쯤일까? 다행히 초간 丙에는 避諱字가 하나 나온다. 仁을 대신한 {身心}이다 (仁은 고문자를 참고하면 이 글자가 아니다). 이는 東周 元王(제위: BC 475~468)의 이름인 仁을 피휘한 것으로 초간 丙은 원왕 사후에 필사되었음을 말한다.[23] 대략 기원전 450년경으로 잡는다면, 乙과 丙사이에는 약 70년 이상의 간격이 있다. 이런 이유로 초간 丙이 쓰일 때는 이미 일정한 시간이 지나 甲本의 異本도 생겨나고 '태일생수'와 같은 것도 있어, 필사자가 자료로 삼고자 같이 필사한 것이다. 물론 丙을 필사한 자는 乙을 필사한 자가 아니다. 異本을 필사했기 때문이다. 저자가 생각하는 초간 갑·을·병본의 탄생이다.[24]

문장을 정리하면 이렇다.

구분	필사 시기	필사 인물	비고
초간 갑 (3책 1권)	기원전 550~520년	2인 이상 필사 참여	전체
초간 을 (갑 3책)	기원전 520년 직후	최소 갑과 관련 있는 자	피신 직후
초간 병	기원전 450년 쯤	넘겨받은 자	이본, 태일생수

아무튼 저자는, 노담이 쓴 진본〈노자〉는 완벽한 이론을 모두 갖춘 완성본이며, 그것을 필사한 초간〈노자〉는 노담이 쓴 진본〈노자〉와 같다. 지금까지 나온 초간 해석서가 너무 통용본이나 백서본에 치우쳐 초간을 해독하는 바람에 초간이 바르게 읽혀지지 않았을 뿐, 초간은 그것 자체로 완벽한 1권의 책이다. 따라서 약 5천여 자 분량의 백서본이나 통용본은 가짜다. 그 밖의 〈노자〉며,

---

22 최재목 p48 도표 및 p62~63의 내용 참고

23 학계가 초간 甲乙을 기원전 450년으로 잡은 것은 고문자나 다른 죽간 그리고 피휘자 등을 모두 참고한 결론일 것이다. 다만 저자의 생각은 丙本의 피휘자를 임금의 사후 거의 90년까지 피휘했다는 것은 아니라고 여겨진다. 어설피 병본을 기원전 450으로 놓고 乙을 기원전 520년 직후로 놓는 것이 더 합리적이라 생각한다.

24 블로그의 입장도 저자와 비슷하다.

〈노자〉 꼴이다. 다만, 그것이 만들어진 이유가 善意였을지 惡意였을지는 답할 수 없다. 왜냐하면 저자가 해석한 초간의 내용이 너무나 엄청나기 때문이다. 즉 후왕의 정치를 인정하면서도 사실은 후왕을 까고, 지혜롭다 하는 자(智)를 받아들이는 듯하면서도 창칼을 앞세우는 폭군들을 나무라는 정치서다 보니, 책을 읽는 독자층이 모두 그들인데, 그대로 전할 리가 없었을 것이다. 내용을 이해한 지식인이라면, 선택은 焚簡되거나 變質되거나 밖에 없다.

초간〈노자〉

초간은 문장이 大綱의 편과 소주제를 다루는 장으로 구분되어 있으며, 총 25개의 편으로 나누어져 있다.[25]

먼저, 1개의 절이 1개의 편을 이루는 서문 5개의 편에서 지도자가 시급히 끊고 버려야 할 것을 중심으로 큰 깨우침을 바라는 내용이 주장되고, 서론 6개의 장으로 이루어진 6편에서는 과거 혜안과 바른 행실로 만백성과 함께 살다간 현자의 삶을 통해 노자의 주장을 예시하며, 본론이 시작되는 7편부터 13편까지는 노자 정치철학의 선언과 이론적 배경이 큰 틀의 총론으로 펼쳐지고, 그것을 기반으로 14편부터 23편까지 노자의 정치철학을 좀 더 구체적으로 펼쳐지는 각론이 전개된다. 그리고 마지막으로 24편에서 정치를 마무리하고, 25편에서 갈무리한 것이다.

초간은 완벽한 논문이다.

그것도 너무나 아름다운 언어의 향연을 보이고 있다. 부정어는 꼭 쓰여야 할 곳에 쓰였을 뿐, 백서나 통용본처럼 부정어로 된 논문이 아니다. 이는 노자가 얼마나 격이 다른 인물임을 입증한다.

먼저 여기서는 백서본 이하 통용본과 다른 초간의 주요 내용을 몇 개 소개한다.

㉮ 초간의 '클 丕'는 백서본 이하 모두 '아니 不'로 바뀐다. (일부)

편	장	초간	뜻	백서	뜻
6	1	丕靜	고요함이 커지다	不爭	다투지 않는다
6	3	丕侃	믿음이 넘쳐나는 和樂이 커지다	不强	굳세지 않다
18	2	丕{卜曰尹}	게시 받아 다스리기가 커지다	無不克	이기지 못할 것이 없다
21		丕{矛山}	산 뚫고 가기가 커지다	不堇	수고롭지 않다

---

25 책 차례나 본문 끝 저자의 도표 참조

이는 초간의 명확한 방향과 뜻이, '제외하고는 모두 다 가능한'으로 바뀌어 방향성을 제시하지 못하게 된다. 이후 동양철학은 애매모호한 언어의 향연으로 바뀌어졌다.

㉯ 초간의 '끌어올릴 {與子}유'는 백서본 이하 '배울 學'으로 바뀐다.

이는 초간이 말하고자 했던 넓고 깊은 내용을 '배움'이라는 학문에만 한정하여 정치적인 부분을 찾아낼 수 없도록 하였다. 교묘히 속이는 역할을 한 것이다.

㉰ 萬勿은 백서본 이하 萬物로 바뀐다.

이는 〈노자〉가 비논리적인 글로 바뀌는 원인을 제공한다. 예를 들어, 제9편(통용본 제32장)의 '侯王若能守之 萬物將自賓' (후왕이 만약 이것을 능히 지켜낸다면, 만물은 장차 스스로 귀한 손님이다)처럼 '일개 왕인 인간이 도를 지킨다고, 어떻게 세계의 삼라만상인 만물이 저절로 귀한 손님이 될 것인가.' 이는 도저히 논리적으로는 설명이 될 수 없는 것이다.

㉱ 주요 단어는 백서본 이하 엉뚱하게 바뀌어 내려온다. 예를 들어, '거짓 왕{虍壬}호'는 '나 吾'로, '용의 마음 {龍心}용'은 '임금의 사랑 寵총'으로 등등이다. 이 단어들은 오직 초간〈노자〉에만 나오는 글자인데, 백서 이하 모두 바뀌어 〈노자〉의 정치색을 깨우침의 글이나 형이상학으로 바꾸는 데 크게 일조하였다.

㉲ 초간의 智는 백서본에서 知로 바뀐다.

이는 노자가 〈노자〉에서 말하고자 한 대상을 지워버린 역할을 했다. 智가 '안다고 하는 자', '지혜로운 말을 하는 자'를 뜻하여, 사람을 가리키는데, 백서본이 知로 고쳐버려, 문장을 일반 대중으로 일반화한 것이다 (오늘날은 모든 사람이 智이기 때문에 도리어 그게 더 읽기 편하다).

기타 문장 속에는 수도 없다. 초간의 단어들은 꼭 그곳에 있어야 할 것들이 그곳에 있다. 단 한 자도 허투루 쓰인 글자는 없다. 노자의 사상이 고스란히 글자에 반영되었음을 얼마 지나지 않아 알 수 있었다. 반면 백서 이하는 글자나 문장이 너무 흩뿌려져 있다. 더욱이 초간의 논리 정연한 글귀가 각 단락으로 흩어지다 보니, 초간이 논리 정연하게 다루고자 하는 주제나 소재가 백서본 이하 마치 다른 주제를 다룬 글처럼 만들어져 버렸다. 이러한 것들은 초간이 발견되기 전에는 도저히 알 수 없는 내용들이다.

초간은 정치를 말한다.

萬勿(인간)은 어머니로서 해도 좋은 홀로 된 시초인 道의 자식들이다. 까닭에 귀하지 않은 몸이 없다. 태어난 인간 그 누구도 고유한 존재의 의미를 부여 받았기에 태어나 살아가는 것이다. 따라서 名을 지닌 인간은 보편적 존엄성을 이미 가지고 있다(평등성). 까닭에 태어난 한 명 한 명은 각각 이 세상에서 해야 할 자기만의 고유한 역할이 있다(책무성). 고유한 인간 하나하나는 모두가 의미체. 의미체인 인간은 자기만의 고유한 역할 수행을 위해 부당한 제약을 받지 않아야 한다(자유성).

노자가 흉포한 전쟁을 반대하는 것은 도의 자식인 인간의 존엄성에 기반한 것이요, 후왕이 亡名을 사냥하여 고요히 있기를 바라는 것은 인간의 고유성 (의미체)에 바탕을 두고 있는 것이다.

까닭에 인간(智·人)은 절제할 때 몸이 안전하며 후왕은 亡爲 無事할 때 나라는 평안하다. 道는 어머니이면서 恒亡名하기 때문에 만인지상인 侯王이 따라야 하며, 인간(智·人)은 '{구}절우명'(제10편 참조)하기 때문에 절제해야 한다는 것이 이유다. 이처럼 〈노자〉는 愛民의 글이며, 후왕이나 지배집단이나 모두에게 쓴 소리를 쏟아 낸 글이다.

이 정치철학을 증명하기 위해 형이상학인 道를 끄집어 왔고, 또 이 道가 따르고 본받는 自然(性)을 언급해 정치를 논하고 있다. 초간의 6편에 언급된 많은 사람들—보차인자, 이인차인종자, 선위사자, 선자, 그리고 聖人—은 道의 자연성을 쫓아 인생을 살다간 인물들이다. 그들이 나라나 지역의 꼭지에 있을 때, 그 사회의 백성들은 '낙진이불첩'(즐거이 나아갔을 뿐 해악질을 떨었다)했고 나라는 다툼이 없이 고요했다.

요란하고 시끄러운 나라는 오래가지 못한다. 보라. 세계의 역사에 大道가 무너지고서 편안히 仁義만이 있었고, 혼란에 빠진 나라에서 편안하게 오직 忠臣만이 있었는지를….

〈노자〉는 이념적 정치철학서다. 정치의 부분부분을 세세히 다루는 글은 아니다. 정치가로 聖人처럼 깨우친 자를 전제하고 있고, 정치술도 亡爲 亡事로 단순하며, 정치 이야기조차도 철학적이기 때문이다. 이런 이유로 저자는 인류사에 이런 정치역사를 가졌는지, 또 펼칠 수 있을지 정말 의문이다. 그래도 노자처럼 이런 세상을 꿈꿔본다. 정치를 하고자 하는 많은 이가 〈노자〉를 읽고 노자의 정치관을 따라 스스로 닦고, 民本의 정치를 폈으면 한다. 그리고 독자에게는 정치도 좋겠지만 깨우침에 대한 철학적 견해에 대해 더 생각해보기를 권한다. 깨우친 성인의 너무 아름다운 글이기 때문이다.

아름다운 노자의 글을 어떻게 독자에게 고스란히 전할까!

이번 3번째의 관점은 오직 그것이었다. 갑골문, 금석문, 僻字 등등의 없는 글자를 어떻게 정리하여 독자에게 보여주고 싫증나지 않게 읽어볼 수 있게 할까 하는 것이 나의 숙제였다.

문장은 최대한 오늘날의 한자로 변환해서 보여주고, 본문에서는 해석만 올렸으며, 고문자나 論하는 것은 '고문자 해독'이나, '백서 이하 비교'로 넘긴 것도, 그리고 1장의 요약표를 올린 것도 다 그러한 이유다.

저자가 백서본, 통용본과 비교 글을 올린 이유는, 이미 완성본인 초간〈노자〉가 어떻게 변질되고 바뀌었는지를 볼 수 있도록 비교를 통해 독자의 철학적 지평을 넓히고 또 판단을 돕고자 한 것이다. 그래서 말머리를 최대한 찾아 소개하려 했기 때문에, 읽는데 여유가 생기면 그때 읽어보는 것도 한 방편일 것이다.

앞으로 훨씬 더 많은 논의가 이어질 것이다. 저자가 노자의 철학적 논지를 깊이 있게 따지는 것은 범부로서 천박한 지식만 드러낼 뿐이다. 우선 이 시점에서 논할 것은 초간이 무결점의 완성본이라는 것과 모두가 부정하는 정치서임을 증명해 보이는 것이다. 이 책을 접하고도 초간이 불완전한 글이요, 정치서가 아니라는 독자가 있다면, 공개적으로 이야기할 기회에 반론자로 저자를 불러주었으면 한다.

노력에도 불구하고 문장이 매끄럽지 않은 곳이 있을 것이다. 이는 저자의 그릇이니 충분히 감안하고 읽어 주었으면 한다. 정치가나 지도자, 그리고 큰 포부를 갖는 자들은 초간〈노자〉를 읽어보기를 권한다. 그리고 하염없을 깨우침을 가지고서 세상에 나갔으면 하는 바람이다. 그들의 어깨에 人·民과 一國의 흥망성쇠가 달려있기 때문이다. 우리는 지금 분단의 조국에 살고 있다. 주변은 영원히 분단국가로 남기를 바라는 얍삽한 기생과 21C에 차르나 황제를 갈망하는 우둔한 듯 교활한 곰 두 마리, 그리고 돈에 미친 장사꾼으로 둘러져 있다. 저자가 보기에 모두, 인간성은 零에 가까운 힘만 있는 {호}들이다. 정치를 꿈꾸는 자는 절대 잊지 말아야 할 현실이다.

[(5개 편) 사전 설명]

　전체 초간〈노자〉의 내용이 응축된 序文이면서 초간 1,700여 자의 표출된 정치론이다. 끊고(絶) 버리라(棄)는 다소 노자의 언어답지 않은 직접적인 단어로 정치론을 드러낸 정치의 선언문적인 글이다.

　오늘날의 통용본은 표점이 없어 문단을 구분하는데 어려움이 있는 반면, 초간은 標點(표점)이 (■, =, ~, -, 、) 5종류가 나타나 있다(아마도 예전에는 문단을 구분하는 표점이 다양했다가 오늘날 없어진 것이다). 그중 가장 긴 篇편을 나누는 표점은 ■으로 표기되어 표점 중 가장 크고 선명하게 초간에 총 25회 쓰였다. 초간이 1,700여 자인 까닭에 평균 70여 자에 표점 하나 꼴이 평균인데, 이곳은 한 문장마다 표점이 있어 다섯 문장에 총 5개의 표점이 쓰여 있다(그래서 1편~5편으로 한 것이다). 의미적으로는 독립된 논지나 내용을 나타내며 이야기의 방향으로는 3면이다. 해석도 표점에 맞추어 나누어 주었다.

　백서본 이하 한 개의 장으로 묶어지고 글자도 고쳐져, 노자가 이 5개 편을 정치의 서문으로 응축된 정치론을 펼치고자 한 것이 희석되어 알아차릴 수가 없게 되었다.

　정치의 선언문적인 글이다 보니 이 글 자체만으로는 왜 이렇게 하라는 것인지 그 이유는 알 수 없다. 당연히 한두 단어로 그 이유를 설명할 수도 없겠지만, 그 이유는 본론에 깊이 숨어있어 쉽게 드러나지도 않는다.

　先人의 言行을 보여주는 제6편의 글을 도입부(서론)로 판단한 까닭에 이 글을 서문으로 분류한 것이다.

제1편 ~ 제5편 (甲本)

[원문]

[해독]

絶智棄{下又} 民利百伓 ■ 絶考棄利 覘惻亡又 ■
절 지 기 {하} 민 리 백 배　　절 고 기 리 조 측 망 우

絶{爲心}棄{虘心} 民復季子 ■
절 {위} 기 {차}　민 복 계 자

三言 以爲吏不足 或命之 或唬豆 ■ 視素保㺇 少私寡慾 ■
삼 언 이 위 (리)부 족 혹 명 지 혹 호 두　시 소 보 박 소 사 과 욕

　안다고 하는 자(智)를 끊고 아래 틀어쥐기({下又})를 내다 버리면, 백성의 이로움은 수만 배다 ■

　(조각칼로 치는 듯한) 날 선 생각을 끊고 (자신만을 생각하는) 이로움을 버리면, 조정의 슬픔은 (단 한 순간도) 똬리를 틀지 못하리라 ■

　(백성을 위해) 짓고자 하는 마음을 끊고 (냉정히 끊고 맺는) 사나운 마음도 버린다면, 백성들은 막내아들로 돌아오리라 ■

　세 가지 말은, (문서처럼) 전하는 글로만 삼음으로써는 충분하지 않으니, (즉시) 命받아야 할 것이요, (侯王의 재목감인) 어린 수행자를 놀라게 해야 한다 ■

　(사람의) 바탕을 또렷이 보아 타고난 대로의 흙덩이를 있는 그대로 돌보며, 제 몫을 적게 하여 (빠지면 헤어나기 어려운) 탐욕을 과부처럼 홀로 두라 ■

이 다섯 편은 초간 전체에서 가장 구체적이며 직설적인 노자의 정치론이다. 이런 직설적인 정치적 화법은 초간에 다시는 나오지 않는다. 그래도 해석은 분분한 곳이다. 통치의 대상인 民에 대한 글이 아니라 생략된 주어나 智에 대한 이야기다 보니 입장에 따라 달리 보기 때문이다. 그래서 많은 이들은 〈노자〉를 깨우침의 글로 이해하려고 노력한다. 실제 초간의 상당 부분이 깨우침에 관한 글이라고 해도 무방하다. 왜냐하면 지도자는 名에 대한 깨우침이 있어야 하기 때문에, 그에 관한 글이 상당히 많다. 반면 정치술은 너무나 단순하다. 까닭에 글을 읽는 많은 이가 2,500년이 지난 후 직접 접하는 원본〈노자〉에서 깨달음의 영감을 얻었으면 그것 또한 기쁘기 하염없는 일일 것이다. 어차피 깨우침 없는 자의 다스림은 절대 있어서는 안 될 것이기에….

治者가 끊고 버려야 할 세 가지 측면

첫 편은 생략된 주어(侯王)와 주변의 사람들 및 지배층을 형성하는 세력(智)과의 관계에 관한 글이다.

보면, 絶智, 즉 (생략된 주어는) (해박한 지식과 같이 배워 자만으로 가득 찬) 안다 하는 자와의 관계를 단절하라는 것으로, 노자에서 이들은 출세 지향적이며 이기적이며 만족할 줄 모르는 자들로 묘사된다. 侯王의 가까이서 지혜로움을 앞세워 온갖 감언이설로 끊임없이 분란을 획책하고 파벌을 조장하고 후왕의 시야를 흐리게 만드는 자들이며, 나라가 혼란에 빠졌을 때는 {龍心}(용: 용의 마음)이 마음에서 일어나 무력으로라도 나라를 뺏고자 {虎壬}(호: 폭군)이 되기 때문이다. 다음 弃{下又}는 '아랫것들 틀어 움켜쥐기{下又}'를 버리라는 것이다. 이들은 대부분 후왕의 아래에서 정사를 보는 자들로, 권위가 아닌 두려움으로 이들을 움켜쥐는 것은 나라의 안녕을 바라는 직언보다는 자신의 안위를 위해 아첨하는 간신배만 늘어나게 해 나라를 위태롭게 할 수 있기 때문이다. 이렇게 할 수 있다면 '百姓(民)은 백배나 이롭다'고 말하니, 이는 곧 그 이롭기가 백성(民)에게는 이루 헤아릴 수 없을 정도로 많다는 것을 우리는 알수 있을 것이다. 노자가 주장하는 '절지기하'가 얼마나 절박하고 얼마나 큰 것인지 우리는 느낄 수 있어야 하고, 또 노자가 그러한 절박한 말을 할 정도로 당시의 시대상은 民에게 어렵고 힘들었음을 알아야 할 것이다.

둘째 편은 생략된 주어(후왕)의 다스림과 삶에 관한 것으로, 공명정대함을 앞세운다는 미명하에 날카로운 조각칼로 치는 듯한 예리함으로 조정의 정사를 다루면서, 매번 시시비비를 따지고 다투어 신하에게 상벌을 내리고 행동을 틀어 세우는 것과 같은 모습을 끊고 자신의 부귀영화만을 위해 배를 채우는 사사로움을 추구하지 말라는 것이다. 그래야 민조백관도 지도자의 눈치 보기를 떠나 백성만 생각할 것이니, 이렇게 되고서야, 조정의 슬픔이 틀어쥐기를 잃는, 즉 위태로움이라는 것이 들어와 똬리를 틀 자리를 잃어버리는 것이다.

　마지막 세 번째는 생략된 주어(후왕)의 백성에 대한 마음에 관한 것이다. 백성에 대해 어떠한 모습으로 만들고자 한다거나 백성에 대해 어떠한 아량을 베풀고자 하는 것 등등, 짓고자 하는 마음을 끊고 반대로 자신의 안위나 나라를 위한다는 명분으로 백성을 모질게 대하는 마음을 버리라는 것이다. 또는 백성을 나누어, 편애하는 마음이 일어나 자신을 따르거나 순종하는 백성에 대해서는 베풀고자 하는 마음을 갖고, 자신을 거스르려 하고 반대하는 백성에게는 맹수와 같은 사나운 마음을 짓는 것을 끊고 버려야 한다고도 볼 수 있다. 이러하면 백성은 대상이 아니라, 소중한 막내아들과 같은 피붙이가 될 수 있다. 이쯤 되면 눈치 보지 않는 막내아들처럼 순박함으로 돌아와 속마음을 드러낼 것이다.

　이상 3가지의 통치술은 초간 전체를 통틀어서도 가장 구체적인 정치 이야기다. 가장 구체적인 것이 이 정도의 글이니 이것이 철학서인지 정치서인지 구분하기가 어려운 것이다. 아무튼 이 글은 몇 자 안되는 짧은 글이지만 바꾸어 해석하면, 지도자에게 그렇게 하지 못하겠거든 자리에 앉지 말라는 뜻이다. 龍床은 아무나 앉아 휘두르는 자리가 아니기 때문이다.

지금 바로 받들어 실천하고, 교육하라

　다음, 4편은 앞 3개 편의 실천에 관한 때(時)의 글이다. 즉 '아전 吏(使?)'처럼 간접적으로 혹은 유훈적으로 전하는 글로 남겨 놓지 말고, 天理인 까닭에 적극적이면서 직접적이고 지속적으로 즉시 실천할 수 있도록 命받아야 하는 것이요, 어린 미래의 지도자에게는 행동에 옮겨 가르치라고 외치고 있다. 그만큼 노자가 생각하기에 절박한 시대상이었을 것이다. 결국 노자의 말을 따르지 않은 그 시대는 전국시대를 거칠 수밖에 없었다(이 4편은 백서 이하 방향이 반대로 바뀐 곳이다).

지도자는 사람의 본바탕을 보아 지켜주고, 자신은 사사로움과 탐욕을 멀리 해야 한다.

마지막 5편은 사람에 대한 본질, 직시에 관한 글로 사람 개개인에 대한 올바른 직시와 그것을 지켜내는 다스림을 지도자의 삶과 연결하여 이야기하고 있다. 즉 지도자는 최선을 다해 道를 깨우치고 悳을 속 깊이 마셔 사람(人)이나 民의 바탕 즉 태어난 의미(名)를 또렷이 볼 수 있어야 하며, 더 나아가 통나무 (樸)가 "퍽" 하고 깨지듯 타고난 대로의 모습을 있는 그대로 돌보며 보호할 수 있어야 한다. 그것도 힘든 일인데 노자는 治者 자신에게 더 요구한다. 사사로운 자신의 몫을 그 누구보다도 적게 하여, 빠지면 헤어나기 어려운 탐욕과 같이 마음이 움직여 생기는 것을 쓸쓸히 평생 홀로 살아가는 과부처럼 홀로 떼어 두라면서 마무리한다.

[고문자 해독]

❶ {幺匕}(絶); 갑골문부터 쓰인 글자로 자전 및 [고문자류편, p249] 속 字源에 나온 글자보다는 실(幺)이 한 번만 쓰였고 匕비가 반대인 생략된 형태다. 실(幺) 위에 비수(匕)를 겹쳐, 실 가운데를 끊어낸 꼴로, 絶의 古字며 異體字다(字源의 고문자 꼴은 초간 乙本 '절{유}망우'의 '절'에 쓰였다).

❷ {矢于曰}(智); 상矢于하曰 꼴로 字源상의 智에서 口가 생략되고, 대신 于가 들어간 智의 초간 꼴이다. 본래 智는 갑골문, 금문에서 矢口于가 나란히 병렬되어 화살(矢)과 희생물을 도려내기 위한 칼(于)을 놓고 빌어서(口) 신의 뜻을 '알다'는 뜻을 나타내 知와 어원이 같다. 후에 曰을 더하여, **'지혜로운 발언을 하는 사람'**을 뜻하는 智의 금문 꼴인 상矢口于하曰자가 생겼다. 현재 우리가 '알 知'라 쓰고 있는 글자(矢+口)는 전문부터 쓰여 이때부터 智 꼴과 분리된다.

정리하면 노자시대 知는 知(矢口于) 형태로 쓰이다 篆文부터 于가 빠진 오늘날의 형태로 쓰이기 시작했고, 曰을 붙인 智(지혜로운 발언을 하는 사람) 꼴은 金文부터 쓰여 오다, 춘추시대의 초간은 口가 빠진 {矢于/曰}형태로 썼다(※ 다른 智 글자에는 矢 아래에 口도 있다). 따라서 초간 당시의 知(口于병렬)와 智(상矢于하曰)는 각기 다른 뜻의 글자였다. 당연히 혼용될 수 없는 글자다. 쓰는 방식이 병렬과 상하로 위치해 다르고, 口와 曰은 쉽게 구별이 가능하기 때문이다.

따라서 초간의 모든 智는 '안다(지혜롭다)고 하는 자'로 번역한다(여기

서 주의할 점은 자전에는 객관적인 관점의 '지혜로운 발언을 하는 사람'
으로 쓰였으나, 〈노자〉에서는 '안다고 하는 자'의 뜻으로 주관적인 관점
의 부정적인 글자다). 즉 사람을 지칭한다. 한편 초간에는 오직 智 꼴만
쓰였고, 帛書에는 또 오직 知 꼴만이 쓰여, 현행 도덕경에서 이를 문맥
에 따라, 知나 智로 옮겼다.

❸ 弁; '버릴 棄'의 古字다. 초간의 자형은 어린아이를 양손으로 내다 버리
는 꼴이다.

❹ {下又}; 상下하又 꼴로, '아래(下) 움켜쥘(又) 하'의 뜻으로 푼다. 문장 속
絶智가 사람을 뜻하여 이 글자도 사람을 지칭하는 것이 對句로 어울려
보이나, 丙본(23-③)의 {下又}將軍처럼 사람을 지칭하는 글자(將軍) 앞
에 위치하여 {下又}를 사람으로 풀이하는 것은 아니다. 두 문장을 놓고
보았을 때, '하{下又}'자체가 사람을 지칭한다기보다는 '아래(사람) 움켜
쥐기'처럼 상태를 말한다.
한편, 중국초간[주석]은 '채찍 鞭편'의 古字로, '말 가려 분별할 辯변
(卞)'의 음차로 해독했다. 블로거는 사람으로 이해하여 '아래를(下) 맡을
(又) 하'로, '실행자, 경험자(更)를 뜻한다'고 했다.

❺ 民; 字源에 따라 한쪽 눈을 바늘로 찌른 형상을 본떠, 한쪽 눈이 찌부러
져 먼 노예·피지배(被支配) 민족의 뜻에서, '백성'의 뜻을 나타낸다. 한
편 초간에서 民은 지배계층(人)에 대응하는 논·밭에 묶여 살아가는 '피
지배계층'을 말한다.

❻ {丂攵}(考); 左변은 '꼬부라진 조각칼 丂교'의 금문이고([고문자류편,
p52] 참조) 右변은 '칠 攵복'으로, 조각칼로 치는 듯한 날카로운 생각,
상고할 '考고'의 古字다. (字典 참조)

❼ {視兆}(覜); 좌변은 見과 다리 모양만 다른 초국체 視 꼴이고 우변을 兆
로 한, 좌視우兆 꼴로, 초간 乙의 觀, 초간 丙의 信처럼 좌우변이 바뀐
꼴의 '알현할, 뵐 覜조'의 古字다. 좌우로 나누어져(兆) 천자를 배알, 알
현(視=見)하는 朝政을 상징한다.

❽ 又; 지금은 '또 又'이나, 字典에 따르면, 오른손의 象形으로 右의 原字
며, 甲骨文에서는 有의 뜻도 지니고 있다가 金文부터 有와 달리 썼다.
초간은 有가 없고 모두 又를 써, 문맥상 有의 의미다. 저자는 有로 고치
지 않고 有의 의미로 풀이하되, 존재의 의미인 '있다'는 이미 才가 6-①
장에 쓰여, 又는 소유의 의미인 '가지다, 틀어 (움켜)쥐다'로 해석한다.

❽⁻¹ 有; 갑골문은 又와 같고, 金文에서부터 又밑에 肉을 덧붙였다.

❾ {爲心}; 상爲하心 꼴로, 만들고자(짓고자) 하는(爲) 마음(心), 또는 마음

지을 '위'다. 중국 측 변석은 '거짓 僞위'로 봤고, 백서 이하 仁이다.

⑩ {虘心}; 상虘하心 꼴로 (부정하고 싫은 것에 대한) 모질고 사나운(虘차) 마음(心), 또는 마음 사납고 모질 '차'의 뜻이다. 변석은 '생각 慮려'로 풀었다. 백서 갑부터 '의로울 義'로 바꿔었다.

⑪ 季子; '끝, 막내, 말년 계'와 '아들 자'로 막내(季)아들(子)의 뜻이다. 내리사랑을 생각하면 집안의 막내아들은 대체로 집에서 귀여움을 받는 소중한 존재다.

⑫ {卜曰又}(吏?); 상卜중曰하又 꼴로, 점괘(卜)를 적은 팻말(曰)을 손에 가진(又), '전령, 아전 吏리' 또는 '사신 使'의 古字로, '계시 전하기 리(사)'로 푼다. 자전 속 金文은 吏·使의 고문자가 같다(字源에는 事와 同形으로 본다고 설명되어 있으나, 초간의 고문자 事는 머리가 왼쪽으로 향한 꼴로, 卜과는 반대 방향이다).

⑬ {虎口}(虓); 상虎하口 꼴로 호랑이(虎) 포효소리(口)고 '놀라게 할 虓호'의 古字다.

⑭ 豆; 갑골문부터 쓰였으며, 흔히 현재는 '콩 두'라 알려져 있다. 본래는 頭部가 불룩하고, 다리가 긴 식기, 제물, 제기의 상형이다. '콩 荳'와 同字라, 轉하여 콩과 같은 작은 물건을 형용하는 데도 썼다.

⑮ 視; 초간 제25편(丙본)의 視之不足見의 視처럼 見 꼴에서 다리 모양만 선 사람(儿)인 視 꼴의 僻字다. 자전의 字源에 근거하자면 '사람 위에 큰 눈을 얹은 형태'인 見에 더 가깝고, 視는 갑골문부터 示가 있는 형태로 쓰였다. 그러나 초간의 병본 '시지부족견'을 놓고 보면 視가 바르다.

⑯ 素; '흴, 생명주, 무지, 바탕 소'다. 누에고치에서 갓 자아낸 원래의 하얀 실이란 뜻에서, 본디, 본바탕, 희다의 뜻을 나타냄

⑰ 美; '쪼개질 때 나는 소리 박(복)'으로, 撲(칠 박)과 樸(통나무 박)의 字源을 참고하면, 쳤을 때 쪼개지는 '팍' 하는 소리로 가공을 하지 않은 자연 그대로의 감·바탕의 뜻을 나타내, 의미상 '탁 깨지기만 하고 인위적인 것이 가미되지 않은 상태'를 뜻한다.

⑱ 寡; 字源은 집 안에서 혼자 근심하는 사람의 모양에서, 과부의 뜻을, 音形上으로는 孤와 통하여 '혼자, 독신 여자'의 뜻을 나타낸다고 설명되어, 여기서는 '과부 과'고 동사로는 '과부처럼 홀로 둔다'는 뜻이다. '적다'는 훈의 파생은 '혼자(과부)'라는 의미의 확장으로 보이나 초간에서는 쓰임이 없다.

⑲ {谷次}(慾); 좌谷우次 꼴로, 골짜기에 빠지기(谷)가 계속 이어져(次) 쌓이고 드러난 욕망(慾)의 뜻이다. 초간시대에는 오늘날 慾의 뜻인 欲은

아직 나타나지 않고 {谷次}이 대신했다. 한편 초간에선 '골짜기 곡谷'의 꼴이 '하고자 할 욕欲'으로 쓰였다. 초간은 谷과 {谷次}욕의 두 종류만 있다.

⑲⁻¹ 谷; 갑골문부터 쓰였으며 좌우 양쪽의 깊은 골짜기의 뜻이나, 초간에는 '하고자 할 欲'의 뜻이다.

⑲⁻² 欲; '하고자 할, 바랄 욕'으로 [고문자류편, p184]에는 전문(戰國時代)부터 쓰였다. 谷+欠으로 '사람이 입을 벌려 무엇을 입에 넣으려 함의 뜻에서, 하고자 하다, 원하다'의 뜻을 나타낸다.

⑲⁻³ 慾; 사용 시점은 쓰여 있지 않다. 예로부터 欲과 통하여 쓰였다.

⑳ ■; 본편 각 문장마다 마침표로 보이는 "■" 표가 찍혔다. 초간의 다른 곳에서는 篇을 나누는 데 쓰였다. 때문에 저자는 본편을 5개의 분장 표점을 쓴 1~5편으로 분류했다. 甲, 乙, 丙本을 합하여 총 25곳에 있으며, 다른 문장 부호와 비교하여 大綱를 나눈다(저자는 편을 나누는 "■"표만을 살리고, 장(-)은 지워질 수 있다는 가정하에 통용본에 의하되, 분장이 확실한 것은 분리하였다).

[백서 이하 비교]

통용본이나 백서본은 하나의 장으로 묶여 문장 속에 위치한다(초간은 모든 편의 위치가 통용본 및 덕도경으로 된 백서본과 다르다).

하나의 문장마다 하나의 편을 이루며 초간의 序文을 이루는 5개의 편은 백서 이후 하나의 장으로 되었다. 특히 백서 갑이 문장 속에 갖다 놓음으로써 초간 '서문'의 역할을 상실하게 되었다. 이로 인해 〈노자〉의 명확한 정치철학의 논지가 훼손됐다는 것이 가장 심각한 문제점이라고 할 것이다.

통용본 제19장

絶聖棄智民利百倍. 絶仁棄義民復孝慈. 絶巧棄利盜賊無有

此三者以爲文不足故令有所屬. 見素抱樸少私寡欲

(다스리는 자가) 聖을 끊고 智慧를 버리면 백성은 百倍나 이익이고, (다스리는 자가) 仁을 끊고 義를 버리면 백성은 孝와 慈愛로 다시 돌아오고, (다스리는 자가) 巧(영리함)를 끊고 利益을 버리면 (그 나라에는) 도적이 있을 수 없을 것이다.

이 세 가지 것으로 (백성을 위한 다스림의) 글을 삼는 것은 충분하지 않으니, 까닭에 (더 근본적인) 슊(답)이 속한 곳이 있다.

(만물의) 근본을 보고 樸을 (가슴에) 안아, (개인적으로는) 사사로움을 적게 하고 (대외적으로 무엇인가) 하고자 하는 마음을 적게 하는 것이다.

중국 역해 (초간)[26]
絕智(知)棄鞭(辯) 民利百怀 / 絕巧棄利 盜賊亡又 / 絕僞棄慮 民復季子
三言 以爲吏(文)不足 或命之 或有所屬 / 視素保朴 少私寡欲

백서 갑 (제63장)
絕聲棄知 民利百負 / 絕仁棄義 民復畜玆 / 絕巧棄利 盜賊无有
此三言也 以爲文未足 故令之有所屬 / 見素抱 이하 훼멸

백서 을
絕{耳口}(聖)棄知 而民利百倍 / 絕仁棄義 而民復孝玆 / 絕巧棄利 盜賊无有
此三言也 以爲文未足 故令之有所屬 / 見素抱樸 少私而寡欲

백서가 초간의 전체 구조는 흩트리지 않았지만 智(안다 하는 자)를 知(알다)로 고치고, 조정을 나타내는 '조측'을 '도적'으로 고쳐 초간의 2편과 3편의 위치를 바꾸고, 제4편을 고치는 등, 뜻을 축소하고 정치철학의 문장을 최대한 줄이고자 노력하였다.

[참고]
0=초간, 0(2)=異本, 1=백서 갑, 2=백서 을, 3=통용본을 의미한다.
번역을 달지 않은 것은 통용본과 유사하다는 뜻이다.

제 1 편
0. 絕智棄{下又} 民利百怀 / 絕智(知)棄鞭(辯) 民利百怀 (경학자)
1. 絕聲棄知 民利百負[27]
2. 絕{耳口}(聖)棄知 而民利百倍

1. 악기 소리 듣기를 끊고 앎을 버리면 백성은 백(百)을 짊어질 만큼 이롭다.
2. 성스러움(성인)을 끊고 앎을 버리면 백성은 백배나 이익이다.

---

26 경학자들 마다 석문(해독) 글자가 약간 다르다.

27 통용본에 의거 高明은 당연히 倍의 가차자로 보고 負(倍)처럼 풀었다. 그러나 여기서는 비교이므로 번역은 가급적 원 글자 負를 썼다. 다만 문장에 따라 負, (倍), 負(倍)처럼 쓰기도 했다. 이하 같다.

먼저 글자의 변화를 보면, 초간의 '절지기{하}'를 백서가 {하}를 버리고, 대신 '성'을 써서 앞으로 내어 絶聲(聖2)棄知로 바꾸었다. 民利百倍는 갑이 '질 負'를 썼다.

중국 경학자의 초간 해독 글자는 서사가 해독한 글자와 다르다. 경학자가 풀이에서 智로 해독하고 知로 해석하는 이유는, 智를 '지혜'라고 해석하면 '지혜를 끊어라'는 문장이 되어, 말이 되지 않기 때문에 知(알다)로 해석하는 것이다. 이는 경학자들이 智가 노자 당시에 '안다 하는 자'라는 뜻으로 쓰였음을 모르거나 의도적이다. {下又}또한 '채찍 鞭편'으로 해독하고 辯(卞)변(괴변, 말재주, 말 가려 분별할 변)의 음차라고 해석한다.

초간에서 智가 '안다 하는 이'의 뜻임을 알아차리는 것은 정말 중요하다. '지혜'가 아니라 '사람'이 되기 때문이다. 또 人多智 등의 글귀에서 智가 지배계급의 상층부를 형성하면서 노자가 긍정보다는 부정의 입장으로 본다는 것까지 알아차린다면 초간을 볼 수 있는 눈을 어느 정도 가진 것이다. 자전의 字源만 읽어도 나오는 뜻인데, 이것을 知(알다)로 해석한 것은 애석한 일이다.

백서 갑부터 {下又}가 사라지고 甲은 聲(소리)으로, 을은 聖이 되며, 智는 知가 되어 노자가 말하려는 '사람'에 관한 글은 사라져 버렸다. 이는 그대로 통용본으로 이어져, 깊고 넓은 정치의 뜻은 한낱 한 문장의 깨우침의 글로 바뀐다. 이에 侯王이 끊고 버려야 할 대상이 사라지면서 후왕 자신이 자신에게서 끊고 버려야 할 것으로 의미가 전혀 다르게 변질되어 버린다.

노자는 상당 부분의 글을 智(안다 하는 자)에게 할애하고 있음에도 백서는 知로, 통용본은 智와 知로 흩어 놓아, '사람'을 지칭하는 것이 사라져 버린 것은 초간〈노자〉가 오늘날 바르게 전해지지 못한 가장 큰 걸림돌이다. 智나 '아래 쥐기'가 사람이나 사람 간의 관계를 나타내, 侯王보고 아래를 틀어쥐지 말고 안다 하는 자들을 끊으라는 뜻이 초간의 本意인데, 백서 이하에서는 사람이 아닌 어떤 성취물의 관계로 고쳐, 마치 후왕 자신보고 지혜를 버리고, 악기 소리 듣기 (또는 악기 소리처럼 들리는 백성의 소리 듣기)를 끊거나 (성인 또는 '성스러움 됨을 끊으라' 2)는 뜻으로 해석하도록 만들었다. 이는 노자의 뜻과는 정반대의 글로 엄청난 반전이다.

제 2 편 (백서 이하 제3편)
0. 絶考棄利 覷惻亡又 / 絶巧棄利 盜賊亡又 (경학자)
1.2. 絶巧棄利 盜賊无有

초간은 제2편이나, 백서 갑이 考를 巧로, '조측망우'를 '도적무유'로 고쳐, 제3번째 줄에 놓았다.

단어의 사용에 있어서 초간은 考의 原字처럼 '조각칼로 치는 날카로움'을 의미하는 데 반해 백서는 巧로 '공교하고, 번지르르하다'는 다소 부정적인 단어를 써 누구나 말할 수 있는 수준의 글로 격을 낮추었다. 조정의 슬픔(조측)이 '도적'으로 바뀌어, 세밀하고 촘촘한 노자의 정치철학을 숨겼다. 내용으로는 후왕이 '절고기리'만으로 도적이 없는 나라가 될 수 있는지 논리적으로 의문이 가는 글로 만들었다. 마지막으로 초간에서 모두 又로 쓴 有가 등장하고 또 초간에서 오직 2차례만 나온 橆를 亡대신 사용하여 마치 노자가 초간에서 일상적으로 無를 쓴 것으로 만들었다.

특히 '조측'은 글자가 전혀 다름에도, 중국학자들은 백서 또는 통용본을 따라 '도적'의 가차자[28](빌린 글자)로 본다. 자신들의 글자인데도 그렇게 푼 것이 정말 신기했다.

제 3 편 (백서 이하 제2편)

0. 絶{爲心}棄{慮心} 民復季子 / 絶僞棄慮 民復季子 (경학자)
1. 絶仁棄義 民復畜玆
2. 絶仁棄義 而民復孝玆

0. 거짓을 끊고 근심(염려, 걱정)을 버리면 백성은 막내아이로 돌아온다. (경학자)
1.2. 仁義를 끊고 버리면 백성은 풀 무성한(玆) 가축 쌓기(무성한 孝2)로 돌아온다.

초간은 제3편에 위치한다. 백서가 초간 제2편의 글자를 바꾸어 의미나 중요도가 이편보다 떨어져 백서 갑 이하에서는 제2번째 문장으로 자리를 바꾼다.

경학자의 초간 해독은 글자가 많이 다르다. 특히 백서 이하 絶仁棄義 문장을 경학자는 絶僞棄慮로 해독하였다. 이에 우리나라 학자들도 대부분 처음의 〈노자〉는 유학과 대척점이 없다는 입장에 서 있다. 이 해독이 맞는다면 당연히 대척점이 없다고 보아야 한다. 學(배움)을 제1의 모토로 하여 仁을 숭상하는 儒學을 끊으라는 말이 아니기 때문이다. 그러나 고문의 정확한 해독은 絶{爲心}棄{慮心}다. 이것이 유학과 대척점이 없는지는 살펴야 한다. 대척점은 앞으로의 연구과제로 두고, 결론만 말하자면 저자의 주장은 仁義를 道悳의 하위개념으로 봤다는 것이다. 좀 더 직설적으로 말하자면 '배움'보다는 '깨우침이 먼저다'는 것이요, '깨우침 없는 배움은 독이다'는 것이다. 이와 관련하여 볼 문장이 초간 제24편 古大道癹 安又仁義(고대도발 안우인의)다. '옛날 큰 도가 짓밟

---

28 14. '도(盜)'의 가차자《곽점초간》주석2), 구석규의 설). '도둑'의 뜻. 이하에도 자주 나온다. (〈노자〉, 최재목 역주, p79)

　　　　　　　　　　　　　　　　　　　　　　　초간 노자와 그 밖의 노자

히고, 편안히 어짊과 의롭기만을 가졌었나!'(이 문장도 우리나라 초간 해석서는 번역이 저자와 다르다.)

초간은 백서 이하 '설인기의'로 바뀌고, '민복계자'는 백서 갑에서 畜茲[29]로, 다시 을에서 孝茲로 되어 통용본으로 이어진다.

[참고]

초간의 경우, 古文字를 보고 직접 釋文했는지 안했는지는 정말 중요하다. 백서본, 통용본과 전혀 다른 길이의 字數와 문장체계를 가진 까닭에 직접 연구가 반드시 필요하다. 대상과 깊이와 본질 자체가 틀어진 잘못된 이정표는, 해석서라고 부를 수 없는 지경에까지 이르는 책을 내놓기 때문이다. 저자가 제1편~제3편으로 석문·주석한 글에 대해 초간을 해석한 다른 3명의 석문은 모두 각기 조금은 달랐다(최재목과 안기섭은 고문자를 석문하여 먼저 올렸다. 그러나 양방웅은 고문자의 석문 자체가 없다. 전문가가 아니라면 그것을 초간의 글자로 오해할 소지가 다분하다). 그러나 해독한 글자는 안기섭만 季子를 썼을 뿐, 거의 모두 絕智(知)棄(弃)辯, 民利百倍, 絕巧棄利, 盜賊無(无)有, 絕僞棄慮, 民復孝慈(季子) 꼴이었다. 저자의 고문자 해독과는 너무나 차이가 있다. 이것을 근거로 유교와 노자가 대척점에 있었느니 없었느니 논하는 것은 출발점부터 잘못된 것이다. 이 장은 〈노자〉를 알 수 있는, 아주 노골적인 정치의 편임에도 단지 주어가 없다는 것만으로 원형을 잃은 채 이상한 글로 바뀌어 버렸다.

잘못된 석문의 경우, 후학들을 절벽 낭떠러지로 이끌 수 있기 때문에, 눈 덮인 벌판에서 처음 길을 닦는 이는 전심을 다 해야 한다. 정치든, 종교든, 철학이든, 법률이든, 군인이든, 한 가정의 부모든….

제 4 편

0. 三言 以爲吏不足 或命之 或嘑豆
    三言 以爲吏(文)不足 或命之 或有所屬 (경학자)

1.2. 此三言也 以爲文未足 故令之有所屬

초간의 제4편은 글자의 변형과 첨삭이 이전보다 많다. 의미를 반대로 만들다 보니 그렇게 된 것이다. 즉 초간은 머뭇거릴 시간이 없으니 즉시 앞의 세 가지 방법을 정치술로 실행해야 하고, 지도자 감인 떡잎들에게도 깨우쳐 주어야 한

---

29 玆자는 혼용되어, '이, 이때, 이곳, 검다, 흐리다'의 뜻도 있고, '풀(艸) 이어져 초목이 무성한(幺幺), 우거지다, 불어 나다'의 뜻도 있다.

다는 뜻인데, 백서가 이 세 가지 방법만으로는 부족하다는 뜻으로 변질 시켜 제
5편인 見素 以下의 문장과 연결시켜 이후 큰 변화 없이 통용본으로 이어졌기
때문이다. 그렇게 연결을 짓기 위해 초간에 없는 글자 故(까닭에)를 넣고, 命을
令으로 고치고, 有所屬이라는 글자를 만들어, 잇는 문장을 탄생시킨 것이다.

　이처럼 초간의 문장은 백서 이하의 글과는 전혀 다름에도, 중국의 경학자들
은 '혹호두'를 통용본의 의미로 연결시키고자 '혹유소속'으로 해독하고 있다.
억지스러움이 가해진 것이다. 이에 저자가 읽은 초간 해석서 3권도 똑같은 방
향으로 해석하고 있었다. 이렇게 해석하고서 초간을 이해할 수는 없는 것이다.

제 5 편

0. 視素保業 少私寡慾 / 視素保朴 少私寡欲 (경학자)
1. 見素抱 훼멸
2. 見素抱樸 少私而寡欲

　제5편에서 초간의 視는 백서 이하에서는 見이 되고, '보박'이 抱樸으로 바뀌
어 '깨진 그대로의 모습(名)을 지키라'는 자연성의 의미를 '가공되기 전의 통나
무 같은 모습을 손(몸)으로 잘 안으라'는 인간성을 더 강조하는 뜻으로 돌렸으
며, 寡慾 즉 욕망을 홀어미(과부)처럼 홀로 떼어내 두라는 뜻이 寡欲으로 바뀌
어 寡를 '홀로 두라'는 뜻이 아니라 '적다'는 少의 의미로 풀도록 유도하였다.

　백서 갑 이하는 이 편을 앞 4편으로 이었다. 마치 제1편부터 제3편까지의 글
이 충분하지 못해 더 근본적인 글이 이 글이라고 만들어 버린 것이다.

　이 5개 편 전체를 정리하면, 초간의 내용은 백서 이하 오늘날의 통용본에서
거의 다 틀어졌다고 보는 것이 가장 바른 말일 것이다. 글자도, 깊이도, 무게
도, 내용도, 대상도 의미도 모두 변했다.

　초간은 이 5개편만으로도 충분히 대상을 적시할 수 있고, 사용한 고문자의 뜻이
깊어 한 글자 한 글자마다 말하고자 하는 뜻을 알 수 있을 만큼 三面으로 나누어 언
급하고 있기 때문에 서문의 역할을 충실히 할 뿐 아니라, 정치서라는 의미가 명확
히 드러나는 데 반해, 백서 이하에서는 이러한 것들을 정확히 알 수 없게 만들었다.

　초간의 해독에 있어서 중국·일본 그리고 이를 참고한 우리의 철학자들은 초
간의 고문자를 오늘날 우리가 사용하는 漢字로 대체 가능하다고 보는 것 같다.
거의 모든 고문자를 오늘날의 漢字로 해독한다.[30] 그러나 초간에는 한(一) 字
로는 해독될 수 없는 글자들이 너무 많다.

30　블로그를 제외한다.

　　　　　　　　　　　　　　　　　　　초간 노자와 그 밖의 노자

[쉬어가기] - 亡, 무(無, 无, 𣴎, 舞)에 대해

여기의 '조측망우'는 백서 이하 '도적무유'로 되었다. 초간은 여러 특징이 있다. 그중 하나가 백서 이하 거의 모두 無(无)로 쓰인 글자가 초간에는 亡으로 나온다는 것이다. 저자는 亡(잃다)으로, 학계는 無(없다)로 해석하고 있어 언급하고 넘어간다.

17. 무 : '없다'의 뜻. 무(无) 또는 무(無) 자와 거의 같은 뜻이다(망으로도 읽는다). 종래 이것을 亡 자로 표기한 책은 없었다. …진(秦) 이전에는 无 자가 없었고, 유무(有無)의 '무'를 나타낼 때는 亡 자로 썼다. …전국 말에 이르러 亡·无·無가 혼용되어 쓰였다고 한다. 여기서 초간본의 저술연대가 적어도 전국 말 이전이었음을 알 수 있다. …더욱이 초간본의 亡 자는, '유무'의 '무'라는 뜻도 있지만 도망, 은피, 무위, 망실, 패망 등의 의미도 내포되어 있다. 말하자면 '의도적이거나 인위적인 행위를 제지' 하는 의미까지도 내포하고 있는 것이다(김충렬, 45쪽 및 池田, 59쪽 참조). 亡·无·無 사용 순서는 亡(초간본)→无(백서 갑본·을본)→無(금본)로 정리해도 좋을 것 같다.(최재목, 〈노자〉, p80)

→ 최재목은 두 교수의 글을 인용해 '亡=무'로 본다. 이 주장이 합리성을 가지려면 초간에 2차례 쓰인 𣴎에 대한 논리적인 설명이 있어야 했는데, 언급이 없이 넘어가 이 주장을 수용하기는 어렵다.

자전을 보니, 亡은 갑골문부터 쓰여, '잃을, 달아날, 죽(일)을, 업신여길, 잊을, 빠지다'의 뜻인데, '없을 망', '없을 무'로도 쓰인다고 설명되어 있다.
그 용례로,
① 今也則亡 ≪논어≫ (없을 망),
② 亡廬, 亡而爲有 ≪논어≫ (없을 무) 다.

즉, 논어에 나오는 문구로 亡이 '없다'는 뜻도 포함한다고 자전은 정의하고 있다. 그러나 저자가 조심스럽게 판단을 해보면, 용례 2가지는 모두 亡을 '잃다'는 훈으로 해석해도 문제가 없다.
今也則亡은 '지금은 곧 잃었다(까닭에 지금은 없다).'의 뜻을 내포하고 있고, 亡廬는 '근심을 잃다(잊다). (까닭에 근심이 없다)'가 되며, 亡而爲有는 '잃어서 (지금은 없기 때문에) 갖고자 한다.'는 뜻이 가능하다(물론, 문장 속에서 보아야 하기 때문에 단언할 수는 없다).

이처럼 亡이 無로도 이해될 수 있는 것은 亡이 갖는 의미 때문이다. 즉, 亡은 의미상 無(없다)의 개념을 포함한다(그래서 우리는 〈노자〉 좀 빌려줘!' 하고 말해도, '잃어버렸어.'라고 대답할 수 있는 것이다). 대표적인 의미인 '잃다'에는 '없다'는 뜻도 있고, 그 이상의 의미도 들어간다. 까닭에 亡에는 無의 의미를 포함하여 더 크고 광범위한 뜻이 있다. 바로 이런 이유로 초간의 亡은 다른 문장을 고치지 않고도 無(无)로 치환될 수 있었다.

따라서 노자는 無를 대신해 亡을 쓴 것이 아니다. 더욱이 초간에는 㝱도 2회 쓰여 있다. 그것도 甲本에 1회, 丙本에 1회 쓰여, 〈노자〉의 亡은 㝱와 다른 의미로 쓰였음을 증명한다. 까닭에 학계에서 통용되는, 초간의 亡이 無와 같고, 그런 뜻이라는 해석은 수긍할 수 없다. 만약 학계의 주장처럼 亡이 '무'의 뜻이라면 2회 쓰인 '무'에 대해 객관적이고 합리적인 설명을 하는 것이 먼저다.

즉, 갑본 제15편-①장에는 亡事와 㝱事, 둘 다 쓰여 같은 의미가 아님을 말해주고 있다.(丙本은 其㝱昧也) 즉 亡과 無(舞) 모두 갑골문부터 쓰였던 글자임을 감안하면 개념을 달리 쓴 것이다. 철학서는 더욱 세밀하게 의미를 파악하는 것이 중요하다고 생각한다. 까닭에 亡을 無로 고쳐서는 안 된다는 것이 저자의 생각이다. 따라서 백서 이하 '무'로 쓰인 것은 개작일 뿐, 노자의 글자가 아니다. 자전 속 '무'에 대한 설명이다.

1. 㝱 ; 會意며 篆文부터 쓰였다. 나무가 잔뜩 우거진 것에서 우거질, 무성함을 나타낸다. '없을 無'와 同字다.
2. 舞 ; 상형의 갑골문부터 쓰였다. 사람이 장식이 있는 소매를 달고 춤추는 모양을 형상화하여, '춤'의 뜻을 나타냈으나, 이것이 없다[無]는 뜻으로 假借되어 갔기 때문에, 좌우의 다리의 象形인 舛천을 덧붙여 구별했다.
3. 無 ; 假借로 갑골문은 舞의 글자와 同形.
4. 无 ; 指事로 無의 奇字. 无는 이 춤추는 사람의 象形의 생략체로, '없다'의 뜻을 나타낸다.

※ 초간 속 '무'는 㝱로 쓰였다. 자전의 뜻은 '우거질 무'이나, 어원을 참고하여 정리하면, 초간에서는 무당이 양손에 소나무 가지 같은 산가지를 들고 악귀나 액운을 물리쳐 털어내는 뜻에서 '없애고, 없다'는 뜻으로 쓰였다고 해석한다.

제6편 - ①장

[원문]

[해독]

江海所以爲百{谷水}王 以其能爲百{谷水}下 是以能爲百{谷水}王
강해소이위백 {곡} 왕 이기능위백 {곡} 하 시이능위백 {곡} 왕

聖人之在民前也 以身{後止}之 其在民上也 以言下之
성인지개민전야 이신 {후} 지 기개민상야 이언하지

其在民上也 民弗厚也 其在民前也 民弗害也
기재민상야 민불(후)야 기재민전야 민불해야

天下樂進而弗詁 以其丕静也 古天下莫能與之静
천하락진이불첩 이기비정야 고천하막능여지정

  강해가 온갖 계곡물의 왕이 되는 까닭은, 능히 수많은 계곡물들의 아래가 되는 그것으로써 이니, 이 때문에 온갖 계곡물의 왕이 됨이라.

  (귀 기울여 다스리는) 성인이 백성 앞에 있는 것이다 함은, 몸으로 뒤처져 섰고, 그(성인)가 백성들 위에 있는 방법은, 말로써는 아래로 갔음이다.

  그가 백성들 위에 있는 것이다 함은 백성들(의 느낌)이 두터움(같은 무게감이나 의식)을 떨었다 함이고, 그가 백성들 앞에 있는 것이다 함은 백성들이 해로움을 떨었다 함이라.

聖人은 천하에서 견줄 자 없는 王이다

천하는 즐겁게 나아갔을 뿐 (성인에 대해 불평의) 잔소리를 떨었으니, (성인이 있을수록) '고요함이 커지는' 그것으로써 이다 함이라.

옛날, 천하엔 (강해와 같은 성인과) 능히 비교할 만큼 고요한 것은 없었다.

[해설]

이 6편 6개의 장은 앞서 나온 1~5편의 글을 받아서 잇는 글이 아니다. 노자가 본론에 들어가 적극적으로 자신의 주장을 펼치기에 앞서, 주장의 당위성을 어떻게 부여할 것인가를 생각한 결과물로, 노자 당시를 기준으로 앞서 살았던 인물들의 삶과 언행들을 먼저 언급한 후 이러한 삶이 곧 무엇인지를 정의하고 당시의 侯王에게 당부하는 6-⑥으로 마무리 짓는 본문의 서론이다.

즉 〈노자〉는 정치를 논한 논문형식의 글이며, 본 6편 6개의 장은 옛날 높은 안목과 혜안으로 바른길을 살았던 인물들의 삶과 다스림(言行)을 열거하여, 앞으로 전개될 노자 철학의 다스림(과 삶)의 당위성을 부여하며 또 예측할 수 있도록 '미리' 보여주는 도입부 역할을 한다.

강해가 백곡의 왕이 되는 까닭은 능히 그들의 아래가 되는 그것으로써다.

노자 철학은 자연관이다. 순리다.

따라서 노자 화법의 특징은 자연의 모습을 예시물로 말하는 경우가 많다. 이 장은 江海를 들어 성인의 다스림(삶)을 이야기하고 있다.

노자가 보는 江海는 온갖 계곡물들의 王이다. 왜 그런가? 강해는 온갖 계곡물들의 가장 아래에서 살고, 머물고, 짓기 때문이다. 바로 그러한 이유 때문에 온갖 계곡물을 아무 조건 없이 받아 수용하고 함께할 수 있다. 聖人은 자연물의 江海와 같은 王(과 같은 지도자)이다. 즉, 논밭을 가꾸며 삶을 살아가는 뭇인 외눈박이들(民)을 살며 이끌어 가는 道를 깨우친 지도자다.

물론 초간에서 聖人을 王이라고 말한 글은 없다(도덕경은 聖人之治가 있다). 그러나 江海를 王이라고 해놓고, 이어 聖人이 언급되는데도 聖人은 왕이 아니라고 주장한다면 〈노자〉를 내놓지 않는 것이 좋다. 노자의 필법을 전혀 몰라 100% 다르게 해석할 것을 예비한 것이나 다름없고, 이런 관점의 해석서는 이미 나왔기 때문이다.

천하는 聖人만이 江海와 같다.

그래서 자연물의 왕인 江海처럼 성인도 행동한다. 다만 자연물인 온갖 계곡물의 王인 江海와 인간 세상의 강해인 聖人은 조금 다를 수밖에 없다. 지도자란, 강해와 달리 '이미' 위에 있고 '이미' 앞에 있기 때문이다. 백성의 앞에 있고, 백성의 위에 '이미' 있을 수밖에 없는 성인은 백성들의 아래가 되고, 뒤가 될 수는 없는가? 있다. 그것은 성인의 言行으로 나타난다. 즉 백성의 앞에 있어도 몸을 위한 재물의 축적은 순번이 가장 뒤, 그것도 멀찍이 뒤처져 따라올 가능성조차 보이지 않게 멈춰있고, 또 고귀함은 가장 꼭대기 위에 있었지만 말은 아래로 두는 것이다. 그것은 곧 성인이 뒤로 또 아래로 두는 삶(治)을 펼쳐, 아래인 民들이 성인에 대해 해롭다 함도 떨어버리는 것이요, 거추장스럽게 생각하거나 임금이라는 무게로 느끼는 두터움도 떨어버리는 것을 의미한다.

옛날 천하에는 성인만큼 고요함이 큰 인물은 결코 없었다.

聖人만이 亡名(이름을 잃어)을 사냥하여 無事(일을 털어버렸고), 亡爲(짓기를 잃었다)할 수 있었고, 그랬기 때문에 고요함을 지켜낼 수 있었던 것이다. 꼭지의 고요함은 퍼지고 퍼져 온 천하에 펼쳐진다. 이리되면 온 세상의 만백성(天下)은 樂進而弗訪 즉 큰 북치고 방울 울리며 즐거이 나아갔을 뿐, 성인에 대해 분분한 해악질을 떨쳐냈으니, 그 까닭은 곧 以其丕靜也 즉 성인이 백성의 앞(前)에 그리고 우(上)에 있을수록 고요하니, 그 고요함으로 천하 또한 고요함이 커져만 가는 그것으로써라 함이다. 정리하면 백성들이 '낙진이불첩' 하는 것은 천하에 견줄 자 없는 성인의 고요함으로 말미암아 천하도 그리되는 것이다. 이러한즉 성인의 그 고요함은 천하에서 가장 높다. 까닭에 그런 성인과 어깨를 나란히 할 만한 인물은 그 천하에 없었을 것임은 당연한 귀결이다.

《 聖人 》
초간에서 최초로 聖人이 나왔다. 이후에도 몇 차례 더 언급이 된다. 聖人의 정의는 초간에서 아주 중요한 부분이나 노자가 따로 설명을 하지 않아 여러 의견이 있을 것이다.

초간 본 문장을 보면, 백곡의 왕인 江海를 언급한 이후 바로 聖人의 문장이 쓰여 있어 聖人은 王이어야지 다른 생각을 해서는 안 된다. 한편 성인이 왕이라면, 이미 가장 높이 있는데 뒤, 아래 머문다는 것은 몸이 둘이 아닌 이상 동시에 있다는 말은 틀리고, 처세법으로는 가능한 말이나, 왜 성인이 그런 처세를 하겠는가 또 노자가 왜 성인의 처세법을 말하겠는가 하고 반문하면서 이 장의 뜻 '음적, 추상적, 상징적 경지'라고 보는 관점도 있어 언급한다.

노자가 말하는 聖人은 당시의 인물이 아니라 과거의 인물이자 萬人의 王으로, 세상에서 견줄 자 없었던 그의 삶(정치와 삶)을 언급한 것이다. 의도는 노자가 앞으로의 정치철학을 펼치기 위한 전제의 글로 사용한 것이다(6-⑤는 古聖人의 문장이 있고, 성인이 쓰인 문장 중 15-①을 보면 '옛날'이어야 한다). 이유 불문하고, 첫 줄에 江海를 百谷의 王으로 묘사하고 성인이 이어지는 것은 王을 의미한다. 둘째, 몸과 말로써 뒷섬(뒤따름)이나 아래에 두는 것은, 일시적이거나 먼저가 아니라 일상적이며 결국이다. 즉 처세가 아니라 삶이다. 이는 道를 깨우친 사람이기 때문이다. 셋째, 노자는 天下가 전후 고하 선후가 있을지라도 이는 모습(名)이지 그 이상도 이하도 아니라는 것을, 후왕과 당대의 지배계층 사람들(智, 人), 그리고 무력으로 왕위를 차지하고자 하는 자({虍壬})들에게 설명하는 것이다.

따라서 聖人은 낮은 경지의 인물이 아니라 이미 道를 깨우쳐 體現된 사람으로 삶이 道·悳이었던 인물이다. 후에 나오지만 노자가 말하는 道는 可以"天下之母인 道"요, 인간에게는 "깨달음의 道"일 뿐만 아니라, 萬勿(인간)에 대한 깨우침의 道다. 그래서 천하는 道를 깨우친 이가 다스려야 한다는 것이 노자의 생각이다. 그 예시가 이곳 6편에 나오는 聖人과 같은 인물의 행적인 것이다.

[고문자 해독]

1 {谷水}; 상谷하水 꼴로 골짜기(谷) 아래에 물(水)이 흐르는, '계곡, 계곡물 곡'자다. 字源에는 谷이 '계곡 谷'으로 설명되어 있고, {谷水}은 나오지 않는 글자다. 초간은, 谷이 오늘날 欲을 뜻해, '계곡 또는 계곡물'의 의미로 {谷水}를 쓴 것이다.

2 以其; '그것으로써 이다'로 번역되는 강조 어구다. 빼도 말이 된다.

3 聖; '귀 기울여(耳) 하늘의 계시 혹은 백성의 말을 듣는(口) 과업을 맡은(壬) 이'다. 字源 해설은 壬이 '발돋움한 사람의 상형'으로 나와 '귀를 곧추세우고 神意를 잘 들을 수 있는 사람'이다.

4 亓(其); 밑에 다리가 달린, 물건을 얹어 놓는 받침을 뜻하며, 其의 옛 글자로, 漢字에서 대표적인 지시사다. 해석서를 보면 보통 체언을 꾸며주는 관형사 '그'로만 표현하는데, 저자가 초간을 해석한 바로는 지시대명사 '그(것)'의 뜻이 더 바른 해독이었다.

5 才(在); 갑골문부터 사용되어 '재주 才'고, '있음, 존재 在'의 뜻이다.

6 {后毛}(厚); 상后하毛 꼴로 토지 신, 임금(后)의 털(毛)이고 이처럼 거추장스럽고 갑갑한 것을 뜻하거나, 혹은 '두터울 厚후'의 古字인 垕의 이체자로 본다.

7 詀; 점(占)에 대해 분분히 말(言)할 '첩(점, 참)'이다. 잔소리할 첩이고,

수다스럽고 교묘한 말, 속이고 희학질할 점이고, 실없는 농담 참이다.

8 조; '클 비'로 大와 같이 '크다'의 뜻이지만 조는 대부분 서술어의 자리에 위치한다. '丕불'은 볼록 부푼 씨방을 본뜬 모양에서 '부풀고 큰'의 뜻을 나타내는데, 不이 부정사로 쓰이게 되자 '一'을 덧붙여 그것과 구별했다.

9 丕靜; '고요함이 커진다'는 뜻. 백서 갑부터 초간의 丕는 사라지고 대신 대부분 不로 바뀐다. 이 문장도 백서 갑이 无靜으로 바뀌니, 내용상 전혀 어울리지 않는 표현이 된다. 이에 백서 을이 无爭으로 고치고, 통용본에서 不爭으로 정리됐다.

10 也; 어조사 也는 보통 변하지 않는 불변의 상태를 설명하면서 '함이다, 함은'이라고 확인하여 말할 때 쓰이는 어미 조사다. 즉 (주어+서술어) 절을 만들면서 의미적으로는 '단정, 결정, 정의'의 뜻을 갖는다. 특히 설명의 뜻을 밑바탕에 깐다.

11 {牙卄}(與); 상牙하卄의 꼴로, 與에서 양손의 꼴인 臼가 빠진 與의 옛 글자나 이체자로 볼 수 있다. 다만 초간에서는 與에서 파생된 비교, 대조의 의미(견주다, 어깨를 나란히 하다)는 {牙卄} 꼴로 쓰고, 더불다, 함께 하다는 뜻은 양손을 (臼) 더한 與의 꼴로 구분해 쓴 것으로 풀었다.

[백서 이하 비교]

앞서 이야기했듯 초간은 여기서부터 시작하여 총 6개의 장으로 나누어져, 그것이 하나의 篇편을 이루면서 큰 大綱을 나타낸다. 그것은 높은 혜안과 안목으로 바른 길{彳人亍}을 걸었던 聖人을 비롯한 賢者들을 통해, 천하가 해악질을 멀리하고 즐거이 살아가는 태평성대를 보여주어, 바른 행위라는 것이 무엇인지 정의를 내리는 것으로 마무리하는 글이다. 즉 노자가 꿈꾸는 세상을 살았던 先人의 先行의 글이다. 반면 백서 이하는 {彳人亍}인을 道로 바꾸면서 이 하나의 편을 6개의 장으로 각기 나누어 여기저기 위치 시켜 노자가 말하고자 한 뜻—先人의 政治術—을 숨겨 버렸다.

앞이 한 절로 하나의 편을 이루어 5개의 편을 나눈 反面에, 여기는 무려 6개의 장이나 되는 장편의 글을 묶어 하나의 편으로 놓은 가장 주된 이유는 이 제6편은 이미 살다 간 先人의 바른 삶을 소개하는 것을 모티브로 한 글이기 때문이다. 즉 노자가 정치철학을 논하기에 앞서 자신이 주장하고자 하는 철학의 合理性을 높이는 차원에서, '이미' 노자 전에 聖人과 같은 賢者들은 '앞으로 노자가 주장할' 깨우침으로 바른 삶(정치와 삶)을 살았다는 것을 보여주는 곳이다. 그것이 {彳人亍}인이다. 즉 제6편은 {彳人亍}이라는 소재로 묶여있기 때문에 이 6개의 장을 하나로 하여 한 개의 편으로 나눈 것이다.

초간 제6편 6개의 장은 백서 갑부터 깨달음의 글로 변질된 까닭에, 본 6개의 장이 가장 왜곡이 심하고 논리적 모순성이 많다. 백서 갑이 깨우쳐 體化된 聖人의 행실(다스림)의 글을 깨우침의 글로 바꾸었지만, 그래도 우리는 이 초간이 발견되기 전까지는 알아채지 못했다. 그만큼 노자의 정치는 철학적이다.

통용본 제66장

江海所以能爲百谷王者 以其善下之 故能爲百谷王.
是以欲上民必以言下之 欲先民必以身後之.
是以聖人處上而民不重 處前而民不害.
是以天下樂推而不厭. 以其不爭 故天下莫能與之爭.

강과 바다가 능히 백곡의 왕이 되는 것을 생각한바, 완벽히 아래로 향하는 그것으로써 이다. 그러므로 능히 백곡의 왕이 되는 것이다.

이렇기 때문에 상민(上民)을 하고자 하면 반드시 말로써 아래로 가고, 선민(先民)을 하고자 한다면 반드시 몸으로써 뒤로 가야 한다.

이렇기 때문에 성인은 (백성의) 위에 있으면서도 백성은 무거워하지 않았으며, (백성의) 앞에 머물면서도 백성은 해롭지 않았다.

이렇기 때문에 천하가 (성인을) 즐거이 밀 뿐 싫어하지 않았다.

다투지 않는 그것으로써다. 까닭에 천하가 능히 이와 더불어 다툼이 없었다.

백서 갑 (제45장)

[江]海之所以能爲百浴(谷)王者 以其善下之, 是以能爲百浴王
是以聖人之欲上民也 必以其言下之 其欲先[民也] 必以其身後之 故居前而民弗害也 居上而民弗重也 天下樂隼(推)而弗猒(厭)也 非以其无靜與 [故天下莫能與]靜(爭)³¹

백서 을

江海所以能爲百浴(谷)[王者 以]其[善]下之也 是以能爲百浴王
是以{耳口}人之欲上民也 必以其言下之 其欲先民也 必以其身後之 故居上而民弗重也 居前而民弗害 天下皆樂誰而弗猒也 不以其无爭與, 故[天]下莫能與爭

---

31 [江]처럼 [ ]표의 글자는 훼손되어 없는 글자며, 이는 [훼멸]로도 표현했다. 靜(爭)처럼 표현된 글자는 백서에는 靜이나 高明이 통용본을 참고하여 爭으로 해석했다는 뜻으로, 각 문장에서는 靜, (爭), 또는 靜(爭)처럼 표현되어 있다. 이하 같다.

백서 갑부터 문장의 변화가 뚜렷하다. 저자가 백서 甲, 乙을 같이 본 바로는, 바뀐 단초는 대부분 백서 甲부터였다(현재 발굴된 자료에 기준한다. 초간 丙本의 異本민 봐도 개직은 진본〈노자〉의 탄생 직후부터로 보인다). 저자는 의도적 개작으로 보나, 의도적인 것이 아니라면 그것은 '클 丕'를 不과 정확히 구분하지 못한 것에서 시작한다.

0. 江海所以爲百{谷水}王 以其能爲百{谷水}下 是以能爲百{谷水}王
1. [江]海之所以能爲百浴(谷)王者, 以其善下之, 是以能爲百浴王.
2. 江海所以能爲百浴(谷)[王者, 以]其[善]下之也, 是以能爲百浴王.

1.2. 강해(인 것1)이 능히 온갖 계곡물의 왕인 자가 됨을 생각한바, 완벽히 (누구나 좋게) 아래로 가는 그것으로써다. 이 때문에 능히 온갖 계곡물의 왕이 된다.

글자의 첨삭은 〈노자〉 어디나 있어 세세히 모두를 언급하기는 지면상 어려웠다.

백서를 초간과 비교하면, 중간 以亓能爲百{谷水}下(능히 백곡의 아래가 되는 그것으로써다.)부분이 以其善下之로 바뀌었다. 앞 문장이 있어 뜻이 흐트러지지는 않았지만 중요한 것은 문장을 통째로 바꾸었다는 것이다. 그리고 그 시점이 바로 백서 갑부터라는 것이다. 이 장의 靜(고요함)처럼 간간이 甲은 초간의 글자를 따르고, 반면 乙에서 통용본의 글자가 보이는 것은, 서술어 등을 고친 상태에서는 초간의 글자를 그대로 사용한 甲의 문장이 내용상 맞지 않아서 乙이 고친 것일 뿐이다.

0. 聖人之在民前也 以身{後止}之 其在民上也 以言下之
   其在民上也 民弗厚也 其在民前也 民弗害也
1. 是以聖人之欲上民也 必以其言下之 其欲先民也
   必以其身後之 故居前而民弗害也 居上而民弗重也
2. 是以(聖)人之欲上民也 必以其言下之 其欲先民也
   必以其身後之 故居上而民弗重也 居前而民弗害

1.2. 이 때문에 성인은 백성 위를 하고자 하면 반드시 말을 아래로 가는 그것으로써며, 그가 백성 앞을 하고자 하면 반드시 몸을 뒤로 가는 그것으로써다. 이런 까닭에 앞에 틀 잡아 머물렀어도 백성은 해로움을 떨었고, 위에 머물렀어도 백성은 무거움을 떨었다.

문장을 보면, 백서 갑과 을의 뒷부분 문장의 위치가 바뀌어 있다. 초간에는 上이 먼저 나와 백서 甲이 바꾼 것을 乙이 돌려놓은 꼴이다. 초간의 글자도 백서에서 첨삭되었으나, 내용상으로는 의미의 변화가 없어 보인다. 그러나 사실 백서가 이런 글자로 바꾼 것은 엄청난 의미의 전환이 숨어있다. 그것은 초간이 '이미' 왕인 성인의 언행을 언급한 글인 반면, 백서는 이것을 숨기고 성인이 江海처럼 王이 되고자 한다면(欲) 반드시 말과 몸을 아래로 뒤로 해야 한다는 꼴로 바꾼 것이다. 즉 성인은 '이미 살다 간 왕'을 뜻하는데, 백서가 성인(왕)의 재목감이 되려면 그렇게 해야 한다는 식으로 바꾼 것이다.

이런 까닭에 백서 이후는 성인이 언제의 인물이며, 과연 누구를 말하고, 지위가 어디인지, 도저히 특정할 수 없는 글로 되어버린다.

0. 天下樂進而弗詁 以其丕靜也 古天下莫能與之靜_-
1. 天下樂隼而弗猒也. 非以其无靜與, [故天下莫能與]靜.
2. 天下皆樂誰而弗猒也. 不以其无爭與, 故[天]下莫能與爭.
3. 是以天下樂推而不厭. 以其不爭 故天下莫能與之爭.

1. 천하는 즐거이 송골매처럼 날아갈 뿐 싫어짐을 떨었다. 고요가 없는 그것으로써가 아닌가? 까닭에 천하는 능히 고요와 함께할 것이 없었다.
2. 천하는 즐거이 작은 새의 지저귐처럼 칭송했을 뿐 싫어지기를 떨었다. 다툼이 없는 그것으로써가 아닌가? 까닭에 천하는 능히 함께 다툼이 없었다.

마지막 부분은 중요한 글자들이 바뀌었다. 그러다 보니 초간의 정확한 노자의 뜻이 드러나지 않고 묻혀버렸다. 더욱 중요한 것은 노자의 명확한 필법이 사라져 버린 것이다.

먼저 노자가 江海를 백곡의 王이라 본 것은 백곡의 下(아래)가 되는 그것으로써 이나, 좀 더 들어가면 靜(고요함) 즉 다툼이라는 것이 푸를 정도로 투명해져 버린 상태 즉 완벽한 고요(어울림)의 상태를 생각한 것이다. 그래서 마지막에 靜이라는 글자를 2회나 사용하여 마무리를 하고 있는데, 甲은 靜을 썼으나 丕를 无로 고침으로써 문장이 '고요함이 없는 그것으로써가 아닌가?'로 번역되어 초간의 '고요함이 커지는 그것으로써라 함이다'와 정반대의 뜻으로 가버렸다. 이런 까닭에 乙부터는 靜이 사라지고 문장에 맞게 爭(다투다)을 사용한 것이다. 이는 문맥은 되나 완벽한 노자 이론의 중심 글자인 靜이 없어지고 다투지 않는다는 不爭으로 대체하여 격을 낮추었다. 또한 '고요함이 커지다'가 '다툼이 없다'가 되어, 노자가 정치철학으로 지도자와 후왕에게 어떤 다스림을 펼쳐야 한다고 내심 드러낸 뜻을 알 수 없게 만들었다.

　초간과 백서 이하 글과 가장 다른 것이 무엇이냐고 묻는다면, 〈노자〉는 백서의 不爭(다투지 않다)처럼 불특정 방향이 아니라 丕靜(고요함이 크다)처럼 명확히 뜻과 방향을 제시하였고, 대상을 특정했으며, (주체가 생략된 의미가 아니다) 시점을 분명히 했으며, 사용하는 글자가 너무나 격이 높다는 것이다. 앞으로 많은 연구가 있을 것이다.

　초간 '천하낙진이불첩'은 백서 갑·을, 그리고 통용본까지 글자가 다르다. 큰 틀로는 통용본까지 뜻이 통한다고 할 수는 있으나, 대상이나 뜻이 초간본처럼 명확하지가 않다. 그렇게 고치고 고쳐 통용본처럼 '시이천하낙추이불염'이 되었으나, 推(성인)와 進(천하 백성)은 대상을 바꿔버린 결과를 낳았다.

　그러면 오늘날의 통용본과 같은 문장으로 된 가장 큰 시발은 어디에 있을까? 앞서 언급했듯 조를 잘못 옮긴 백서 갑에서 시작한다. 초간의 以其丕靜也古天下莫能與之靜의 丕靜이 甲에서 无靜으로 바꾸었으나, 앞·뒤 문장과 도저히 문맥이 이어지지 않아 靜을 버리고 乙이 爭을 취하여 无爭으로 바꾸었고, 최종적으로 통용본에서는 不爭이 된 것이다. 기타 초간과 비교하여 厚는 重(무겁다)으로 바뀌고 초간의 之는 백서에서 사라졌다가 통용본에서 다시 살아났고, 古는 모두 故로 바뀌었다.

제6편 - ②장

[원문]

[해독]

皋莫厚虖甚慾, 咎莫{僉井曰}虖欲得, 化莫大虖不智足
죄 막 후 호 심 욕   구 막   {첨}   호 욕 득   화 막 대 호 부 지 족

智足之爲足 此恒足矣、
지 족 지 위 족   차 항 족 의

매운 벌로는 심한 탐욕을 (매섭고) 두텁게 놀래킬 수 없고,
책망으로는 (얻고자 하는) 욕망을 (온 사람이 모여(僉) 우물 속에 외치듯(井)
전하는(曰)) 한목소리만큼 놀라게 할 수 없다.
(또) 교화에는 지혜롭다고 하는 자들이 足해하지 않음을 크게 놀래킬 게 없다.
(까닭에) 지혜롭다고 하는 자들의 족함은 (스스로) 足을 삼는 것이니, 이는
영원한 족함이 아니겠는가!

[해설]

이 장은 모든 욕망의 끝은 자기가 足할 때만이 '멈춤'이 가능하다는 것을 말한
다. 즉 '足함만이 끝이 있다'는 것을 말하고자 함이다. 다만, 노자가 足의 대상으
로 삼은 것은 인간 일반이 아니라 지배계급인 사람(人)들 중에서도 권력의 상층
부를 구성하는 안다 하는 자(智)만을 염두에 둔 말이다(오늘날은 '모두'다. 이하

초간 노자와 그 밖의 노자

같다). 특히 번역과 해석에 주의를 기울여야 할 문장은 후미의 化莫大唬不智足으로 이 번역을 대충 하면 노자의 정확한 뜻을 읽을 수 없게 된다.

매운 벌과 책망도 결코 완벽히 바꿀 수 없다.

인간의 눈이 뒤집히는 욕망이 있다면, 그런 자에게는 두텁게 내리는 매운 벌이나 무서운 책망 같은 것으로도 근본적인 마음의 문제를 바로잡거나 돌릴 수는 없다. 신분의 高下 재물의 貧富를 막론하고 마음이 멈추지 않는 욕망에는 만족이 있을 수 없다.

노자 당시의 외눈박이들(民)이나 지배계층 사람(人)들, 그리고 智(지배층)들도 마찬가지다. 다만 정치와는 무관하게 땅을 일구고 가정을 돌보며 살아가는 사람들(民)은 그렇게 큰 파이에 관심이 없이 소소한 것에 만족하며 살아가는 것들이다. 따라서 그들과 직접적으로 접하며 행정을 베푸는 智(지배층)가 욕망을 드러내 괴롭히지 않는다면 자잘한 행복으로도 足하다. 설령 足해하지 않는다고 해도 쉽게 인도할 수 있다. 왜냐하면, 그들은 낫 놓고 ㄱ자도 모르는 무식에 가까운 순수함이 있기 때문이다(지금은 아니다).

모든 것은 세 번째, 즉 수많은 권세와 권력을 누리는 많이 안다고 하는 자(智)들의 탐심이나 욕망과 같은 만족할 줄 모르는 것이 문제다. 이들에게는 敎化도 마찬가지다. 智(안다고 하는 지배층)들은 쌓아도 올라가도 내 파이가 더 적다고 느끼는 것과 같이 언제나 부족하게 여긴다. 깨달음은 없고 출세를 위한 끌어올리기만 좋아해 욕망만 가득하니, 힘센 자가 순간의 억눌림으로 富貴 등을 억누를 수는 있겠지만, 이는 근본적인 해결책이 아니다. 잠시 주변 상황에 의해 수면 아래로 숨어있을 뿐, 호시탐탐 기회만 노린다.

결국 노자의 결론은 오직 하나다. 그것은 智足之爲足 즉 안다고 하는 자들의 끝이란 오직 스스로 충분하다고 짓고, 삼고, 만들고, 꾸미는 것이다. 바로 이것만이 끝이 있는 만족이라는 것이다. 다시 말하지만, 그들은 가난한 자들이 아니라 노자 사회의 권력층이다. 노비를 거느리고 3經을 말하고 論하며 풍악을 즐기는 富貴를 누렸을 것이다. 그래서 스스로 足해하지 않는다면 매서운 벌이나 책망이 아닌 교화라는 수단도 헛수고일 뿐이다.

교화도 지배층의 욕망을 막을 수 없으니, 오직 自足만이 끝이 있다.

이 글을 쓴 의도는 모든 욕망의 끝은 결국 자기가 足할 때만이 가능하다는 뜻이다. 한순간의 변화라 해도 그렇게 보일 뿐, 어떤 상황이 되면 다시 원상태로 돌아가 버리기 때문이다. 병이 再發하는 것이나 매 한 가지다. 그럼 남는 문제는 크기의 차이다. 智들은 '파이가 다 다른데' 하고 이야기할 것이다. 노자는 그 부분을 제10편에서 '{구}절우명'으로, 제8편에서 固有性으로 설명하는 것이다.

글 노자에서 소소한 백성들(民이하)은 따르는 자들이고, 작은 즐거움에도 만족할 줄 아는 부류다. 반면 글자(漢字) 좀 알고 배우고 익히는 자들은 지배집단이면서 욕망을 키우는 부류다. 당연히 불만은 그 욕망을 키우는 집단에서 나오고 나라가 시끄러운 것은, 그들이 兵器를 들고 일어나 나라와 백성을 어지럽히기 때문이다.

이곳의 글은 우선 범위에 있어, 나라 밖 전쟁을 상정한 것이 아니라, 나라 안에 관한 것이다. 대상에 있어서는 인간 다수의 보편적 탐욕을 이야기한다고 볼수도 있겠으나, 그것은 앞의 2개의 절(辠와 咎)에서는 가능하다. 그러나 3절에 등장하는 배움을 끌어올리려는 안다 하는 자(智)들이 나오는 경우는 다수의 보편적인 이야기에서 소수의 특수한 계층에 대한 이야기로 바뀐다. 그들은 지배층을 이루고 있으면서, 배워서 끌어올린 자요, 또 끊임없이 학식을 쌓고 쌓아 올리려는 자들이기 때문이다.

[고문자 해독]

❶ 辠; 허물 '죄'로 罪의 古字다. 전문부터 쓰였으며, 辛은 형벌로서의 침의 상형으로 죄의 뜻이며 自는 코의 상형이다. 죄인의 코에 형벌을 가하는 모양에서 '죄'의 뜻을 나타낸다.

❷ {后丂}(厚); 상后하丂 꼴로, '두터울 厚후'의 古字인 㢅후의 이체, 유사자다.

❷⁻¹ 厚; 벼랑처럼 높은 성곽에서 내리는 임금의 보살핌 또는 은혜로 '두터움'을 뜻한다.

❸ 咎; 신에게서 사람(人)에 이르는(各) 재앙. 허물(罪), 책망 '구'다.

❹ {僉井曰}; 상僉중井하曰 꼴로, 많은 사람들이 말하는 입을(兄兄) 하나로 합한다, 맞춘다(亼집)는 뜻의 僉첨 아래 우물 틀처럼 틀 잡아(井) 말한다(曰) 볼 수 있는 중井하曰 꼴이 붙어 있어, '온 사람이 한목소리로 말할 첨'의 뜻으로 푼다.

❹⁻¹ 僉; '여러, 모든 사람 첨'이다. '亼집'은 合 등과 통하여 '합치다'의 뜻. 兄은 사람이 입으로 말을 하다의 뜻. 많은 사람이 입을 맞춰 '말하다'의 뜻을 나타냄.

❺ 谷(欲); '하고자 할 谷욕'으로, 오늘날 쓰는 欲의 原字이거나 古字다. 초간에서 谷이 골짜기(계곡)의 뜻을 나타내는 것은 6-①에서 보았듯, 다른 글자(水)와 합쳐져 {谷水}처럼 쓰인 경우뿐이다. 따라서 초간에 나오는 모든 谷은 '하고자 할 欲'의 의미다.

❻ {貝又}(得); 상貝하又의 꼴로 '얻을 得'의 古字다. "조금 걸을 彳척" 변이 없다.

7 化; 좌, 우의 사람이 점대칭으로 놓여, 사람의 변화 곧 죽음에서, 일반적으로 '바뀌다'는 뜻을 나타낸다.

8 亙(恒); 갑골문부터 쓰여 恆의 古字며 恒은 恆의 俗구다. 甲骨문과 金文은 달이 천지 사이를 운행하는 모양을 본떠, 달이 규칙적으로 엄숙하게 건너는 것이 영원불멸하다의 뜻을 나타낸다. 한편, 古文字는 하늘과 땅 사이의 법칙(二) 밖(外)이라는 꼴로 되어, '영원함'을 나타낸다고 보나 字源의 풀이는 이렇게 되어있다. 초간에는 恒 또는 常은 쓰임이 없다.

[백서 이하 비교]

통용본은 덕경 제46장의 일부로 쓰였다. 초간과 비교하여 글자의 첨삭이 심하다. 문장에서 처음 3개의 예시문 중 첫 절 '죄막후호심욕'은 백서본에서는 살아 있지만, 통용본에서 빠졌다. 아마도 이 문장을 살리기에는 다른 2개의 문장과 달리, 만들어 쓴 문장과 어울림이 적다고 판단한 것이다. 그리고 초간에 없는 문장 '천하유도… 융마생어교'가 백서 갑부터 들어와 있다.

통용본 제46장 (下)

天下有道 卻走馬以糞. 天下無道 戎馬生於郊.
禍莫大於不知足 咎莫大於欲得. 故知足之足常足矣.

천하에 道가 있다면 똥을 쓰고자 달리는 말(주마)을 멈춘다.
천하에 道가 없다면 병마(융마)가 성 밖(변방)에서 살 것이다.
禍(불행)는 족함을 알지 못하는 것보다 더 큰 것은 없다.
허물(재앙)은 (무엇을) 얻고자 하는 것보다 더 큰 것은 없다.
그러므로 족함을 아는 足은 늘 족하니라.

백서 갑 (제13장)

天下有[道 卻走馬以糞. 天下无道 戎馬生於郊.
罪莫大於可欲 {戤心}(禍)莫大於不知足 咎莫大憯於欲得. [故知足之足] 恒足矣.

백서 을

[天下有道 卻走馬[以]糞. 无道 戎馬生於郊.
罪莫大於可欲 禍[莫大於不知足 咎莫大於憯欲得]. [故知足之足 恒]足矣.

초간의 原意는 문장의 뒤에 나오는 人(지배계급)중에서도 智(안다고 하는

자)를 대상으로 말을 하고 있는데, 甲에서 知(알다)로 고쳐 노자가 말하고자
하는 대상을 감춰버렸다. 문장을 새롭게 넣어, 일반 모든 사람에게 해당하는
글로 만들어, 지도자의 교육용 지도서로 바꾼 것이다.

0. 辠莫厚唬甚慾, 咎莫{僉井曰}唬欲得, 化莫大唬不智足 智足之爲足 此恒足矣
1. 罪莫大於可欲 (禍)莫大於不知足 咎莫大憯於欲得. [훼멸] 恒足矣.
2. 罪莫大於可欲 禍[훼멸] 足矣.
3. 禍莫大於不知足 咎莫大於欲得 故知足之足常足矣.

1.2. 죄는 하고자 할 수 있음보다 큰 것은 없다. 禍(죄, 재앙, 불행, 재난)는 족을
알지 못함보다 큰 것은 없다. 허물(책망)은 얻고자 함보다 憯(비통, 슬픔, 무
자비함)이 큰 것은 없다. 까닭에 족을 아는 족은 영원히 족하지 않겠는가?

초간의 3개 예시문은 '莫…唬'를 사용하여 '…(호랑이 포효소리처럼) 놀라게
할 게 없다'라는 뜻으로, 생략된 주어가 어떤 대상에게 행위 했을 때의 반응을
의미하는데, 백서 이하처럼 '莫大…於'로 된 문장에서는 주어가 罪가 되고, 禍
가 되고, 咎가 된다는 뜻으로 바뀌어 생략된 주어의 탐욕으로 바뀐다. 그러다
보니 문장상 罪는 禍와 중첩되어 통용본이 빼버린 것이다.

특히, 초간 化莫大唬不智足은 3번 예시문의 자리를 차지해 '교화(바꾸는
것)에는 안다 하는 이가 만족해지 않음을 크게 놀라게 할 게 없다'처럼 번역
되어 의미가 '智가 스스로 만족해하지 않는 상태에서 생략된 주어의 교화 행위
는 智에게 큰 효력을 발휘하지 못한다.'라는 뜻을 담아 마지막 문장으로 연결
되는 역할을 담당하는데, 백서 갑이 주어 化를 화(禍)로 바꾸어 이야기의 대상
이 바뀌어져 버리고, 초간의 의미도 전혀 다르게 흘러가 버렸다. 더욱이 자리
를 3번에서 2번으로 옮겨 마지막으로 이어지는 초간의 깊은 뜻을 끊어버렸다.
당연히 다른 2개의 문장처럼 누구나 뱉을 수 있는 저급한 글이 된 것이다.

통용본에서 없어진 백서의 문장 罪莫大於可欲[죄(매운 형벌)는 욕망할 수 있
는 것(하고자 해도 좋음)보다 더 큰 것은 없다.]은 내용처럼 可欲이 그렇게 막대
한 죄가 될 수 있는 것인지도 의심스러울 뿐만 아니라, 이어 초간의 化를 禍로 바
꾸어 자리도 바꾼 禍莫大於不知足의 문장과는 도긴개긴인 문장이어서 글을 아
는 자라면 당연히 없앨 수밖에 없는 문장이 된 것이다. 번역도 매끄럽지 않아 일
상용어로 사용이 가능한 꼴인지도 의심스럽다(초간은 직역이 훨씬 아름답다).

[쉬어가기] – 化莫大嘸不智足

㉮ 바꿈(변화, 교화)에는 족함을 모르는 자 크게 놀래 킬 게 없다.

㉯ 교화에는 안다 하는 자들이 足해하지 않음을 크게 놀라게 할 게 없다. (저자)

'㉮'의 경우는 不智足을 '족함을 모르는 자'로 번역하여 노자가 말하고자 하는 본 의도를 놓쳐버렸다. 사회의 지배층이요, 여론 형성층이요, 잠재적 다스리는 자인 智(안다 하는 자)만을 가리켜 문제 삼고 있는 것을 '일반 전체'로 의미를 확장했기 때문이다. 不智足의 不은 '않다'로 번역되어져 일반적으로 서술어를 부정한다. 智가 '아는 자'라면 여기서 서술어는 足이 되어져야 한다. 따라서 저자처럼 아니라면 智의 의미를 살려 '족함을 모르는 안다 하는 자'라고 해야 한다.

제6편 - ③장

[원문]

[해독]

以{彳人亍}差人宗者 不欲以兵 侃於天下 善者果而已 丕以取侃
이 {인} 차 인 종 자 불 욕 이 병 간 어 천 하 선 지 과 이 이 비 이 취 간

果而弗㷉 果而弗喬 果而弗{矛命} 是胃果而丕侃 其事好
과 이 불 발 과 이 불 교 과 이 불 {명} 시 위 과 이 비 간 기 사 호

바른 혜안과 삶의 길로써 지배계층(人)의 마루(우두머리)를 가려 뽑을 수 있는 자는 兵(무력)으로써 하고자 않아, 천하에서 신뢰가 강물처럼 흘렀다.

(이처럼) 누구에게나 좋은 자는 (태어난 대로 뽑아)열매 맺힐 뿐 그쳐, 신뢰가 시냇물처럼 흐르는 강직함만을 취함으로써 컸다. (하늘이 준대로 뽑아 앉혀) 열매 맺힐 뿐 짓밟길 떨었고, 열매 맺힐 뿐 높이 우뚝 서 위세 부리길 버렸고, 열매 맺힐 뿐 위협하길 떨었다.

이것은 '과이비간'을 소화함이니, 그것은 서로 좋은 일이다.

[해설]

{彳人亍}인은 오늘날 쓰이지 않는 글자다. 오직 6편에만 3차례 쓰였으며, 백서본부터는 道로 바뀌었다. 道로 바뀌었다는 것은 {인}이 문맥상 道에 버금가는 뜻과 의미를 지닌다는 의미다. 전체적으로 이 장은 善者가 정치술로 무력을 원하지 않고 생긴 대로 열매(果) 맺힐 뿐 강제하지 않아 그것은 서로 좋은 일이었다는 것을 설명한다.

혜안과 바른 삶의 길로써 사람을 가려 뽑을 수 있는 자는 무력을 생각하지 않는다.

속 깊고 바다같이 넓은 혜안으로 바른 삶을 살아가는 길로써(以{彳人亍}) 사람(人)들의 마루(宗)를 가려내어 그들의 우두머리로 삼아 이끌어 갈 수 있도록 뽑아내는({禾又}(差)) 능력이 있는 자(者)는 兵을 사용하려 하지 않는다(不谷以兵)는 것이다. 마치 성경 속 12지파의 지도자를 가려 뽑는 예수님의 권능이 상상된다. 지금이라면 누구나 인정할 수 있는 사람을 각 부처의 수장으로 앉힐 수 있는 대통령의 능력을 말한다 하겠다. 그러한 능력이 있는 자는 어떤다 했는가? 무력 즉 강제라는 것을 쓰고자 하는 생각 자체를 않는다고 했다. 이미 깨달아 그들의 바탕을 보고, 각자의 名에 맞는 그릇 크기만큼인 자리에 임명한 까닭에 전쟁이 일어날 수가 없다. 즉 태어난 그대로의 모습을 지켜 그들이 필요한 곳에 그들을 앉히기 때문에 강제라는 것이 필요하지 않는 까닭이다.

누구나 좋은 자는 열매(果)에서 그치니 그것은 서로 좋은 일이다.

이처럼 누구나 좋은 자(善者)라면 우리는 그를 지도자로 추대해도 좋을 것이다. 그는 하늘이 名한 그릇을 직시하여 머리 숙인 지배계급의 마루(人宗)를 뽑아 앉혔을 뿐, 더도 덜도 않고 멈춘다. (이는 사실 언급할 필요가 없는 말이다. 각자의 名에 맞는 그릇 크기만큼인 자리에 임명했는데, 전쟁이 어찌 일어나겠는가?) 이러한 까닭에 '선자'는 天下에서 믿음이 시냇물처럼 거침없이 흘러넘쳤다. 누구에게 믿음이 강물처럼 흘렀겠는가! 당연히 모두다. 만조백관 이하 모든 백성은 선자에게, 선자는 또 모든 그들에게 이다. 善者는 규정(名)대로 人宗을 그 그릇에 맞게 적재적소에 배치하여 열매(果)를 맺도록 할 뿐 그쳤으므로, 사람과 백성들에게는 믿음이 강물처럼 흘러넘치는 강직함만이 컸었다. 즉, 못했다고 벌도, 잘했다고 상도, 그리고 치적을 드러내 본인이 자랑하지도 않았다는 것이다. 왜냐하면 善者는 당연히 각자의 역할에 맞게 살 수 있도록 했어야지 누굴 탓할 것이 없는 까닭이다. 이것을 노자는 '과이비간'이라고 표현한다. 이는 '사람들을 그릇대로 열매를 맺힐 뿐이어서 以{彳人亍}差人宗者(=善者)는 믿음이 시냇물처럼 흘러가는 신뢰감이 커져감을 소화했다.'는 뜻이다. 까닭에 善者의 행위, 그것은 서로 공평하고 좋은 하늘에 빌어 받아 쥔 일(事)인 것처럼 和睦(어우러져 큰 하나 되기)을 기원하는 일이다.

《 果와 善者 》

① 果는 의미상 각자의 名(그릇)이 담을 수 있는 자신의 결과물(열매)이다. 당연히 그 그릇에 맞게 배치하는 것은 善者의 몫이고 慧眼이어야지 사람(人宗)이나 백성(民)에게 책임을 전가할 것이 아니다.

② 善者(모두에게 좋은 자)는 앞의 以{彳人亍}差人宗者를 일반화한 인물로 같은 의미다. 그는 사람을 가려 適材適所에 배치할 수 있는 인물이다. 만물이 의미체임을 알기에 신뢰(믿음)가 강물처럼 흘러넘치는 侃간 만을 취함으로써 컸다. 이렇기 때문에 남에게 해될 것이 없으니 서로에게 좋다는 것이다. 특히 이 장은 善者가 해야 할 역할이 무엇인지에 대해 정확히 드러난 곳이다.

[고문자 해독]

❶ {彳人亍}; 行가운데 '사람 人' 자가 있는 꼴로 口傳에 '도 인' 자라고 한다. 字典에는 없는 글자이나 古文에는 많이 등장한 듯, 高明의 [고문자류편, p114]에도 갑골문부터 쓰인 것으로 나온다. 字解的으로 봤을 때, 사람(人)이 사거리(行)의 한가운데에 있으니 어디든 멀리 훤히 볼 수 있다는 것이고, 行(거리)의 입장으로 보면 만인의 이정표가 되는 바른 행실이 될 수 있다. 정리하면, {彳人亍}인은 내적으로는 慧眼인 동시에 외적으로는 스스로가 이정표가 되는 바른 행위라고 할 수 있어, '혜안과 바른 행위의 길 {인}'으로 읽는 대신 '도를 깨우쳐 道가 體現된 자 즉 婚道한 자의 혜안과 바른 행실'까지를 일컫는 말로 푼다.
초간 6편 6개의 장 중에서도 셋째(통30), 넷째(통15), 여섯째 장(통37)에서만 쓰였다. 백서 甲 이하 道로 바뀌게 되는데, 이는 {彳人亍}인이 나온 문장이 道로 치환해도 될 만큼 깊은 행실이라는 방증이다.
따라서 口傳에 '도 인'자라고 한 {彳人亍}인은 '道의 亡名함을 알고(깨달음의 道) 몸으로 體化되어(몸에 닦은 悳) 바르게 따르고 실천함(行爲)'을 말하며, 그 사람이 바로 保此{彳人亍}者 즉 '이 {인}'을 지킨 자'다.

❷ {禾又}(差); 상禾(이삭이 고르지 않게 팬 벼의 상형)하又(손가락을 벌려 그 사이에 물건을 끼운 꼴)이며, 又차는 左와 통해 금문 꼴 差의 이체자

다. (字典 참조) '사물이 고르지 않고 제각기 다르다, 또 다른 것과 차별을 지어 가려서 사용하다'는 뜻이다. 백서 갑부터 '다스릴, 도울 佐좌'로 고쳤다. [고문자류편, p13]을 보면, 佐는 초간보다 뒤에 쓰인 글자(戰國時代)로, 글자체가 差와는 전혀 다르다.

❸ 宗; 신사(示)가 행해지는 집(宀), 사당인데, 파생해 '조상'이나 조상을 모시는 '족장, 宗主', '宗家'의 뜻이다. [고문자류편, p384]의 갑골문 및 전문 글자와 유사하다.

❸-¹ 主; 宗은 갑골문부터 쓰인 반면, 백서 甲이하 主는 篆文[32]부터 나온다. 즉 춘추 말에는 主가 쓰이지 않았을 수 있다. 또한 主와 宗은 글자 꼴이 전혀 다르다. 혼동을 가져올 것이 없다.

❹ 以{彳人亍}{禾又}(差)人宗者에서 差人 宗者①와 差 人宗 者②로 번역할 수 있으나, 저자는 ②를 선택했다. 이는 의미상 '지배계층의 우두머리 또는 宗派의 수장을 뽑을 수 있는 것'을 의미한다고 풀었기 때문이다. 만약 宗者가 王의 또 다른 표현이라면 ①도 가능하다. 그리고 以{彳人亍}{禾又}(差)人宗者는 바로 이어지는 글 善者와 동일한 인물이다.

❺ 侃; 川이 二 꼴로 표현된 '강직히 화락할 간'이다.[고문자류편, p16] 믿음이(亻 口=信의 古字) 시냇물(川)처럼 흘러, 그침 없이 왕성하다, 믿음이 막힘없고 거침없이 흐른다, 넘친다는 뜻이다.

❻ 侃於天下의 於를 비롯한 초간의 於는 반드시 모두 '에서'로 풀어야 한다.

❼ {走走又}(發); 上走走하又 꼴로 사방의 풀을 발(止)로 짓밟고(走走) 손으로 헤치는 꼴로(又), '짓밟을, 벨, 제초할 發발'로 풀이한다.

❽ {力高}(喬); 높고 큰 문 위의 누각 지붕(高) 위에 끝이 갈고리 진 창(力)이 걸쳐진 꼴로, 喬교의 금문이다. 여기선 높은 곳에서 위세 부리며 지배한다는 뜻이다.

❾ {矛命}; 좌矛우命으로, '창 들고(矛) 명령(命)하는 위협할 명' 또는 '창 드는(矛) 명령(命) 명'이다. 백서 갑이 불쌍히 여길, 아낄, 자랑할 등의 뜻인 矜긍으로 옮겼다.

❿ 胃; 金文부터 쓰인 글자로 통용본의 謂와 어원이 같다. 초간은 서술어로 쓰여 謂의 의미이나, 謂의 일반적인 의미인 '이르다'의 뜻보다는 모든 음식물을 소화하는 胃의 성질을 따라, '소화하다'의 의미로 푼다.

⓫ 好; 어머니인 여성이 아이를 안고 있는 모양에서, 서로 좋다, 화목하다의 뜻을 나타낸다. 자전에는 갑골문, 금문은 {子女}의 형태로 쓰이다 전문부터 好의 모양이다.

---

32 篆文은 秦나라 이사(B·C284~B·C208)가 만들었다는 글자다. (소전이라고 함)

모두에게 좋은 자는 결과에서 그친다

[백서 이하 비교]

백서 갑부터 초간을 옆에 두고 보아야 할 정도로 위치의 변형이 심하고, 많은 글자가 더해지고 삭제되었다.

초간과 백서를 보면 '이인차인종자'가 '이도좌인주'로, '불욕이병 간어천하'가 '불이병강어천하'로 합쳐지고, 마지막 글 '기사호'가 '기사호환'으로 바뀌어 종결의 뜻이 아니라 문장의 일부분으로 잇고, 대신 '사지소거 초극생지'를 만들어 한 문장을 만들었다. '선자과이이 불이취간'은 '선자과이이의 무이취강언'으로 바뀌고, 3가지의 果로 이어지는 문장은 4가지로 늘리는 대신 핵심 한 자를 바꾸고, 마지막으로 새로운 글자 '물장이노 시위지부도 부도조이'를 다른 곳에서 가져와 넣어 마무리를 하였다.

이어 백서에서 통용본은 문장으로서 어울림이 적은 부분을 매끄럽게 다듬었을 뿐이다. '이도좌인주'에 '자'를 붙였고, 초간의 '시위과이비간'을 백서가 '시위과이불강'으로 고쳐 앞의 다른 果의 문장과 특이점을 찾을 수 없는 까닭에 '시위'를 빼버린 것이다.

통용본 제30장 (上中 혼재)

以道佐人主者 不以兵强天下 其事好還. 師之所處 荊棘生焉.

大軍之後 必有凶年.

善者果而已 不敢以取强焉.

果而勿矜 果而勿伐 果而勿驕 果而不得已 果而勿强.

物壯則老 是謂不道 不道早已.

도로써 사람의 주인을 돕는 자는 兵(무력)으로써 천하를 강제하지 않는바, 그것은 일이 좋게 돌아온다.

軍이 머문 곳은 (몹쓸 땅으로 변하여) 가시나무와 덤불만이 무성히 살 뿐이며 (전쟁을 치르기 위해) 大軍이 있은 후에는 반드시 흉년이 있다.

완벽한 자는 열매(결과)에서 그치고, 강함을 취함으로써 감행하지 않았다.

(전쟁의) 결과(에 그칠)뿐 자랑하지도 않고, 결과뿐 벌하지도 않고, 결과뿐 교만하지도 않고, 결과(에 그칠)뿐 (그것은) 어쩔 수 없었다. (이처럼 善者는) 결과(에 만 그칠) 뿐 (힘으로 천하를) 강제하지 않았다.

(대저) 만물은 굳세어지면 늙나니, 이것은 不道를 말함이라. (이처럼) 道라 하지 못하는 것은 일찍 (삶을) 그치니라.

백서 갑 (제74장)

以道佐人主 不以兵[强於]天下 [훼멸]所居 楚{木力}(棘)生之
善者果而已矣 毋以取强焉.
果而毋{馬高}(驕) 果而勿矜 果而勿伐 果而毋得已居 是胃果而不强
物壯而老 是胃之不道 不道蚤已

백서 을

以道佐人主 不以兵强於天下 其[事好還.
師之所居 楚]棘生之
善者果而已矣 毋以取强焉.
果而毋驕 果而勿矜 果[而勿]伐 果而毋得已居 是胃果而强
物壯而老 胃之不道 不道蚤已

초간은 깨우친 지도자(선자=이인차인종자)의 삶(다스림)을 이야기하는 글인데, 백서 갑부터 첫 문장의 글자를 고치고 지워버려, 주인(왕)이 사람을 돕(다스리)는 문장으로 만들자, 통용본이 者를 넣어 人主(사람의 주인)를 한 뭉음으로 해석하도록 만들어, '임금(인주)을 돕는 자'로 완전히 바뀌게 되었다. 이는 백서가 비록 주체를 바꾸지는 않았지만 差(가려 뽑다)를 佐(돕다)로 바꿔버리자 문장이 '임금이 사람을 돕는다.'는 꼴이 되어, 임금에게 가르치기는 어려운 문장이 되어버린 까닭이다.

결국 통용본은 지도자(侯王)의 行實은 이야기의 대상이 될 수 없는, 언급해서는 안 될 금기로 고쳐버리고, 지도자(侯王)는 絶對善인 것처럼 만들어 惡行과 관계없이 자리할 수 있는 인물로 만들어 버린 것이 이 장에서의 가장 큰 잘못이다.
이 문장으로 인해 亡名을 사냥하여 體化된 깨우친 자인 聖人(善者=이인차인종자)이 곧 王이어야 함에도, 道를 깨우친 자가 侯王을 돕는 책사로 변질되는 사태를 맞이하게 된 것이다.

0. 以{亻人亍}差人宗者 不欲以兵 侃於天下
1. 以道佐人主 不以兵[强於]天下 [其事好還 師之]所居 楚(棘)生之
2. 以道佐人主 不以兵强於天下 其[事好還 師之所居 楚]棘生之
3. 以道佐人主者 不以兵强天下 其事好還 師之所處 荊棘生焉 大軍之後 必有凶年

1.2. 도로써 사람을 돕(다스리)는 주인은 천하에서 힘센 무력으로써 않아, 그
　　 일은 서로 좋게 돌아온다. 軍이 머문 곳은 몹쓸 가시나무 숲만 무성히
　　 살아있다.

첫 문장 '이인차인종자'는 백서 갑·을에서 '이도좌인주'로 바뀐다. 초간과 비
교하면 주체 즉 체언 '놈 者'가 없다. 뒤에 이어지는 不以兵强於天下에도 주체
가 없어 문장이 불완전하다. 해서 佐(돕다)를 '다스린다'는 뜻으로 의미를 확장
해버린다. 즉 '도로써 사람을 다스리는 주인은'으로 해석한다. 그러나 통용본
에서는 이것이 내용이나 문장으로 불완전하다고 판단해 다시 者를 붙였다.
　이어 '불욕이병 간어천하'로, 무력을 생각하지 않는 성인의 다스림은 세상 사
람과 믿음이 강물같이 흐르는 신뢰(侃)로 상호 교류를 설명하고 있는데, 백서는
'불이병강어천하'(무력으로써 천하에서 굳세지 않아)로 합치고 초간 마무리 글
(其事好)을 가져와 其事好還처럼 덧대어 잇고, 만든 글자(師之所居 楚棘生之)
를 이었다. 응축된 몇 자로 나타낸 초간의 아름다운 글이 난도질 된 모습이다.
　통용본은 백서의 글을 같은 뜻의 다른 글자로 바꾸고, 의미를 더욱 드러내고
자 '대군지후 필유흉년'이라는 신생어를 넣었다.

[참고]
　한비자는 노자를 숭상하여 解老篇도 지었다고 하는데, 문장에 人主를 王의
대용으로 많이 사용하였다. 즉 그는 노자의 깊이를 헤아리지 못한 채, '노자를
해석한 책'을 낸 것이다(양방웅의 책에는 한비자가 본 〈노자〉와 백서본은 다른
〈노자〉였을 거라고 주장한다. 병본의 이본처럼 조금씩 다른 이본이 있었을 가
능성은 크다. 그러나 다른 모든 내용이 유사함에도 오직 失이 있고 없는 것만
있다면, 〈노자〉를 읽는 개인의 입장 차이로 한비가 넣었거나, 혹 이본이라고
해도 크게 다른 本은 아니라고 생각된다).

　今人主之於言也 說其辯而不求其當焉 : 지금 임금(人主)이 신하의 말을 들
을 때에 그 말이 웅변이면 좋아할 뿐이고 그 말이 실제에 합당한 것인지 아닌
지를 따지지 않는다. (〈한비자〉 五蠹편)

0. 善者果而已, 丕以取侃、果而弗癹,
　 果而弗喬 果而弗{矛命}、是胃果而丕侃 其事好
1. 善者果而已矣 毋以取强焉.
　 果而毋(驕) 果而勿矜 果而勿伐 果而毋得已居 是胃果而不强.

物壯而老 是胃之不道 不道蚤(早)已.
2. 善者果而已矣 毋以取强焉.
　果而毋驕 果而勿矜 果[而勿]伐 果而毋得已居 是胃果而强.
　物壯而老 胃之不道 不道蚤(早)已.
3. 善者果而已 不敢以取强焉.
　果而勿矜 果而勿伐 果而勿驕 果而不得已 果而勿强.
　物壯則老 是謂不道 不道早已.

1.2. 완벽한 자는 열매에서 그치지 않는가? 군세기를 취함으로써 않을 뿐이
　　다. 열매 맺힐 뿐 교만하지 않고, 열매 맺힐 뿐 불쌍히 여기기를 떨고,
　　열매 맺힐 뿐 사람 치기를 떨고, 결과 맺힐 뿐 어쩔 수 없이 머물렀다.
　　이는 '과이(불1)강'을 소화함이다. 만물은 장성하면 늙나니, 이는(1) '부
　　도'를 소화함이다. '부도'면 일찍 그친다.

　초간의 문장은 백서 갑에서 크게 변해 이후 통용본까지 큰 틀은 바뀌지 않은
채 다듬어져 내려온다. 여기도 초간 '비이취간'이 백서 갑부터 '무이취강언'으로
바뀌면서 질적인 변화를 가져온다. 긍정의 글자 조를 부정의 글자 毋로 고쳤으
니, 문장이 되게 하려면 정반대의 글자로 바꾸어야 말이 되기 때문이다. 즉 초간
의 '비이취간'은 '간'이 긍정의 의미로 쓰인 반면, 백서 갑·을에 毋以取强焉(군세
기를 취함으로써 않았다)의 强(껍질이 두꺼운 벌레, 바구미의 뜻)은 부정의 의
미로 쓰인 것이다. 이는 통용본에서 敢만 추가하여 不敢以取强焉으로 바뀐다.
　초간이 긍정의 문장을 사용하여 방향을 제시했다면, 백서 갑부터는 부정의
문장을 사용하여 해서는 안 될 행위를 제시한다. 내용도 文彩의 질도 현저히
달라진 것이다.

　이후 초간 3개의 예시문은 백서 갑 이후 驕(교만), 矜(뽐냄), 伐(치다)로 글자
를 바꾸고 1개의 예시문 '과이무득이거'(결과뿐 머무는 것을 어찌할 수 없다)
를 더 만들어 넣어 4개의 예시문으로 되고, 마무리 글 '시위과이비간'은 갑이
'시위과이불강'으로 했으나, 乙은 不을 뺀 '시위과이강'으로 했다. 둘 다 이미
본의를 벗어나 不强이나 强이나 언변으로 처리할 수 있는 부분이다. 그리고
초간 제15편-②장의 '불장즉노 시위부도'를 가져와 글자를 보강하여 이곳에 마
무리 글로 사용한 것이다. 백서 갑이 이렇게 만든 문장을 백서 을이나 통용본
은 어조사, 부정어, 접속사 지시사 등을 수정하고 넣어 문장을 다듬는 역할만
했을 뿐 의미의 변화는 없다.

[쉬어가기1]

초간의 이 장은 깨우침을 기반으로 지도자에 대한 통치론·수양론의 글이다. 이는 백서 이하부터 王을 절대시하여 언급을 회피하는 쪽으로 내용이 변질된다. 한편 다른 해석자 중에는 원래 초간의 '불특정 다중, 보편을 향했던 노자의 철학'이, 거꾸로 侯王들을 위한 통치론 수양론으로 변했다고 보는 관점도 있다. 이는 다음과 같은 이유로 '아니다'고 본다.

첫째, {彳人亍}인은 백서 갑부터 道로 바뀌는데, 분명한 것은 이미 그때부터 노자는 本意를 잃었다는 것이다. 왜냐하면 道가 아닌 {彳人亍}을 써 초간 6편에 놓은 것은 내면적인 깨달음의 道가 아니라, 이미 어머니인 道의 본성을 깨달아 體現된 先人의 다스림과 행실을 배치해 이후 노자 정치철학의 주의 주장을 합리화하기 위함인데, 이것을 관념(깨달음)으로 돌려버렸고, 순서를 흩트려 先人의 행실을 논한 글인지도 모르게 했기 때문이다. 즉, 구체적인 행실이 오히려 추상적으로 변했다.

둘째, 초간에 등장하는 사람인 人은 지금의 人間을 가리키는 말이 아니라 당시의 지배계층이다. 따라서 차인종자(人宗을 분별하여 뽑는 者)는 지도자다. 내용으로는 小國일지라도 王이다. 반면 백서 이하 佐人主者[사람의 주인(왕)을 돕는 자]는 왕 아랫것들이다. 왕을 이야기한 초간이 책사로 바뀌어 버린 것이다. 이는 노자가 정말로 하고자 했던 의도를 분탕 칠해 버린 것이다.

셋째, 제왕학[33], 또는 쌍방의 통치론이나 수양론일 수는 있으나, 왕의 입장에서 바라보는 일방적인 통치론이나 수양론은 아니다. 즉 정치철학서의 관점이 民本의 입장일 뿐 왕이 아니다. 먼저 살다 간 聖人과 같은 지도자들의 삶과 다스림을 보여주어, 侯王과 人(智·{虍壬})등 권력의 상층부를 이루는 모두에게 民本의 정치를 구현할 것을 요구하고 있을 뿐이다. 깨달은 道者의 마음으로 쓴….

---

33 사전적으로는, 한 나라의 군주가 갖추어야 할 학문이라는 뜻으로, 지도자가 지녀야 할 철학·기술 따위를 비유적으로 이르는 말을 의미한다.

초간 노자와 그 밖의 노자

以{彳人亍}差人宗者는 갑본에 以道佐人主가 되고 통용본에 以道佐人主者로 정리된다. 중국의 경학자는 초간을 통용본처럼 '이도좌인주자'로 석문했다. 이에 우리나라 철학자가 출간한 책도 저자와 유사하게 해독했음에도 역시 '이도좌인주자'(도로써 군주를 보좌하는 사람은)로 석문했다.[34] 스스로의 해독을 버리고 중국의 석문을 따른 까닭이다. 글자 6자 중 3자나 다른데도 동일하게 본 것은 아무리 이해하려 해도 진실과는 거리가 멀다.

왜 중국의 경학자는 이렇게 석문하고 또 우리의 철학자는 그것을 따랐을까?

외적 요인으로는, 첫째, 가장 의심해볼 것이 의도성이다. 중국은 정식 국명이 中華人民共和國이나 실재 1인 독재의 공산사회다. 반면, 초간〈노자〉는 백성(民)을 위한 民本 또는 생명 제일주의의 정치철학서다. 까닭에 경학자들이 충분히 人民의 계급성을 알고 〈노자〉를 이해했어도 그대로 해독하기는 어려웠을 것이다. {虐壬}를 '폭군, 거짓 왕'으로 해독할 경우, 정권이 이를 정치철학에 관한 하나의 학문으로 순순히 받아줄 수 있을까? 특히 세계에 통용되고 있는 공자보다 더 깊고 높은 노자를 그대로 드러내기는 어려웠을 것이다. 둘째는 이와 반대로, 중국 경학자가 〈노자〉를 해석할 만큼 충분한 능력을 갖추지 못해, 해석이 어려운 문장은 백서나 통용본의 글자를 참고하여 고문자를 해독했다는 것이다. 다만 이 경우의 의문은 다른 고문자는 십분 이해한다 해도 {彳人亍}인을 몇십 번 나오는 道와 같다고 볼 수 있는지 의문이다. 셋째 고문자 해독의 어떤 지침이 있는 경우다. 예를 들어 고문자는 반드시 상용한자로 해독해야 한다는 내부 지침 같은 것이다. 우리는 상상할 수 없는 일이나 1당 독재의 나라라면 충분히 가능한 이야기다. 우리나라도 박정희의 5·16 쿠데타 후 그동안 학술용어로 흔하게 써온 人民이라는 단어를 군사정권이 싫어한다고 해, 지식인 스스로 國民으로 바꾸었다는 일화가 있다. 이 경우가 아니라면 초간 고문자를 그렇게 허접스럽게 해독할 수는 없는 것이다. 아무튼 그들은 {虐壬}을 丟로, {인}을 道로, {龍心}을 龍(寵)으로 등등, 수많은 誤讀을 범했다.

다음은 내적 요인이다. 첫째 중국 경학자의 해독을 너무 맹신한 경우다. 즉 간자체긴 해도 한자가 중국의 글자고 지금도 쓰는 글자일 뿐 아니라 우리나라 동양 철학자는 대부분 중국에서 일정 기간 수학하여 그들을 너무 높이 사, 당연히 바르게 해독했을 거라 신뢰했기 때문이다. 이는 초간을 해독한 우리나라 철학자의 책에, 오늘날 전하지 않는 글자를 해석하면서 대부분 假借字로 해석

---

34 초간 출판서 3권 모두 같다.

하는 외국의 주석을 일방적으로 따르는 것에 따른다. 둘째 우리의 철학자들도 고문을 해독할 능력이 부족한 경우다. 저자도 이미 2권의 노자를 썼음에도 통용본과 자수도 순서도 글자도 너무 다른 古文字를 보았을 때, 처음 엄청 당황했었다. 그나마 〈노자〉를 썼기 때문에 처음 접한 사람보다는 훨씬 수월했을 뿐이다. 그러나 이 경우의 의문점은 대부분 우리나라 철학자들은 중국 유학도 하고 일찍 漢文을 접했을 뿐만 아니라 字源에 대한 해설이 있는 字典도 있는데, 그렇게 해독을 못 할 수 있나 하는 것이다. 셋째 우리나라 철학자들은 대부분 經書를 한 권만 출간하지 않는다. 이러다 보니 초간이나 백서를 직접 해독하는 데 많은 시간을 할애할 수 없다. 까닭에 의문 나는 것은 스스로 풀 때까지 검토해야 하는데, 시간상 경학자의 해독을 그대로 따랐다는 것이다. 넷째 〈노자〉를 너무 쉽게 생각한 때문이다. 초간의 경우 고작 1,700여 자로 유교 경전이나 장자나 불가의 경전과 비교하면 쉽다고 생각할 수 있다. 물론 너무 큰 잘못이지만….

제 6 편 - ④장

[원문]

[해독]

長古之善爲士者 必非溺玄造 深丕可志 是以爲之頌
장 고 지 선 위 사 자 필 비 닉 현 조 심 비 가 지 시 이 위 지 송

{亦月}虎奴冬涉川 猷虎其奴{鬼心}四隣 敢虎其奴客
{야} 호 노 동 섭 천 유 호 기 노 {귀} 사 린 감 호 기 노 객

{視衾止}虎其奴皞 純虎其奴樸 坉虎其奴濁
{유} 호 기 노 {호} 순 호 기 노 박 둔 호 기 노 탁

竺能濁以庸者將舍淸 竺能{厂匕}以迃者將舍生
축 능 탁 이 용 자 장 사 청 축 능 {비} 이 우 자 장 사 생

保此{彳人亍}者 不谷{尙立}呈
보 차 {인} 자 불 욕 {상} 정

아주 먼 옛날로 가서, 누구나 좋아하는 선비가 되었던 자는 꼭 가물고 깊은 경지에 이르기에 빠짐은 아니었다. (그것은) 깊이 마음 향할 수 있음이 컸으니, 이 때문에 (다음과 같이) 지어 노래하는(頌) 것이다.

(달그림자도 없는) 깊은 밤은 나(노자)에게 겨울에 내를 건너라고 놀래킨다.

'보차{인}자'는 높이 세워 드러내고자 않는다

(남이 모를 거라) 꾀를 부림, 그것은 나에게 귀신같은 마음이 나를 에워싼 이웃들이다고 놀라게 한다. 함부로 함, 그것은 나에게 손님이라고 놀라게 한다. 넉넉히 (거만하게) 주시함에 머묾, 그것은 나에게 마음 너그럽고 느긋하라고 놀래킨다. (티 없는) 순수함, 그것은 나에게 樸이라고 놀라게 한다. 흙으로 쌓아서 막음, 그것은 나에게 (섞여 쓸모없는 물처럼) 흐리라고 놀래킨다.

(그는) 빽빽하게 능히 흐려, 집에서만 쓰는 절굿공이처럼 평범한 자로써도 장차 집이 맑아지게 하고, 빽빽이 능히 조심스러워, 세상 물정에 어두운 자로써도 장차 집이 살아나게 하였다. (오직) 이 혜안으로 바른 삶의 길을 지켜낸 자는 받들어 세워 드러내고자 하지 않았다.

[해설]

이 장의 특징은 상당히 여러 사람을 나타내는 글자가 등장해, 이를 바르게 이해하는 것이 중요하다. 정리하면 奴는 '노자'를 가리키며, '선위사자'는 '보차인자'다. 그는 '우자'나 '용자'인 凡人들의 집이 살아가고 맑게 할 수 있는 자다. 내용은 '선위사자'의 삶이 노자에게 호랑이 포효소리처럼 놀라게 함을 주었는데, 그는 예시문과 같은 삶과 다스림으로 집에 틀어박혀 사는 평범한 사람이나, 앞뒤 꽉 막힌 사람도 존재자로서 가치를 느끼는 소중한 사람으로 살아가도록 할 수 있었다. 그(선위사자)는 바른 방향의 길{彳人亍}인을 보유한 자요, 누구에 의해서도 받들어 세워지거나 드러내지기를 하고자 않았다.

누구에게나 좋게 선비(士)가 된 자

아주 길고 먼 옛날로 가, 서로 누구에게나 좋도록 사내가 된 자는 누구나 생각하기에 엄청 심오하고 가물가물함의 경지여서 외부에서는 알 수 없이 만들어져야 한다고 생각하고, 거기에 빠진 사람이라 생각할 수 있겠으나, 사실 아주 먼 옛날 그들의 삶은, 누구도 알 수 없도록 반드시 가물가물하기에 미치(至)고 다다르기에 빠짐은 아니었다. 가물게 집에서만 만들어져서 감추어진 것이 아니며, 또 求道의 길을 찾아 삶을 떠나간 것도 아니었다. 삶 자체가 도의 존재 모습이었으니 나 노자마저도 반추할 것이 넘치고 넘쳤기에 그들의 삶의 모습을 열거해보고 노래 불러보려 한다.

어떻게 善爲士者는 누구나 좋도록 공평한 자가 되었을까! 생각해보면 그들의 생활상에 있었으니, 이후에 이어지는 6개의 예시문이 그것이다. 이것은 다스리는 자에게 커다란 것을 보여주었다. 노자에게도 마찬가지다.

선위사자의 어리석을 만큼 완벽한 삶의 모습

달이 발아래에 떨어진, 즉 한 치 앞도 보이지 않는 칠흑같이 어두운 한밤중에 거리를 나서는 것은 위험 그 자체다. 오가는 누구도 面前에 나타나기 전까지는 알 수 없다. 그러한 행보가 안전한가? 당연히 아니다. 그래서 어두 캄캄한 밤의 공포스러움은 한겨울 꽁꽁 언 내를 건너는 것처럼 두드려보지 않아도, 빠질까 걱정하지 않아도 되는 때와 같이 완벽할 때 길을 가라고 호랑이 포효소리처럼 나를 놀라게 한다고 노자는 표현한다. 사정이 있든, 없든 자신의 지혜정도면 충분히 남을 속일 수 있을 거라 생각하여 꾀부림으로 상대를 대하는 것, 그것은 나에게 나를 에워싼 이웃들이 숨긴 마음도 읽을 수 있는, 귀신같은 마음의 소유자들이라고 놀라게 한다.

나머지도 마찬가지다. 계속해서 함부로 대했거나 대하려는 사람들, 그것은 나에게 함부로 대했거나 대하려던 수많은 사람들이 사실은 평생 몇 번이나 마주칠지 모르는 귀한 손님이라고 놀라게 한다. 없는 것 빼고 다 가진 듯, 가진 자가 내려 보는 것 같이 거들먹거리며 주시하듯 살아가는 태도, 그것은 나에게 대하는 사람마다 존재가치가 있어 이 세상에 태어났으니 진실로 소중한 벗님으로 상대하여 마음 너그럽고 느긋하라고 놀라게 한다. 자신은 티 하나 없이 순수하고 청렴하고 깨끗하다는 자만에 찬 순수함, 그것은 나에게 무엇으로든지 될 수 있는 亡名과도 같은 樸처럼 있는 것이 더 낫지 않겠는가! 즉 네가 樸인가?!라고 보리수 밑에서 어느 날 머리를 때리듯 깨우친 부처의 一聲처럼 놀라게 한다. 흐르지 않고 이어지지 않고 흙으로 쌓아서 막힌 진지나 둑 안의 고인 물처럼 삶을 살아가는 것, 그것은 나에게 막혀 홀로 맑다 자랑하지 말고 무엇도 흡수할 수 있도록 흐리라고 놀라게 한다.

혜안으로 바른 삶을 살았던 자는 받들어 세워 드러내고자 하지 않았다.

아무리 꾀돌이여도 전체를 상대하기는 어려운 법, 알아챌 수 있는 이웃들은 있기 마련이다. 까닭에 꾀부림보다는 물도 흐를 수 없을 정도로 빽빽하리만큼, 그만큼 촘촘하니 같이 섞일 수 있게 탁했다. 그는 오직 그랬다. 까닭에 집에서만 쓰이는 절굿공이처럼 보잘것없어 보이는 삶을 살아가는 자로써도 자신이 가족의 소중한 사람임을 알고 만족해 살아갈 수 있도록 만들어 장차 집이 맑아지게 하고, 또 물도 흐를 수 없을 정도로 빽빽한 대나무 조밀하게, 능히 바위 밑의 늙은 어미와도 같은 마음처럼 간절하고 조심하고 신중하게 살아가며 만남이 이어져서, 비록 세상 물정에 어둡게 살아가는 어리석은 자일지라도 장차 집이 살아나게 하였다.

이처럼 미혹에 빠지지 않는 조심하는 삶과, 완전하고, 흐리고, 樸과 같은 亡

名의 마음으로 살아가는 깊은 혜안과 바른 삶(방향)의 길(인)을 지켜낸 자는 사람들에게 받들어 세워져 功名이 만천하에 드러내기를 원하고자 앉았다. 바로 이러한 까닭에 그는 스스로 심오함에 젖어 있는 것이 아니라 삶 속에서 오직 겸손하고 또 겸손할 뿐이었다.

[고문자 해독]

❶ 善爲士者; 누구나 좋은(善) 도끼를 들 만한 장정(士=지도자)이 된(爲) 者다. 백서 갑은 훼멸하여 알 수 없고, 을은 善爲道者로 쓰였다. 善爲士者는 마지막 '보차인자'에 연결된다. 이것이 앞 장의 '이인차인종자'와 같은지는 단언하기 어렵다. 다만 내용을 볼 때 저자는 동일한 레벨로 본다.

❷ 必非; '반드시 꼭 ~이 아니라'는 전체부정이다. 부분 부정의 문장은 '부정어+必'처럼 되어야 한다.

❸ {弓勿水}(溺); 상弓勿하水 꼴로 '물(水)에 활(弓)시위의 먼지가 떨어져 (勿)' 빠질 溺닉으로 자전의 글자와 달라 異體字나 古字로 추정한다. 백서는 弱이고, 중국의 변석은 '빠질 溺닉'으로 풀었다. 초간에는 2곳(15-②, 제17편) 더 쓰였다.

❹ {辶宀告}(造); 造위에 '집 宀면'이 있는 꼴로 造의 금문에 가깝다. 지을, 이룰, 이를, 넣을 '조'다. 字源은, 집 안에 제물을 놓고 기도하기에 이르다 또는 집 안에서 기도하기 위하여 배를 타고 '이르다'의 뜻이다. 또, 사물이 목적점에 '이르다'의 뜻에서, '만들다'의 뜻도 나타낸다. 뒤에 사태가 '진행되다'의 뜻에 관계되는 데서 辶(辵)+告가 됐다고 설명되어, 본문장 '가물게 (집안에서만) 깊은 경지에 도달함에 빠짐이 아니다'는 '깨우침만을 좇아 현실을 멀리하는 삶이 아니다'라는 뜻으로 해석했다.

❺ 頌; '칭송할 송'의 금문이다. ([고문자류편, p137] 참조)

❻ {亦月}; 상亦하月 꼴로, 달(月)이 발밑에(亦) 떨어져 어두운 '한밤중 야'다.

❼ 奴; 사로잡힌(又) 계집종(女)으로 종, 노예, 자기의 낮춤말 '노'다. 여기서는 노자를 지칭하는 글자로 초간 전체에서 오직 여기의 奴뿐이다. 자전에는 '놈 노'로 나와 '남의 賤稱 또 여자의 謙稱'이라 표현되어 있다. 겸칭은 낮춤말이니 이것을 여자로 한정한 것은 범위의 축소로 보인다. 갑 이하 '따를, 같을 약若'이다.

❽ {夂日}(冬); 상夂하日, 해(日)의 실매듭(夂치), 겨울 冬의 금문, 篆文부터 冬 꼴이다.

❾ {鬼心}; 상由중儿하心 꼴로, '발 없는 귀신(鬼)같은 마음(心) 귀'다.

❿ {吅文}(鄰); 상吅하文 꼴로 '이웃 鄰'의 금문이다.

⑪ 敢; 고문자는 한 손으로 占의 卜을 무리하게 눌러 휘는 꼴로([고문자류편, p77] 참조), 이치에 맞지 않은 짓을 '무모히, 함부로 한다'는 뜻이다.

⑫ {視裒止}; 좌視우상裒(넉넉할 裕의 금문으로 상谷하衣 꼴이다)우하止 꼴로, 넉넉하고 너그럽게(裒) 주시함(視)에 머물러 있는(止) '유'다.

⑬ {白矢心}(皞?); 상白중矢하心 꼴로, 특히 {白矢}는 '느리고 완만하거나, 늦의 뜻인 皐고'나, '하늘 昊호', '밝을 杲호'의 금문에 흡사하다. 초간은 '밝게(白) 벌려진(矢) 마음(心) 호'로, '마음 너그럽고 느긋할 皞호'에 가까운 뜻이다.

⑭ 屯(純); 유아의 머리를 묶어 꾸민 꼴로 '진칠 둔'이며, 금문부터, '순수한 생사 純순'으로 써서 본문은 純이다. 자전으로 보면 屯과 純은 金文에 屯으로 쓰여 語原이 같고 전문부터 糸가 붙어 분화되었다.

⑮ 坉; '흙 진 치고 모아 쌓고 막을 둔'이다. 통용본은 '물 섞여 혼탁할 混혼'이다.

⑯ 竺; 대나무, 두텁다는 뜻의 竺축(독)이다. 대나무가(竹) 겹쳐서 빽빽한 데서 (二) '도타울 독篤'과 同字며 原字다. '누구 孰'과 같은 '의문'의 뜻은 없다.

⑰ 以; 쟁기를 본뜬 모양으로 갑골문부터 쓰였다. 以가 뒤에서 이어질 때는 반드시 '으로써'로 번역을 한 다음에 의역을 생각해야 한다. (예: 不欲以兵→병으로써 하고자 않다→병을 쓰고자 하지 않았다.)

⑱ {宀用午}(庸); 庚+用 꼴로 전문부터 보인다. 집 안에서(宀) 쓰는(用) 절굿공이(午)를 뜻해, 집에서만 힘쓰는 보통 남자 '범상할, 못 날, 어리석을, 우매함, 평소, 쓸 庸용'과 통한다.

⑱⁻¹ 庚; 갑골문부터 쓰여 역시 무거운 종(用)을 두 손으로 들어 올리는 꼴의 庚경과도 통한다.

⑲ {厂匕}; 기슭, 바위(厂) 아래 늙거나 죽은 어미(匕=죽은 어미 妣비의 원자) '비'다. 벼랑 아래 늙은 여자나 주검(死) 꼴의 위태로운 형국을 뜻한다.

⑳ 迂; 활 꼴로 굽어 빙 돌아(于) 가서(辶) 멀, 굽을, 에돌 '우'다. 세상일에 어둡고, 현실에 맞지 않고, 어리석음을 뜻한다.

㉑ 生; 본래, 땅 위에(一)풀이 돋아 올라, 생한다, 무언가 생긴다는 뜻이다. 대게 '낳다'는 뜻으로 쓴다. 초간〈노자〉에서 生은 이곳, 제8편, 제11편, 15-②, 제17편에 나온다. 字源상의 '생한다, 무언가 생긴다'는 뜻인 '낳다'는 '없는 것이 있게 되었다'는 의미와는 초록 관계다.

㉒ {尙立}; 상尙하立 꼴로, 尙은 집안에서 비는 꼴로, '바라다, 숭상하다'고, 立은 '서다, 세우다'니, 합하여 '받들어 세울 상'이다.

㉓ {口土}(呈); 상口하土 꼴로, 呈정의 僻字다. [고문자류편, p122] 묻은 입 (口)에서 뛰쳐나오다(壬;내밀 정)에서, 나타나다, 드러낸다는 뜻이다.

[백서 이하 비교]

전체문장의 변화를 살펴보면, 초간에서는 바른 삶을 살았던 '선위사자'의 행실은 우리 같은 범부들은 마음 향해 갈 수 있음이 크기 때문에 행실을 칭송해 본다는 뜻으로 시작하는데, 백서 갑 이후에는 반대로 너무 심오하여 깊이 알 수 없어 억지로라도 그려본다는 방향으로 변했다. 뜻이 반대로 바뀌다 보니 고쳐야 할 글자도 많고 만들어서 넣어야 할 글자도 많아졌다. 이렇게 바뀐 이유는 역시 지금은 사용하지 않는 글자 '클 丕'를 不로 본 데에 있다. 한편 초간에서 유일하게 노자를 나타내는 글자인 '종 奴'를 백서 이하에서 '같다, 따른다는 若'으로 고치고, 대신 뒤에 나오는 {虍壬}를 朁로 고쳐 노자를 나타내는 글자로 바꾸었다.

통용본 제15장

古之善爲士者 微妙玄通 深不可識. 夫惟不可識 故强爲之容.
豫兮若冬涉川. 猶兮若畏四隣. 儼兮其若客.
渙兮若氷之將釋. 敦兮其若樸. 曠兮其若谷. 混兮其若濁.
孰能濁以靜之徐淸 孰能安以動之徐生.
保此道者不欲盈 夫惟不盈 故能敝而不成

옛날 완벽히 선비가 된 자(道者)는 미묘하고 현통하여 깊게 알지 못했다.
대저 아는 것이 불가한 까닭에 억지로 꾸민 (생활)모습이다.
조심스러움이여! 겨울날 살얼음 내를 건너는 것 같구나. 머뭇거림이여! 이웃 나라를 두려워하는 것과 같구나. 공손한 몸가짐이여, 그것은 (어려운) 손님과 같구나. (순간의) 흩어짐이여! (봄날) 얼음이 막 풀리는 것과 같구나. 도타움이여! 그것은 (무엇이든지 될 수 있는) 통나무와 같구나. 휑함이여! 계곡과도 같구나. 섞임이여! 그것은 탁한 물과 같구나.
누가 능히 혼탁한 것도 고요함을 써서 서서히 맑게 하며, 누가 능히 안주한 것도 이것에게 움직임을 써서 서서히 살아가게 할 수 있겠는가!
(善爲士者뿐이니) 이 도를 지키려는 자는 가득 차려고 하지를 않았다.
대저 오직 가득 차지 않은 까닭에 버릴 뿐 이루지를 않았다.

백서 갑 (제59장)

[훼멸] 深不可志. 夫唯不可志 故强爲之容.
曰與呵其若冬 [훼멸] 畏四 [훼멸] 其若客.
渙呵其若淩(凌)濁. (敦)呵其若榾(樸).
渚(混)[呵其若濁. {氵莊}(曠)呵其]若浴(谷).
濁而情之余(徐)清 女(安)以重(動)之余(徐)生.
葆(保)此道不欲盈 夫唯不欲[훼멸]成

백서 을

古之善爲道者 微眇玄達 深不可志.
夫唯不可志 故强爲之容.
曰與(豫)呵其若冬涉水.
猶呵其若畏四{口口文}(隣).
嚴呵其若客 渙呵其若淩(凌)濁(釋).
沌(敦)呵其若樸. 渚(混)呵其若濁. {氵莊}(曠)呵其若浴
濁而靜之徐淸 女(安)以重(動)之徐生
葆(保)此道[不]欲盈 是以能不{敝衣}(敝)而不成

앞서 말했듯 6편은 성인처럼 도를 깨우쳐 체화되어 '먼저' 살다 간 先人의 행실을 들려주는 글인데, 백서에서 {인}을 道로, 弜를 不로 고쳐 의미를 반대로 바꾸고, 글자를 고쳐, 각 장으로 나누어 놓음으로써 초간의 체계적인 문맥을 알 수 없게 했다. 이 장도 깊이를 알 수 없는 미지의 인물로 그렸다.

0. 長古之善爲士者 必非溺玄造 深弜可志 - 是以爲之頌
1. [훼멸] 深不可志. 夫唯不可志 故强爲之容.
2. 古之善爲道者 微眇玄達 深不可志. 夫唯不可志 故强爲之容.
3. 古之善爲士者 微妙玄通 深不可識. 夫惟不可識 故强爲之容.

1.2. 옛날로 가서, 완벽히 선비가 된 자(道者)는 아주 작은 애꾸눈처럼 가물기에 통달하여 깊은 뜻이 不可하다. 대저 오직 뜻이 불가한 까닭에 억지로 지은 모습이다.

초간에서 백서로의 변화는 심하고, 백서에서 통용본은 문장을 다듬는 꼴이다. 초간과 백서를 비교하면, 초간의 '장고지선위사자'에서 시간상 아주 멀다

는 수식어 長을 백서가 지웠다. 노자는 아주 먼 옛날을 말하고 싶었던 것 같다. 이어 초간의 士가 道로 바뀌었다. 그런데 신기하게도 통용본에서 다시 士가 살아났다. 이는 초간을 봤다기보다는 전해오는 여러 本을 보고 바꾸는 것이 합리적이라 생각한 듯하다. 어쨌든 백서는 〈노자〉를 어떻게든 관념의 글로 만들려 노력한 것으로 보인다. 그러나 깊이가 없어 완벽하지가 못하다.

이어 초간의 '필비닉현조 심비가지'는 백서에는 '미묘현달 심불가지'로 바뀐다. 아마도 관념의 글로 만들기 위해서는 '필비닉현조'의 뜻이 마음에 걸렸던 모양이다. 그래서 의미상으로는 전혀 반대인 '미묘현달'로 바꾸고 초간의 조를 부로 고친 문장 '심불가지'에 이었다. 이렇게는 '강위지용'으로 잇기가 어색해 강조의 글 '부유불가지'를 새롭게 만들어 넣고, 문장에 맞추어 초간의 '시이위지송'을 '고강위지용'(까닭에 강제로 형용해본다)으로 고친 것이다.

즉 초간의 '필비닉현조'를 통째로 빼고, '심비가지'(깊이 마음 향할 수 있음이 컸다)의 문장을 백서에서 '미묘현달'을 만들어 앞에 넣고 '심불가지 부유불가지'로 고쳤다. 통용본은 '심불가지'가 '미묘현달'과는 어울림이 적다고 본 듯 志(뜻)를 識(알다)으로 바꾸어 문장을 완성한다. 이어 초간은 '시이위지송'처럼 칭송의 노래를 지었다고 했는데, 이미 깊이를 뜻할 수 있지 않을 만큼 알 수 없다고 했으므로 말을 이으려면 '고강위지용'의 꼴이 올 수밖에 없었던 것이다.

0. {亦月}唬奴冬涉川 猷唬其奴{鬼心}四隣 敢唬其奴客
   {視睘止}唬其奴皞 純唬其奴樸 坉唬其奴濁
1. 日與呵其若冬[훼멸]畏四[훼멸]其若客.
   渙呵其若淩濁. (敦)呵其若楃. 湷(混)呵其若濁. (曠)呵其若浴.
2. 日與呵其若冬涉水. 猶呵其若畏四(隣).
   嚴呵其若客 渙呵其若淩濁. 沌呵其若樸. 湷(混)呵其若濁. (曠)呵其若浴.
3. 豫兮若冬涉川. 猶兮若畏四隣. 儼兮其若客.
   渙兮若氷之將釋. 敦兮其若樸. 曠兮其若谷. 混兮其若濁.

1.2. 가로되, 함께함, 그것은 겨울 물을 건너는 것 같다고 꾸짖는다. 머뭇거림이여, 사방의 이웃을 두려워하는 것 같구나. 엄하게 함, 그것은 손님과 같다고 꾸짖는다. 흩어짐이여, 탁한 물을 헤쳐 나가는 것 같구나. 어둡고 혼란함, 그것은 통나무 樸(나무로 만든 장막1)과 같다고 꾸짖는다. 물 깊은 맑은소리여, 그것은 더럽고 흐린 것 같구나. 비고 휑한 황량함, 그것은 계곡물 같다고 꾸짖는다.

초간 노자와 그 밖의 노자

초간은 칭송의 노래인 반면 백서 이하는 억지로 그려본 모습인 까닭에 중요한 글자와 말하고자 하는 뜻이 다르다. 또 초간 예시문 수는 6가지인데 한 가지가 더 추가되고, 내용을 일반적인 문장으로 고치기 위해 '호… 노'를 '가… 약'으로 바꾸었다. 그런데 초간을 놓고 보면, 백서의 가(꾸짖다)는 호(놀라게 하다)보다는 못하다고 해도 초간의 의미가 조금은 살아있었는데, 이미 백서에서 奴(노자)가 若으로 바뀐 상태에서는 어울림이 적어 통용본에서는 呵대신 兮(어조사 혜)를 쓴 것이다(※ 초간을 놓고 볼 때 그렇다는 것이지, 呵는 백서에서 대부분 '어조사'의 역할이다).

장의 처음이 틀어져 예시문은 백서 이하부터 상상의 글로 변한다. 백서가 깊이를 알 수 없다고 했으니, 어쩌면 당연한 것이다. 초간에서는 예시문의 첫 글자는 모두 부정의 의미 즉 경거망동을 뜻한 것이 통용본에서는 반대로 심오한 '선위사자'의 행실로 바뀌었다. 백서의 경우, 초간 문장을 보고서는 의미를 알 수 있으나 초간이 없는 상태로 문장을 접했을 때는 이것도 저것도 아닌 중간 정도의 문장이다. 하여 통용본에서 문장이 이어지도록 중요 글자들을 비슷하게 바꾸어 매끄럽게 다듬어 완성한 것이다. 예를 들어, 초간의 敢虖其奴客(함부로 홀대하는 것, 그것은 나에게 손님이라고 놀라게 한다)은 백서에서는 嚴呵其若客(엄하게 함, 그것은 손님과 같다고 꾸짖는다)가 되어 형용해본 뜻이 문장처럼 무엇을 말하는지 알기 어렵다. 까닭에 통용본은 嚴대신 儼(삼가다)로 바꾸고 呵를 兮로 고쳐 인용문처럼 '삼감이여, 그것은 손님 같구나.'처럼 완성한 것이다. 물론 의미가 반대로 되어버린 채로.

0. 竺能濁以庸者將舍淸 竺能{厂匕}以迕者將舍生
   保此{彳人亍}者 不谷{尙立}呈
1. 濁而情之余淸 女以重之余生. 葆此道不欲盈 夫唯不欲[훼멸]成
2. 濁而靜之徐淸 女以重之徐生 葆此道[不]欲盈 是以能不(敝)而不成
3. 孰能濁以靜之徐淸 孰能安以動之徐生.
   保此道者不欲盈 夫惟不盈 故能敝而不成

0. 아주 촘촘히 능히 흐리고 탁하여, 볼품없는 자로써도 장차 집이 맑아지게 하고, 빽빽이 능히 조심스러워, 세상 물정에 어두운 자로써도 장차 집이 살아나게 했다. 이 혜안으로 바른 삶(다스림)의 길을 지킨 자는 받들어 세워 드러내고자 하지 않았도다.
1.2. 흐리고 탁해도 고요함(마음 푸른 사람1)으로써 서서히(나로, 여분으로 1) 맑아져 가며, 얌전한 여인은 무거움으로써 서서히(나로, 여분으로1)

'보차{인}자'는 높이 세워 드러내고자 않는다

살아간다. 풀 더부룩하게 무성한 이 道는 가득 차고자 하지 않았다. 이 때문에 능히 헤어지지 않아서 이루지 않았다.(대저 오직 가득 차고자 하지 않아서 이루지 않았다.1)

이제 이 문장의 마무리 부분이다. 통용본 조차도 통일되지 않았을 정도로 변화가 심한 곳이다. 백서본까지는 평서문의 문장인데 통용본에서는 의문문(孰)으로 바뀐다. 물론 초간의 {인}은 道로 바뀌었다. 문장을 비교 정리하기도 어려울 정도로 글자를 많이 만들어 삽입했고 변형시켰다.

정리하자면, 초간은 예시문처럼 살았던 선위사자는 앞뒤가 꽉 막힌 '용자'나 '우자'도 의미체로 살아가도록 만들었으니, 깊은 혜안으로 바른 행위의 삶을 지키며 살다 간 先人은 그 누구에게도 받들어지거나 세워 드러내고자 하지 않았다는 것으로 결론을 마무리하는데 반해, 백서는 濁而靜之徐淸, 安以動之徐生으로 고쳐 초간의 '용자'나 '우자'와 같은 대상이 사라져 버린 것이 가장 변화된 부분이다.

마지막 초간 '불욕{상}정'의 '{상}정'은 백서에서 글자가 완전히 사라져 버렸다. 그리고 문장도 다르게 변했다. 또, {인}이 道로 바뀌고 주체(者)도 없어 '이 道는'처럼 번역이 되어 道가 행위를 하는 것처럼 문장을 만들었다. 사람 이야기에서 갑자기 道로 마무리되어가니, 이렇게는 말이 안 된다고 생각한 통용본에서 者가 다시 살아나고 좀 더 세련되게 의문문으로 다듬어져 유사한 뜻으로 태어난다.

초간 노자와 그 밖의 노자

제6편- ⑤장

[원문]

[해독]

爲之煮敗之 執之煮遠之
위 지 자 패 지 집 지 자 원 지

是以聖人亡爲古亡敗 亡執古亡遊
시 이 성 인 망 위 고 망 패 망 집 고 망(유)

臨事之紀 {午言斤}多女{与心} 此亡敗事矣
임 사 지 기 {허} 동 여 {여} 차 망 패 사 의

聖人欲不欲 不貴難得之貨 {爻子}丕{爻子} 復衆之所 所{化之}、
성 인 욕 불 욕 불 귀 난 득 지 화 {효} 비 {효} 복 중 지 소 소 {화}

是古聖人能專萬勿之自然而弗能爲
시 고 성 인 능 부 만 물 지 자 연 이 불 능 위

지으려 익히는(者) 것은 失敗할 것이요, 잡으려 삶는(者) 것은 멀어질 것이다.

이 때문에 성인은 짓기를 잃어 옛날 실패를 잃었고, 붙잡기를 잃어 옛날(잡고자 하는 것에) 놀아나기를 잃었다.

기원하여 팻말을 받아 쥔 일(事)을 마주(臨)하는 실마리인 것(之紀)은 신에

성인은 능히 인간을 본바탕으로 돌렸다

게 빌기조차 끊긴 겨울(처럼 간절함)에 맞물리는 마음(가짐)으로 고요히 앉은 여인(처럼 조신하)(이)면, 이는 실패할 일을 잃음이 아닌가!

성인은(모든 사람이) 하고자 하지 않음을 하고자 하여 얻기 어려운 재화인 것을 귀히 여기지 않았고, (대화가 어려운 아이 같은 者와도) 사귀고 소통함이 커지도록 사귀고 소통하여 (뭇사람들이) 변화된 것인 바는, 뭇사람의 곳인 것으로 되돌렸다. 이(말의 뜻)은 옛날, 성인은 능히 만 가지 날림(사람)에게 스스로 그러함인 것(自然)을 펼쳤을 뿐(이었지) 능히 짓기(꾸미기)를 떨어버렸다(는 뜻이다).

[해설]
역시 첫 줄에 자신의 주장을 언급하고 성인의 삶(行實)을 예시로 열거하여 자신의 설명(주장)글로 마무리하는 장이다. 서서히 과거 성인의 삶(정치)이 노자의 글로 마무리되는 과정임을 알 수 있다.

억지는 오래가지 못한다.

노자는 자신을 위해 또는 남을 위한답시고 인위적으로 지으려 삶는(煮) 것은 결국은 실패할 것이요, 사양해도 주어지는 것과 같은 당연한 수순이 아님에도 또는 타인의 의사에 반하여 억지로 붙들어 잡으려 삶아 익히는(煮) 것은 멀어질 것이라고 단언한다. 인위적으로 짓고 억지로 잡으려 하는 것은 무엇인가? 반자연적인 모든 것 즉 여기의 '난득지화'나 부귀공명도 포함되겠으나 초간 ⑤장의 문장으로 생각해보면, 牛馬를 채찍으로 치듯 人·民(萬勿)에 대한 인위적인 다스림이다. 그래서 옛날 성인은 세상을 살아갈 때 짓기(爲)를 잃었고, 쥐기(執)도 잃어버렸다. 그러면 일(事)에 어찌 임(臨)해야 하는가? 亡事 亡執에 이어 나온 문장으로, 일을 실패하지 않기 위한 마음가짐을 이야기한다. 그 간절함이 어느 정도인지 말로 잇기 어렵다. 보면, 일을 對해서 풀어가는 첫 발(실마리)은 신에게 빌기조차 끊어진 겨울나기와 같은 절박한 간절함으로 임해야 한다는 것이다. 이러한 간절하고 절박한 마음만이 '실패할 수가 없을 것이다'란 말이다.

성인은 사람이 싫어하는 것을 하고, 아이 같은 자와도 주고받으며 백성에게 자연의 治를 펼쳤다.

그래서 성인은 일반인들이 원하거나 하고자 하는 그런 것은 반대로 멀리하고, 일반인들이 하고자 하지 않는, 즉 싫어하는 것들은 또 반대로 하고자 하였고, 그러면서도 그들과 살갑게 소통하고 인도하여 어질러진 그들의 마음을 각자의 그릇(名)으로 이끌어 돌렸다는 것이다. 이는 성인이 自然의 治를 했다는 뜻이요, 먼저, 말과 행동으로 실행하고 실천하였다는 뜻이다. 성인은 능히 절로 그러한 것을 널리 펼칠 뿐이었지, 억지스러운 것, 멀어질 것이 뻔한 것을 능히 떨어버렸다는 것이다. 즉 聖人은 亡名을 사냥하여 행위로부터 자유롭다(亡爲). 이 말은 행위 시(爲)에도 적용되는 말이다.

이 글은 앞으로 전개할 노자의 글에서, 侯王({虍壬}등 治者)에게 자연의 治의 합당함을 주장하기 위한 예시적인 글이다. 미리 말하자면, 노자가 侯王에게 하는 말은 有名한 萬勿들은 의미체이니 제발 헤치지 말고 또 제 몫을 하늘이 주었으니(名) 내버려 두고 너나 '욕불욕'하고 {효}비{효}'라는 것이 주 내용이다. 그것을 철학적으로 뒷받침하고 있는 것이 깨우침의 글이다.

《 萬勿 ≠ 萬物 》

처음으로 萬勿이 문장 속에 나왔다. 萬勿은 백서 甲이하 萬物로 바뀌는데 萬物은 사전적 의미로 '세상에 있는 갖가지 모든 것'을 뜻하는 까닭에 초간의 萬勿이 아니다. 초간에 언급된 萬勿은 오늘날 국경과 인종에 상관없는 '모든 인간'을 가리킨다. 즉 '계층과 종족을 망라한 모든 인간'이다. 여기서는 성인의 다스림이 펼쳐지는 세상의 '모든 인간'이다. 초간의 인물들은 人(智, {虍壬}, 百{少目}) 善者, 善爲士者, 民, 종이나 시녀 등등처럼 다양하다. 그럼 그자들이 '모든' 사람인가? 당연히 아니다. 그 속에 들지 못하는 사람들이 不知其數다. 人도 民도 아닌 채, 첩첩산중에서 살아가는 자들도, 소수민족도 있다. 그들 중에는 중국인들이 오랑캐라고 한 4方의 민족도 있다. 그 오랑캐 중에 우리 東夷(동쪽의 큰활을 진 오랑캐)도 있다. 이처럼 많이 있다. 지금이야 인간(사람)하면 나라나 민족을 초월한 모두를 포함하는 개념이지만, 人과 民을 구분하여 쓴 당시에 그들은 民도 人도 그렇다고 종이나 시녀도 아니었다. 萬勿은 바로 그들의 총칭이다. 당연히 초간 萬勿을 萬物로 고친 백서 이하는 왜곡이다.

[고문자 해독]

❶ 者(煮); '끓일, 삶을, 익힐 煮'의 원자로, 초간시대엔 '놈 자'로도 혼용됐다. 煮 꼴이 쓰인 篆文(전문) 이후 '놈 것'으로 전용된다.

❷ 古; 통용본에는 故로 바뀌어 나온다. 字源 풀이를 보면 金文은 둘 다 어원이 같고, 篆文부터 古에 攴이 붙은 故가 쓰였다. 초간은 모두 古만 쓰여 의미가 '예'인지, '이유, 까닭'인지 의문스럽다. 명확히 구분되는 것도 있으나 판단이 힘든 것이 많다. '옛날(부터)'로 번역하되 명확한 것은 이

유, 까닭(故)으로도 번역했다.

3 {辶方人羊}(遊?); '놀 遊유'에서 子가 羊 꼴인, '붙잡을 執'과 상반된 뜻의 양이(羊) 깃발 날리듯(方人) 뛰어서(辶_) '놀아날 유'로 추정한다. 백서 갑 이하 失이다.

4 {午言斤}; 상午하言우斤 꼴로, 머리에 '공이 모양 神體신체 누오'를 쓴 言, 즉 '신에게 빌 許'가 斤과 나란해, '신에게 빌기(許)조차 끊어진(斤) 허'로 추정한다.

4⁻¹ 許; 午는 공이 모양의 神體의 象形으로 神에게 빌어 '받다들여지다'의 뜻

5 {夂日}(冬); 상夂하日 꼴로, 冬의 금문이다. 한 해(日)의 매듭(夂)에서, '겨울(나다), 동지'며, 終 즉 매듭(夂치)의 꼴인 '마칠 終'과 다른 꼴이다

6 女; 여자처럼 음전이(얌전히, 고요히) 앉는다는 뜻의 '동사'로 쓰였다. 자전에 '시집보낼 녀'라는 서술어의 뜻은 있으나, '여인처럼 조용히 앉다'라는 용례는 없다. 초간에서는 서술어나 부사의 자리에 女가 쓰여 중요한 의미를 지닌다. 노자가 생각하는 개념은 아마도 '있으나 없는 듯 사는 모습'을 뜻한다.

7 {爻子}(敎); 상爻하子 꼴로, 자식 같은 아이(子)와도 서로 엇갈려 사귀고 소통할(爻) '효'자로, 敎의 原字 또는 異體字다. 이본이 學의 원자인 아이(子) 끌어올릴(臾) 유{臾子}로 바꾸어 백서 이하 가르치고 배우는 學이 된다. 字源에 따르면 學과 敎는 모두 갑골문부터 있었고, 敎의 '칠 攴'은 갑골문부터 있었다. 한편 {爻子}는 자전에 '본받고 인도한다'는 훈으로 字가 따로 있다.

8 ＝ ; 중문부호로, 이 부호가 찍힌 글자가 거듭 반복된다는 뜻이다. 초간에서 제일 처음 반복되는 글자는 여기의 所가 아니라, 6-②장의 智足이지만 그곳은 중문부호가 없이 반복했다.

9 尃; 논에 모 심듯 '널리 펼쳐 깔 부'자다.

10 勿; 象形으로 갑골문부터 쓰였고, 활시위를 퉁겨서 상서롭지 못한 것을 떨쳐 버리는 모양을 본떠, 假借하여 '금지'의 뜻을 나타내는 어조사로 쓰였다. 대표적인 뜻이 '없음(否定辭), 말라(禁止辭)'다. 초간은 이 字를 부정사나 금지사로 쓴 곳이 없다. 또 다른 훈으로는 '털 몰'이 있는데 '먼지를 떪'이라 풀이되어 있다. 즉 '털어져 날리는 먼지 같은 하찮은 것'이다. 초간에 勿이 쓰인 문장을 보고 미루어 생각건대 노자는 아마 '먼지처럼 하찮다'는 의미보다는 '구분하거나 특정할 수 없는 수많은 생명체들'을 뜻했던 것이다. 즉 여기에 萬을 붙여 오늘날의 '인간'을 나타냈고(萬勿), 法과 같은 수식어를 붙여 특정할 수 없는 어떤 사람들을 나타냈으

며(法勿/{可戈}勿)(제15편-①장), 또 勿{忄或}則老(제15편-②장)와 天下之勿(제17편)처럼 勿 자체만을 써 오늘날 살아있는 생명체(동·식물)의 개념을 쓴 것이다. 따라서 勿을 物로 해독해서도 안 되고, 그렇게 고친 백서 갑 이하는 잘못된 개작이다.

10⁻¹ 物; 자전에 의하면, 牛+勿, '勿'은 나쁜 물건을 불제(祓除)하여 부정(不淨)을 '씻다'의 뜻. 부정이 씻긴 산 제물인 소의 뜻에서, '물건'의 뜻을 나타낸다고 나와, 萬物과도 같다. 勿처럼 갑골문부터 쓰여서, 노자 당시에 勿도 쓰였고, '소 牛'변이 있는 物도 사용되었다. 즉 따로따로 같은 시대에 쓰였다.

11 肰; '그러할 然'의 古字다. 초간에는 然도 쓰였는데, 然은 또 본래 사를 (탈) 燃의 古字다.

[백서 이하 비교]

통용본은 덕경 제64장의 일부로 나온다. 제64장의 앞 문장은 초간 제14-①장에 따로 쓰여, 통용본으로 보자면 초간 6-⑤장과 초간 14-①장이 하나로 모여서 제64장을 이룬다. 이 장이 특히 중요한 것은 병본에 異本이 있는 것이다. 이는 진본〈노자〉가 통용본으로 바뀌는 것을 설명하는 데 있어 아주 귀중한 자료다. 따라서 이 장은 특별히 이본부터 백서를 거쳐 통용본으로 변화되는 과정을 이야기한다.

문장과 글자의 변화를 보면, 초간의 亡이 이본에서 無로 고쳐졌고, 이는 백서 갑 이하에서 모두 无(無)로 바뀌었다. 처음 시작하는 초간의 '위지자패지 집지자원지'의 '삶을 煮'가 사람(者)으로 의미가 변화되면서 '위자패지 집자실지'로 바뀌는 등 변화가 심하다. 이어 초간 '임사지기' 이하 '망패사의'까지는 이본이 대상을 사람(人)으로 바꾸어 거의 새롭게 고치니, 이에 백서 갑에서 대상을 자신들(人)에서 무지한 백성(民)으로 바꾸고, 문장을 앞뒤 바꾸었다. 주체를 어리석은 백성(民)으로 돌린 것이다. 마지막 부분은 2차례 쓰인 성인을 1차례만 사용하여 2개로 된 문장을 하나로 줄였다. 그러면서 專尃(펼치다)를 輔보(돕다)로 대체하고, 萬勿을 萬物로 바꾸면서 초간의 명확한 개념들이 묻혔다.

통용본 제64장(中下)

爲者敗之 執者失之. 是以聖人無爲故無敗 無執故無失.
民之從事 常於幾成而敗之 愼終如始 則無敗事.
是以聖人 欲不欲不貴難得之貨 學不學復衆人之所過
以輔萬物之自然而不敢爲.

(무엇을) 꾸미는 자는 그것에 실패하고, 잡으려는 자는 그것을 잃는다.

이렇기 때문에 성인은 꾸밈이 없는 까닭에 실패가 없었고, 잡음이 없는 까닭에 잃음도 없었다.

백성들이 일을 좇음에 항상 거의 이루려는 곳에서 (마무리를 못 하고) 무너지니, 마무리를 처음(의 각오)처럼 신중히 한다면 일을 그르침이 없을 것이다.

이렇기 때문에 성인은 하고자 하지 않는 것을 하고자 하여 얻기 힘든 財貨를 귀하게 여기지 않고, 배우지 않는 것을 배워 뭇 사람이 지나친 곳(道)으로 돌아감으로써, 만물이 스스로 그럴도록 도울 뿐 감히 꾸미지 않았다.

백서 갑 (제27장)
[훼멸]也, [故]无敗[也] 无執也, 故无失也.
民之從事也 恒於其(幾)成而敗之 故愼終若始 則[无敗事矣].
[훼멸]欲不欲, 而不貴難得之{月爲}(貨) 學不學
而復衆人之所過 能輔萬物之自[然 而]弗敢爲.

백서 을
爲之者敗之. 執者失之. 是以{耳口}人无爲[훼멸]
民之從事也 恒於其(幾)成而敗之 故曰愼冬(終)若始 則无敗事矣.
是以{耳口}人欲不欲, 而不貴難得之貨 學不學
而復衆人之所過 能輔萬物之自然 而弗敢爲.

과연 위서(이본, 백서 갑 등)를 만든 이(또는 세력)는 노자를 숭상한 자일까? 초간〈노자〉에 빌붙어 자신도 노자가 되고 싶었을까? 분명 초간을 접했던 것 같은데, 원문을 이렇게 철저히 변질시킨 의도는 선의일까 악의일까? 초간이 발견되지 않았다면 성공했을 것이다.

문장 전체를 보면, 초간은 성인을 빌어 후왕에게 하는 말인 반면, 異本은 후왕은 사라지고 대신 사람(人)을 꾸짖는 글로 바꾸었다. 이에 백서부터는 성인의 행실을 빌어 피지배자인 백성(民)의 행실을 꾸짖는 것처럼 썼다. 그러다 보니 다스림을 뜻하는 尃(펼치다)를 輔(돕다)로 고쳤다. 또한, 초간에서 최초로 등장하는 萬勿을 萬物로 고쳐 문장으로는 뜻을 알 수 없는, 언변술사가 해설해야 이해되는 글로 만들어 버렸다.

0.   爲之煮敗之 執之煮遠之 是以聖人亡爲古亡敗 亡執古亡遊。
0(2). 爲之者敗之 執之者遊之 聖人糅爲古糅敗也 糅執古[糅遊也]
1.   [휘멸]也, [故]无敗[也] 无執也, 故无失也.
2.   爲之者敗之 執者失之. 是以(聖)人无爲[휘멸]
3.   爲者敗之 執者失之. 是以聖人無爲故無敗 無執故無失.

0(2). 지어 가는 자는 패하여 가고, 잡아가는 자는 놀(遊)며 간다. 성인은 지
       음이 없어 옛날 패하기가 없고, 붙잡기가 없어 옛날 놀아남이 없다.
       (※ 처음 문장은 '초간'처럼 번역할 수 있다)
·1.2. 지으려 가는 자는 실패로 가고, 잡으려는 자는 이것을 잃는다. 이 때문
       에 성인은 지음이 없는 까닭에 敗가 없고, 틀어잡음이 없는 까닭에 잃
       음이 없다.

초간의 '위지자패지 집지자원지'(지으려 익히는 것은 실패할 것이다)는 이본
에서 之는 빠지지 않고 대신 遠이 遊로 고쳐졌다. 아마도 뒤의 遊자 영향으로
보인다. 반면 백서 을은 '위지자패지 집자실지'로 之가 한 자 빠지고 失로 쓰였
다. 敗와 失은 초록관계인 데도 遠(멀다)을 失로 바꿨다. 字源상 백서 을부터 者
와 煮가 구분된 것이나 乙이 이렇게 쓴 것은 이 둘을 명확히 구분하지 못한 것
이거나, 반대로 구분하라는 뜻으로 넣고 빼고 한 것일 수도 있다(지으려 삶아
감은 패해 가고, 잡으려는 자는 잃어 가다). 통용본은 之가 의미 없다고 판단하
여 '위자패지 집자실지'(지으려는 자는 이것에 지고, 잡으려는 자는 이것을 잃
는다.)로 하였다. 이는 통용본에서 사람을 뜻하는 '놈 者'로 통일됨을 뜻한다.

다음, 초간 是以聖人亡爲古亡敗 亡執古亡遊를 보자. 초간 甲의 亡은 초간 丙
本의 異本에서 糅로 바뀌고, 어조사 也가 붙었다. 이에 백서가 无로, 통용본은
無로 고쳤다. 古는 백서부터 故로, 遊(놀다)는 失(잃다)로 고쳤다. 백서가 亡을
无(無)로 고친 것은 한 글자일 것이나, 〈노자〉하면 '무위자연'이라 한 것을 생각
할 때, 근본의 것을 바꾼 것이다. 노자의 뜻은 '함이 없음'(無爲)이 아닌 '함을 잃
음'(亡爲)이다. 제7편에서 깊게 다루겠지만, 亡은 無보다 더 크고 깊은 개념인데,
'아무것도 없다'는 無로 고쳐 갑 이후 〈노자〉는 無爲法(함이 없는 法)이 되었다.

0.　臨事之紀 {午言斤}多女{与心} 此亡敗事矣

0(2). {幺言斤}終若{ㅂ言} 則緐敗事豈 人之敗也 恒於其{虍又}城也 敗之

1.　民之從事也 恒於其成而敗之 故愼終若始 則[无敗事矣].

2.　民之從事也 恒於其成而敗之 故曰愼多(終)若始 則无敗事矣.

3.　民之從事 常於幾成而敗之 愼終如始 則無敗事.

0(2). 자잘한 말도 끊어져 마친 (침묵도 끝나는) 얼크러진 말(절규訓)을 따른다면, 실패할 일이 없음이 아닌가? 사람의 실패는 항상 그가 사나움을 쥐고 단단한 성을 쌓음에서 실패로 감이다.

1.2. 백성이 일을 좇음에, 항상 그 成功보다도 재물 부서지듯 실패로 간다. 까닭에 마무리를 처음처럼 신중히 한다면 실패할 일이 없지 않겠는가?

　초간의 문장은 노자가 후왕이나 지도자를 염두에 두고 쓴 글이다. 내용이 손도 대지 말고, 재물을 멀리하라는 정치론을 펴니 받아줄 후왕이 어디 있겠는가?! 이에 異本이 '임사지기'를 빼고, 대상을 자신들(人)로 바꾼 문장을 만들어 넣었다. 그러나 문장의 연결이 매끄럽지 않고 억지스럽다. 이에 백서 갑이 대상을 자신들에서 피지배계층인 백성(民)으로 해서, 문장을 다듬어 앞으로 내고, 주어로 써서 신중하지 못한 백성들의 행실로 바꿨다. 이는 통용본의 틀로 완성이 된다. 초간의 한 개의 반어적인 의문문의 문장은 이본에서 2개의 문장으로 나누어지고, 2개의 문장으로 나누어진 상태에서 의문문은 앞보다는 뒤가 문맥이 더 어울리는 까닭에 백서본에서 앞뒤로 바뀌게 되고, 통용본에서는 좀 더 확신적인 평서문으로 바뀐 것이다.

　아무튼 초간 '임사지기'는 '민지종사야'로 대치되고, 아름다운 '허동여여' 4글자는 '항어기성이패지 고신종약시'로 늘어진다. 첨삭이 많을 수밖에 없고, 그러기 위해서는 새로운 글자가 생길 수밖에 없는 것이다.

[참고1]

　이본이 없는 상태로, 초간과 백서 갑의 변화를 살피면 상당히 파격적이다. 그 가교역할을 異本이 하고 있다. 이처럼 이본은 초간 노자가 일찍부터 변질되고 있음을 증명하는 중요한 자료이지, 내용상 진본의 일부가 아니다. 저자는 사실 통용본을 해석할 때 人과 民의 쓰임이 궁금했었으나, 통용본에서는 그 이유를 찾지 못했었다. 이처럼 人과 民은 대상이 다른 글자다. 지배층도 자기를 욕하기는 어려웠던 모양이다.

[참고2]

왕필은 이 부분을 어떻게 풀이했나 봤더니, 딱 4자였다. '不愼終也(마침을 신중히 하지 않는다)'(왕필의 노자주, p272) 저자가 판단하기로 왕필은 주어(성인)는 전혀 고려하지 않는, 깨우침(형이상학=玄學)의 글로 갈 수밖에 없는 풀이 방식이다.

0. 聖人欲不欲 不貴難得之貨 {爻子}丕{爻子}
    復衆之所﹦{化之} 是古聖人能專萬勿之自然而弗能爲

0(2). 是以[聖]人慾丕慾 丕貴難得之貨 {與子}丕{與子}
    復衆{之所}﹦{辶化} 是以能{木甫}{萬土}勿之自然而弗敢爲 ■

1. [是以聖人]欲不欲, 而不貴難得之(貨)
    學不學 而復衆人之所過 能輔萬物之自[然, 而]弗敢爲.

2. 是以(聖)人欲不欲 而不貴難得之貨 學不學
    而復衆人之所過 能輔萬物之自然 而弗敢爲.

3. 是以聖人 欲不欲不貴難得之貨
    學不學復衆人之所過 以輔萬物之自然而不敢爲.

0(2). 이 때문에 성인은 욕망이 커지는 욕망으로, 얻기 두려운(戁) 재화를 귀히 여김이 커졌다. 끌어올리기가 커지는 끌어올리기로 무리인 바가 무리인 바로 바뀌어 가게 되돌렸다. 이 때문에 능히 온 땅의 날림이 스스로 그러도록 컸을{木甫} 뿐, 감히 짓기를 떨었다.

1.2. 이 때문에 성인은 하고자 하지 않는 것을 하고자 하여서 얻기 힘든 財貨를 귀하게 여기지 않았고, 배우지 않는 것을 배워 뭇 사람이 지나친 곳(道)으로 돌아감으로써, 능히 만물이 스스로 그렇도록 도울 뿐 감히 짓기를 떨었다.

이어 초간은 2회 성인을 써 2개의 문장으로 나누어 첫 문장은 깨우친 성인의 대표적인 2가지의 행실로 백성들을 각자의 타고난 名으로 돌렸다는 내용이며, 다음 문장은 그것이 自然의 治라는 것을 설명하는 것으로 마무리하는 것인데 반해, 이본이 성인을 1회만 사용하여 '시고성인능부'를 '시이능{보}'로 고치니, 백서가 다시 '능보'로 이에 통용본이 '이보'로 고쳤다. 내용도 백서 이하 성인이 그곳으로 돌아가는 꼴로 만드는 중간 역할을 하고 있다. 즉 이미 깨우친 성인을 불완전하고 아직은 깨우침이 없는 단계로 고쳐버린 것이다. 그러다 보니 '자연'이 성인의 정치술이었던 초간의 뜻이 萬物이 '자연'이 되는 것을 돕는다는 식의 어처구니없는 형태로 글이 만들어지게 된 것이다. 특히 모든 인간 군상을 가리켰던 萬勿을 백서 갑 이후 세상의 온갖 것을 뜻하는 萬物로 고쳐 마치 성인이 도술을 부리는 것처럼 만드는 게기를 주어 버렸다.

　글자로는 초간 {爻子}는 敎의 이체자일 수는 있으나 백서 이하 쓰인 學은 아니다. 이는 먼저 이본이 '{유}비{유}'로 고쳤기 때문이다. 이에 백서가 '학불학'으로 바꾼다. 초간의 뜻과는 멀어졌다.

[쉬어가기] - 이본 이야기

　이 장은 초간에서 유일하게 異本이 있는 장이다. 사람들은 이것으로 〈노자〉는 처음부터 1인의 글이 아니라 불특정 다수가 쓴 여러 텍스트가 있는 근거로 삼는다. 초간이 완성본이 아니라면 그 같은 주장은 일리가 있다. 그러나 초간은 1인의 노자가 쓴 그것 자체로 완벽한 논문이다. 다만, 丙本의 異本은 이미 오래전부터 여러 무리들이 내용을 고치려는 노력이 성행하였다는 것을 보여줄 뿐이다(왕좌를 언급하는 것만으로도 위험한 글이다). 즉, 초간의 丙本이 저자의 주장처럼 기원전 450년경에 쓰였다면(주류학계처럼 기원전 380년이라고 해도) 노담이 쓴 진본〈노자〉는 약 100년도 안되는 사이(주류학계라면 약 170년)에 異本이 넘쳐났다는 말이 된다. 당연히 무덤의 주인도 丙本의 다른 편(장)과 같이 획득한 죽간이 제6편-⑤장과 유사함에도, 같은지 다른지 내용을 구분할 수 없거나, 또는 참고용으로 보관한 것이다(그는 초간 甲乙도 원본인지 몰랐을 수 있다). 이 역시 후학들의 숙제다.

• 제6편-⑤장 異本(초간 丙本)의 존재는 상당히 중요한 몇 가지를 시사해준다.

　첫째, 이미 오래전부터 내용의 개작이 시작되었다. 저자는 진본〈노자〉가 쓰인 후, 얼마 지나지 않은 시점부터로 본다. 〈노자〉가 넘어서는 안 되는 곳까지도 다룬 정치서이기 때문이다.

　둘째, 甲本의 亡爲 등등의 문장에 나오는 亡이 모두 無로 바뀌었다. 이는 아주 오래 전부터 無爲法으로 바뀐 것이다.

　셋째, 단순한 지시사나 어조사의 첨삭뿐만 아니라, 의미까지 바꾸려 하였다.

　넷째, 초간〈노자〉의 글 중, 지도자에 부정적인 의미를 갖는 내용은 대상을 지도자(王)에서 일반 사람으로 돌리기 시작했다.

다섯째, 초간은 6편에 속한 하나의 장인데, 이본은 독립된 장(편)으로 만들었다. 이는 아주 오래 전부터 6편을 해체했다는 뜻이다.

여섯째, 이본의 변화를 종합하면, 오늘날 통용본 〈노자〉 형태는 병본의 異本 시절 또는 그 이전부터 시작되었다고 추측할 수 있다.

일곱째, 결론적으로 당시에는 글자를 안다는 지배계층에게 상당히 깊숙이 〈노자〉가 침투해 있었다. 이는 내용을 전혀 알지 못하는 자의 필사이기 때문이다.

[참고]
초간 저자 중 안기섭 교수는 원래 초간은 양생술인데, 어느 시점에 정치서로 바뀌었다고 말한다. 상식적으로 생각해서 반대라면 이해가 되는데, 받아들이기 어려운 주장이다.

『노자』는 후대의 『老子』본에 의거하여 제왕지학(帝王之學)으로 여겨 왔다. 이에 대해 주해자인 안기섭 교수는 후대인들이 老子(노자)라는 사람의 최초 저작을 잘못 이해하였거나, 다른 의도를 가짐으로 인하여 원저를 개작하거나 위작을 보탰을 가능성이 큰 것으로 보고 있다. 이 책은 노자가 가르친 인간다운 삶이 무엇인가에 대해 심도 깊은 사색을 하게 해주며, 『老子』가 개인 수행의 지침서임을 깨닫게 해 준다. 노자는 우주의 정기(道, 도)를 받아서 우리 몸 안에 온전하게 운행되게 함으로써 불노장생(不老長生=장생구시[長生久視])하는 수행 방법을 가르친다. (출판사 서평 인용)

제 6 편 - ⑥장

[원문]

{이미지의 고문자 - 전서체 문자들}

[해독]

{亻人丁}恒亡爲也 侯王能守之而萬勿將自{爲心}
　{인}　항 망 위 야 후 왕 능 수 지 이 만 물 장 자　{위}

{爲心}而{欲隹}{乍又}將貞之以亡名之{美又}
　{위}　이 {욕}　{작}　장(정)지 이 망 명 지　{박}

夫亦將智 智足以庸 萬勿將自定 ■
부 역 장 지　지 족 이(용) 만 물 장 자 정

　(道를 깨달아 따르는) 慧眼을 지닌 바른 삶의 길은 영원히 짓기를 잃는다 함
이니, 侯王에게 능히 지켜져야 할 것일 뿐(이지만), 만 가지 날림들은 장차 스
스로 (더 높이 되고자 당연히) 짓고자 하는 마음을 하려 하리라.
　마음 지을 뿐 (새처럼) 높이 날고자 함이 갑자기 잡히면, (후왕은) 장차 '이름
잃은 박을 쥔 것'으로써 (신의) 계시 보여주는 것을 하리라.
　저들(萬勿) 또한 장차 안다고 하는 이를 하려 하니, 안다고 하는 이가 (집 안
에서 쓰는 절굿공이처럼) 작은 편리로써 兵해 한다면, 만 가지 날림들도 장차
스스로 (자신의 名대로) 정해지려 하리라.

　　　　　　　　　　　　　　　　　　　　　　초간 노자와 그 밖의 노자

[해설]

제6편의 끝장이자 6편의 종합이다. {彳人亍}인에 대한 정의와 그 {彳人亍}이라는 것이 지금(노자 당시)의 정치에서 무엇을 말하는지 侯王과 智 그리고 萬勿로 나뉘어 구체적으로 드러난 곳이다. 글 또한 지금까지 쓴 과거의 聖人을 비롯한 인물들을 인용한 것이 아니라, 직접 侯王을 언급한다.

혜안으로 바른 삶을 산다는 것은 영원히 짓기를 잃는다 함이니, 후왕은 반드시 지켜야 한다.

노자가 말하는 '지음(爲)'은 코끼리(象)를 손(爪)으로 길들인다는 뜻인바, 의미상으로 반자연(인위)적인 것이다. 따라서 그런 행위를 하지 말라는 것은 당연히 예측할 수 있다. 그래서 첫 문장에, {彳人亍}恒35亡爲也가 와, 혜안으로 바른 행위의 길을 살아가는 {彳人亍}이란 항구히 짓기를 잃음이다는 정의가 위치한다. 그런데 다음 구절이 압권이다. 그것은 오직 人間事에서 '후왕에게 있어서는 능히 지켜져야 할 것이다'고 노자는 주장한다. 즉 侯王은 반드시 지켜야 한다는 것이다. 노자가 후왕에게 하는 준엄한 내용이 이 몇 자의 글귀다.

노자가 보기에 '인항망위'는 萬勿(인간)을 순수한 본성(을 지닌 곳)으로 되돌리는 최선의 방법이며, 하늘이 名한 대로 살아가도록 뭇함을 이끌어 내는 최고의 다스림이다. 그런데 이것을 '지킬' 수 있는 자는 오직 후왕뿐이다. 그는 실질적으로 생사여탈권을 포함한 모든 것을 소유한 꼭지에 앉은 자였기 때문이다. 그래서 꼭짓점에 있는 후왕은 반드시 亡爲{짓(었)기를 잃다}하여야 한다.

반면 후왕 아래의 사람들(萬勿)은 '이미' 모자란다. 정해짐(名) 자체가 완전하다고 보는 후왕이 아니기 때문이다. 따라서 항상 고요하지 못하고 마음이 출렁거린다. {爲心}위는 마음이 들어있어 '하고자 하는 마음'을 의미하지 '표출'된 것은 아니다. 깨우친 자가 아닌 안다 하는 자(智)나 凡夫들에게 일어나는 마음은 하루에도 만리장성을 쌓고 허물만큼 휘몰아칠 것이다. 왜냐하면, 노자처럼 깨우침을 가진 자가 아닌 세속의 人間은 하늘이 준 名을 직시하지 못하고 부귀영화의 꼭짓점을 향해 더 나아가고 싶기 때문이다.

안다 하는 자(智)가 자신의 삶과 모습에 足해하면, 모두가 제자리에 있을 것이다.

마음은 내심의 것이니 어쩌면 당연하다. 하늘(道)이 내려 준 자신의 名에 대한 깨우침이 없다면, 더 높은 곳, 궁극의 용상을 향한 마음은 일어날 수밖에 없

---

35 문장 속의 설명에서는 오늘날 사용하는 같은 뜻의 글자(恒)로 치환했다.

다. 그래서 노자는 내심의 일어나는 마음은 일정 부분 인정한다. 그러나 그것이 貪慾으로 표출되어, 불가능함에도, 새처럼 높이 날고자 하는 마음이 갑자기 쥐어져 나타나면 노자는 어떻게 다스리라고 하는가? 후왕이 '망명의 박인 것'을 몸에 지닌 채, 하늘의 뜻을 보여줌으로써 또는 망명의 道로 그에게 주어진 본바탕인 '깨진 박'을 쥐고서(又) 하늘의 계시(卜)를 보여줌으로써(罒) 그를 인도하라고 한다. 즉 하늘의 그릇인 타고난 名을 보여줌으로써 그를 멈출 수 있게 하라는 것이다.

여기서 우리가 알아야 할 것은 먼저 후왕이 '망명지{박}'해야 그 이후의 행위가 가능하다는 것이다. 결국 노자가 하고자 하는 말은 무엇일까! 바로 이어진다. 대저 萬勿들은 또한 장차 안다 하는 자(智)를 하고자 발버둥 칠 것이다. 끌어올리기는 그래서 좋은 것이 아니다. 목적이 이미 아니기 때문이다. 그러니 지배층을 형성하는 안다 하는 이(智)들이 탐욕의 짓기를 버리고, 작은 편리에 足해한다면 그를 바라보는 萬勿(人間)들은 욕망을 버리고 스스로 제자리로 돌아갈 것이다.

노자가 이렇게 보는 이유는 무엇일까? 노자는 萬勿과 직간접적으로 접촉하고 통치하는 智(지배계층의 리더층)들의 역할이 무엇보다 중요하다고 보기 때문이다. 까닭에 초간은 후왕보다도 지배층이라 할 수 있는 안다 하는 자({虍壬}, 智, 人)에게 더 중점을 두고 이야기를 펼치고 있다. 아마도 안다 하는 자들이야말로 사회를 구성하는 중추적인 역할을 하면서 사회 안정의 중심축으로 보기 때문이다. 따라서 노자는 이들이 자신의 모습에 足해 하는 것이 나라가 안정될 수 있는 중요한 요소로 본다. 자신을 끌어올리려 매일매일 쌓는 자인 智(아는 이)는 영원히 그릇이 차지 않는 목마른 자다. 그런 그들에게는 출세할 수 있다면, 부귀영화를 누릴 수만 있다면, 양심은 썩은 고목과도 같은 것이다. 오직 욕망만이 있기 때문이다. 바로 그들에게 깨우침을 통해 자신의 名을 알고 그것에 멈출 줄을 알아야 한다고 말하는 것이다. 오늘날도 여론을 생산하는 집단, 세력이나 사람이 있다. 그러나 사람들은 모두 자신이 결정한다고 생각한다.

인간 개개인은 온전히 하나(一)가 될 수 없어, 깨우침이 없다면 '짓는 마음{爲心}'이 일어날 수 있다. 다만 이것이 불가능한 것에 대한 욕망으로(欲隹) 갑자기 겉으로 표출될 때(표출이 된다는 것은 타인과의 연관을 필연적으로 일으킨다), 후왕은 道가 항구히 亡名하듯, 깨우친 亡名의 道로 각자의 타고 난 본바탕인 것을 쥐고 이것을 사용하여(즉 이는 사사로움이 전혀 없는 것을 전제한다.) 신의 뜻을 보여주도록 하라는 것이다. 당연하지만 그렇지 못한 후왕은 나라 안의 백성을 하나로 안고 갈 수 없기 때문에 자리를 물러나야 한다(노자의 세상이 현실세계에서 거의 불가능한 것은 이처럼 이미 최고지도자가 깨우침을 가진 '神聖의 나라'여야 한다는 것이다). 정리해서 노자는 말한다. 만 가지 날림들은 智(안다 하는 이)가 되고자 한다. 그래야 출세 가도를 달릴 수 있고 집안을 일으킬 수 있고, 자신은 빛나게 세워져 드러나기 때문이다. 그러나 그것은 이미 욕망의 덩어리를 갖고 있으니 그 나라는 혼란에 빠질 것이다. 따라서 안다 하는 이가 물질적인 부족함이 있겠지만 작은 편리로서 만족해한다면 만 가지 날림들(인간)도 새처럼 높이 날아오르는 것과 같은 불가능한 마음을 갖지 않을 것이다.

노자는 정치서다. 그러나 일반 정치처럼 쉽게 언급할 것이 아니다. 이처럼 성인의 반열에 오른 지도자를 전제하고 있기 때문이다.

[고문자 해독]

❶ 侯王; '제후 侯'와 '천자 王'으로 王侯, 즉 천자와 제후를 역순으로 열거한 것이다. 즉 侯는 변경에서 천자를 보필하는 제후고, 王은 이를 제후국에 봉한 천자를 이른다. 노자는 춘추시대 나라나 천하의 꼭지에 있는 자로 생각하며 초간에서 모든 것을 소유한 사람의 개념으로 본다.

❷ 能守之; 之는 '것 지'로 불완전 명사다. 之가 가리키는 것은 문장으로 판단된다. 여기는 앞의 '{인}항망위야'다. 之가 동사 뒤에 위치하여 '제후, 천자[만이, 에게, 가, 야] 능히 지켜[질 수 있는, 지는, 져야 할] 것이다'의 뜻이다.

❸ {丬酉}(將); 장대 널판(丬) 같이 큰 술통(酉)으로[고문자류편, p413], 큰 장수이며, 앞으로 장차, 막~하려 할 '장(將)'을 뜻한다.

❹ {谷隹}(欲隹); 좌谷우隹 꼴로, 초간에서 딱 한 번 쓰인 글자다. '새처럼 높이 날아오르고자 할 욕(隹)'로 푼다. 새(隹)와 하고자 하다(欲)가 묶여, 문맥의 의미로 볼 때, 새처럼 높이 날고자 하는, 불가능한 것에 대해 하고자 하는 마음을 의미한다.

❺ {乍又}; 갑자기[(사, 작乍;갑골문이 비수로(匕) 싹 베다(∨)는 꼴로, '갑자기'의 뜻이고 作의 원자다)] 잡힐(又) '작'으로 추정한다. 제13편 '만물방작'에도 쓰였으며, 乍가 作의 원자임에도 作이 제8편에 나오는 것을 고려할 때, '갑자기, 순간'으로 봄이 합리적이다.

❻ {卜罒}(貞?); 상卜하罒(目;눈의 象形)을 찍은 꼴로 '점 볼, 開眼할 정'이라 추정한다. 다만 貞은 '점을 쳐서 알아본다.'는 뜻으로 초간과 가장 흡사한 뜻이 있다.

❼ {羙又}박; 상羙하又 꼴로, 깨지는 소리, 의성어 '박(복)'은 제5편에 나오

며, '퍽 하고 깨진 본바탕, 질, 그릇'을 뜻한다. 여기는 又('쥐다'는 뜻)와 합하여 '태어난 대로의 본바탕(名)을 쥐다(又)'라는 의미다.

8 夫; '저 夫'다. 夫의 대표적인 사용법이 지시사(저)와 발어사(대저)다. 초 간에는 6회 사용되었는데, 명확히 구분되지 않는다. 저자는 이곳과 제 10편은 어떻게 띄어 읽느냐에 따라 둘 다 어울려 보여 지시사로 번역을 했고, 나머지는 지시사보다는 발어사가 더 어울린다고 판단했다.

9 {宀用午}(庸?); 집 안에서나 쓰는 절굿공이 '용'으로 '범상할 용렬할 庸 용'과 통용된다. 더 자세한 것은 초간6편-④장 같은 글자 참조.

[백서 이하 비교]

백서는 초간의 문장을 거의 버리고 다른 곳의 문장 '도항무명'을 가져와 사 용하고 더하고 고쳐, 행위의 글을 관념의 글로 변형하였다. 까닭에 전체적으로 문장의 해석이 어려워지고 비논리적인 글로 변화되었다. 통용본은 백서의 내 용이 너무 불합리하다고 생각했던지 차용한 글자를 '도상무위'로 바꾸고 글자 '이무불위'를 덧붙여 고쳤으나 형이상학은 어쩔 수 없었다. 뜻의 변화로는 초 간에서 보이는 대상과 내용의 명료성이 백서 이하 사라졌다.

통용본 제37장

道常無爲而無不爲 侯王若能守之 萬物將自化.
化而欲作 吾將鎭之以無名之樸. 無名之樸
夫亦將無欲. 不欲以靜 天下將自定.

도는 영원히 꾸밈이 없어서 꾸미지 못할 것이 없다. 후왕이 만약 이것(도)을 능히 지킨다면 만물도 (후왕을 따라) 장차 스스로 변화할 것이다.
변화해도 짓고자 한다면 나는 장차 이름 없는 박(樸)으로써 이것을 누를 것이다.
이름 없는 樸이란, 대저 또한 장차 (무엇인가를) 하고자 함이 없음이라.
고요함으로써 (무엇인가) 하고자 하지 않는다면 천하는 스스로 정해진 대로 길러질 것이다.

백서 갑 (제81장)

道恒无名 侯王若守之 萬物將自{爲心}[36]
{爲心}而欲[훼멸]名之梱(樸). [훼멸]无名之梱(樸)
夫將不辱(欲) 不辱(欲)以情(靜), 天地將自正.

---

36 {爲心}은 초간과 같은 뜻의 한(一) 글자다.

초간 노자와 그 밖의 노자

백서 을

道恒无名 侯王若能守之 萬物將自化.
化而欲作 吾將闐(鎭)之以无名之樸. 闐(鎭)之以无名之樸
夫將不辱(欲) 不辱(欲)以靜, 天地將自正.

논리 정연한 초간의 정치 글은 백서 갑부터 논리적으로는 설명이 될 수 없는, 언변술사에 의해서나 해석될 수 있는 글로 바뀌었다. 여기 6편의 마지막 장에서는 그 정도가 더욱 심하다. 후왕의 다스림이 天地에 미치는 것으로 고쳤기 때문이다. 역사를 왜곡하는 수많은 사람과 이웃들을 보면서, 고전도 이렇게 철저히 왜곡될 수 있음에 놀라웠다.

0. {彳人亍}恒亡爲也 侯王能守之而萬勿將自{爲心}
1. 道恒无名 侯王若守之 萬物將自{爲心}
2. 道恒无名 侯王若能守之 萬物將自化
3. 道常無爲而無不爲 侯王若能守之 萬物將自化

1.2. 道는 영원히 无名하니, 侯王이 만약 이를 (능히2) 지킨다면, 萬物은 장
　　차 스스로 지으려는 마음(변화)을 하려 할 것이다.

초간의 첫 문장 {인}이 백서에서 道로 바꾸면서 亡爲가 无(無)名으로 됐다. 이는 초간 제9편 '도항망명'을 그대로 차용한 것이다. 까닭에 통용본은 다시 無爲로 고치는데, '이무불위'를 붙여 결국 초간의 행위의 {인}을 道의 행위에 관한 글로 바뀐다. 초간의 能이 甲에서 若이 되고(글자 수 같다), 乙에서 能을 살리니(글자 수 늘어남) 그대로 통용본으로 이어졌다. 초간 萬勿은 모두 萬物로 바뀌고, 초간 而를 빼 조건절로 바꾸었다(이후 萬物은 언급하지 않겠다). 특이한 것은 甲은 초간과 같이 {爲心}를 썼는데, 이는 乙에서 化로 되어 통용본으로 이어졌다.

초간의 아름답고 명확한 글은, {인}이 道로 바뀌면서 侯王이라는 인간이 道처럼 '항망명'한다면, 萬物이 스스로 변화를 할 수 있다는, 말도 안 되는 글로 바뀌게 된다. 인간이라면 모르되 왕권이 아무리 신성시된다고 동식물을 포함한 지구상의 오만 것-삼라만상-을 나타내는 萬物이 스스로 변한다는 것이 말이 되는가! 이런 까닭에 〈노자〉는 형이상학의 글이니 관념의 글이니 하는 말들이 생겨나게 된 것이다. 특히 저자가 봤을 때 위험한 관점은 道로 고쳤다면 守

는 獸(사냥하다)가 되어야 함에도 그대로 守(지키다)를 사용한 것이다. 이는 侯王은 '이미' 道者다는 논리를 만들어준다. 그러나 노자는 초간 제9편에서 道 恒亡名… 侯王女能獸之(후왕이 여인처럼 고요함으로 능히 사냥해지는 것이라면)라 해, 亡名은 侯王의 노력을 통해 사냥해질 수 있는 것일 뿐이다.

0. {爲心}而{谷隹}{乍又} 將貞之以亡名之{美又}
1. {爲心}而欲[作 吾將鎭之以无]名之梩(樸). [鎭之以无名之梩(樸)
2. 化而欲作 吾將(鎭)之以无名之樸. (鎭)之以无名之樸
3. 化而欲作 吾將鎭之以無名之樸 無名之樸

1.2. 지으려는 마음 (변화 할2) 뿐 짓고자 한다면 나는 장차 無名의 樸(나무로 만든 장막梩 악1)으로써 이를 진압하려 하니, '무명의 박(악)'으로써 이를 진압함이란,

가운데 문장은 글자의 변형과 첨삭이 심한데, 백서에서 창작된 문장이 통용본으로 이어졌음을 보여준다. 특히 없는 주체 吾와 글자 '진지이망명지박'을 새롭게 만들었다. 이와 연결되어 마지막 문장에서는 초간의 智(안다 하는 이)가 사라져 행위의 주체나 대상을 후왕과 만물로 한정해 버렸다. 통용본에서는 중복되는 백서본의 뒤 문장 일부(鎭)之以를 삭제하고 마지막 문장과 매끄럽게 연결 지었으나, 이미 백서의 왜곡을 찾을 수는 없었다.

초간의 萬勿(인간)이 백서 이하 萬物로 변해, '온갖 인간들은 장차 스스로 짖고자 하는 마음을 하려 하다'라는 문장이 '세상의 온갖 것들은 장차 스스로 짖고자 하는 마음(변화)을 하려 하다'로 된다. 萬物때문에 이와 같은 사태가 벌어진 것이다. 이것을 합리화하기 위해서는 萬物에 대한 논리적 설명이 있어야 하나, 불가능하기 때문에 그 이상의 것이 들어가야 한다. 그것은 기괴한 언설을 높이 사도록 만든 시작이다. 다음은 '(만물이) 바뀔 뿐 짓고자 한다면'(2)이 되어 또한 앞선 설명과 같다. 여기서는 백서가 欲으로 써서 慾의 의미일 수 있으나 통용본이 반영하지 못했고, 초간의 {乍又}는 作이 됐다.
이어 초간의 '장{정}지이망명지{박}'의 뜻은 '(욕망을 드러낸 자에게) 타고난 名을 계시 보기로 알려 주겠다'는 뜻인데, 백서에서 '吾將(鎭)之以无名之樸 (鎭)之以无名之樸'이 되고, 통용본에서 '吾將鎭之以無名之樸 無名之樸'으로 심하게 왜곡된다. 초간은 앞 문장에 이어지는 글로 마무리되는 문장인 반면, 백서 이하는 새로 넣은 吾로 인해, 吾 앞에서 끝나고 吾의 절은 단문으로 했다.

그리고 초간에 없는 '(진지이)무명지박'을 또 써서 뒤의 문장을 잇는 머리글로 사용하였다. 이에 통용본은 백서의 '진지이'가 다음에 이어지는 문장과 맞을 수 없어 빠진다. 내용에서 새로운 吾는 충분히 후왕이라고 판단할 수 있어 주체가 바뀌었다 할 수 없으나, 貞을 鎭으로 바꿔 무력을 행사하는 글로 뜻이 변했다. 이 또한 통용본의 다른 곳에서 언급되는 노자의 비폭력과는 반대라 설명을 생략하던지, 궤변을 늘어놓던지 해야 할 부분이다.

　0. 夫亦將智 智足以庸 萬勿將自定
　1. 夫將不辱 不辱以情, 天地將自正
　2. 夫將不辱 不辱以靜, 天地將自正
　3. 夫亦將無欲. 不欲以靜 天下將自定

0. 사람들(夫)도 또한 장차 안다 하는 자를 하고자 하니 안다 하는 자가 평범한 자로 足하다 하면, 사람들도 장차 스스로 자리 잡을 것이다.
1.2. 대저 장차 욕되지 않고자 함이니, 마음 푸르른 뜻·본성(고요함2)으로써 욕되지 않으면 天地는 장차 스스로 바로잡을 것이다.

　문장의 결론 부분이다. 백서는 초간의 萬勿을 萬物도 아닌 天地로 바꿔 마치 이 문장 전체가 형이상학의 글 인양 속였다. 이에 통용본은 후왕의 권능이 天下라면 모를까 天地는 너무하다고 생각했던지 天下로 고쳤다.
　까닭에 夫(저, 대저)이하 마지막 글은 변화가 심하다. 초간의 뜻도, 대상도, 주체도 바뀐다. 초간은 '부역장지'로 이어지면서 이야기를 智(안다 하는 자)로 돌리기 위한 문장이 시작되며, 마무리를 '만물'로 끝내, 정치의 글이라는 것이 명확히 드러나는데, 백서에서는 智가 완전히 빠지고, 관념의 글로 고치기 위해 '뜻(본성) 情'을 썼으나 그것으로는 의미가 불명확한 듯 乙이 제①장에서 빠뜨린 靜을 새로 이곳에 넣고 마지막에는 초간의 萬勿마저 天地로 고치는 범죄를 저지른다. 초간이 말하고자 했던 숭고한 뜻과 대상을 완전히 감춰버린 것이다. 통용본은 侯王이 아무리 고요하다고 천지가 스스로 바르게 한다는 백서의 뜻이 너무나 비논리적이라 차마 天地를 사용하지 못하고 天下로 바꾸고 正을 定(원래의 자리)으로 고쳤다. 이렇게 허접한 글로 고친 의도는 초간〈노자〉의 숭고한 내용을 이렇게라도 전하고픈 후손의 선한 마음이었을까?

　초간 제6편 6개의 장은 백서 이하에서 변화가 심한 곳이다(물론 앞으로도 계속이다). '깨우친 성인(王)의 행실은 어떠해야 하는가? 나라는 어떻게 다스려야 하는가?'를 보여주는 實行편을 깨우침의 글로 바꾸었기 때문이다. 이를 위해 '행위'를 대표하는 {인}을 道로 바꾸고, 초간이 즐겨 쓴 '클 조'를 '아니 不'로 고치는 과정에서 〈노자〉의 중요한 개념들이 저급한 글자로 바뀌었다. 聖人인 道者를 王에서 책사(좌인주자)로 격하시켰고, '인항망위야'를 통째로 제9편의 '도항망명'으로 대체해, 행위의 정리 글을 형이상학의 글로 변질시켰다. 더욱이 백서 갑은 인간군상을 나타내는 萬勿을 세상의 모든 것을 뜻하는 萬物로 바꾸어 侯王을 신격화하는 짓까지도 서슴지 않았다. 이후의 〈노자〉도 계속 萬物로 써 논리성을 결여한 글은 결국 해석에서 화려한 언변을 요구하도록 만들었고, 이런 해석 저런 해석이 난무하도록 방조했다. 까닭에 백서 갑·을, 통용본은 권력을 쥔 王에 아부하는 곡학아세의 전형을 보여주는 글일 뿐 초간〈노자〉가 아니다. 반면 초간은 의미상으로 쓸모없는 글자가 단 한 자도 없다. 내용 또한 물 흐르듯 편·장이 이어져 마지막까지 흐르고 있다. 원래 초간〈노자〉는 이랬다.

[쉬어가기1] - 〈노자〉에 나오는 인물 정의

구분	인물	정의
왕(좌)	聖人	도를 깨우쳐 혜안과 바른 행위의 길을 걸었던 과거의 왕
	侯王	노자 당시의 제후나 천자
	{虍壬}	왕의 재목감이 못됨에도 兵者로 왕좌를 노리는 폭군(거짓 왕)
	人{龍心}	지배계급의 사람으로 왕위를 욕심내는 자
지배층	人	지배계급
	智	지배계급 중에서 지배층을 형성하는 사람
기타	民	피지배계급
	萬勿	人間(종족과 종파를 아우르는 모든 사람)
	勿	살아 있는 것(동·식물)
	奴(6-④)	노자 자신을 稱한다
	기타 인물들	그 문장에 맞게 노자가 개념 정의를 하여 쓴 사람

[쉬어가기2] - 제6편을 마무리하며

초간에서 6개의 장이 하나의 편을 이루는 것은 이곳이 유일하다. 다른 편은 길어야 3개 장이다. 그만큼 이 편은 방대한 내용을 담고 있다. 문장을 보면, 과거 聖人, 人宗者(善者), 善爲士者의 삶을 통해 노자의 정치철학이 함축되어 예언되고 있는 곳이다. 그것은 앞으로 최고가 되고자 하는 자들에게 정치철학으로 自然을 말하고 그 실천으로 亡爲를 주문한 것으로 끝을 맺는다. 그 다스림의 길에는 반드시 '안다 하는 이'가 등장한다. 侯王과 民(만물)의 사이에서 통합의 중요한 요소로 작용하고 있는 집단이다. 바로 그들 智(안다 하는 자)가 작은 편리에 足할 수 있어야 한다. 정치에 있어 너무나 단순하면서도 간단명료한 術이다.

이처럼 6편은 옛날 道를 깨우쳐 실천했던 先人의 삶과 다스림을 언급한 글로, 이후 노자 철학의 밑바탕이 되어, 철학적 주장으로 정리된다는 것을 이해하지 못한다면 정확히 초간을 볼 수 없다. 반복하지만 성인(과 같은 先人) 등은 道者다.

제7편부터는 6편을 근거로 노자의 철학이 직설적으로 펼쳐지는 것이다. 그래서 행실을 보여주는 글은 이후 거의 나타나지 않는다. 道를 깨달아 體化된 聖人의 행실은 이미 이 6편에 모두 보여주었기 때문이다. 그것이 {亻亍}이다. 道가 亡名으로 내적인 것이라면, 이것이 {인}으로 발현된 것이 바로 亡爲인 것이다. 따라서 '망위'는 '망명'하지 못하면 발현될 수 없다. 6-⑤의 '성인능부만물지자연이불능위'를 곱씹어 보면 알 수 있을 것이다.

제 7 편

[원문]

[해독]

爲亡爲 事亡事 未亡未 大小之 多{易心}必多{難土}
위 망 위 사 망 사 미 망 미 대 소 지 다 {이} 필 다 {난}
是以聖人猷{難土}之 古終亡{難土} ■
시 이 성 인 유 {난} 지 고 종 망 {난}

지으려거든 지었음을 잃고, (기원해 받아 줜) 일을 하려거든 일했음을 잃고, 아직 (완성된 것이) 아니거든 아직 (완성된 것이) 아님도 잃어라. (무엇이든) 크든 작은 것이든 시피보는 마음이 많으면 반드시 어려운 땅이 많으리라.

이 때문에 성인은 어려운 땅인 것으로 꾀를 내어, 옛날 마침내 어려운 땅을 잃었었다.

[해설]

앞 편에서 慧眼을 지닌 바른 방향(삶)의 길({彳人亍})이란 항구히 짓기를 잃는다({인}항망위)고 주장하더니, 갑자기 그 뜻과는 반대인 듯한 '위망위, 사망사'가 나와 버렸다. 그러다 보니 이 뜻을 두고 의견이 분분한데, 亡爲 亡事나 爲亡爲 事亡事나 같다.

초간 노자와 그 밖의 노자

노자의 정치술 : 위망위 사망사 미망미

'위망위 사망사 미망미'. 본론의 첫 문장이 이렇게 시작된다. 당연히 노자가 주장하는 정치술의 핵심이요, 어머니(道)의 모습에서 노자가 깨우친 정치술의 要諦(요체)다. 이것을 풀어 쓴 것이 이후 〈노자〉의 전부다. 즉 '왜 그래야 하는데'를 설명한 글이 형이상학인 道에 관한 것이요, 형이하학인 名에 관한 것이며, 그 방법을 또 다르게 설명한 글이 貴言이요, 그 결과 값이 自然이다.

과거·현재·미래의 시간도, '나'라는 주체도, 일의 결과도, 행위의 과정도 잃어라.

이미 6편에서 先人의 삶과 다스림을 이야기했지만, 노자는 관점상 철학적으로 지도자가 짓(었)기를 잃어버리는 것(亡爲)이 최고의 다스림이라고 생각한다. 처음부터 '이미' 부족한 그들이 '이미' 완전한 후왕이 치적으로 쌓고자 하는 爲나 事를 볼 때 그들 또한 현재의 만족함에 머물지 않기 때문이다.

만일 亡爲하지 못한 爲를 하고, 亡事하지 못한 事를 하여 그 일(爲, 事)로 후왕의 찬양가가 울려 퍼지거나 후왕이 자신의 치적으로 남기려는 마음이 세상에 드러나는 순간, 萬勿({虍壬}, 智, 人, 民, 勿 등)들도 또한 그의 치적을 좇아 후대에 이름을 남기고자, {龍心}(임금의 마음)이 생겨, 후왕의 자리를 차지하기 위해 머리를 쓰고, 굴리고, 생각하게 된다. 즉 足하지 못한 인간들만 대량생산하게 된다. 그래서 후왕은 아무것도 하지 않은 것처럼 있어야 한다. 마치 노벨평화상은 트럼프가 타고 우리는 평화적인 통일만 하면 되는 것처럼….

그 政治術, '후왕이 있는지 없는지, 했는지 안했는지, 알 것도 없고 필요도 없는' 즉 정치술이라고 말할 것도 없는 정치술이 爲亡爲 事亡事 未亡未다. 지으려거든 亡爲의 마음으로 짓고(만들고), 나라의 큰일을 하려거든 亡事의 마음으로 사업(事)을 이루고, 未(아직~아니다)도 亡未의 마음으로 미(未)하라는 것이다. 또, 지었거든 지었음을 잃어버리고, 일을 하였거든 일했음을 잃어버리고, 더 나아가 진행 중에 있어 아직은 이룬 것이 아닌 짓기(만들기)(爲)와 일(事)조차도 아직 이룬 것이 아님, 즉 진행 중임을 잃어버리라는 것이다. 결과도 잊고, 과정도 잊고, 예정된 행위마저 잊고 잃어버리라는 이야기다.

또한, 지으려거든 (자신이) 지으려함을 잃고, 일을 하려거든 (자신이) 일을 하려 함을 잃는다. 이는 '주체'도 잃어버림을 말한다. 결론적으로 행위도, 행위의 주체도, 결과도, 과정도 모두 잃어버리라는 문장이 '위망위 사망사 미망미'다.

노자는 위정자에게 왜 그렇게 하라고 요구할까? 이미 말했듯 인간 간의 관계에서는 부족한 자들에게 욕망을 일으키기 때문이며, 자신에게는 신중하지 못함의 표출이기 때문이다. 이것에 대한 답이 大小之 이하다.

즉 쉽게 여기는 마음이 살 겹치듯 많으면 반드시 어려움(어려운 땅)이 많다. 시피보는 마음은 어려움과 쌍으로 함께 가는 것이기 때문이다. 성인은 이러한 도의 섭리를 알기에, 매사에 쉬운 마음이 없다. 무시하는 마음이 없다. 모든 것을 臨함에 어려운 마음이다. 바로 그런 삶을 살았기에 어려운 모든 것을 잃어버릴 수 있었다.

성인은 모든 것이 어려운 일이라고 꾀를 내어 무사히 일을 마쳤다.

만물(인간)은 道의 자식이다. 어머니가 선택하지는 않았어도 스스로 그러한 自然의 모습으로 태어난 어머니의 자식인 것이다. 그러나 어머니 道는 제9편에서처럼 모습(名)을 잃어, 드러냄이 없다. 그래서 역설적이지만 영원하다.

그럼 후왕은 어떤가? 역시 영원하려면 道의 모습을 쫓아야 한다. 인간에 대한 짓거나 만듦(爲)도, 거대한 일(事)도 잃어야 한다. 뇌리에서 잃어야 한다. 인간에 대해서 또 일에 대해서 이루겠다고, 내가 해내었다고, 내가 되었다고 안주하고 누리는 순간 나락으로 떨어진다. 오래가지 못한다.

후왕이 작은 것이든 큰 것이든 그 어떤 것도 신중하고 조심해야 하는 것은 이러한 이유 때문이다.

일의 설계는 후왕이 꾸밀지 모르지만 그것을 기획하고 실행하는 것은 智요 民이다. 내가 뒤로 물러나 있지 않으면, 功은 고스란히 나에게로 온다. 智와 民이 좋아할 리가 없다. 자신도 그 자리에 앉아 공치사를 받아보고 싶어 할 것이다. 그래서 성인은 꾀를 낸다. 쉬운 것도 어려운 것이라고. 일 처리는 그 기미에서부터 완벽에 가까워야 한다. 보통 기미는 미미하고 작고 보잘것없고 쉽게 할 수 있는 하찮은 것처럼 보여, 무시하는 마음이 들기 마련인데, 바로 그러한 것에서 험난한 어려움을 당하게 된다는 것을 지적한 것이다.

그래서 노자가 주장하는 일 처리 방식이 '신중함'이다. 이 편에서는 多{易心} 必 以下의 문장이요, 제6편⑤장의 '임사기지 {허}동여{여} 차망패사의'다. 우리가 흔히 내뱉는 일상의 신중함 단어가 아니다. 이는 앞으로 또 언급될 것이다.

《 亡爲는? 》
분명 '인항망위'라 했기 때문에 행위를 잃어버리는 것 즉, 행위로부터의 자유다. 하지만 더 생각해 볼 것이 있다. 형체 있는 삼라만상은 모두 名이 있다. 명이 있다는 것은 규정성을 가졌다는 것이요, 역할을 부여받았다는 것이다. 즉 형체 있는 우주는 지어진 것(作爲)이다. 그럼 누가 지었는가? 그것은 道다. 可以爲天下之母가 그냥 나온 것이 아니다('가이'가 들어가 道의 행위보다는 道에 의한 自然胞胎說로 보는 깃이 좋다). 즉, 道가 萬物을 지은 까닭에 '도항망위야' 같은 문장은 없는 것이다. 그럼 '짓기를 잃다'는 亡爲는 무엇인가? 그렇다. 爲亡爲의 亡爲는 행위 하지 않는 것이 아니라, '행위 자체 즉 지었음을 잃어버렸다'는 뜻이다. 도가 그렇게 살아간다. 갓 난 아이가 아니면서 亡爲할 수 있는 聖人은 깨우침이 없이는 불가능하다. 행위의 유한성을 이해하고, 지었더라도 지었다는 것조차도 잃어버리는 삶을 살아야 진정 亡名한 道를 깨우친 것이다. 따라서 '망위'가 먼저 나오고 '망명'이 나중에 나온다고 해서 바른 방향의 삶의 길{彳人亍}인이 亡名보다 낮은 단계가 아니다(갓난아이는 깨우친 道人이 아니다). 마찬가지로 초간에서 聖人을 道人보다 낮은 단계의 성현이라고 보아서는 안 된다. 초간의 성인은 깨우친 자요, 도인이다. 만물에게 스스로 그런 것(自然)을 능히 펼칠 수 있는 성인이 어떻게 깨우침이 없는 자라 할 것인가? (聖人能専萬勿之自肰而弗能爲(6-⑤)) 초간에서 道人이라는 글은 쓰지 않았다. 문구는 爲道者가 고작이다. 爲道者는 도가 된 자가 아니라, 문장 속에서 '도를 짓는 또는 지으려는 자'라고 번역을 해야 한다.

만물은 有限하며 又名하다. 그런 인간이 영원히 亡名인 도와 같을 수는 없다. 다만 닮을 수는 있다. 그것은 깨우침에 의한 행위법인 '인항망위'다. 혹여 爲하였다고 해도, 행위 자체를 잃어버리는 亡爲를 하는 것이다.

옛날 부처나 노자는 살아있음을 헛된 것으로 보지 않았다. 道의 분신이요 의미체요, 固有한 存在者이기 때문이다. 오늘날 과학 문명에 찌든 백성을 현혹하여 육신은 껍데기일 뿐이라고 선동하고 설교하는 자들은 죄인들이다. 단언컨대 그런 말을 하는 자들이 지구상에서 모두 사라질 때, 인간은 삶에 충실할 것이다.

[고문자 해독]

❶ 爲亡爲, 事亡事 ; '지으려면 짓기를 잃어라. 일을 하려면 일을 잃어라'를 뜻하는 '망명의 도'를 품은 행위법을 뜻한다. 백서 갑 이하 모두 亡을 無(无)로 고쳤다.

백서 갑은 중간에 於를 붙여, 爲於无爲, 事於无事, 짓길 비운 데에서 짓고, 기원해 섬기길 비운데 에서 섬긴다는 헛된 행위의 반복을 뜻하고, 왕필 주 爲以无爲, 事以無事, 함 없음으로써 하고, 일 없음으로써 일한다는 특정한 행위 방법(以)으로 이해됐다. 백서나 왕필의 글에서 無를 亡으로 치환하면, 본뜻에 가깝다고 본다.

2 未亡未; 아직 아니거든 아직 아님도 잃어라. 즉 (爲나 事가) 진행 중에 있을 때, 그것조차도 잃어버린다는 뜻이다.

3 多; 살(夕=月=肉)이 겹쳐(多) 많을 '다'이다.

4 {難土}; 상難하土로, '어려운 땅'이며, 의미적으로는 성인의 慮이 미치는 세상이다. 즉 '다스림'에서의 어려움을 뜻한다.

[백서 이하 비교]

문장이 몇 글자 안 돼, 백서 갑부터 많은 글자를 덧대고 첨가하여 초간에서는 노자 정치철학의 핵심을 이루는 뜻을 한낱 한 문장의 글로 격하시켰다. 물론 行爲法인 亡爲 亡事는 無爲法인 無爲 無事로 변질되었다.

통용본 제63장

爲無爲 事無事 味無味 大小 多少 報怨以德.
圖難於其易 爲大於其細. 天下難事必作於易 天下大事必作於細
是以聖人 終不爲大 故能成其大.
夫輕諾必寡信 多易必多難 是以聖人猶難之 故終無難矣.

꾸밈이 없음에서 꾸미며, 일이 없음에서 일하며, 맛이 없음에서 맛을 보며, 작은 것을 크게, 적은 것도 많게(생각하여 미리미리) 원한을 덕으로써 갚는다.

그것이 쉬운 것에서 어려움을 도모하고, 그것이 가는 것(細)에서 큰 것을 꾸민다.

천하의 어려운 일도 반드시 쉬운 것에서(부터) 만들어지고, 천하의 큰일도 반드시 미미한 것에서(부터) 일어난다.

이렇기 때문에 성인은 크게 만들지를 않고 끝낸, 까닭에 능히 그의 큰 것을 이루었느니라.

대저 가벼운 승낙은 반드시 믿음이 적고, 쉬움이 많다는 것은 반드시 어려움이 많다. 이 때문에 성인은 오히려 이것을 어려워했다. 까닭에(모든 일을) 어려움이 없이 마칠 수 있었느니라.

백서 갑 (제26장)

爲无爲 事无事 味无未 大小 多少 報怨以德. 圖難乎[훼멸].
天下之難作於易 天下之大作必作於細 是以聖人㐌不爲大 故能[成其大].
[훼멸]必多難 是[以聖]人猶難之 故終无難.

초간 노자와 그 밖의 노자

백서 을

爲无爲 [휘멸] 乎其細也
天下之[難作於]易 天下之[휘멸].
夫輕若(諾)必寡信 多易必多難 是以{耳口}(聖)人[猶難]之 故[終无難].

초간의 문장은 작지만 3단계로 나눌 수 있다. '○亡○'가 1단계 주의 주장이고, 2단계가 내용을 풀어 준 글이며, 마지막 3단계가 성인의 예시문이다. 반면 백서는 2단계에서 너무나 많은 문장을 새로 넣어 1과 2단계가 혼재되어 쓰였다.

0. 爲亡爲 事亡事 未亡未 大小之 多{易心}必多{難土}
1.2. 爲无爲 事无事 味无未 大小 多少 報怨以德.
    圖難乎其易也 爲大乎其細也 天下之難作於易 天下之大作必作於細
    是以聖人 冬(終2)不爲大 故能成其大 夫輕若(2)必寡信 多易必多難
3. 爲無爲 事無事 味無味 大小 多少 報怨以德.
    圖難於其易 爲大於其細. 天下難事必作於易 天下大事必作於細
    是以聖人 終不爲大 故能成其大. 夫輕諾必寡信 多易必多難

1.2. 爲无爲 事无事 맛은 아직 아님이 없다 大小多少 報怨以德 어려움을 도모함이여, 그것은 쉬움이다. 크다를 지음이여! 그것은 가늘기이다. 천하의 어려운 것도 쉬움에서 지음이고, 천하가 크게 지은 것도 반드시 가늘기에서 지음이다. 이 때문에 성인은 冬(終2)不爲大 故能成其大 夫輕諾(2)必寡信 多易必多難

글자는 亡이 无로, 초간의 大小之는 之를 빼고 多少를 넣어 '보원이덕'으로 이었다. '원한을 덕으로 갚으라'는 생뚱맞은 내용으로 앞의 '위무위 사망사 미무미'의 문장과는 어울림이 적다. 도중의 未亡未는 味无味로 변했다.

초간의 '다{이}필다{난}'은 가장 큰 폭으로 변화를 시켰다. 단 5자로 모든 것을 압축하여 표현한 초간의 뜻을, 백서 갑이 무려 53자로 늘려 구차하게 설명을 늘어놓았다. 이에 통용본은 문맥에 어울리게 글자를 고치고 바꾸었을 뿐이다. 아마도 백서 갑은 초간의 이 짧은 글로 하나의 편을 나타내는 선언문을 감추기에는 자수가 너무 적다고 느꼈을 것이다. 백서 圖難乎其易也 爲大乎其細也는 문장의 뜻이 분명히 드러나지 않아 圖難於其易 爲大於其細처럼 乎를 於로 바꾸고, 也를 지워 단문으로 만들고, 天下之難作於易 天下之大作必作於細는 저자도 초간의 번역 방식으로 한 것과 같이, 오늘날의 字解로는 번역이 어려워 之를 없애고 字數를 맞추는 방향으로 글자를 넣고 고쳐 天下難事必作於易 天下大事必作於細로 만들었다. 이후에 백서 갑이 만들어 넣은 문장이 이어진다.

0. 是以聖人猷{難土}之 古終亡{難土}
1.2. 是以聖人猶難之 故終无難.

1.2. 이 때문에 성인은 오히려 이것을 어렵다 했다. 까닭에 無難하게 마쳤다.

마지막 문장은, 초간이 반드시 써야 했던 猷(꾀하다)를, 백서 갑은 이미 앞에서 다 설명을 했기 때문에 굳이 쓸 필요가 없어져 猶(오히려~하다)로 고쳐 마무리로 이었다. 통용본은 이를 따랐다.

[쉬어가기]
하나. 거의 대부분의 글은 이곳을 허무적인 무상함으로 해석한다. 그렇기 위해서는 번역부터 달라야 하는데, 대부분 저자와 다르다. "지으면 짓기를 잃고, 기원해 섬기면 기원해 섬기길 잃고… "로 번역하면서, '해 보았자 헛것', '해 봤자 잃는다'는 식으로 해석하여 '행위의 무상함'이라 한다. 그러나 이 편은 노자 본론의 시작이자, 총론의 첫 편으로 노자 정치관의 핵심을 이루는 곳으로, 이런 역해는 바르지 않다. 그것이 고작 9자의 '위망위 사망사 미망미'로 쓰여 있어 대부분 핵심을 읽지 못하고 있다.

둘. 어떤 이는 ⑥장의 慧眼(바른 삶의 길)은 항구히 爲를 잃는다({彳人亍}恒亡爲也)는 문장과 연결을 지어 이곳을 '헛된 행위'를 주장한 글이라고 설명한다. 亡爲라 했으므로 그렇게 생각하는 것도 무리는 아니다. 그러나 爲나 事나 未를 인용하여 헛된 행위를 말하려 했다면, 뒤따라오는 '무시하는 마음을 버리고 처음부터 엄청 어렵구나라고 생각하고 대하라'는 문장(多{易心}必多{難土} 是以聖人猷{難土}之 古終亡{難土}에서 유추)과는 문맥이 이어지지 않는다. 짓기(일)를 잃어버려야 하는데, 짓기(일)를 신중하게 하라고 주문하기 때문이다. 이것 자체가 논리 모순이 되는 것이다. 결론적으로 이것이 모순이 없으려면 爲亡爲 등의 첫 3구는 최소한 '지었더라도 머물지 않는다.'거나, '지은 것을 잃어버린다.'는 뜻이어야 한다.

셋. 인류의 역사는 名(모습, 규정성)을 받아들이지 못한 것에서 시작되고 끝났다고 해도 과언은 아니다. 모든 것이 제자리에 있지 못할 때 역사는 가진 자

초간 노자와 그 밖의 노자

의 거만과 갖지 못한 자의 욕망이 맞물려 항상 슬픔과 고통의 소용돌이 속에
있었다. 노자는 이 글 〈노자〉에서 후왕에게는 고요함과 亡爲에 이르는 구휼 베
풂을, 지배계층의 대표라 할 만한 智(아는 자)에게는 自足을 요구하고 있는 것
이다.

넷. 노자는 정치서다. 정치서인데 정치술은 고작해야 亡爲와 自然뿐, 이후
이어지는 글들에서는 깨우침에 관한 문장들이 더 많다. 이런 까닭에 노자를 정
치로 보지 않는 편견들이 싹튼다. 왜 노자는 정치를 논했으면서 정치보다는 깨
우침의 글들을 더 많이 묘사하고 있을까? 간단하다. 정치도 사람이 하는 것이
다. 즉 사람 간의 문제다. 사람 간의 문제는 형식이 필요한 외적인 문제가 아니
라 철학이 필요한 내적인 경우다. 정치 또한 철학의 기초위에 지워진 집이다.
철학적 논거 없는 정치는 현상에 대한 우격다짐일 뿐이다. 노자의 정치서가 철
학적일 수밖에 없는 이유다. 심연에 틀지어 다스려지지 않는 정치는 짧다. 역
사가 반복되는 것은 바로 이러한 이유에서다. 반대로 철학적 논거 위의 집은
단순히 묘사되면서도 반복될 수 없는 것이다.

제 8 편

[원문]

[해독]

天下皆智{耑攴}之爲{耑女}也 亞已, 皆智善此, 其丕善已
천 하 개 지 {단} 지 위 {단} 야 아 이 개 지 선 차 기 비 선 이

又亡之相生也, 戁惎之相城也, 長耑之相型也, 高下之相涅也,
우 망 지 상 생 야 난 이 지 상 성 야 장 단 지 상 형 야 고 하 지 상 영 야

音聖之相和也, 先{後止}之相{阝 土田}也
음 성 지 상 화 야 선 {후} 지 상 {리} 야

是以聖人居亡爲之事, 行不言之{爻子} 萬勿{作又}而弗{与心}也,
시 이 성 인 거 망 위 지 사 행 불 언 지 {효} 만 물 {작} 이 불 {여} 야

爲而弗志也, 城而弗居 天唯弗居也 是以弗去也 ■
위 이 부 지 야 성 이 불 거 천 유 불 거 야 시 이 불 거 야

天下의 모든 안다고 하는 이들은 최고(꼭대기)를 쳐서 최고(꼭대기)에 얌전
히 앉음을 만드는 것으로 하나, 버금(2류)에 그친다. 모든 안다고 하는 이들은
이를 누구나 다 좋은 善으로 여기나, 그것은 크려는 善에 그친다.

가지기와 잃기가 서로 살아가는 것이다 함이며, 어려워하는 마음과 쉬이 여

기는 마음이 서로 (마음의)성을 쌓는 것이다 함이며, (시간이)길고 (짧은)시초가 서로 틀 짓는 것이다 함이며, 높고 낮음이 서로 거침없이 흐르는 것이다 함이고, 소리 내어 말하는 것과 귀 기울여 듣는 것이 서로 어우러진다 함이며, 먼저와 뒷섬(뒤따름)이 서로 (언덕 둔 마을처럼)펼쳐지는 것이다 함이라.

이렇기 때문에 성인은 짓기을 잃은 (기원하여 받아 쥔)일(事)인 것에 단단히 머물렀고, 말하지 않고 신호만 주는 사람인 것으로 행동했었다.

(이러한 居와 行의 이유로 성인은)만 가지 날림들이 지어져 잡혔을 뿐 딱 들어맞는 마음을 떨었다 함이니, 지었을 뿐(이지) 향해 가는 마음을 떨쳐냈다 함이요, 성을 쌓(듯 이루었)을 뿐 단단히 자리 잡아 머물기를 떨쳤었다. 하늘은 오직 단단히 틀 잡아 머물기를 떨어버렸다 함이니, 이 때문에 떼어지고 가길 떨쳐냈다 함이라.

[해설]

본론 2번째 자리에 있으면서 道가 나오기 전에 쓰여, 전 편에 이어 노자의 중요한 철학관이 깊숙하게 스며있는 글이다. 비록 政爭을 들어 이야기하고 있으나 예시문과 연결을 지으면 노자가 만물의 고유성(다양성)을 선언한 글이다(다만 이론적인 고유성은 제10편에 더 드러나 있다). 처음 亞已, 善已로 끝나는 두 문장은 통용본에서 對句로 쓰였으나, 초간은 백서본과 함께 대구로 되어있지 않다.

꼭지를 쳐서 앉은 꼭지는 버금(2류)에 그친다.

처음 쓰인 문장은 당시의 智(안다고 하는 이)들이 모두 어떤 사고방식을 갖고 있는지, 당시의 정치 상황은 어떠한지를 엿볼 수 있는 문장이다. 즉 안다 하는 이들은 백이면 백, 모두 다 兵과 같은 무력으로 꼭지를 쳐서 빼앗아 꼭지에 얌전히 앉은 것을 善이라고 생각을 한다. 그런데 딱 한 사람 노자는 이를 단호히 부정한다.

즉, 첫 문장은 쳐서 빼앗은 꼭지처럼 人爲的인 것은 最高가 아님을 선언한 글이다. 버금에 그친다(亞已)고 했기 때문이다. 智들은 이를 善이라고 하나 노자는 善이 아니라 그것은 조善 즉 '크고자 하는 선'에 그친다(已)고 선언한다. 즉 智들이 알고 있는 것이 틀렸다는 것이다.

그럼 쳐서 빼앗은 최고는 왜 버금에 그치고 최고는 아니라고 말하는 걸까? 이어지는 문장에는 당연히 그것을 설명하는 글이 와야 맞다. 그런데 다음에 이어진 글은 대뜸 설명 대신 세상 모습에 대한 6가지 예시문이 나온다. 내용이 마치세상은 서로 상대적이라고 말하는 것 같이 상반된 문구가 머리 부분을 구성한다. 그래서 거의 모든 해석가들은 이 부분을 상대성으로 해석한다. 그러나 결론부터 말하면, 이는 고유성(다양성)의 6가지 예시문이다. 즉 6가지 예시문은 상대성이 아닌, 서로 다른 (또는 상반되는)모습이지만 그것이 그렇게 존재함으로써 서로 의미체라는 것으로 설명을 대체한 글이다. 노자가 예시문으로 설명의 글을 쓴 것일 뿐이다. 까닭에 문장이 마치 상대적인 표현일지라도 의미상으로 다양한 諸군상이 존재해 어우러져 살아간다는 것을 나타내는 다양성을 표현한다.

다름(구분=名)은 존재의 이유

즉 처음 문장 又亡之相生也는 '가지기와 잃기가 서로 (꿈틀거리며) 살아가는 것이다 함이며'의 뜻인데, 인간은 살면서 富貴라는 것을 틀어쥐거(갖기)나 잃거나 하면서 서로 맞물려 살아가는(生) 것을 뜻해, 천태만상의 빈부귀천을 가진 것과 역시 천태만상의 빈부귀천을 잃는 것이 서로 기대며 꿈틀거리듯 살아간다는 것을 표현한다. 이 뜻을 가장 간단명료하면서도 짧은 글로 나타내는 방식이 又亡(가지기, 잃기)인 것이다. 나머지 5가지도 그렇다. (각기 다른 마음이) 단단히 틀 잡아 있고(城), (각기 다른 시간 차이가) 틀 잡아 형태를 이루고(型), (각기 다른 高下의 형체가) 거침없이 흐르고(涅), (마치 음악의 멜로디처럼 귀 쫑긋하도록 말하는 이와 귀 기울여 듣는 이가 서로 있어) 어우러지고(和), 그리고 앞서는 이와 뒤따르는 이가(先{後止}) (집들이 비탈진 언덕에 층층이 이어져 늘어선 마을처럼 서로) 펼쳐져({阝土田}) 이어지는 것이다.

[참고]
대부분의 해석서는 固有性이 아니라 예시문을 상대성으로 해석한다. 초간 해석도 마찬가지다. 최재목의 경우는 처음의 惡己 善己를 예시문과 연결 지어 반대로, 즉 그것을 부정하였다고 해석한다. 블로그도 같이 올렸다.

이하, 열거된 인식의 상대성을 살펴보면, 초간 노자는… 주관적 대상적 행위에 이어… 심적, 주관적 판단을 언급하고… 시차와 높고 낮기라는 공간의 식별을 기술되었다. 이어… 감각의 대상과 이를 받아들이는 감수 작용과… 앞서기와 뒤서기라는 상대적 행위의 분별이 언급되어 이것들이 모두 서로 철저히 의존해 존재함을 다양한 서술어로 기술하고 있다. (블로그, 요약)

→ '상대성'이라고 표현한 것은 저자의 고유성과 다르다. 그러나 '서로 철저히 의존해 존재함'은 바른 관점이다.

모든 사물과 그 호칭·개념·가치판단 들이 모두 인간의 작위적 규정에 의해 생겨난 것을 말하고 나서, 인위를 버리고 사물의 자연에 맡겨두라는 말을 하고 있다. '미악·선불선·난이'라는 '가치판단', '장단·고하·음성·선후'라는 '사실판단', '유무'라는 '존재판단'은 어느 것이나 만물 그 자체에는 존재하지 않는다. …(그)것은 인간의 작위적 규정에 의해 상호 대립적·동시적으로 생겨난 표시(=기호)에 지나지 않는다. 그래서 만물에 대해 자기 방식으로 '판단하지 마라! 그대로 내버려 두라!'고 한다. (최재목, 〈노자〉, p139)

→ 초간의 예시글을 '인간이 상대성으로 생각하는 가치, 사실, 존재(판단)하는 것은 존재하지 않는다'는 뜻으로 이해한다. 초간의 선언문까지도 예시문을 해석하는 데 사용하여, 상대성의 예시문을 '악이, 불선이'(추하고 착하지 않다)라고 푼 것이다. 요즘 학계의 흐름인지, 일본학자의 생각인지, 아무튼 저자의 해석과 반대다.

성인의 말과 행동에서 보이는 영원한 삶과 다스림

그리고 6가지 예시문 후에 나오는 다음 문장이 是以 聖人이다. 是以는 다양성을 예시한 6가지 예시문을 원인으로 해서 결과(성인의 행동)를 나타낸다. 즉 성인은 어떻게 살았다 함을 말한다. 그것이 居亡爲之事, 行不言之{爻子} 이하다. 즉 고유한 만물의 다양성으로 인해, 다양한 마음들이 있어 딱 들어맞을 수가 없는 까닭에 인간을 향해 행위(했음)를 잃어버린 (또는 버리는) 일인 것에 단단히 틀 잡아 살았고, 말로 하지 않고 서로 교류하며 살아가는 것으로 행동했었다고 언급하고 있다. 이는 聖人이 삶과 정치에서 살아가는 모습이며, 노자가 治者에게 주장하고픈 삶이다.

그럼 그 이유는 무엇인가? 그 이유는 마지막 부분 萬勿 以下에 대입되어 있다.

萬勿(人間)은 道에 의해 지어져 이 세상의 名으로 나와 聖人이 다스리는 나라의 百姓이 되었을 뿐이지, 그들의 마음까지도 성인과 맞물려 갈 만큼 같이 들어맞는 것은 아니다. 즉 萬勿은 聖人에 맞물리는 마음을 떨었다 함이다. 이러한 마음을 아는 성인이기 때문에 삶과 다스림이 '거망위지사 행불언지{효}' 했던 것이다. 그들에게 베풀거나 지었을 뿐 마음 향해 가기를 떨었다 함이요, 그들에게 살아가도록 땅에서 이루었거나 단단히 성 쌓았을 뿐 성인은 땅에 이룬 성에 틀 잡아 머물기를 떨었다. 이와 같이 道의 자식 중 도를 따르는 최고인 하늘(天) (또는 道, 성인)은 오직 단단히 틀 잡아 머물지 않는다. 이 때문에 영원히 떼어지고 떨어지기를 떨었다는 것이다.

정리하면 諸군상의 만물상에 꼭 들여 맞는 마음은 없다. 왜? 諸군상은 고유성을 가진 상대적인 외눈박이(民)들이기 때문이며, 무엇인가 부족하고 미비한 有名한 존재들이기 때문이다. 이는 곧 {爲心}(하고자 하는 마음)이 생길 수밖에 없는 내적인 갈등을 갖고 있음을 말한다. 후왕도 내적인 갈등이 있을 수 있다. 다만 후왕은 亡名을 사냥할 수 있어야 하고, 亡爲를 지킬 수 있어야 하고, 또 그래야만 한다. 이는 노자가 후왕에게 강력히 주장하는 것이다.

[쉬어가기]

하나. 智 즉 '안다 하는 이'들을 정리한 것은 초간 전체를 통해서였으나, 구체적으로는 人多智가 나오는 제15편-①장이나 大上下智又之가 나오는 제24편이다. 정리하면 후왕의 책사나 권력자 혹은 더 넓은 개념으로는 글을 쓰고 펼칠 수 있는 人중의 지식인들로 만족을 몰라 호시탐탐 더 많은 것을 추구하는 부류다. 천하를 차지하고자 했던 {虍壬}도 그중의 하나다.

둘. 기존은 이 편에 그리 큰 의미를 두지 않고 있는데, {耑攴}을 바르게 번역하지 못한 것에서 시작해, 머리글에서 노자의 선언을 읽지 못했기 때문이다. 그러다 보니 초간 전체를 노자가 초지일관하는 인간에 대한 고유성(만물은 소중한 의미체다.)을 버리고, 인생 자체를 불교적인 연기론으로 이끌어 자성 없이 空하다고 하거나, 예시문과 연결해 差別知는 인간이 만들어낸 것이라는 뜻을 나타내는 글이라고 해버린다. 이 모두 바른 방향이 아니다.

셋. 통용본은 두 번째 문장 皆智善此 其조善已가 첫 문장과 대구로 되어있다. 이 문장도 띄어 읽기에 따라 대구가 가능한데 그에 맞추어 풀면 皆智善, 此, 其조善已가 된다. 번역은 다음과 같다(저자는 부정적인 입장이다). '모든 안다 하는 이들은 善도, 이(=앞의 경우처럼)이면, 그것은 크려는 善에 그친다.'

[고문자 해독]

1 {耑攴}; '꼭대기, 꼭지(耑단)를 칠(攴) 단'으로 푼다. 오늘날 전하지 않는 글자며, 초간에서는 오직 이곳만 쓰였다. 의미적으로는 제19편-②장 耑(攴)与(與)亞의 耑(攴)과 같다고 본다. 이곳 제8편 문장 속에서의 뜻은 '兵과 같은 무력으로 임금의 자리(꼭대기)를 치는 것'을 의미한다. 백서가 전혀 의미가 다른 美로 옮겨 그대로 통용본에 전해진다.

[고문자류편, p459]에는 耑이 전국시대부터 나오며 머리는 고문과 같으나 받침이 而 꼴이다. 최재목은 敝꼴로 석문하고 美로 푼다. 자전 속 微

를 보면, 散는 微의 原字로 攴+耑의 변형이며, 耑은 先端의 뜻이라고 풀이되어 있다. 까닭에 저자는 받침이 조금 다른 耑으로 풀었다.

2 {耑女}; '꼭대기, 꼭지(耑)에 고요히 앉은 여자(女) 단'으로 푼다. 역시 오늘날 전하지 않는 글자다. 백서 갑 이하 美로 통일된다. {耑女}의 耑과 모양이 같고, 뒤의 長耑의 耑과는 받침이 다르다.

2⁻¹ 美; 갑골문부터 쓰였다. 크고(大) 훌륭한 양(羊)의 뜻에서, '맛있다, 아름답다'의 뜻을 나타낸다. 자전의 美 글자 꼴이 초간의 耑과는 전혀 다르다.

3 亞; 왕족이나 귀족의 묘실을 위에서 내려다본 꼴로, 죽어 고대광실이라도 살아 개똥밭에 구름 만 못하다는 데서, '버금, 아류'를 뜻했다. 본래 무덤 꼴이고 곱사등이도 뜻해, 흉할 惡과도 통용될 수 있어, 백서 갑부터는 '아름다울, 기릴 美'와 대비된 '흉할, 미워할 惡'로 보았다.

4 善; 智가 주어로 쓰이고 여기서 善은 此를 목적어로 한 동사가 되어, '누구나 좋다고 한다(여긴다)'거나, 앞 문장의 축소형으로 보아 皆智善 此로 띄어 읽어 此가 생략된 앞 문장을 받는다면 대구도 가능하다.

5 又亡(之相生也); 백서 갑 이하는 有(无)無(相生)으로 나오기 때문에 萬物의 '존재'에 대한 다양성을 나타낸다. 그러나 又亡으로 쓰인 초간은 존재가 아니다. 왜냐하면 초간에 이미 無가 2차례나 쓰여 존재를 뜻했다면 又無로 썼을 것이다. 따라서 又亡은 소유의 의미다. 대상은 뒤에 {난}{이}'의 문장이 있어 인간이다. 다만, 인간 개개인을 말하는 것인지 인간을 통칭하는 말인지는 단언하기 어렵다. 따라서 '쥐기와 잃기가 서로 살아가는 것이다 함이며'는 개인으로는 살아가면서 富貴를 쥐기도 잃기도 한다(변한다)는 것이며, 인간의 통칭으로는 富貴라는 것이 사람마다 차이가 있어 쥐기도 잃기도 한다(변하기도 하고 다르기도 하다)는 것으로 풀이 할 수 있다.

6 城; 초간에는 창(戊)과 정(丁)으로 평정해 안정시킨다는 成이 없고, 오직 흙(土)을 깐 '(단단히) 성 쌓는 城성'자만 있다.

7 長耑; 초간에서 長이 長古, 長舊처럼 시간의 경과를 뜻해, 여기서는 긴 오램과 잠깐, 처음으로 대비된다. 통용본에서는 주로 형태상의 길고 짧음으로 이해됐다.

8 音聖; '소리 음'과 '귀 기울여 들을 성'이다. 백서 갑이 聖을 '귀에 들리는 높은 소리 聲성'으로 音과 흡사한 뜻으로 옮겨, 대신 音을 '뜻 意'라 수정했다.

9 先{後止}; '앞설 先'과 뒤에(後) 있는 발(止), '뒤처질 후{後止}'로, 앞서거나 뒤서는 행위를 뜻한다. 백서 갑은 먼저와 나중인 先後고, 도덕경은 공간적 앞, 뒤인 前後다.

무력은 버금에 그친다

❿ {阝田土}; 상阝 田하土의 꼴로, 땅 위에(土) 언덕(阝)과 마을(田)이 나란히 어우러져 펼쳐질 '리(里)'라 추정한다. 특히 초간은 里가 상土하田 꼴로 뒤집혀 있다. 금문에는 㣺 장과 나란히 상土하田 꼴 글자가 있으니[고문자류편, p431] 이는 아마 里의 이체자다.

⓫ {作又}; '사람이(人) 지어져(作) 잡힐(又) 작'으로 푼다. 즉 天下之母인 道에 의해 태어난 인간(作)을 의미해 人이 있으며 잡다(又)의 주체는 聖人이며 객체는 萬勿이다. 반면 제6편-⑥장 및 제13편의 {乍又}작은 비록 자전에 의하면, '갑자기 乍사'가 作의 원자이기는 하나, 의미상 둘은 다른 의미이며 인간(성인과 같은 지도자)이 '갑자기 틀어줘다'로 해석한다. (즉 '지었다'는 뜻이 없다)

⓬ {之心}(志); 어떤 목표나 방향 및 대상을 향하여 가고자 또는 가려(之)하는 마음(心)으로 '뜻 志'의 원자다. 뜻을 두고, 바라고, 기대하고, 기억한다, 의향, 의사, 희망의 뜻이다.

⓭ 去; '떼어져 갈 거'로 단단히(古) 자리 잡아(尸) 살 居와 대비된다.

⓮ 而; 수염을 본뜬 字다. 假借하여, 주로 접속사(~고), 뿐 이, 그리고 어조사로 쓰인다.

[백서 이하 비교]

초간의 선언문은 백서 갑에서 중요한 글자들을 바꿔 정치서의 본의를 숨겼다. 문장의 형태도 백서까지는 초간 꼴로 되었다가 통용본에서 對句의 문장 꼴로 되었다. 전체적으로 바뀐 글자는 있으나 첨삭이 많지 않다.

통용본 제2장

天下皆知美之爲美斯惡已, 皆知善之爲善斯不善已.
故有無相生, 難易相成, 長短相較, 高下相傾, 音聲相和, 前後相隨.
是以聖人處無爲之事, 行不言之敎.
萬物作焉而不辭, 生而不有, 爲而不恃, 功成而弗居.
夫唯弗居, 是以不去.

천하가 다 아는 아름다움이 아름다움을 꾸민 거라면 이는 惡일 뿐이요, 善行도 善을 꾸민 것이라면 이는 不善일 뿐이다.

까닭에 있는 것과 없는 것이 서로 살아가고, 어려움과 쉬움이 함께 이루며, 긴 것과 짧은 것이 서로 견주며, 높은 것과 낮은 것이 대지를 이루며, 음률과 소리가 서로 화음을 이루고, 앞과 뒤가 서로 이끌고 따르는 것이다.

이 때문에 성인은 꾸밈없이 일을 처리했고, 말하지 않는 가르침을 行하였다.
만물이 지어졌어도 (제 모습에) 하소연하지 않듯, (성인도) 살아갈 뿐 있으려
하지 않고, 베풀 뿐 (그것에) 의지하지 않으며, 공을 이루어도 머물지 않았도나.
대저 오직 (이룬 공에) 머물지 않아 이 때문에 (그 공이) 없어지지 않았도다.

백서 갑 (제46장)

天下皆知美之爲美 惡已, 皆知善 {比言}(斯)不善矣.
有无之相生也, 難易之相成也, 長短之相刑(形)也, 高下之相盈也,
意(音)聲之相和也, 先後之相隋(隨)也. 恒也
是以聲(聖)人居无爲之事, 行[不言之敎].
[萬物作而不始也], 爲而弗志(恃)也, 成功而弗居也. 夫唯居, 是以弗去.

백서 을

天下皆知美之爲美 亞已, 皆知善 斯不善矣.
[有无之相]生也, 難易之相成也, 長短之相刑(形)也, 高下之相盈也,
音聲之相和也, 先後之相隋(隨)也. 恒也
是以{耳口}人居无爲之事, 行不言之敎.
萬物昔(作)而弗始, 爲而弗侍(恃)也, 成功而弗居也. 夫唯弗居, 是以弗去.

저자가 선언문이라고 해석한 처음 문장은 다른 철학자들의 번역과 다르다.
반드시 비교해 보기를 권한다. 지금도 그러는데 이유를 모르겠다.

0. 天下皆智{耑攴}之爲{耑女}也 亞已, 皆智善此, 其丕善已
1. 天下皆知美之爲美 惡已, 皆知善 (斯)不善矣.
2. 天下皆知美之爲美 亞已, 皆知善 斯不善矣.
3. 天下皆知美之爲美斯惡已, 皆知善之爲善斯不善已.

1.2. 온 세상이 다 아는 아름다움이 아름다움을 꾸민 거라면 추함(버금 2)에
    그친다. 다 아는 善도, 이는 不善이지 않는가?

초간의 智(안다 하는 이)가 백서 이하 知(알다)로 바뀌어 이야기의 대상이
智에서 백서 이하 天下(온 세상)가 되었다. 초간은 智를 대상으로 하는 문장이
많은데, 백서가 모두 일반화시키는 쪽으로 문장을 고쳤다. 다음, 목적어에 해
당하는 '무엇을'은 초간이 {耑攴}(꼭지를 치다)을 써, '왕의 자리와 무력'의 2가

지 뜻을 나타내고 있는데, 백서 갑 이하 美로 고치고 {耑女}도 美로 고쳐, 저자를 빼고는 거의 모두 '아름다운 것을 아름답다고 알고 있는데'로 번역한다.

계속해서 초간은 최고는 아니다 즉 버금에 그친다(亞已)를, 백서 갑이 '악이'(악일뿐이다, 추한 것이다)로 해서 통용본이 따랐고, 백서 을은 초간과 같이 亞다. 만일 백서 乙이 '천하가 모두 아는 아름다움이 아름다움을 꾸민 것이면 버금에 그친다.'로 역해됐다면, 안 꾸민 것은 최고고 꾸민 것은 안 꾸민 것 다음이다가 되어 더 좋았을 것이다. 그런데 亞를 惡으로 바꾸어 마치 범죄를 연상하게 만들어 버렸다. 이것이 논리적으로 말이 될 수가 없어 '추하다'라는 훈으로 마무리된다.

이어지는 초간 문장 '개지선차'는 앞말을 정리하는 글인지, 통용본처럼 대구의 문장인지는 단언하기 어렵다. 다만 저자는 앞말을 정리한 글이 문맥상 더 옳다고 본다. 한편 백서 갑·을은 초간 其를 斯로 고치고, 此를 없애 불완전한 문장이 되어 번역처럼 할 수밖에 없게 된 것이다. 또 已를 어조사 矣로 고쳐 번역처럼 만들었다.

0. 又亡之相生也, 難惖之相城也, 長耑之相型也, 高下之相浧也,
   音聖之相和也, 先{後止}之相{阝 土田}也
1. 有无之相生也, 難易之相成也, 長短之相刑(形)也, 高下之相盈也,
   (音)聲之相和也, 先後之相隋(隨)也. 恒也
2. [有无之相]生也, 難易之相成也, 長短之相刑(形)也, 高下之相盈也,
   音聲之相和也, 先後之相隋(隨)也. 恒也
3. 故有無相生, 難易相成, 長短相較, 高下相傾,
   音聲相和, 前後相隨. 是以聖人處無爲之事, 行不言之敎.

글자는 바뀌었으나 의미는 통한다. 다만 저자처럼 고유성으로 해석하느냐 상대성으로 보느냐는 별개다.

亡이 无로 된 것은 앞으로 언급하지 않는다. 難惖(어려운 마음과 쉬운 마음)가 백서 이하 難易(어려움과 쉬움)가 되고, 又亡(틀어쥐기와 잃기)이 有无(있고 없음)로 바뀌면서, 초간은 인간사의 다양한 모습들을 나타낸 데 반해, 백서 이하는 존재론을 이야기하는 것처럼 바뀌었다.

초간과 비교하여 백서에서 '항야'(영원하다)라는 없는 글자를 넣었다. 아마 백서는 좋은 뜻보다는 상대적인 계급의식의 입장에서 이러한 예시의 글들은 인간사에 영원하다고 본 것 같다. 이것만 놓고 보면 侯王이 박수칠 만한 문장이다.

0. 是以聖人居亡爲之事, 行不言之{爻子}.
   萬勿{作又}而弗{与心}也, 爲而弗志也, 城而弗居 天唯弗居也, 是以弗去也

1. 是以聲人居无爲之事, 行[훼멸], 爲而弗志也, 成功而弗居也.
   夫唯居, 是以弗去.

2. 是以(聖)人居无爲之事, 行不言之敎.
   萬物昔而弗始, 爲而弗侍也, 成功而弗居也. 夫唯弗居, 是以弗去.

3. 是以聖人處無爲之事, 行不言之敎.
   萬物作焉而不辭, 生而不有, 爲而不恃, 功成而弗居. 夫唯弗居, 是以不去.

0. 是以聖人居亡爲之事, 行不言之{爻子}. 만물(인간)이 지어져 손에 들어
   왔을 뿐 딱 들어맞는 마음을 떨었다 함이니, 爲而弗志也, 城而弗居 하
   늘(성인, 도)도 오직 머물기를 떨었다 함이니, 이 때문에 떼어져 가기를
   떨었다 함이다.

1.2. 是以 聲(聖)人은 지음(베풂, 꾸밈)이 없는 일에 머물고, 말하지 않는 가르
   침으로 나아갔다. 세상의 온갖 것(萬物)은 (이미) 옛날일 뿐 시원을 떨었
   다. 지었을 뿐 마음 향하기(받들고 양육하기2)를 떨었다. 공을 이루고서
   머물기를 떨었다. 대저 오직 머물렀다(머물기를 떨었다2) 是以弗去

제8편의 마무리에 해당하는 문장이다. {爻子}가 敎로 바뀌었다. 어원상 이체
자로도 가능하나, 노자가 갑골문부터 있었던 敎를 굳이 쓰지 않은 것은 이유가
있었을 것이다. 까닭에 저자는 그냥 '자식과 같은 자와도 교류하며 영향을 받
고 본받음을 준다.'로 해석한다. 초간의 居는 통용본에 處로 바뀌는데, 處는 단
단히 틀 잡아 머문다는 居에 비해 상대적으로 일시적인 뜻을 나타내지만 의미
는 초록 관계다.

다음 초간 萬勿{作又}而弗{与心}也는 백서에서 질적으로 바뀐다. (갑은 훼멸)
백서가 萬勿을 萬物(세상의 온갖 것)로 바꿨기 때문이다. {作又}은 백서에서 昔
(예 석)으로, {与心}는 始로 바뀌어, 번역과 같이 정확한 뜻을 알 수 없게 했다.

이에 통용본이 始를 辭(하소연, 말씀 사)로 고치고 앞 문장 '처무위지사 행불
언지교'에 이어지도록 만들었다. 그래도 사실 해석이 어물쩍 넘어가서 그렇지
'온 세상에 있는 갖가지 모든 것(만물)이 지어졌을 뿐 하소연하지 않는다.'처럼
되어, 생물이든 무생물이든 오만가지 것들인 삼라만상(萬物)이 어떻게 하소연
하지 않는 것이 가능하겠는가! 논리성을 상실하기는 마찬가지다.

이하 문장은 초간이, 성인은 그들에게 마음 향하지 않고 땅에서 이룬 것에
틀 잡아 머물기를 떨쳤다. 이는 天(道, 성인)은 오직 功名에 머물기를 떨쳤다

함이니, 도리어 이 때문에 그 공명에서 영원히 떼어져 떨어지지 않았다는 문장인데, 백서 이하 모두 그런 뜻으로 쓰려고 했다. 다만 백서 이하 문장이 불완전하여 백서 갑은 '부유거'로 했으나 백서 을은 '부유불거'로 환원했고, 초간의 '성이불거'는 백서 갑에서 '성공이불거야'가 되었다가 통용본에서 '공성이불거'가 되었다. 통용본은 이것도 불완전하다고 판단한 듯 '생이불유'(살뿐 소유하지 않다.)를 만들어 넣었다. 초간의 '천유불거'의 天은 통용본 夫의 오기가 아닌가 하는데, 글자가 天으로 쓰여, 하늘, 도, 성인으로 넓게 판단했다.

제9편

[원문]

[해독]

道恒亡名 僕唯婢 天地弗敢臣 侯王女能獸之 萬勿將自{宀貝}■

도 항 망 명 복 유 (비) 천 지 불 감 신 후 왕 여 능 수 지 만 물 장 자 〔패〕

　道는 영원히 이름(규정성)을 잃어서, (하찮기로는 인간 세상의) 종이요 오직 점괘를 전하는 여자(시녀)이니, 하늘도 땅도 감히 신하를 떨었다.

　(까닭에) 후왕도 (도가 영원히 이름을 잃듯) 고요히 앉은 여인으로 능히 사냥해지는 것이면, 만 가지 날림들도 (드러나 출세하기를 떨고) 장차 저절로 집안의 재물(처럼 소중한 것)을 하리라.

[해설]

　'도항망명', 드디어 道가 나왔다. 그런데 첫 문구가 도(道)는 항구히(恒) 이름을 잃다(亡名)다. 道라고 이름(名)을 해놓고 바로 '이름을 잃었다'(亡名)고 하는 것은 무슨 뜻일까? 〈노자〉가 그렇듯 이 문장만으로는 정의하기 어렵다. 이 문장과 함께 연결하여 생각해볼 수 있는 글이 제11편의 '未智其名 {幺幺才}之 曰道[안다 하는 이도 그것의 규정(이름)은 아직 아니니, 가는 실 이어지듯 이어져와 일컫는 것이 道라]'라는 문장이다. 이 두 문장을 이어보면 道는 名이 아니다.

道는 영원히 이름(名)을 잃어, 인간 세상의 종(僕)이요 시녀 같아 天地도 신하를 떨었다.

노자는 名을 틀(그릇), 모습, 규정성 등으로 본다. 즉 '고정 값을 갖는 어떤 것'을 名으로 보는 것이다. 따라서 道는 '道의 모습(名) 중의 하나'일 뿐이다. 그런데 道는 항구히 名을 잃었으니, 우리 인간은 영원히 모습이나 규정을 볼 수도, 단정할 수 없다. 또 우리는 하늘과 땅은 경외감을 느끼고 거대하다고 생각을 하면서도 반대로 道는 영원히 名할 수 없어 하찮게 생각한다. 인간으로 말하면 종이나 시녀처럼 보잘 것도 없는 존재감이기 때문이다. 그래서 의식하고 자시고 할 대상이 아니라고 생각들을 한다. 까닭에 이어진 문장처럼 하늘과 땅도 감히 신하됨을 떨고 道를 대신하여 인간에게 大로 다가와 경외감을 주고 있다. 이런 까닭에 저자의 걱정은 고요함(靜)을 지나 이름(名)도 영원히 잃어버린 道를 향해 무릎 꿇고 빌어 깨우침을 쫓으려는 萬人之上의 侯王이 있겠냐는 것이다. 천지 만물의 어머니이면서도 내색은커녕, 자신의 이름도 잃어버린 道, 노자가 원하는 侯王이 이 정도이니 과연 그런 나라가 가능할 수 있을까? 그래도 노자는 이어지는 문장처럼 희망을 버리지 않는다.

侯王이 여인(女)으로 능히 사냥되어지는 것이라면

후황여능수지, 즉 侯王이 얌전히 앉은 여인처럼 고요함으로 능히 사냥해진(또는 해지는) 것이(라)면, 즉 萬人之上임에도 불구하고 스스로 뒷방 늙은이처럼 존재 자체도 불분명하게 道와 같은 恒亡名으로 사냥이 되거나 혹 사냥되어질 수만 있다면, 하늘 아래 오만가지 날림들, 즉 신분의 高下, 빈부의 貴賤, 종족의 같고 다름을 막론하고 모든 이들은 스스로 각자의 모습(名)대로 집 안에 있는 재물처럼 소중한 존재자가 될 것이다. 즉, 자신이 다스리는 名을 가진 만가지 날림들(인간)은 각자의 소임대로 각자의 집안에서 저절로 소중한 사람으로 역할을 하려 할 것이요, 또한 할 것이며, 까닭에 의미를 지닌 소중한 존재자(自{宀貝})로 자리매김하게 된다는 것이다.

후왕이 道와 같이 亡名할 수 있다면(이는 구체적으로는 제6편-①장의 靜으로 표현될 수 있다), 그런 자가 후왕이 된다면 萬勿이 전면에 나오는 법이요 따라서 그들의 이름이 세상에 훼자되는 것처럼 보이게 될 것이나, 결국은 후왕의 이름이 萬世에 남게 될 것이다. 후왕이 이름을 남기려 公事를 벌리는 것에서 나라 역사는 시끄러운 법이요, 모든 살아있는 인간이 소중한 생명을 다 마치지 못하는 것이다.

정리하자면, 노자가 이 편에서 주장하는 것은 '도가 영원히 亡名하여 존재감이 없어, 天地가 신하를 떨쳐버리고 하늘과 땅으로 大家가 되는 것처럼 후왕이라는 자리도 여인처럼 얌전히 앉아 사냥해지는 것과 같이 된다면, 萬勿도 후왕의 신하됨을 떨쳐버리고 주체자로서 가정의 소중한 사람이 될 것이다'라는 것이다.

결국 이 문장에서 노자의 본심은 만백성을 위한답시고 요란하게 천하를 흔들지 않았으면 좋겠다는 것이다. 그것을 6편에서는 앞서 살았던 聖人을, 그리고 이후에서는 道의 성품(도항망명)을 들어 주장하는 것이다. 노자의 뜻은 지상낙원을 꿈꾸는 것이었고, 지상낙원은 聖人만이 가능하니 '侯王 너희들도 깨우친 지도자가 되거라'는 뜻이다.

노자는 기원전 5, 6백여 년 전, 춘추시대 때, 이 세상에 존재하여, 그 어떤 성현도 쓰지 못한 정치론을 쓰신 분이다. 당시는 당연히 하늘의 자식이라는 1인이 천하를 모두 소유하는 왕조시대였다. 재상의 직언도 트집 하나로 3족을 멸할 수 있는 무시무시한 시대였다. 그런 시대에 만물의 의미체론을 들고 나와 平等한 세상을 주장하고, 또한 고유성(다양성)을 들고 나와 자유를 부르짖었다. 백성(民)의 안녕을 위해 전쟁을 비판하고 자신의 철학을 정치에 쏟아부은 聖哲이다.

《 도항망명 》

'도항망명'은 '道는 항구히 이름(名)을 잃다'다. 그리고 그것으로 설명을 이어야 바르다. 道는 주체적이며 능동적이다. 그래서 누구의 말도 지시도 듣지 않는다. 설령 성황당에 물을 떠 놓고 기도하는 이의 소원이 들어졌다고 해도 그것은 道의 意志로 이루어진 것이지 수동적일 수는 없다. '도항망명'의 道는 인간 道者가 아닌 하늘의 道며, 亡名은 이름을 잃었다는 것이 아니라, 규정성(모습)을 잃었다는 것이다. 잃어버렸다는 것은 손에 쥔 것이라면, 당연히 없어졌다는 것을 의미하나, 여기서는 본성(모습)을 의미함으로, 잃어버린 것이 아닌 '주체적 망각'이자, 名(萬勿)에 대한 獻身인 것이다. 누가 그렇다는 것인가? 道가 그렇다는 것이다. 道가.

《 道이야기 》

초간에서 처음으로 道가 나왔다. 고문자나 자전을 보면 道는 갑골문 때부터 있어 와 신생글자가 아니다. 다만 노자 때는 도에 대한 정의는 명확하지 않아 道를 我田引水식으로 해석하고 주장하는 무리들로 난무한 시대였다고 판단된다. 반면 노자는 만물(인간)의 어머니로서의 道의 위대함, 존재와 삶의 모습(亡名)을 익히 알고 있었다. 이는 통용본에서 정리하기 어려웠던 부분이었는데, 백서가 {虍壬}를 吾(不知其名 字之曰道)로 고쳐 노자(吾)도 모른다는 식으로 만들어 버렸기 때문이다. 그러나 상식적으로 생각해서 道를 알지 못하고서 어떻게 도를 이야기할 수 있겠는가? 결론적으로 노자는 道를 알고 이해하고 체득하고 설명하고 설득하고, 그리고 마지막으로 경고하고 있다. 내 말을 듣지 않는다면 너희들은 서로 싸우다 자멸할 것이라고. (제11편, 제15편-①장의 {虍壬}부분 참조)

道가 첫 편부터 언급되지 않고 여기서 처음 나오는 이유는, 〈노자〉가 정치서임을 증명하는 뜻, 그 이상도 이하도 아니다. 즉 천하의 어미라고 할 도를 이곳에 배치한 이유는 〈노자〉의 정치철학을 형이상학적으로 증명하기 위해 제6편의 예시문과 제7·8편의 선언적인 글 뒤로 놓은 것이기 때문이다. 즉 문장의 배치상 先人의 행실과 노자가 선언한 정치술 편 뒤로 배치한 것일 뿐이다. 반대로 백서본 이하 통용본은 정치서인 〈노자〉의 정치색채를 천하게 바꾸면서 형이상학서로 고치려 부단히 노력한 결과물이다.

《 侯王女能獸之 》

'道의 性品(女)'으로 侯王이 사냥해지는 것을 뜻한다. 제6편-⑥장과 문장이 비슷하면서도 '지킬 守'를 쓰지 않고 '사냥할 獸'를 쓴 이유는 비록 侯王이 道의 자식이기는 하나 道의 성품은 깊은 곳에 있는 각자의 所關으로, 亡名은 스스로가 잡아 길러야 하는 것이기 때문이다. 노자의 본심은 '후왕은 반드시 사냥되어야만 한다.'는 뜻이다.

까닭에 사냥의 대상은 후왕이요, '어떻게'에 해당하는 것이 女다. 물론 女는 의미상으로 道性을 의미하며, '도항망명'의 亡名이며, 제6편-①장의 靜과도 통한다.

[고문자 해독]

❶ 僕; 좌亻우業이다. '종, 마부 僕복'字이다. 본래 僕의 갑골문은 문신한 죄인(辛亻)이 키로(其) 오물을 버리는 꼴인데, 亻을 뺀 辛其가 業과 혼동돼, 金文부터 僕과 유사 꼴이 쓰여[고문자류편, p22], 금문에 가까운 초간도 僕이다.

❷ {卜曰女}(婢?); 상卜중曰하女 꼴로, '점괘(卜) 적힌 팻말(曰)을 전하는 여자(女)'로 앞의 '종 僕과 대칭되는 '시녀, 여자 종, 하녀 비'로 추정한다. 점(卜)괘가 적힌 팻말(曰)을 전하는(又) 吏(使) 꼴 '사卜曰又}'에서 又가 빠진 모양과 흡사하다.

❷⁻¹ 婢; '계집종 비(婢)'는 자전에는 전문부터, 고명의 [고문자류편, p40]에는 갑골문부터 쓰인 것으로 나오나, 자형은 ❷의 모양이 아니다.

❷⁻² 侍; '모실 시'는 자전과 고명[고문자류편, p16] 모두 전문부터며, 윗사람 가까이에 머물러 봉사하는 사람의 뜻이다. 자형은 **❷**의 모양이 아니다.

❸ {陀土}(地); 상陀하土 꼴로, 언덕(阝 부)이 뱀처럼 비탈져 내린(它타) 흙 (土)으로 '땅 地'의 古字나 이체자다.

❹ 獸; 활 총(單)과 개(犬)를 몰고 '사냥할 수'다. 초간은 6-⑥ 侯王能守之에 서는 '지킬 守'를 쓰고, 여기는 '사냥한다'는 뜻의 獸를 썼는데, 백서 이 하 守로 바꾸었다.

❺ {爿 酉}(將); 장대(爿)처럼 큰 술통(酉)으로 이처럼 큰 장수나 술통의 술 이 익어 가는 미래를 뜻하여 '장수. 장차 장將'과 통용된다.

❻ {宀貝}; 상宀하貝 꼴로 초간은 '집안에(宀) 재물(貝) 패'로, 문맥상 '집에 소중한 것'을 뜻한다. 백서 갑부터 '손 賓'이라 했다.

[백서 이하 비교]

통용본은 초간으로 보면 초간 제9편과 초간 제10편을 합하여, 도경 제32장 에 위치한다. 이렇게 합친 것은 백서 갑부터다. 비록 백서가 덕도경으로 하고, 통용본이 도덕경으로 바꾸었을 뿐 덕도경과 도덕경은 배치가 거의 비슷하다.

통용본 제32장 (上中)

道常無名 樸雖小 天下莫能臣也 侯王若能守之 萬物將自賓. (제9편)
天地相合以降甘露民莫之令而自均. 始制有名 名亦旣有夫亦將知止 知止不殆. 譬道之在天下猶川谷之於江海. (제10편)

道는 영원히 이름이 없으니, 통나무(樸)가 비록 작지만 천하가 능히 신하로 하지 못한(것과 같은 이치)다.
(까닭에) 후왕이 만약 이것(신하가 될 수 없는 樸)을 능히 지켜낸다면, 만물 은 장차 스스로 손님으로 길러질 것이다.

백서 갑 (제76장)

道恒无名 握(樸)唯(雖)[小, 而天下弗敢臣. 侯]王若能守之 萬物將自賓.

백서 을

道恒无名 樸唯(雖)小, 而天下弗敢臣. 侯王若能守之 萬物將自賓.

초간은 도의 亡名을 끄집어와 이야기하고 侯王보고 지켜달라는 것으로 끝을 맺으나, 백서 갑은 초간에다 다음 제10편을 이어 붙여 하나의 장을 만들었다. 초간이 亡名과 又名으로 나눈 뜻을 알고 합친 것이나, 뜻은 훨씬 흐트러졌다.

초간은 짤막하면서도 명약관화하다. 반면 백서 갑은 '복유비'를 전혀 다른 글자로 고쳐버렸기 때문에 이후 문장이 어울리지 않고, 이에 통용본에서는 뜻이 달라져 버린다.

0. 道恒亡名 僕唯婢 天地弗敢臣 侯王女能獸之 萬勿將自{宀貝}
1. 道恒无名 握唯[훼멸]王若能守之 萬物將自賓.
2. 道恒无名 樸唯小, 而天下弗敢臣. 侯王若能守之 萬物將自賓.
3. 道常無名 樸雖小 天下莫能臣也. 侯王若能守之 萬物將自賓.

1.2. 道는 영원히 이름이 없으니, 쥔 주먹(握) (통나무 樸2)이(가) 오직 작아도, 천하는 감히 신하를 떨었다. 侯王이 만약 이것을 능히 지켜낸다면, 萬物은 장차 스스로 귀한 손님을 할 것이다.

초간의 亡名은 백서 갑 이후 無名이 된다. 둘의 의미는 너무나 크다.

다음, 僕唯婢(종이나 시녀다)는 道를 말한다. 노자가 그렇게 도를 정의한 것이다. 즉 도항망명에 붙는 문장이다. 그런데 백서는 이 문장을 握唯小로 바꾸어 '주먹이 비록 작으나, 손에 쥔 것이 비록 작으나'처럼 뒤의 문장으로 이었다. 그것으로는 뜻이 명확하지 않다고 판단했던 듯, 백서 을이 '쥘, 손아귀, 주먹, 손에 쥔 것을 의미하는 握악' 대신 초간에 나온 '통나무 樸'으로 고쳤다. 그러나 백서 갑·을을 모두가 쓴 唯로는 뜻이 다를 수 있어 통용본은 더 확실한 '비록 雖'로 고쳐 마무리 한 것이다.

초간 '도항망명 복유비 천지불감신'은 전체가 道를 이야기하는 것이어서 天地가 오는 것이다. 그런데 이것도 '복유비'가 도의 품성을 비유적으로 쓴 문장이라는 것을 알았을 때 가능한 이야기다. 즉 노자가 말하고자 하는 정확한 뜻을 이해했을 때나 가능하다. 백서는 '박(주먹)이 비록 작으나'로 고쳐, 樸이 道를 뜻한 글자라면, '복유소'와 유사한 의미를 갖는다고 보고, '천지가 신하를 떨었다'는 말을 쓸 수 있는데, 天地를 天下로 고친다. 아마 초간의 문장을 이해하지 못한 것이다. 그래도 어찌 되었든 백서는 '천하도 감히 신하를 떨었다'가 되어 초간의 뜻을 따르나, 통용본은 이 뜻이 맞지 않다고 생각했던지, '천하막능신야(천하도 능히 신하를 삼지 못한다.)'라고 고쳐 초간의 말과는 반대로 만들었다(백서도 통용본처럼 '천하도 감히 신하 삼기를 떨었다'로 번역할 수 있다.

하지만 이는 바른 번역은 아니다).

　사실 지금까지는 문장의 서론이며 하늘의 이야기이기 때문에 엎치나 메치나 우리에게는 중요도가 낮다. 이세 노자가 신실로 하고자 했던 문장이 시작된다. 그 처음이 侯王女能獸之(후왕이 여인처럼 고요하게 능히 사냥되는 것이라면)의 뜻이 백서에서 侯王若能守之(후왕이 만약 능히 이것을 지킨다면)로 바뀐다. 글자 2자 바꾼 거지만 獸(사냥하다)대신 守(지키다)를 써서, 내용으로는 侯王을 '이미' 도를 깨우친 '성인'의 반열에 올려놓았다. 노자의 숭고한 글이 제왕을 위한 글로 바뀐 것이다.

　초간의 숭고한 정치철학은 백서 이하에서 제왕을 위해 백성을 다스리는 통치(철학)서 쯤으로 격하되어 버렸다. 정치의 논리성은 상실되어 언설의 달인이나 풀 수 있는 글이 되었고, 형이상학 또한 더욱 추상적으로 변질되었다.

　마지막 초간 萬勿將自{宀貝}는 萬物로 바뀌면서 말이 안 되는 글이 되며, {패}(집안의 재물처럼 소중한 것)는 마무리 단어로 딱인데, 백서가 '손 賓'으로 고치고, 뒤에 제10편의 문장을 갖다 붙여 마무리한다.

제 10 편

[원문 이미지]

[해독]

天地相會也 以逾甘{雨各} 民莫之命 天自均安
천 지 상 회 야 이 유 감 {락} 민 막 지 명 천 자 균 안

{ㅂ言}折又名 名亦旣又
{구} 절 우 명 명 역 기 우

夫亦將智{之止} 智{之止}所以不{ㅂ言}
부 역 장 지 {지} 지 {지} 소 이 불 {구}

卑道之在天下也 猷少{谷水}之與江海 ■
비 도 지 재 천 하 야 유 소 {곡} 지 여 강 해

하늘과 땅이 서로 잘 맞다 함은, 단비 내리도록 빌기를 넘어감으로써 이니, 백성은 命(지시)받는 것이 없고, 하늘은 스스로 고루 편안하다.

얽힌 말이 (명확히) 쪼개지고 꺾여 이름을 가지니, 이름은 또한 이미 가졌음(규정됨)이다. 저(이름)는 또한 장차 안다 하는 이가 그쳐야 할 것이니, 안다 하는 이가 그쳐야 하는 것은 (꼬인 말처럼) 섞여 알 수 없지 않은 까닭이다.

賤하고 낮은 道가 天下에 있는 것이다 함은 꾀를 내자면, 얼마 안 되는 적은 계곡물이 강과 바다와 (어깨 나란히) 함께하는 것이다.

[해설]

이 편은 바로 앞 제9편과 내용 면에서 대구를 이룬다. 즉 제9편이 '이름 잃다'는 亡名에 관한 글이라면 이 제10편은 그 반대로 만물은 쪼개지고 꺾이고 나누어져 '이미 名을 가졌다'(又名)에 관한 글이다. 까닭에 그렇게 꺾이고 나뉜 것들이 서로 자신의 역할(名)을 하면서 어우러짐(和)만이 天下는 잘 돌아갈 수 있는 것이라고 말한다.

이름(名)이란 이미 틀어줘었음이다.

세상이 바르게 돌아가는 것은 각자 맡은 바(名)대로 흘러가기 때문이다. 이쯤 되면 후왕이 하늘에 간절히 기원해 내린 비(甘{雨各})보다도 더 완전한 것이다. 즉 자연은 가뭄이나 홍수가 없이 계절마다 그때그때 24절기가 뚜렷이 드러나 선명하게 돌아가야 하고, 묶인 외눈박이(民)들은 24절기에 맞추어 자연스럽게 그들의 일을 하며 살아간다. 까닭에 후왕은 그들을 향해 이렇게 해라, 저렇게 해라, 특별히 下命할 것이 없다. 까닭에 하늘은 24절기에 맞춰 스스로의 모습으로 살아가고, 萬勿(만백성)은 스스로의 名에 만족하며 고루 존재 가치에 합당하게 편안하다. 이는 곧 '태평성대'다. [백서 이하 天이 而로 되는데 문장으로는 더 어울려 보인다. 民莫之命而自均安(백성에게 명하는 것이 없을 뿐 스스로 고르게 편안하다.) 고문자 天과 而는 비슷하다.]

왜 그렇게 살아가야 하는가? 그것은 {ㅂ言}折又名 名亦{皀次}(旣)又(구절우명 명역기우)하기 때문이다. 즉 얽히고설킨 실타래처럼 불명확하여 규정할 수 없는 것이 아니라, 잘라지고 갈리고 꺾이고 나뉘어 드디어 이름을 틀어줬으니, 어떤 것이 이름이라는 것을 가졌음은 역시나 이미 줬음이다. 이는 곧 만물은 이미 형체 있는 名을 가져 명확히 자기의 그릇이 규정되었음을 의미한다.

인간(智)이 그쳐야 하는 것은 얽혀 있지 않은 까닭이다.

그럼 이 글을 쓴 의도는 어디에 있을까?! 그 대상은 萬勿(인간)인가? 이어지는 글에 그 답이 있다. 저(이름)는 또 앞으로 안다 하는 이가 그쳐야 할 것이다. 즉 이름이라는 것은 앞으로 안다 하는 이가 세상을 살면서 멈추기를 해야 하는 까닭이요, 이유라는 것이다. 저자의 해석을 노자는 이어지는 글처럼 표현한다. 안다 하는 이가 그쳐야 하는 것은 알 수 없게 얽히고설키지 않은 까닭이다. 즉 名이란 '이미 지어진 그릇'이니 안다 하는 이도 그것을 깨우쳐 받아들이고 그 그릇에 넘치지 않도록 살아가야 한다는 것을 말함이다. 그럼 그것을 거스를 수는 없는가? 하늘의 법칙이 적용되는 것이 아니라 땅의 법칙이 적용되어야 하는 것 아닌가! 그러나 노자는 하늘뿐만 아니라 땅도 하늘의 법칙을 따라야 한다고 말한다. 따라서 안다 하는 이(智)도 반드시 따라야 하는 것이다. 그것은 道가 이 땅에도 엄연히 법칙으로 존재하고 있기 때문이니, 얼마 안 되는 양의 계곡물들이 흘러흘러 거대한 강과 바다와 함께 하는 것, 달리 말하면 같이 맞물려 살아가는 것과 같은 것으로 설명을 마무리한다.

道가 名을 주었으니 욕망으로 {虎壬}(폭군)이 되어 꼭대기를 쳐(尙攴) 얻으려 하는 어리석음을 범하지 말라. 설령 그렇게 하여 최고에 앉았다고 해도 하늘이 준 많은 의미체(名)들을 무참히 죽임으로써 '이미' 태생(과정)이 非자연스러운 것이니 아무리 발버둥 쳐도 그것은 버금(亞)에 머물 뿐, 최고는 아니다. 王座는 쳐서 얻거나, 대물림이 아니라 하늘이 주어야 한다. 깨우친 聖人에게.

《 {니言}折又名 名亦{皀次}又 》

전체적으로 이 편은 名을 가장 분명하게 정의한 곳이다. 그 문장이 {니言}折又名 名亦{皀次}又다. 이 문장은 '얽힌 말이 꺾여 名을 가지니, 이름은 또한 이미 틀어줘었다'가 된다. 그리고 이 뜻은 어머니의 자식으로 名이라는 규정성을 가져지면, 名은 역시나 그것으로 이미 '완성품'이라는 뜻이다. 바로 이러한 정의에서 侯王에게 亡爲, 亡名을 주장하는 것이요, {虎壬}같은 智에게는 '무력으로 앉은 최고는 최고가 될 수 없다'고 주장하는 근거(이유)가 되는 것이다.

그것이 다음에 이어지는 문장이다. 즉 夫亦將智{之止}(이름이란 또 장차 안다 하는 자가 멈춰야 할 것이다)라 써, 이 문장을 쓴 의도를 분명히 드러냈다, 이는 '안다 하는 자는 반드시 名에 맞추어 살아가야 해. 왜냐하면 萬勿은 태어나면서 名을 받아 쥐어 담을 수 있는 그릇(器)을 가졌기 때문이야. 道가 그렇게 한 거야'처럼 해석될 수 있다. 이는 이어지는 문장이기도 하다. 즉 智{之止}所以不{니言}(안다 하는 이가 멈춰야 할 것은 말이 얽히지 않은 까닭이다)처럼 이유·까닭을 말하고 있기 때문이다.

왜? 얽힌 말처럼 모습이 규정되지 않은 것이 아니라 이미 규정된 이름(名)을 가졌기 때문이다. 당연히 현재의 모습이 '부족하다고 생각하는 사람(智)'에게 名을 이해하고 그쳐야 한다는 말을 하는 것이다.

이처럼 노자가 우주 삼라만상의 名을 정의한 문장 '얽힌 말이 나누어져 이름을 가진다.'는 것을 바르게 해독하고 번역하고 해석하는 것이 이 편의 핵심이다.

名은 다양하다. 그러나 그것은 종속관계를 의미하는 것이 아니다. 만물의 고유성(다름)을 바탕으로 한 의미체를 의미하기 때문에, 세상은 서로 어우러져야 함을 뜻한다. 다르기 때문에 존재 자체가 가치 있는 것이다. 즉 어머니의 입장에서 보면 존재가 곧 가치다. 이는 수없이 강조해도 지나치지 않는 것이다. 왜냐하면 고유성은 자칫 차별로 빠질 위험이 도사리고 있기 때문이다(인류사가 그랬다. 스페인 정복자들의 중남미 인류의 사냥, 백인의 아프리카 흑인의 사냥, 수많은 외적의 침입, 왜구의 침략 및 학살 등등은 모두 다르다는 것을 차별적으로 본 것이다. 이는 지금도 진행형이다). 인간은 존재와 가치를 구분하고 모든 존재를 가치로 환산한다. 그러나 인간은 어머님의 자식으로 열 손가락의 구분이 있을 뿐 어머니만이 생명을 취할 수 있고 어머니만이 주인이 될 수 있는 평등한 것이다.

[고문자 해독]

❶ {雨各}; 상雨하各 꼴로, 비(雨), 내리길(夂) 빌어(口), 내린(各) '락'으로 푼다. 바로 앞 글자 '달 甘'과 합하여 '간절한 기원' 또는 '간절히 이루어진 기원'의 뜻을 의미한다. 백서는 '강 이름 洛'이고 통용본이 '이슬 露'로 했다.

❷ 命; 모인 사람들을(스집) 무릎 꿇려(卩절, 이) 명(口)하니, 주로 하늘, 신, 군주가 아랫사람을 대하는 경우다.

❸ 民莫之命; '백성에게는 命되어지는 것이 없다. 백성은 命받는 것이 없다'는 수동태다. (부정어를 동반하거나 그렇지 않다고 해도) 목적어가 주어로 오는 도치문일 때 삽입어로 쓰인 경우다. 이 문장은 원래 '侯王莫之命民'인데, 주어인 侯王이 생략되고 목적어 民이 주어로 오면서 도치문임을 알리는 삽입글자 之가 들어간 것이다(이때 중복되는 之 한 字는 생략된 꼴이나, 之의 음가는 살아있다).

❹ {丩言}; 상丩하言 꼴로, 말(言)이 엉키고 꼬인(구 丩=糾) 구'로 푼다. 부르짖을 규訆(=叫)와 통용되나, 여기서는 쓰지 않는다. 말이 실 엉키듯, 꼬여, 복잡하여 규정할 수 없다는 뜻이다. 문장 속에서 又名을 설명하기 위한 前 단계의 글자로 초간에서 이곳에만 쓰였으며 중요한 글자다. '말(言)이 실 엉키듯 꼬였으니, 두서없이 하는 말처럼 무슨 말인지 알 수 없고, 이에 따라 규정할 수 없다'는 뜻이다.

❺ {皀次}(既); 고소한 낱알이(皀) 거듭 이어졌다(次)는 뜻으로, 고소한 낱알에 물려(皀급) 고개를 돌려버린(旡) '이미 既'의 이체자다. 既는 이곳과 초간 제24편, 제25편에 쓰였다.

❻ {之止}; 상之하止 꼴로 '그칠 것 지'로 읽는다. '갈 之'자가 止를 깔고 앉은 형태다.

❼ 卑; '낮고, 천한 비'다. 손잡이가 있는 둥근 술통(田)에 손을 댄 모양(又)을 본떠 '통'의 뜻이고, 일상에도 가지고 다니기에 편리한 술통을 제기용 그릇에 빗대, '천한 술통', '천하다'는 뜻이다.

8 少浴; 적은 목욕인데, 아마도 '목욕 浴'자가 아니라, 상곡하水 꼴의 '골짜기 아래 흐르는 물 곡'으로, 적은 골짜기 물 少{谷水}를 필사 중 오기한 것이다.

9 {牙廾}(與); 與에서 臼가 빠진, 맞물려(牙) 받들(廾) '여'라 볼 수 있다.

[백서 이하 비교]

앞 편에서 언급했듯, 이 편과 앞 편이 하나로 해서 통용본 제32장을 이룬다. 백서가 비록 깨우침의 글자들은 고쳤어도 내용 면에서는 초간과 흡사하다. 정치색을 띠는 대상에 대한 것(智)은 知로 고쳐 숨겼다.

통용본 제32장 (下)

天地相合以降甘露 民莫之令而自均.
始制有名 名亦旣有 夫亦將知止 知止不殆.
譬道之在天下 猶川谷之於江海.

하늘은 땅에 甘露를 내려줌으로써 서로 합하며, 백성에게 이것을 명령함이 없어도 스스로 균형(중심)을 지킬 것이다.

처음 마름질 된 것은 이름(규정 등)을 쥐니, 이름은 또한 이미 있음이다. 대저 또한 장차 그칠 줄을 안다면, 그칠 줄을 알아 위태롭지 않을 것이다.

비유하자면 도가 천하에 있다는 것은 마치 시냇물과 계곡물이 강과 바다로 가는 것과 같다.

백서 갑 (제76장)

天地相谷(合) 以俞(雨)甘洛(露) 民莫之[令而自均]焉.
始制有[名 名亦旣]有 夫[亦將知止 知止]所以不[殆].
俾(譬)道之在[天下也, 猶小]浴(谷)之與江海也.

백서 을

天地相合 以俞(雨)甘洛(露) [民莫之]令而自均焉.
始制有名 名亦旣有 夫亦將知止 知止所以不殆.
卑(譬)[道之]在天下也, 猶小浴(谷)之與江海也.

초간에서 안다고 하는 이(智)가 없다면, 마치 형이상학의 문장처럼 내용이 쉽게 드러나지 않는 문장이라, 백서 이하 그렇게 많은 변화를 보이지 않았다.

0. 天地相會也 以逾甘{雨各} 民莫之命 天(而)自均安
1. 天地相谷(合) 以俞甘洛 民莫之[令而自均]焉.
2. 天地相合 以俞甘洛 [民莫之]令而自均焉.
3. 天地相合以降甘露 民莫之令而自均.

0. 하늘과 땅이 서로 잘 맞다 함은 단비 내리기를 빌기를 넘어감으로써니
   백성에게 이래라저래라 명함이 없어도 스스로 고르게 편안하다.
1.2. 하늘과 땅이 서로 합침은 단물(氵) 내리기를 비는 것에 대답함으로써니, 백성
   에게 지시함이 없어도 스스로 균등할 것이다(갑의 谷으로는 번역이 어렵다).

초간의 첫 문장 '천지상회야 이유감{락}'은 백서에서 天地相合 以俞甘洛으로
바뀌었다. 會와 合은 會合처럼 공통분모(만나다, 모이다)가 있다 하고, 俞(지나
가다, 나아가다, 대답, 응답, 더욱, 보답)는 逾와 의미가 같을 수 있으나, 이미 초
간의 '감{락}'이 甘洛이 되어 逾(건너다)의 의미를 읽을 수 없었다(洛을 자해적
으로 풀면 '물 내리기를 빌다'가 되어 이 문장도 초간처럼 이해될 수 있다). 이에
통용본이 '이강감로'라고 고치니, 초간의 의미는 알 수 없게 되었다.

뒤 문장 초간 '민막지명 천(이)자균안'은 백서에서 令과 焉으로 바뀌어 통용
본에서는 '언'만 지워진다. 초간의 安을 '편안하다'로 읽지 않고 어조사의 형태
로 본 모양이다. 백서는 '스스로 고르다(균등하다)'가 되어 통용본으로 이어지
는데, 문장으로서는 매끄럽지 않다.

0. {니言}折又名 名亦旣又 夫亦將智{之止} 智{之止}所以不{니言}
1.2.3. 始制有名 名亦旣有 夫亦將知止 知止所以不殆.

0. 얽힌 말이 꺾여 나누어져 이름을 쥐었으니, 이름은 또 이미 쥐었음이
   다. 대저 (名은) 또 장차 안다 하는 이가 그쳐야 할 것이니, 안다 하는
   이가 그쳐야 하는 것은 얽힌 말이지 않음으로써인 바다.
1.2.3. 처음 마름질 된 것은 이름을 가지니, 이름 또한 이미 가졌음이다. 대저
   또 장차 멈춤을 안다면, 멈춤을 알아 위태롭지 않은 까닭이다.

역시 노자가 앞에서 '어떤 지시도 없고, 스스로 고루 편한' 세상을 언급한 것
은, 사실 이 가운데 문장을 말하고자 함이다. 세상이 간절한 기원함도 필요 없
을 정도의 평안한 세상을 가지는 것은 사람마다 자신의 모습에 충실할 때 가능
하다는 것이 노자의 함의다. 특히 욕망덩어리인 智(안다 하는 자)가 그렇다.

번역 문장을 비교하면, 초간은 처음부터 끝까지 뜻이 명확하다. 반면 백서 이하는 중간 智가 知로 바뀐 문장은 앞 문장과 연결이 매끄럽지 못하다. 해석을 통하지 않고는 명확하게 뜻을 알 수 없게 만들었다. 물론 노자가 말하고자 했던 智(안다 하는 자)가 사라진 것은 말할 필요도 없다.

저자는 통용본 '시제유명'에서 이 뜻을 알아차렸는데, 초간은 지금은 사라진 {구}자를 쓰고 折을 사용하여 통용본의 뜻보다는 더 본질적인 문장이다. 백서 이하 뜻은 통한다.

다음은 초간에 智가 백서 이하 知로 쓰여 당연히 틀어진 문장이다. 초간은 '저(名)는 또 장차 안다 하는 이가 그쳐야 할 것이니' 즉 '이름이란 또 智가 세상을 살면서 그쳐야 할 것을 말한다.'는 엄청난 뜻을 내포하고 있으나, 智를 知로 고친 백서 이하는 서술어가 知로 바뀌어 '대저 또 장차 멈출지를 안다면'으로 해서 뒤 문장으로 이었다.

마지막 초간은 {구}가 있어 '소이'의 문장이 정확히 '까닭, 이유'를 나타낸다. 반면 백서 이하는 {구}를 사용하면 내용 자체가 이루어질 수 없어 문장에 맞추어 殆태를 썼다.

0. 卑道之在天下也 猷少{谷水}之與江海
1. 俾道之在[天下也, 猶小]浴之與江海也.
2. 卑[道之]在天下也, 猶小浴之與江海也.
3. 譬道之在天下 猶川谷之於江海.

1.2. 풍성한 (낮은2) 道가 천하에 있음은, 마치 작은 계곡물이 강해와 함께하는 것과 같다.

초간은 천하도 반드시 도의 법칙이 있다며, 그것을 보여주는 문장으로 마무리를 하여, 앞에서 언급한 智에게 반드시 名을 따라야 할 것을 강조하기 위한 수단으로 쓴 글이다.

노자는 초간에서 처음 '비도'를 써서, 도는 종, 하녀처럼 낮고 천하다(卑)는 것을 말하고자 하는데, 백서 갑은 이런 뜻을 모르는지 통일성을 갖지 못했다. 갑은 俾(더하다)를 써서 사실 문장의 정확한 뜻도 무엇인지 불명확하다. 乙이 다시 卑로 돌렸으나, 통용본은 譬(비유하다)가 더 어울린다고 판단을 한 것이다. 이어 번역처럼 猶(마치 ~와 같다)보다는 猷(꾀하다)가 더 어울리는데, 백서에서 모두 바꾸었다.

초간 노자와 그 밖의 노자

[쉬어가기] - 초간 之의 용법

한자는 낱개의 글자마다 일정한 뜻을 나타내는 表意文字이면서 어형의 변화없이 다만 문장 속에서 다른 글자들과의 위치나 관계에 따라 의미가 달라지는 孤立語다는 특징이 있다. 즉 과거·현재·미래시제나, 주격·소유격·목적격이 모두 같은 모양이다. 그래서 한문을 해석할 때 문장의 시제가 언제인지, 문법에 맞추어 주어인지 목적어인지 구분할 수 있어야 한다.

수동태 능동태는 어떻게 썼을까? 오늘날 가장 일반적인 정의가 피동사 (예 : 見, 被 등)나, 피동 전치사(예: 於 등), 관용구, 그리고 문맥상 피동형으로 쓰이는 경우다. 이 예는 모두 이의가 없을 정도로 문장 속에서 명확하다. 그러나 이러한 몇 가지의 문장을 제외하고는 사실 능동(수동)태의 문장이라는 것을 알아차리기는 정말 어렵다. 따라서 한문 문장의 역해에서 態는 자의적 해석이 넘쳐날 가능성을 다분히 안고 있는 것이 사실이다. 특히 〈노자〉처럼 정치의 글이라면 더욱 그렇다.

之의 용법은 크게 수식어와 피수식어 사이에 쓰여 소유격(~의) 관형격(~한) 주격(~가)의 뜻을 나타내는 어조사와, 지시사로 '이것을, 이는', 도치문의 삽입어 그리고 서술어로 '가다' 등이다. 자전 속에는 몇 가지가 더 있으나 크게는 이 정도다. 이 중 지시사(이것을, 이는)는 문장에서 직역하면 정말 별로다. 또 之의 용례도 구분하기 쉽지 않다. 그래서 대부분 빼고 의역을 한다. 빼도 말이 되고, 빼고 한 문장의 글이 훨씬 아름답기 때문이다. 한문이 表意文字인데, 빼고 번역하는 문장이 훨씬 아름답다는 것은 어딘가 말이 되지 않는다.

항상 번역하면서 이것이 껄끄러웠는데, 초간 之의 쓰임에서 그것을 찾은 것 같다. 우리가 여러 가지 용법으로 번역하는 之는 불완전 명사 '것'이 대표적인 뜻이며, 또 之는 위치에 따라 능동태 수동태로 구분되는 특수한 역할을 부여받았다. 즉 문장의 타동사를 중심으로 之가 뒤에 쓰이는 경우는 수동태로, 동사 앞에 쓰이면 능동태의 문장 형식을 나타낸다. 단, 도치문의 삽입어로 쓰일 경우는 예외다. 정리하면 다음과 같다.

첫째, 불완전 명사 '것'으로 쓴다.
둘째, 之가 동사의 앞에 위치해 능동태를, 동사의 뒤에 위치하여 수동태를 나타낸다. 즉, 或命之는 '命받아야 할 것이다'로, 執之者는 '잡으려 삶는 것은'으로 번역한다. 만일 자동사나 그 밖의 품사에 之가 쓰였다면 '것'이라는 뜻을

쓰기 위해서이며, 위치는 무방하다. (以正之邦, 大小之, 聖人猷{難土}之처럼)

셋째, 도치법의 삽입 글자로 쓴다. 즉, 초간 智之者(煮)나 民莫之命은 동사 앞에 之가 쓰여 능동태처럼 보이나, 도치문인 까닭에 수동태의 문장이다.

넷째, 부사(어)의 뒤에서 '가다'의 뜻을 갖는다.

즉 저자는 之가 '지시사'나 '소유격(~의) 관형격(~한) 주격(~가)'의 의미로 쓰이는 '어조사'의 용법은 없다고 본다(예를 들어, 天道나 天之道나 모두 '하늘의 도'까지는 같다. 이때 '의'는 之로 인해서 들어간 것이 아니라, 우리 글로 번역하면서 들어가는 '의'다. 또 侯王能守之는 '후왕이 능히 이것을 지킨다면'이 아니라 '후왕에게 능히 지켜지는 것이면'이다).

저자의 용법은 초간의 경우다. 이미 2천 5백 년의 세월이 지나, 용법은 변할 가능성이 크다. 그래서 저자의 용례로 풀리지 않는 문장도 나올 수 있다. 그러나 그것은 용법을 모른 자가 쓴 문장이지, 알았다면 써서는 안 되는 문장이라고 주장하고 싶다.

저자의 초간 번역은 거의 모두 직역이다. 아마 독자는 한문 문장에서 직역의 글을 거의 보지 못했을 것이다. 이는 之로 인해, 한문 문장을 직역하기가 무척 어렵고, 또 문장이 아름답지 않기 때문이다. 그러나 저자는 마지막까지 이 용법에 맞추어 어떤 문장은 과거로, 어떤 문장은 능동태로, 또 수동태로 번역하였다. 위와 같은 일정한 규칙하에 그렇게 한 것이다. 그래도 문장은 아름답다. 직역은 원래 이래야 한다고 생각한다. 이 정의는 '블로그'의 글 속에서 힌트를 얻어 정리한 것이다.

제11편

[원문]

[해독]

又{ㅕ 首}蟲城 先天地生
우 {장} 충성 선천지생

敓{和糸}蜀立不遂 可以爲天下母
탈 {화} 촉립불(수) 가이위천하모

未智其名 {幺幺才}之曰道
미지기명 {자} 지왈도

{虍壬}{侃力}爲之名曰大 大曰{龍次水臼}{龍次水臼}曰遠 遠曰反
{호} {간} 위지명왈대 대왈 {용} {용} 왈원 원왈반

天大 地大 道大 王亦大 國中又四大安 王居一安
천대 지대 도대 왕역대 국중우사대안 왕거일안

人法地 地法天 天法道 道法自然 ■
인법지 지법천 천법도 도법자연

(정자의 모습처럼) 발 없이 장대 높이 머리 든 벌레들이 미동도 없는 성처럼 들어쉬었으니, 하늘과 땅의 삶(生)보다 앞선다.

(又(ㅕ 首)蟲城은 스스로) 忘我의 상태를 쳐서 어우러진 (인연의) 실을 뽑아내며, (名할 수 없는) 애벌레로 혼자 서서, (그보다 앞선 것이 없어) 따르거나

어머니(道)는 自然을 따른다

| 139

좇지 않으니, 하늘 아래 어미가 됨으로써 할 수 있다.

안다 하는 이도 그것의 규정(이름)은 아직 아니니, 가는 실 이어지듯 겨우 이어져와 일컫는 것이 道라.

호랑이 가죽을 쓰고 나선 이(폭군)가 넘치는 힘(억지)으로 지어 규정(이름)인 것이 가로되 (사지 편안히 누운 사람 꼴인) '크다'. (그가 말하는 '크다'는 이런 뜻이니,) 크다는 (용이 연못에서 솟아오르듯) '용솟음치다'를 일컬음이요, 용솟음친다는 (용상처럼 아주 고귀하고 높아) '멀다'를 일컬음이요, 멀다는 (사람이 쉽게 성취하지 못한다는 것이며, 후왕도 도를 얻지 못한 자들이 많다는 것이다. 따라서 자칭 道를 깨우친 나 같은 {虎壬}가) 가로되 '거역하고 모반함'이다(까닭에 道의 이름으로 칼을 든 것이다). (이 말은)하늘이 크고, 땅도 크고, 道도 크니, 王 또한 크다(는 것이다). (큰 것들은 나라의 기둥이니) 나라는 속에 4개의 '크다'를 가져야만 편안하다. 왕은 '하나(一)'로 편안히 단단하게 자리 잡아 머물러야 한다(는 뜻이다).

(그러나) 사람은 땅을 본받고, 땅은 하늘을 본받고, 하늘은 도를 본받고, 道는 스스로 그러함을 본받는다(道의 본성은 大가 아니라 自然이라는 것이다).

[해설]

이 편은 통용본의 吾不知其名과 强爲之名이 초간에 未智其名과 {虎壬}{侃力}爲之名으로 나오는 등 글자가 많이 달라진 곳이다.

먼저 전체적으로 개관해보면, 道의 모습(본질)을 단단하고 육중한 성을 쌓고 스스로 들어가 살고 있는 애벌레로 묘사하고 있다. 애벌레는 미완의 것으로 규정이 불가능하다(는 뜻을 내포한다). 이는 '道는 항구히 名을 잃다'의 다른 표현이다. 당시의 智·人들도 名을 알지 못하고, 오래전부터 고작 이어져 온 글자가 道라는 것 정도다(바르게 안다 하는 이라면, 이 글을 쓰고 있는 노자 정도이리라). 그래서 자칭 道를 자신의 입맛대로 정의를 하였으니, 그중 거짓 왕(虎壬)은 道의 규정성으로 '크다'고 한다. 그리고 王 또한 크다고 道에 갖다 붙여 세상이 편하고 잘 살려면 王은 크고 편해야 한다고 주장한다. 그러나 노자는 말한다. 道란 사람으로 따지면 종이나 시녀처럼 존재 자체가 1도 없는 것이고, 下士가 들으면 개 풀 뜯는 소리이나, 반드시 사람도 하늘도 땅도 따라야 하는 것이라고. 그러니 {호}도 道를 따르라고.

道는 온 세상의 어미(母)로써 할 수 있다.

道란 무엇일까? 발 없이 장대 높이 머리만 달려 있는 벌레들이 단단하고 육중한 성(공간상)을 가졌으니(성처럼 미동도 없이 틀어쥐어 있으니), 떨어져 고요히 상상해보면 마치 미시의 세계가 모인 原子 꼴이요, 빅뱅 이전의 무엇이라. 그것은 하늘·

땅 태어나기(살기)보다 먼저(시간상)다. 태어난 표현이 없으니 그것은 태어났다고 볼 수도 없다. 그리고 거의 미동도 없는 정지(고요)임이 분명하다. 그것이 어느 순간 忘我의 경지에 있는(兌) 상태를 때림(女)으로써 어우러진 인연의 실을(자신의 몸에서부터) 잇고, 애벌레와 같이 무엇이 될 것인지 알 수 없는 모습으로 홀로 독립이어서 그 무엇도 따르지 않는, 그런 꼭지(처음)이기에 '천하지모'로써(以) 할 수 있다. 즉 하늘 아래에 있는 모든 생명체들의 어머니라 해도 좋다고 노자는 말한다.

그러나 아직도 안다 하는 이(智)는 그것의 名을 모른다. 그들이 안다고 하는 것은 고작 가는 실 이어지듯 겨우 이어져 와 일컫는 말이 道라고 불리 운다는 것뿐이다. 내용(名)은 모르고 전해져 오는 껍질만 아니 그것이 道라는 것이다. 그래서 호랑이 가죽을 쓰고 나선 이{虍壬}(거짓 王, 群雄, 폭군)가 자신의 입맛에 맞게 힘을 앞세워 강직하게 주장하는 이름 즉 규정(名)이라는 것이 大다. 이어 大 以下 말 엮기 문장이 이어지다 노자의 결론으로 마무리된다.

'폭군'은 道를 잘못 알고 있다.

그가 말하는 '크다'는 다음에 이어지는 뜻이니, 크다는 하늘나라에 산다는 상상의 용이 연못에서 솟아오르듯 경이롭고 거대해야 하니 '용솟음치다'를 일컬음이요, 용이 용솟음쳐 올라간 곳은 용상처럼 아주 고귀하고 높아 '멀다'를 일컬음이다. '멀다'는 그만큼 貴한 데도 지금의 지도자들은 힘도 없고 흔적도 보이지 않는다. 태어남 만으로 자리를 보전하는 용의 그릇이 안 되는 자들이 많고, 또 어설픈 지식으로 {虍壬}나 안다 하는 이(智)가 갖고 싶어 좇아 추구하니 가로되, 자칭 大인 道를 알고 강력한 힘을 가진 나 같은 {호}가 구원의 칼을 들어 주인의 자리를 찾아 일어섰다 할 수 있는 '거역하고 모반함'이다. 그래서 道의 이름으로 칼을 든 것이라고 말한다. 그 말은 즉, 하늘이 크고, 땅도 크고, 道도 크니, 王 또한 {호}처럼 힘 있고 커야 한다는 것이요, 그 큰 것들은 나라의 안녕을 좌지우지하는 기둥이나 다름없으니 나라는, 속에 4개의 '크다'를 편안히 가져야 한다는 것이요, 이는 결국 王은 그것들 중 하나인 '큰 대'로써 백성들로부터 대접받고 모셔져야 하며, 편안하게 흔들림 없이 단단히 틀 잡아 살아가야 한다는 뜻이다(이 부분까지 {虍壬}의 말이다).

天·地·人은 도를 따라야 하나, 오직 道만은 스스로 그러할 수 있다.

그러나 인간은 도의 목적물이자 의미체다. 이미 앞 편에서 정의했듯, 道性을 가진 인간은 道에 의해 생겨나면서부터 名을 부여받았고, 후왕도 예외는 아니

어머니(道)는 自然을 따른다

다. 도에 의해 부여받은 하나의 名으로 존재한다. 그래서 侯王이나 {호}도 또한 만물과 같은 목적적인 존재자일 뿐이다. 다만, 고유성에 따른 구분이 있어 나뉠 뿐, 백성을 도탄에 빠뜨리고 죽이고 할 권한을 가진 것은 아니다. 더더욱 大는 아니다. 그 또한 탄생이 목적적이고 규칙적인 한 사람(人)으로 궁극적으로 道의 하늘 아래 지어져 잡혔기 때문이다. 다만, 천하의 어미라 할 道만이 따르고 본받을 대상이 없어 스스로 그러함(자연) 즉 自律을 따를 뿐이다. 이것을 나타내는 것이 人法… 道法自肰인 마지막 문장이다(여기서 人은 지배계층을 말하나, 내용상으로는 {호}를 염두에 둔 글자다).

《 天下之母인 道 이야기 》

天下之母를 당대의 智(안다 하는 자)들은 名(모습)이 무엇인지 몰라, 아는 것이라곤 겨우 이어지고 전해져 오는 것이 道라는 것이요, 그래서 {虍壬}가 강제적으로 일컫는 모습(규정)이 大라고 한다. 즉 道의 名을 {虍壬}가 나름 정의한 것이 大다. 그리고 天大로 시작되니, 이는 왕이 大라는 것을 강조하기 위해 끄집어 와 말 잇기를 하는 것이다. 그것을 4大로 묶어 王의 자리를 무소불위의 황금 자리로 규정한다. 그리고 天·地·道와 같이 王도 편안히 오래도록 단단히 자리 잡아 머물러야 나라가 편안하다고 사탕발림의 말로 백성을 현혹하는 것이다. 그러나 (노자는) 사람은 땅을 좇아야 하고, 땅은 하늘을, 하늘은 도를 좇는다고 말한다. 그리고 道는 저절로 섰으니 道만은 저절로 그러함(自然)을 따른다. {호}나 王은 사람(人)이다. 사람은 사시사철 변하는 지구의 움직임을 따라야 한다. 그리고 땅이 따르는 하늘에 연결되어 있고, 마찬가지로 하늘이 따르는 도에도 연결되어 있다. 즉 사람은 땅과 하늘과 도에 직간접적으로 연결되어 있다. 땅에서 사는 인간의 꼭지가 王일 수는 있으나, 그 또한 사람인즉 天下之母로써 해도 좋은 道를 따르려면, '저절로 그러함'을 따라야 한다. 王座는 자칭 大라고 하는 자가 앉아야 할 자리가 아니다. 王을 이야기하다 人法地가 나오는 마지막 문장을 이해하는 것은 노자의 마음을 읽는 것이다.

道는 大가 아니다. 영원히 大가 아니다. 인간으로 말하면 하인이고 시녀일 뿐인 道가 어찌 大일 수 있겠는가! 영원히 규정(모습)을 잃었는데, 단정 지은 모습이 어찌 道가 되겠는가! 大라는 것은 {虍壬}의 희망사항이겠으나, 道는 스스로 그런(自然) 법칙을 따라 존재할 뿐이지 어떤 모습으로 존재하는 것은 아니다(다만 인간과 맺어진 道는 大小가 있다. 그것은 道가 아니라 인간이기 때문이다). 반대로, 노자는 형이하학의 名을 인정한다. 규정되었다는 것이다(이 부분에서 많은 도전들이 있을 것이다. 그러나 역사를 보면, 세상은 道者가 아닌 자, 즉 名받지 못한 거짓 王이 무력으로 왕이 된 데서 어지러워졌지, 많은 백성은 삶에 충실하다). 그래서 제각각 각자의 자리에서 역할에 충실할 것을 당부한다. 그리고 그 꼭짓점에 임금이 있다. 임금은 聖人이 되어야 한다(즉 이 말은 王은 '당연히' 道者여야 한다는 것을 뜻한다). 그래야 天下가 편안하다. 그리고 욕망덩어리인 智·{虍壬}에게는 권좌의 욕심을 버리고 足할 것을 기원한다. 그들은 이미 王을 大라고 규정하듯 사리사욕에 빠져있기 때문이다.

왕은 道의 품성을 사냥해 지녀야 한다. 그것이 亡名이다. 이것은 理由不問이다. 말할 것이 없다. 노자의 뜻은 名은 운명적이요, 각자의 그릇이니, 萬勿의 그릇을 담을 者는 亡名을 사냥한 자이어야 한다는 것이다. 왕은 당연히 그런 자가 되어야 하는 것이다. 大라고 말하는 자는 처음부터 왕의 자리에 앉지 말아 달라는 뜻이다. 그리고 그래야 한다는 말이다. 왜냐하면, 자칭 大라고 하는 놈은 앉아봤자 백성에게 칼을 휘두를 것이고, 만조백관 이하 백성들로부터 모셔지기를 이미 예비한 것이나 다름없기 때문이다.

[고문자 해독]

❶ {爿 首}; 좌변은 나무를 세로로 쪼갠 중 왼쪽인, 길고 큰 '장대 널조각 爿 장'이고 우변은 '머리 首수'라 '장대 널판 머리 장'이라 추정한다.

❷ 攸; '(움직임이 없는) 忘我의 경지에 있는(兌) 상태를 칠(攵) 탈'이다. 靜的인 道에서 생명의 움직임이 생겨나는 것을 표현한 것이다.

❷⁻¹ 兌; 갑골문부터 쓰였으며, 八은 '분산하다'의 뜻이고, 兄은 '기도하다'의 뜻으로 기도함으로써 맺힌 기분이 분산되어, 망아(忘我)의 경지에 있다, 기뻐하다의 뜻을 나타낸다.

❸ {和糸}; 和(穆목?)로 추정되는 글자(和와 흡사하나, 口아래 다리(儿)가 붙어 있어 穆일 수도 있음)에 아래 실사(糸)가 따라붙는 상和하糸 꼴로, '어우러진(和) 〈화목한(穆)〉 실(糸) 화'이다. 최재목은 {糸+穆}으로 석문했다.

❹ 蜀; '애벌레 촉'인데, '하나, 혼자'라는 뜻도 있어, 백서에서 '홀로, 홀몸 獨독'으로 훈차 됐다. 노자가 道를 표현함에 '애벌레'를 쓴 의도를 생각해 봤을 때, 이는 무엇이 될 것인지 알 수 없는 즉 '名을 갖지 않은 존재자의 표현'으로 본 것이다.

❺ {一豕}(遂?); 상一하豕시 꼴로, 豕시 위로 일, 이 획이 더 붙어있는 모양이다. 떨어질 墜추, 대오 隊대의 금문 꼴이요, 辶(辵) 받침이 없는 遂 꼴로 [고문자류편, p456] '따를 수(추)'{八豕}(상八하豕)(遂)의 금문이다.

❻ 天下母; 백서 이하 天地母다. 노자는 정치철학의 글이기 때문에 인간세상의 이야기가 중심이다. 까닭에 '천하모'라 쓴 것은 대상이 인간이기

때문일 뿐이다. 제9편 '도항망명 복유비 천지불감신'처럼 문장 속에서도는 천지의 어미임이 녹아 있다.

7 {幺幺才}; 상幺幺하才(초간 6-①의 才 꼴)로, '가는 실(幺) 연이어 이어와(幺幺) 있을(才) 자'로 풀었다. 즉, 끊어질 듯 끊어지지 않고 이어져와, 있음의 뜻이다.

8 {虍壬}; '호랑이 假面(虍)을 쓰고 나선 이(壬) 호' 또는 '호랑이 가죽(虍)을 쓰고 맡은(다스리는) 이(壬) 호'로 해독된다. 이는 王하고 싶어 창칼을 들고 일어난 자(폭군)를 의미한다. '가짜 왕'이라 풀이되는, 그래서 '지도자감이 아닌 왕'이라고 해석되는 이 글자만큼은 노자의 造語다. 이字는 아마 앞으로 그 어떤 죽간에도 나오지 않는 고문자일 것이다.

{虍壬}는 백서 갑부터 노자를 가리키는 吾로 바뀌는데, 이는 大 이하의 문장을 마치 노자가 말한 것처럼 만들어 글 노자를 푸는데 어려움을 주었다. 그러나 초간에서 노자가 자신을 지칭한 말은 6-④의 奴 한 자 뿐이다. {虍壬}는 이곳을 비롯하여 15-①, 19-③, 23-②에 쓰였는데, 모두 武力과 관련이 되어있다.

8-1 吾; 금문부터 쓰였다. 형성 문자며 口+圣 [吾] (다섯 五와 모양이 다르다.) 口는 신의 계시의 뜻, 五는 교차시킨 모양의 계시를 지키기 위한 기구의 상형. 신의 계시를 不淨으로부터 '지키다'의 뜻에서, '막다'의 뜻을 나타냄. 假借하여 '나'의 뜻이다.

8-2 五; 갑골문부터 쓰였다. 指事문자로 二는 天地를, ×는 목·화·토·금·수 다섯 원소가 번갈아 교차하여 작용하는 것을 뜻한다.

9 {龍次水臼}; 상龍?次중水하臼 꼴로, 아래로부터 절구(臼)위로 물 넘쳐(水), 그 위로 우변은 '이을 次'인데, 좌변에 대응하는 글자가 명확하지 않다. 龍의 약자인지(금문 꼴 龕감에 쓰인 龍의 약자처럼) 혹은 본래 금문에서 心 없이 立 아래 口가 두 번 줄줄이 꿰인 意자의 이체자인지 확실치 않다. 즉 무언가가 좁은 절구통에서 물과 함께 넘쳐흘러 이어(次)졌는데, 이것을 龍으로 보면, 절구통(臼) 같은 연못에서 솟구쳐(水) 길게 이어져 오르는(次) 용(龍)의 '용솟음칠 용'이다. 신성한, 경이로움의 뜻을 담고 있다고 본다.

10 反; 내리 덮치는 바위(厂) 같은 중압을 손(又)으로 받치는 꼴로, 뒤집고, 돌이켜, 거스르고, 모반할 '반'이다.

11 道大; 이 문장은 가짜 왕({虍壬})이 내뱉은 말로, 차례는 의미가 없다. 굳이 찾자면 하늘이나 땅은 두려워하면서도 道는 두려워하지 않는 것을 나타낸다 할 것이다.

⑫ 先天地生; 번역은 '선 천지생'과 '선천지 생'의 2가지가 있다. 이렇게 나누어지는 것은 生을 '살다'로 볼 것인지, '낳다(태어나다)'로 해석할 것인지 때문이다. 저자는 해석상 2가지 방법 모두 큰 틀에서 같은 의미로 본다. (물론 本無論을 따질 때는 엄청 중요할 것이다).

[백서 이하 비교]

형이상학인 道를 묘사한 글로, 道를 직접적으로 나타낸 글은 초간에서 오직 이 편뿐이다. 특히 이곳은 노자의 신조어 {호}가 나오는데, 백서 갑 이하 帝로 바꾸어 초간〈노자〉의 진실을 감추는 데 크게 일조하였다. 모든 해석서가 道를 또 다르게 규정하면 大라고 해설한다. 제15편-①장과 더불어 지금까지 저자처럼 해석한 책은 보지 못했다. 있다면 어떻게든 그 책은 꼭 읽어보고 싶다.

통용본 제25장

有物混成 先天地生. 寂兮寥兮 獨立而不改 周行而不殆 可以爲天下母.
吾不知其名 字之曰道. 强爲之名曰大 大曰逝 逝曰遠 遠曰反.
故道大 天大 地大 王亦大. 域中有四大 而王居其一焉.
人法地 地法天 天法道 道法自然

섞여서 이루어진 物이 있으니, 천지가 생겨난 것보다 먼저다.
고요함이여, 쓸쓸함이여, (그것은) 홀로 세워져서 고칠 수 없고, 규칙적으로 움직여서 위태롭지 않으므로 천하의 어미가 된다 할 수 있도다.
나는 그의 이름(규정)을 알지 못하니, 字로 말하자면 道다.
억지로 꾸민 이름이 가로되 크(大)다.
크다는 것은 가로되 (끝없이) 간다(逝)는 것이요. 간다는 것은 가로되 (끝없이) 아득하니 멀다(遠)는 것이요 아득하니 멀다는 것은 가로되 (極에 이르렀으므로 반대로)되돌아온다는 것이다.
까닭에 도는 크다. (또) 하늘도 크고 땅도 크고 왕 역시 크다.
세상 중에는 4개의 큰 것이 있는데 王은 그것의 하나를 차지한다.
인간은 땅을, 땅은 하늘을, 하늘은 도를 본받아야 하고, 도는 자연을 法으로 한다.

어머니(道)는 自然을 따른다

백서 갑 (제69장)

有物昆(混)成 先天地生. 繡(寂)呵繆(寥)呵 獨立[而不改] 可以爲天地母.
吾未知其名 字之曰道 吾强爲之名曰大 大曰筮(逝) (逝)曰[훼멸].
[道大] 天大 地大 王亦大. 國中有四大 而王居一焉.
人法地 地法[天 天法道 道法自然]

백서 을

有物昆(混)成 先天地生. 蕭(寂)呵漻(寥)呵 獨立而不{玉亥}(改) 可以爲天地母.
吾未知其名也 字之曰道. 吾强爲之名曰大 大曰筮(逝) (逝)曰遠 遠曰反.
道大 天大 地大 王亦大. 國中有四大 而王居一焉.
人法地 地法天 天法道 道法自然

형이상학인 까닭에 굳이 글자를 고칠 필요는 없었다. 그러나 백서는 글을 이해할 수 없어 그대로 옮길 수가 없었을 것이다. 물론 〈노자〉의 거의 모든 편(장)이 그렇듯 딱 하나만을 쓴 편(장)은 드물다. 즉, 여기도 편 전체가 도로 끝을 맺는 문장은 아니다.

0. 又{벼 首}蟲城 先天地生 敓{和糸}蜀立不遂 可以爲天下母
1. 有物昆成 先天地生. 繡呵漻呵 獨立而不改 可以爲天地母.
2. 有物昆成 先天地生. 蕭呵繆呵 獨立而不改 可以爲天地母.
3. 有物混成 先天地生. 寂兮寥兮 獨立而不改周 行而不殆 可以爲天下母.

1.2. 애벌레로 이루어진 物이 있다. 천지의 生에 앞선다. (인연의) 수를 놓고, 깊고 (맑고, 멀고) 아득하구나. [쓸쓸하고, (인연으로) 얽혀 있구나.2] 홀로 섰을 뿐 고치지 않으니 天地의 母가 됨으로써 할 수 있다.

사실 형이상학의 글자를 어떻게 묘사하느냐는 큰 문제가 아니다. 보이지 않는, 혹은 볼 수 없는, 깨우침으로 알 수 있는, 인간 (무)의식의 것을 표출하는 것이기 때문이다.

초간의 '충'은 백서 갑에 昆(애벌레 곤)으로 쓰였다. 곤은 훈이 많다. 混의 뜻도 있으나, 아마 애벌레의 뜻으로 썼다고 본다. 이는 통용본에서 混(섞다)으로 바뀐다. 그런데 城 대신 成(이루다)을 써, 번역처럼 할 수밖에 없다.

초간의 '탈{화}촉립불수'는 '우장충성'의 2가지 역할(정적인 상태를 건들어서 어우러진 인연의 실을 잇고, 처음으로 홀로 서 따르는 것이 없다)을 보여주는 것인데, 백서에서 의미를 몰라 그의 모습을 감탄형으로 쓰고, '촉립불수'를 '독립이불개'로 바꾸어 표현했다. 문장은 2개이나 도의 특징은 1개만 언급했다고 볼 수 있다. 통용본은 이에 '행이불태'라는 없는 글자를 만들어 넣었다. 최초 초간의 1개 문장이 통용본에서 3개의 문장이 되었다. 한편 백서의 呵는 '꾸짖다'는 不可해 어조사다(사실 백서는 어조사다). 이는 통용본에서 '어조사 兮'로 명확히 바뀐다.

마지막 초간의 '천하모'는 백서부터 '천지모'로 바뀌는데, 道가 형이상학인 萬物의 어미인 것에는 아무 영향이 없다. 천하는 노자가 언급한 글이 정치서, 즉 사람을 이야기하는 글이기 때문이며 다른 의미는 없다.

0.   未智其名 {幺幺才}之曰道 {虍壬}{侃力}爲之名曰大
1.2. 吾未知其名 字之曰道. 吾强爲之名曰大
3.   吾不知其名 字之曰道. 强爲之名曰大

1.2. 나는 아직 그것의 名을 아는 것은 아니니, 字가 가로되 道다. 내가 억지로 지은 이름이 가로되 '크다'다.

초간은 智와 {호}처럼 중요한 단어가 있다. 그런데 백서부터 이 글자를 知와 吾로 바꾸고, 문장을 고쳐 노자의 뜻이 지워져 버렸다.

이 문장으로 인해 道는 노자도 모르는 것으로 되었고, {호}가 吾가 되면서 '폭군'이 묘사한 道가 노자가 묘사한 道로 둔갑을 했다. 과거는 그렇다 쳐도 저자가 아는 한, 초간을 해석해서 나온 책 모두도 {호}를 吾로 잘못 해독해 기존과 같이 해석한다. 애석한 일이다. 노자가 道를 알지도 못하면서 〈노자〉를 쓸 수 있다는 것이 상식적으로 이해가 되는가?! 해서 저자는 기존에 노자가 겸양의 뜻으로 쓴 글이라고 표현했었다. 이처럼 통용본은 문장 여기저기가 논리성을 결여해, 해석에서 짜 맞출 수밖에 없다. 통용본 노자를 스스로 해석해본 자라면 느꼈을 것이다. 못 느꼈다면 그는 정말 사이비다.

당시의 智는 道를 모른다. 아직은(未) 그렇다. 왜냐하면 {호}(폭군)은 大라고 주장하기 때문이다. 즉 당시의 智들은 道를 아전인수식으로 멋대로 입맛에 맞게 해석을 했다.

초간 '{호}{간}위지명왈대'는 백서에서 '오강위지명왈대'가 되고, 통용본에서는 吾가 빠진다. 백서는 초간의 글자 수 7에 맞추어 글자를 고친 것인데, 번역처럼 두 번 쓸 吾가 아니다. 해서 통용본에서 빠진 것이다.

초간 글자 중 {侃力}이 있다. 이는 백서 이하 强(등껍질이 두꺼운 벌레 바구미의 뜻)으로 바뀐다. 초간 다른 곳에서 侃(믿음이 내처럼 흐른다)이 긍정의 뜻으로 쓰였는데, 力을 붙여 부정의 뜻으로 노자가 쓴 것이다. 문장 속 의미로는 '{폭군}이 믿음이 내(川)처럼 흐르는 강직한 힘'을 뜻해, 자신의 맹목적인 우격다짐의 뜻이며, 폭군의 입장에서의 주장을 표현한 단어다.

0. 大曰{龍次水臼} {龍次水臼}曰遠 遠曰反 天大 地大
    道大 王亦大. 國中又四大安 王居一安

1.2. 大曰筮(逝) (逝)曰遠 遠曰反(返) 道大 天大 地大
    王亦大. 國中有四大 而王居一焉.

3. 大曰逝 逝曰遠 遠曰反 故道大 天大 地大 王亦大
    域中有四大而王居其一焉.

문장에서 글자들이 바뀌었지만 의미적으로는 큰 뜻이 없다. 노자의 말이 아니라, {호}(폭군, 거짓 왕)의 말이기 때문이다. {호}는 道와 자신을 이어, 王 또한 大여야 하고 경이롭고 멀찌감치 높은 곳에 있는 자여야 하니, 인간들 중에서는 오직 자신{호}과 같이 힘 있는 자가 왕의 자리를 차지해야 한다고 말한다. 그리고 王은 大로서 나라에서 편하게 오래도록 누리며 살아야 한다고 말한다. 그러나 노자는 뭐라 하는가?! 마지막 문장은 모두 같다.

道大의 위치가 초간은 天地 다음에, 백서부터는 天地 앞에 있다. 이는 백서 갑이 {호}를 노자의 말인 양 吾로 고치다 보니, 초간의 道大 위치 또한 논리적으로 바꾸려 자리바꿈을 한 것뿐이다. 즉 문장의 마지막처럼 道가 가장 꼭지에 있어야 하는데, 초간은 {호}의 말이기에 天地 다음에 있는 것이다. 저자는 이것에 큰 의미를 부여하지 않는다. 굳이 의미를 부여하자면, 힘만 있는 {호}가 道를 개무시하는 표현의 글이다. 그러나 이를 모르는 중국의 학자가 엄청 의미를 부여한 이후, 해석에서 중요하게 다룬 글이 있어 참고로 인용했다. 그러나 저자의 글, 그 이상은 없다.

[참고]

왜 道大를 4大의 가운데에 두었을까? 이는 道가 머무르며 작용하는 공간적 위치가 天地人의 가운데라는 심오한 뜻을 나타낸 것이다. ^{〈尹振環의 앞 책 p35, 聶中慶의 책 p219〉} 이처럼 道는 공간적으로 天地人의 속에 머무르면서 작용하지만, 시간상으로는 天地가 생겨나기 전에 이미 존재하고 있었다. (양방웅, 도덕경 원본〈노자〉, p27)

人法地 地法天 天法道 道法自然

이 편의 마지막 문장이다. 초간부터 통용본까지 글자 한 자 틀리지 않고 같은, 유일한 문장이다. 백서나 통용본의 저자가 人을 풀었는지는 모르지만….

제12편

[원문]

[해독]

天地之間 其猶橐籥與 虛而不屈 {辶童}而愈出 ■
천 지 지 간 기 유 탁 약 여 허 이 불 굴 {동} 이 유 출

하늘과 땅의 사이인 것, 그것은(한마디로 설명하기 어려워) 꾀를 내어보면 풀무(풀주머니와 대나무 관다발이 함께함)이다.

텅 비었을 뿐(일 땐) (짐승이 꼬리 내려 굽히지 않듯) 쪼그라들지 않지만, (이마에 문신을 당한 채 무거운 짐을 나르는 아이처럼) 짓눌려 갈 뿐(일 땐) (마상이를 타고 넘어가 버린) 빠져나간 마음이 (텅 비어 고요한 마음 깊은 속에서) 나온다.

[해설]

첫 줄 '천지지간 기유탁약여'는 초간부터 통용본까지 글자가 거의 변하지 않아 번역은 큰 차이가 없다. 문제는 다음에 이어지는 문장 때문에 처음 문장을 하늘과 땅 사이인 '공간'으로 볼 것인지, 인간사라 할 것인지, 아니면 이 둘을 모두 포함하는 말인지, 그도 아니면 앞은 텅 빈 우주(天)고 뒤는 인간사(地)로 나눌 것인지와 같이 해석에 어려움을 겪고 있다. 그러나 어떤 경우라도 뜻은 통한다. 왜냐하면 天地가 生하기보다 앞서면서 그 무엇도 따르거나 쫓지 않고 홀로 선 道는 분명 天地도 따라야 하는 어머니(母)가 분명하기 때문에(도법자연) 인간사든 자연사든 모두 도의 법칙이 적용된다고 할 수 있기 때문이다.

초간 노자와 그 밖의 노자

저자는 번역처럼 둘로 나누어 풀었다(자연의 현상을 덧붙였다).

天地의 사이는 텅 비었어도 꺾이지 않는다.

하늘과 땅이 있어 존재하는, 하늘과 땅 사이인 광활한 스페이스, 그것은 형이하학적인 자연의 꼭지다. 노자는 형이하학적 자연에서 꼭지인 天地(之間)의 도성을 설명하고자 하는데, 지금이라면 그냥 바로 천지(지간)를 이야기하는 것이 더 쉬웠을 것 같은데, 당시에는 그것으로 설명하기가 어려웠던지, 아니면 뜻을 쉽게 보이지 않고자 함인지, 백성이면 누구나 알 수 있는 것으로 설명을 하려 꾀를 낸 것이 '탁약'이다. 즉 천지지간의 모습(道性)을 노자는 '탁약' 즉 풀무와 같다고 말한다.

그럼 풀무가 어떻다는 것인가? 천지(지간)의 모습이 어떻다는 것인가? 그것이 두 번째 문장이다. 즉 풀무와 같이 하늘(天) 땅 사이는 받쳐 높이 있는 것도 아니고, 바람 가득한 풍선마냥 속은 부풀어 올라 바람 가득하게 텅 비어 있어 虛할 뿐이라도, 짐승이 움푹 팬 곳에 꼬리 내려 굽힘과 같이, 꺾임도 없고 쪼그라들지도 않는다. 반대로 虛를 버리고 눈 위에 문신을 당하고서 무거운 부대를 짊어진 종(童)이 가다(彳) 멈추다(止) 가다 멈추다와 같이 짓눌리는 수고로움으로 계속 이어질 뿐인 삶 속에서는 텅 비었으나 고요하기만 했던 하늘과 달리 시끄러운 소리와 어지러운 삶의 모습으로 인해 심연에 고요히 자리한 마음 즉 빠져나간 마음(悆)이 자리하지 못하고 빠져나간다(出)는 것이다(또는, 천하는 태풍이나 폭풍우로 인해 빠져나간 마음(悆)과 같은 고요함이 나오게 되어(出) 천하를 시끄럽게 한다는 것이다).

[쉬어가기]
최재목은 '허이불굴 동이유출'을 저자와 다르게 해석하고 있어 소개한다.
번역 : [천지 사이는]텅 비어 있으나 [아무리 써도]다함이 없고, 움직일수록 더 많은 것들(만물)이 생겨 나온다.
해설 : 하늘과 땅 사이는 비어 있는(Vacuous)상태이다. 비록 '텅 비어 있는(虛)' 상태이지만, 그것의 작용은 오히려 다함이 없다. 이 '텅 비어 있음'은 무궁무진한 창조성을 함유하고 있다. 그래서 '동이유출(動而愈出)'이라고 말했다. 만물이 생성되고 그치지 않는, 텅 비어 있음 속에서의 '움직임(動)'은 바로 만물을 생산하는 근원을 묘사한 것이다. 노자가 말한 '텅 비어 있음'은 소극적인 관념이 아니라, 오히려 적극적·창조적인 관념이다. 그래서 비어 있음은 실제로 비어 있는 것이 아니다. (p162, 165)

→ 전후 문장으로 볼 때, 이 편이 최재목처럼 도의 창조성을 이야기함인지, 저자의 해설처럼 道性을 이야기하는 것인지 독자의 검토가 필요하다. 제8편의 앞부분도 다르게 풀더니 이곳도 기존과 다르게 풀고 있다. 저자가 알기로 예전에는 이런 해석이 아니었는데, 최진석도 창조성의 뜻으로 해석(p68)하고, 양방웅도 우주적 호흡이라고 하여 이 문장을 우주도 풀무처럼 숨을 쉬는 하나의 유기체로 설명한다. 반면, 김홍경은 '동이유출' 부분(p574)에 대한 해석이 보이지 않는다.

[고문자 해독]

❶ {夕刀}; 閒간의 금문 꼴 중엔, 門 안에 칼집 낸(刀) 살(夕=月=肉)을 막아 두는 꼴이 있는데, 초간은 여기서 門없이 살(夕)에 칼집(刀) 낸 夕刀 꼴이다. 역시 '틈, 사이'의 뜻이다. 현재 널리 통용되고 있는 間 꼴은 閒의 俗字다.

❷ {口乇}籥與; {口乇}은 늘어질 풀잎 '탁乇'을 에워싼 상자(口위, 국) '탁'으로, 여기에 초간이나 백서 모두, 부는 구멍이 있는 관(管대롱)을 나란히 엮은 모양을 본뜬 '관악기, 피리 龠약'을 나열해 합친(與) 것은, 주머니나 상자에 관다발을 합친 풀무로 본 것이다. 아마도 초간시대에는 이제 막 풀무가 쓰이기 시작해 아직 풀무란 뜻의 글자가 없어, 아직 橐탁이 '풀무'로 전용되지 않았던 것이다. 반면 도덕경에선 초간 백서의 與, 輿를 감탄사 乎로 바꾸었으니 이제 橐籥이 풀무의 뜻으로 전용되었다거나 혹은 각기 풀무, 피리란 열거어로 본 것이다.

❸ {尾出}(屈); 상尾하出로, '굽힐 屈굴'의 金文, 篆文 꼴이다. 짐승이 움푹 팬 곳(出)에 꼬리(尾)를 구부려 넣은 모양에서, 굴곡해 굽고, 오므라들고, 막히고, 궁하고, 다하여 없다는 뜻이다.

❹ {辶童}; 금문부터 쓰인 '童동+움직여 갈(辶) 착'의 꼴로, '짓눌려 갈 동'으로 푼다.

❹⁻¹ 童; 金文은, 辛+目+重[音]. 辛은 문신하는 바늘의 상형. 重은 무거운 부대를 본뜬 모양. 눈 위에 文身을 당하고 무거운 부대를 짊어지워진 종의 뜻을 나타내며, 전하여 아이의 뜻도 나타냄. 篆文은 辛+重〈省〉[音]

❹⁻² 重; 壬+東[音]. 금문부터 쓰여, 壬은 사람이 버티고 서 있는 모양을 본뜸. 東은 주머니에 넣은 짐의 象形. 사람이 짐을 짊어진 모양에서, '무겁다'의 뜻을 나타냄

❹⁻³ 動; 力+重[音]. 금문부터 쓰여, 重은 '무겁다'의 뜻. '무거운 물건에 힘을 가하여 움직이다'의 뜻을 나타냄.

❹⁻⁴ {辶動}; '무거운 것(重)에 힘을 가해(力) 움직여 갈(辶) 동'이다. 動은 금

문부터 쓰였다. 重은 '무겁다'의 뜻. '무거운 물건에 힘(力)을 가하여 움직이다'의 뜻을 나타낸다. 그런데 動의 금문에는 力이 보이지 않는 반면, 重의 고문자보다는 획수가 더 많다. 金文만 보면 童과 유사하다.

5 愈; '빠져나간(兪) 마음(心) 유'의 뜻으로 '사사로움이 없는 마음' 즉, '속(中)을 도탑게 사냥한 꼿꼿한 마음'이며 긍정의 의미다(초간 제20편에서 質{卜罒}女愈로 나온다). 즐겁고 기쁘다는 愉유와 다르다.

5⁻¹ 兪; '그러할, 응답할, 더욱, 마상이 유'다. 兪는 나무를 파서 도려내기 위한 연장의 상형과 배의 상형이 합쳐진 글자로, 마상이(통나무배)의 뜻이며, 전하여 '나아가다, 더욱'의 뜻도 나타낸다.

[백서 이하 비교]

통용본 제5장의 중간 부분만 초간에 해당한다. 백서가 초간의 문장이 너무 적어 글자를 대폭 늘렸다.

통용본 제5장 (中)

天地不仁 以萬物爲芻狗 聖人不仁 以百姓爲芻狗.
天地之間 其猶橐籥乎? 虛而不屈 動而愈出.
多言數窮 不如守中

天地는 不仁하여 萬物로 풀 강아지를 삼는다. 聖人은 어질지 않아 百姓으로 풀 강아지를 삼았다.
하늘과 땅 사이, 그것은 마치 풀무와 같으리라. 비었으나 꺾이지 않지만, 움직이면 (폭풍우와 뇌성번개처럼) 더욱 흘러나온다.
(하늘의 이치가 이와 같아) 많은 말은 자주 막히니 흉중을 지킴만 같지 않으니라

백서 갑 (제49장)

天地不仁 以萬物爲芻狗 聲(聖)人不仁 以百省(姓)爲芻狗.
天地[之間] 其猶橐籥與? 虛而不渕(屈) 躍(動)而兪(愈)出.
多聞數窮 不若守於中

백서 을

天地不仁 以萬物爲芻狗 {耳口}(聖)人不仁 [以]百姓爲芻狗.
天地之間 其猶橐籥與? 虛而不渕(屈) {童力}(動)而兪(愈)出.
多聞數窮 不若守於中

초간이 비록 단문이라고 해도 전체를 개관하면 전 편에 天下之母인 道에 이어서, 도의 제1의 품성(虛)을 이야기하는 것으로 손색이 없는데, 백서는 여기에 머리와 꼬리를 넣어 성인의 행실로 잇고, 어디서 옮긴 것인지 자신의 글로 마무리를 지었다.

0. 天地之間 其猷橐籥與 虛而不屈 {辶動}而愈出
1. 天地之間 其猶橐籥與? 虛而不淈 踵而愈出.
2. 天地之間 其猶橐籥與? 虛而不淈 (動)而愈出.

1.2. 하늘과 땅 사이. 그것은 마치 풀무와 같지 않은가? 텅 비어서 흐리지 않고, 어린이처럼 종종 걸을 때는(힘들게 애써 움직일 땐? 2) 더욱 나온다.

초간의 '기유탁약여'에서 猷(꾀하다)가 猶(마치~와 같다)로 바뀌었다. 이는 보는 시각에 따라 초간 노자가 써진 시점에 풀무가 없어 조합한 글자기 때문에 猷(꾀하다)로 표현하였다고 보는 관점도 있고, 백서가 초간의 猷는 모두 猶로 바꿔, 이것도 그에 따른 것이다 생각할 수도 있다. 저자는 초간의 與를 '함께하다(합침이다)'로 풀었기 때문에 풀무라는 뜻이 없었다고 보는 관점이다. 백서 이하는 猶를 썼기 때문에 주체(풀무)를 정확히 특정했다는 것임으로 與를 별로 사용하지 않는 의문형의 어조사로 봐야 한다.

다음, 백서의 虛而不淈은 사실 말이 안 되는 문장이다. 통용본이 屈이어서 그렇지 '虛 해서 흐리지 않다'라는 뜻이 〈노자〉에서 무슨 역할을 할 것인가? 갑골문부터 쓰인 屈을 전문부터 쓰인 淈(흐리다)로 왜 바꾸었을까! 백서는 참 신기한 자다.
다음의 초간 문장 '{동}이유출'은 '짓눌려 갈수록 넘어간 마음 같은 것(虛=靜)이 나간다'는 뜻인데, 백서가 '눈(目) 위에 文身을 당하고 무거운 부대를 짊어진 종'의 뜻을 나타내는 童(아이 동)자를 바탕으로 하는 글자(踵 등)를 써서, '짓눌린다'는 의미를 넣으려 한 것 같다. 옛날 풀무를 생각할 때 이 뜻도 비슷하다고 본다.

문제는 해석이다. 저자는 愈(긍정)出(부정)로 하여 '(고요한 아침녘의 풍경처럼 靜的인 것 즉) 빠져가고 넘어간 마음이 (짓눌린 삶 속에서 마치 태풍과 폭풍우를 당한 대지처럼) 나간다.'라는 뜻으로 보는데, 대부분은 과거 저자의 역해처럼 愈를 부사로 풀어 '더욱더'라고 해서, '움직여(짓눌려) 갈수록 더욱더 나온다.'고 번역한다. 그리고 그 해석으로 창조성이나 우주적 호흡으로 보고 있다.

제13편

[원문]

[해독]

至虛恒也 獸中{竹亶}也
지 허 항 야 수 중 {독} 야

萬勿方{乍又} 居以寡復也
만 물 방 {작} 거 이 과 복 야

天道員員 各復其堇 ■
천 도 원 원 각 복 기 근

텅 비우기에 이르러(至)서 영원하다 함은, 속을 사냥함이 도탑다 함이다.

만물이 갈린 대로 갑자기 잡히어, 홀로 있기로써 단단히 머무르니 '되돌렸다'함이다.

하늘의 道는 둥글고 둥글어 각각 그들의 노란 진흙(바탕)으로 되돌린다.

[해설]

총론이 끝나는 마지막 편이다. 도의 본성(제11편), 천지(지간)의 본성(제12편), 다음에 위치해 侯王의 본성이 도의 본성, 천지(지간)의 본성을 닮아야만 만물(인간)을 그들의 名인 노란 진흙으로 돌릴 수 있다고 말하는 곳이다.

侯王은 속을 사냥함이 도타워{독}야 하니, 이는 텅 비우기에 다다름이요, 영원함이다.

바로 앞 편(12편)에서 천지(지간)의 道性인 虛의 모습을 보았다. 즉 다시 말해, 虛의 모습으로 살아가기를, 그리고 의미상 虛의 모습을 인간이 닮기를 바라는 노자의 마음을 읽었다. 하늘은 그렇게 虛하다. 그래서 천지는 영원하다(정확히는 久다). 그 虛한 사이사이 지구 같은 행성이나 태양 같은 항성이 그리고 많은 해성이나 위성 등등이 점 박혀 있다. 그럼 인간은 어떻게 虛할 수 있는가? 侯王은 어떻게 虛에 이르러서 영원하다(恒) 할 수 있는가? 깨달음을 찾아 구도의 길을 가든, 노자가 주장하는 성인처럼 만백성의 우두머리로 반드시 깨우친 자여야 하든, 虛에 이르렀다 함은 자신의 저 깊은 속에 있는 어머니(道)의 성질을 사냥하는 것이다. 그것도 대나무 늘어진 사당에서의 기원처럼 한결같이 간절한 도타움을 가져야 한다. 완전하고 완벽한 사냥(잡음)이어야 한다. 도탑지 않은 것은 영원하다고 할 수 없다. 다시 속물로 돌아가는 것은 {독}이 될 수 없고 따라서 이것은 영원한 虛가 아니라, 한순간 일시적으로 가진 마음일 뿐이다. 일신의 구도자든, 성인과 같은 지도자든 깨우침은 같다. 일신의 구도자가 추대되면 성인이다. 그는 만백성의 마음으로 자신의 마음을 삼아, 자신의 자리를 지나친 백성으로 하여금 자신의 자리로 돌아가도록 할 것이다.

聖人의 {독}은 사람들을 본래의 자리로 돌린다.

지도자가 이러한 虛心에 다다라 속을 완벽하게 사냥하게 되면, 외현에 휘둘리지 않게 되는 것이다. 이러한 경지에 이르면, 萬勿 즉 인간(의 마음)이 쟁기로 구획을 나눈 것과 같이 가지런히 각자의 타고난 名의 모습으로, 갈아 엎어버리듯 갈라져, 갑자기 틀어쥐게 되니, 과부처럼 홀로 살아갈 수 있는 것으로써 단단히 틀 잡아 머무르게 하여 그들이 버린 본성(名)으로 되돌린다.

지도자 자신의 마음을 버리고 만백성의 마음으로 가득 채운 하늘의 도(天道)는 곧 어머니의 道이니, 이는 둥글고 둥글어 모난 곳이 없는 까닭에 그 누구와도 어울려도 상처를 주거나 어떤 모양으로 다듬지 않고 각각이 본래 타고난 본바탕의 모습(名)으로 되돌리는 것이다. 그것은 바로 그 무엇으로도 물들지 않은 연꽃을 피우는 가장 천하고 낮은 노란 진흙(본바탕)인 탄생의 순간이다. 오직 하늘의 북극성만이 만백성의 길잡이가 되기 때문이다. 그것이 자연스러운 것이다.

이런 역사가 단 한 순간이라도 있었는지는 저자 역시 알지 못한다. 다만 노자는 그것이 바른길이라고 할 뿐이다.

[고문자 해독]

❶ 至; 화살이 땅바닥에 꽂힌 꼴로, '이를, 도래할, 당도할, 지극할 지'다. 통용본만 '궁구할 致'로 했다.

❷ 中; 사냥할(獸) 대상인 마음(心)의 속, 자신의 내면(中)에 있는 도의 품성(虛=女=靜)을 뜻한다.

❸ {竹亯}; 상竹하亯 꼴로, 늘 푸른 대나무(竹)처럼 한결같이 제사드릴, 누릴(亯=享향) 독으로, '도타울, 돈독할 篤'과 통하는 '독실하다'는 뜻이다. '독실하다'의 사전적 정의는 '진실하고 정성스러우며 극진하다'이다. 아래 한글 자전엔 '두터울 독'이다.

❹ 方; 본래 양쪽에 내민 손잡이가 있는 쟁기로 나란히 서서 밭 가는 꼴로, '나란히 늘어설, 곁 방'이다. 백서의 '곁 旁방', 통용본의 '나란히 늘어선 竝병'은 사실, 모두, 이를 풀이한 것에 지나지 않는다.

❺ {乍又}; 상乍하又 꼴로, '갑자기(乍) 잡힐(又) 작'이다. 앞 글자 萬勿이 인간인 까닭에 '갑자기 잡히다'의 대상은 의식이 아니라 만물(인간)이다.

❻ 天道; '하늘의 도'다. 여기의 天道는 문장에서 주어구를 구성함으로, 문장상 서술어로 쓰인 天之道也와 달리 之가 있기에는 어색하다. 반면, 초간 제18편-①장의 天之道(하늘의 도인 것이다.)는 술어다.

❼ 員; '둥글 員' 자로 추정한다. 아가리가 둥근 세발솥([고문자류편, p218] 참조)에서 어떤 물건(口)을 꺼내며 수를 세어 '수효, 둥글다'는 뜻이다. 자전을 보니, 오늘날 '둥글다'는 뜻의 圓은 篆文에 처음 등장해, 노자시대의 글자가 아니다. 반면 員은 金文에 처음 등장한다. 즉 노자시대에는 '둥글다'는 뜻도 員이 대신했다는 말이다.

❽ 堇; 누런 진흙 바탕이나, 진흙 바를 '근'이다. 백서 을은 '뿌리 根'이다.

[백서 이하 비교]

통용본은 제16장에 일부로 나온다. 초간의 핵심적인 문장들은 백서 갑 이하에서는 완전히 사라지고, 너절한 수식어와 설명글이 덧대어져 있다.

초간에서는 이 편이 총론의 마지막이다.

지도자에게 虛란 무엇인지 등을 설명하고 오직 독실함만이 만백성을 타고난 바탕으로 돌릴 수 있다는 글인데, 백서 이하는 형이상학의 글로 고쳐 깨우침을 이야기하고 이를 깨닫는 것이 위태롭지 않다는 꼴의 문장으로 만들어 놓았다. 반면, 초간도 성인이나 후왕이 나와 있지 않아 이 편을 형이상학으로 이해하는 책이 있다. 초간 전체를 통하지 못하면 충분히 발생할 수 있는 문장이라 생각된다.

天道만이 인간을 각자의 본바탕(근)으로 돌린다

통용본 제16장

致虛極守靜篤 萬物竝作 吾以觀復. 夫物芸芸 各歸其根.
歸根曰靜 是謂復命. 復命曰常 知常曰明 不知常妄作凶.
知常容 容乃公 公乃王 王乃天 天乃道 道乃久 沒身不殆

빔(虛)의 極(끝)에 이르러 고요함을 도타웁게 지켜내서, 만물이 (다 제 모습 대로) 나란히 지어짐이, 나는 되풀이됨을 본다.

대저 만물은 무성히 자라 (다시) 각기 그의 뿌리로 돌아간다. (이처럼) 근원 으로 돌아가는 것은 가로되 靜(全一性을 갖는 道의 세계)이라. 이것은 復命을 일컬음이니, 복명은 가로되 常(영원)하다. (까닭에)常을 아는 것은 明(밝음)이 며, 常을 알지 못하는 것은 망령되이 흉을 자초한다.

常을 알게 되면 容(모든 만물을 받아들일 수 있음)하고, 容하면 이에 公(公 平無私)할 수 있음이요. (그렇게) 公하게 되면 이에 王이 (저절로) 되는 것이 고, 王이란 곧 하늘이니 하늘은 (본성이) 곧 도다. 道는 곧 영원함이니 몸이 끝 날 때까지 위태롭지 않을 것이다.

백서 갑 (제60장)

至虛極也, 守情表也 萬物旁作 吾以觀其復也 天物雲雲 各復歸於其[根]

백서 을

至虛極也, 守靜督也 萬物旁作 吾以觀其復也 天物{礻云}{礻云} 各復歸於其根

백서 갑·을의 문장 또한 통용본처럼 긴 문장이나, 초간에 맞추어 그 부분만 올렸다. 오늘날의 통용본처럼 장문의 글은 백서 갑에서부터 시작되었다. 많은 문장이 더해지고 합쳐지고, 글자가 바뀌어 초간의 깊은 뜻은 찾기가 힘들다. 이는 초간 전편에 통하는 말이다.

0. 至虛恒也 獸中{竹言}也
1. 至虛極也, 守情表也
2. 至虛極也, 守靜督也
3. 致虛極 守靜篤

---

1. 빔의 끝에 다다른다 함은,
   (마음 푸른) 뜻(본성)으로 나타냄(表)을 지킨다 함이다
2. 텅 비우기가 지극함에 이름은, 고요함을 바로잡아,
   단속하여(督) 살펴 지킨다 함이다

초간의 原意는 전편 제12장의 虛를 받아 지도자의 虛란 '수중{독}야'라는 뜻을 말한다. 그런데 글자를 덧대어 장문의 글을 만들어 나누어버린 백서 이하에서는 그 내용을 읽을 수 없다. 특히 恒을 極으로 고친 처음부터 이미 그러한 뜻을 품고 있다. 이 편은 전혀 의미가 다른 글로 방향이 틀어진 것이다.

極(끝, 다하다, 끝났다, 마쳤다)은 초간에 나오지 않는 글자며, 여기도 엄밀히 따져 번역처럼 있어야 할 글자는 아니다(그래서 極을 '지극함'으로 해석해, 천지만물이 태어나기 전 단계를 묘사했다). 恒자가 어려운 자도 아닐 것인데, 굳이 더 어려운 글자를 쓴 것이다.

다음 초간의 獸中{篤}也는 중요한 뜻을 내포한다. 깨우침에 관한 것은 지키는 것(守)이 아닌 지도자도 사냥해서 잡아야 하는 것(獸)을 뜻하기 때문이다. 이를 백서 갑이 '수(守)정표야'로 고쳐 번역처럼 형이상학의 문장으로 해석하도록 만든다. 이는 백서 을에서 '수정독야'가 되는데, 초간의 발음과는 비슷하다. 번역 또한 문장으로는 쓸 수 없는 글이나, 앞 문장의 極과는 이어질 수 있다. 통용본에서는 어조사 也를 뺀 하나의 문장으로 만든다. 초간의 설명 글이 형이상학의 문장으로 고착된 것이다.

정리하면, 이미 백서부터 초간의 뜻과는 멀어졌으나, 이어지는 문장에서 백서가 萬勿을 萬物로 고쳤기 때문에, 모든 만물이 응축된 씨앗의 발아되기 전 단계를 묘사한 글로 본다면, 다음 글과는 아주 잘 이어진다. 즉 백서 갑부터 전혀 다른 글이 된 것이다.

[참고]
문제는 저자가 서문에서 언급했듯, 이곳의 獸(사냥하다)를 중국의 경학자가 守(지키다)로 석문(해독)하니, 다른 거의 모든 해석서가 守로 따랐다는 것이다.

- ㉮ "텅 빈 상태를 유지해야 오래 가고, 중中을 지켜야 돈독해진다"(至虛恒也, 守中篤也)는 판본에 따라 약간의 차이가 있다. 고증을 거친 후의 문장으로 정리해 본다. / 죽간본 : 至虛, 恒也. 守中, 篤也. (최진석, p146)
- ㉯ 허함에 이르기를 지극히 하고, 고요함을 지키기를 돈독히 한다. / 至虛極也, 守中篤也 / 각주, 93) 초간문의 '항(恒)'은 원래 '긍(瓦)'으로 되어

있다. 초간문에서 이 글자는 '항'과 같이 쓰인다. 하지만 '긍'은 그 자체로는 '긍(亘)'이고, '극(極)'과 같은 글자다. 이렇게 보면 초간문의 앞 구절은 백서와 같다. (김홍경, p686)

다 獸中{竹言}也 (守盅篤也) 비움[盅]을 지킴이 독실하면, / 3. '수(守)'의 가차자로 보인다. (최재목, p166)

이 문장은 띄어 읽기가 어려웠다.

가 至虛 恒也, 獸中 {竹言}也 : 본문 저자의 번역 방법으로 대부분 이렇게 한다.

나 至 虛恒 也, 獸 中{竹言} 也 : 허에 영원히 이르렀다 함은, 속을 도탑게 사냥했다 함이다(也가 없는 꼴로는 왕필·하상공이 읽은 방식이다).

0.   萬勿方{乍又} 居以寡復也
1.2. 萬物旁作 吾以觀其復也
3.   萬物竝作 吾以觀復.

1.2. 세상 온갖 것이 두루, 널리(旁) 지어져, 나는 그것이 돌아감을 봄으로써다.

초간 萬勿(인간)이 萬物로 되면서 이 문장은 앞과는 전혀 어울리지 않는 생뚱맞은 문장이 된다(백서의 앞 문장으로는 이어진다). 마치 앞글이 모든 萬物이 돌아가 '치허극 수중독' 한 다음에 세상 만물이 태어나 온 세상을 이룬다는 식으로 잇는다. 그것도 초간의 居(단단히 틀 잡아 머문다)를 吾(노자)로 바꾸어 그러한 생명의 윤회를 노자가 볼 수 있다고 한 것이다. 백서 이하는 그렇게 풀 수밖에 없는 글이다. 통용본은 운율을 맞췄다고 해야 할까! 내용의 변화는 없지만, 뜻이 더 그러하게 다듬었다고 본다. 이에 더하여 통용본은 다음 문장에서 그 방향으로 완전히 틀어버린다.

고치는 중에 살릴 수 있는 글자는 비슷하게 썼으나, 문맥상 살릴 수 없는 초간의 글자 方, 居, 寡는 백서부터 다른 글자로 바꾸었다.

0. 天道員員 各復其葷
1. 天物雲雲 各復歸於其根
2. 天物{衤云}{衤云} 各復歸於其根
3. 夫物芸芸 各歸其根.

1.2. 하늘의 物은 구름 뭉게뭉게 흘러가듯 돌고 돌다(돌아보고 돌아보다 2)
각기 그의 뿌리에게로 되돌아간다.

초간의 문장은 처음부터 틀어져 마지막은 도저히 '천도'를 쓸 수가 없다. 夢想에 들어간 형이상학의 글로 고친 이상 백서처럼 '천물'로 고칠 수밖에 없다. 이에 통용본은 확실하게 天을 夫로 고쳐버리고, 풀이 무성히 성한 모양을 나타내는 芸芸을 써, 아예 모든 생명이 자신의 뿌리도 돌아가는 꼴로 만들었다.

초간 天道는 모두가 풀이에 어려워하는 문장이다. 최재목은 자해에서 〈'하늘의 도'의 뜻, '부물(夫勿)(=대저 만물은…)'의 잘못 옮겨 적음[誤寫]일지도 모른다〉고 했고, 각기 '하늘과 도'로 나누어 쓴 이도 있다. 이를 풀 때 참고할 문구가 초간 제20편의 '進道, 仁道, 明道'의 문장이다. 이를 볼 때 여기의 天道는 첫째, '하늘의 도'로 24절기를 내려주는 인간이 의지하는 하늘의 규칙적인 도(제11편에서 설명한 天下 만물의 어머니인 道하고는 차이가 있다고 본다.)며, 둘째, 문맥상 道를 깨우쳐 '獸中{篤}也'한 聖人(王)의 道도 가능하다고 본다.

이하 백서가 창작한 장문의 글이 나온다. 내용을 깨달음의 道로 만들어 이를 아는 것이 위태롭지 않다는 글이다. 바꾼 내용이지만 전체적으로 글은 된다. 백서는 거의 이런 식이다. 초간이 명확하고 정확한 단어를 사용하여 뜻을 전달하고자 했다면 불명확하고 애매한 단어를 사용하여 갖가지 해석을 하도록 불완전하게 만들었다. 이게 백서 이하 〈노자〉의 특징이다. 창작의 문장에서 저자가 주목하는 것은, 노자가 6-①에서 다스림의 큰 덕목으로 본 靜이 사라진 후, 이곳에 歸根曰靜(뿌리로 돌아감은 가로되 고요함이다)으로 등장했다는 것이다. 이처럼 백서는 핵심만 썼던 초간에 비해 중요한 글자들을 일부분씩 빼서 장문의 글을 만드는 곳에 넣어 5천여 자의 글로 만들었다.

제14편 - ①장

[원문]

[해독]

其安也易{之木}也 其未筅也易謀也
기 안 야 이 {지} 야 기 미 (요)야 이 모 야

其雪也易夎也 其幾也易{彳戔}也
기 설 야 이 측 야 기 기 야 이 {천} 야

爲之於其亡又也 絢之於其未閣
위 지 어 기 망 우 야 구 지 어 기 미 란

會抱之木 甲於毫末 九城之臺 甲於贏土 百{身心}之高 台於足下、
회 포 지 목 갑 어 호 말 구 성 지 대 갑 어 리 토 백 {인} 지 고 태 어 족 하

그것이 편안하다 함은 (나뭇가지 자라듯 쑥쑥)뻗치기 쉽다 함이요, 그것이 아직 산자 깐 것이 아니다 함은 꾀하기 쉽다 함이요, 그것이 (빗자루로 쓸어지는(彗))잘고 가는 눈이다 함은 밭 갈기 쉽다 함이요, 그것이 (희미하듯)미세하다 함은 자취를 남기기 쉽다 함이니, (이처럼)그것이 틀어쥐기를 잃음에서 지어지는 것이다 함은, 그것이 아직 가지런히 정리되지 않음에서 (쉽게)꼬아진다는 것이다.

여럿이 모여 안(아야만 되)은 (거대한)나무인 것도 터럭 끝에서 ('이미' 거대한 나무의)싹이 트고, 엄청나게 큰 아홉 성의 조망대인 것도 (땅 뒤집어엎은)

무른 흙에서(부터 '이미')싹 트니, (이와 마찬가지로)모든 어짊의 최고인 것도 ('이미')족함 아래에서 갈린다.

[해설]

이 편부터 제23편까지는 각론이다.

제13편이 성인의 한결같은 허허로움으로 인간을 각각 그들의 진흙 바탕(堇)으로 되돌릴 수 있다는 글이라면, 제14편은 2개의 장으로 구성되어 제①장은 心(마음), 제②장은 言(말)을 소재로 한다. 14-①은 앞 13편의 진흙 바탕(얽힌 게 나뉘고 절단되어 가진 名의 근본 바탕)으로 되돌리는 것에 대한 이유를 설명하는 곳으로, '왜 진흙 바탕으로 돌리는데?'에 대한 답이 들어 있는 문장이다.

여기서 其를 '마음'으로 해석하는 것은 제13편이 萬勿을 근원으로 돌리기 위함에 대한 것이었다면, 여기서는 그럼 왜 근원으로 돌려야 하는가? 에 대한 이유가 들어있는 편이기 때문에, '그 其'가 가리키는 것은 '마음'이어야 가장 합당하다. 즉 足의 크기란 마음의 문제에서 나뉘는 것이다.

인간을 노란 진흙 堇근으로 돌리는 이유

인간을 갓난아이와 같은 진흙 바탕으로 돌리는 이유는 무엇일까? 그것을 4가지 예시문으로 열거하고, 그 예시문도 혹 엇나가는 해설이 쓰일까 봐 한 문장으로 요약설명을 하고 있다. 그것은 한마디로, 아직은 보이지 않고 그리고 아직은 조짐이 드러나지 않는 곳(마음)에서 시작하는 것이 목적하는 바를 이루기가 쉽다는 것이다.

즉, 마음이라는 그것이 소나무가 바람과 배수가 잘되는 비옥한 토양에 터 잡듯 안정되게 자리를 잘 잡으면, 나뭇가지가 힘차게 쑥쑥 자라듯 마음 또한 뻗치기 쉽다 함이요, 마음이라는 그것이 아직 많이 진행하지 않은 것이라면 이렇게 저렇게 다시 또는 더 좋게 도면을 치기가 쉽다 함이다. 다른 예도 또한 이와 같다.

이는 다시 한 문장으로 요약 정리된다. 즉 그것(마음)이 움켜쥐기를 잃음에서 지어지고, 꾸며지고, 만들어지고, 베풀어져야 하는 것이다 함은, 그것(마음)이 아직 가지런히 정리되지 아님, 즉 마음이 이미 결정되어 목적을 위해 틀을 갖춘 것이 아닌 상태에서 지도자의 목적하는 바대로 쉽게 꼬아질 수 있기 때문이다. 해설에서나 쓰일 문장을 특별히 써 놓은 것은 엇나가지 말라는 노자의 마음이다. 이는 곧 결과물이 무엇일지는 모르지만, 그 결과물은 이미 마음가짐에서부터 결론이 나 있다는 것을 말한다.

모든 어젊의 최고인 것도 '이미' 족함 아래에서 갈린다.

이를 설명하기 위해 거대한 결과물 2개를 예로 든다. 여러 사람이 팔 벌려 안아야만 되는 거대한 나무도 터럭 끝에서 '이미' 거대한 나무의 싹이 트는 것이고, 엄청나게 큰 아홉 성을 내려 볼 수 있을 정도로 큰 조망대와 같은 것도 처음 시작은 땅 뒤집어엎는 무른 흙에서부터 '이미' 계획되고 싹이 트는 것이다. 즉 우리가 보기에 그 어떤 거대한 결과물도 '이미' 그 기미에서부터 이미 결정되고 시작이 된다는 것이다. 이 글을 쓴 이유는 이어지는 글로 마무리하기 위함이다. 즉 모든 어젊의 최고인 것도 '이미' 족함 아래에서 갈린다.

노자의 글은 결국 '사람에게는 무엇이 되겠는가?'는 것이다. 그것은 족함(足)이다. 안다 하는 이(智)들이 스스로 족한지, 또 얼마나 족한지의 차이가 온갖 어젊의 최고인지 아닌지의 시발점이 된다. 안다 하는 이(智)들의 스스로의 足만이 '백인지고'(모든 어젊의 최고인 것)가 될 수 있는 것이다.

《 堇근 : 노란 진흙 (본바탕) 》

진흙 바탕은 노자의 글로 비유하자면, 제10편 '{구}절우명 명역기우'의 名과 유사하다. 萬勿은 名을 이미 가졌으므로, 각각 그들의 진흙 바탕으로 되돌린다는 것은 '각자의 본바탕'으로의 되돌림이다. 따라서 王은 이렇게 되돌리고 나서 나라를 이끄는 것(또는 그것 자체)이 가장 쉽고 편하고 바르게 인도할 수 있다. 바로 이 지점에서 잘못 오해하면 有爲라고 오해하게 된다(爲之로 문장이 되어 그렇게 생각할 수 있다). 그러나 이는 잘못된 생각이다. 노자가 보기에 혼란한 사회는 사람이 주어진 名대로 살지 않고, '이미' 마음이 분칠되고 덧칠되어 가지가지로 '爲된 상태'다. 역할에 차별을 두어 가치를 부여한 인간의 잘못이고, 역할에 맞지 않은 완장을 참으로써 그 나라나 사회가 참화를 당하였다는 것이 노자의 생각일 뿐이다. 그래서 그 '역할 규정 즉 주어진 名으로 돌린다'는 것이지 '爲를 위해' 되돌린다는 것이 아니다. (여기서 알아야 할 것은 되돌림은 깨우침이 '아니다') 즉 각기 그들의 진흙 바탕으로 돌린다는 것은 바로 그들에게 주어진 名으로 돌린다 함이다.

[고문자 해독]

❶ 易; 본래 도마뱀을 본떠, 광선의 형편에 따라 그 빛깔이 변화해 보여, '바뀌다'의 뜻을 나타내 '역'이라 하고, 가차해, '쉬울 이'로도 썼다. '쉬울 이'의 뜻이다.

❷ {艹兆}(笓?); 상艹하兆(제1편 {視兆}조의 兆와 같다) 꼴로, 상용한자 중

지붕 기와 아래 흙을 바치기 위해 엮어 까는 대나무 개비, 산자 '筄요'와 가장 흡사하다. 통용본은 '조짐 兆조'다.

3 {母心}(謀); 상母하心 꼴로, '꾀할 謀모'의 金文 꼴이다.

4 {雨丰丰}(雪); 상雨하丰丰 꼴로, 하늘에서 내려(雨) 대빗자루로 쓸어지는(彗혜) 눈 '雪설'이다. '솜털 毳취'와 통해 잘고 가늘다거나 잘고 가벼운 눈을 뜻한다.

5 {八夂田}(畟); 상八중夂하田, 나누어(八) 밟힌(夂) 밭(田), '밭 갈 畟측'의 뒤집힌 꼴이다.

6 幾; 백서 이하에선 '거의'의 뜻으로 쓰였는데, 본래는 '자잘한 실 요(幺幺)'에 '지킬 戍수'를 붙여, 전쟁 시에 수비병이 품는 미세한 마음씨를 뜻했다. 여기서는 '희미하다(微), 미세하다'는 뜻이다.

7 {彳戔}; 오늘날 전하지 않는 글자로, 한글자전에는 '자취(흔적), 땅 이름 천'이다. 통용본은 '흩뜨릴 散산'이다.

8 絇; 신코 장식(신의 앞쪽의 장식), 피륙의 합사, 올, 올가미 '구'다. 실로(糸) 갈고리 모양처럼 빠져나가지 못하게 꼰다(묶는다)(句)는 뜻이다. 초간 18-② 絇人事天에서도 쓰였다. 백서 이하 治라 했다.

8-1 句; '구절, 굽다, 맡다, 당기다, 구 구'의 뜻이다. 자원에 구부러진 갈고리 모양에 口가 더해져 '말을 끊어 토막을 짓다'의 뜻이다.

9 𤔔(司); 실을 아래위로 손을 대어 헝클어지지 않게 가지런히 정리하는 일의 꼴로, 다스리고 맡아 관리한다는 辭, 治에 가깝고, 司의 금문 꼴 중 하나다.(자전 참조) 한편, 실(줄)은 古代에 다스림과 관련되는 글자에 쓰였다. 초간의 絇, {虍壬}, {壬目}, 聖人 그리고 여기의 '란'처럼 모두 다스림과 관련한다.

10 會; 시루에 뚜껑을 덮은 모양으로, 여럿이 모이고, 모으고, 잘 맞아, 하나가 돼, 일치할 '회'를 뜻한다.

11 羸土; 초간이 유실되어 백서 갑의 글자인데 파리한 달팽이 꼴로 '여윌, 약할, 앓을, 엎을 리'이다. 여기선 '흙 土'를 수식해, 뒤집어엎어 무른 흙을 뜻한다.

12 {身心}(仁); 초간은 유실되고 백서 갑이 仁이라던 것이다. '어질 인'이고, 초간 글자 그대로를 풀면, '몸 마음 인'으로, 百仁之高란 문장 속에서 會抱之木(여러 사람이 모여 안은 나무인 것), 九城之臺(아홉 개 城의 조망대인 것)와 같은 번역 방법을 취하면, '모든 어짊의 高(높이, 최고)인 것'이다.

13 台태; 자원에 厶는 쟁기인 以와 같은 꼴, 口의 설명은 없으나 대지로 보면, 대지에 쟁기질하여 흙을 부드럽게 풀다의 뜻에서 파생하여, '마음이 풀어짐, 기뻐하다'의 뜻을 나타냄. 여기는 갈리고 갈라짐의 의미다.

14 죽간 26쪽이 유실되어 絇之於其未𤔔會 다음에서 未 전까지 중간 일부

와 九城之臺甲 이하를 알 수 없다. 26쪽에 남아 있는 글자는 온전치 못한 未를 포함해 16자고, 백서 혹은 통용본으로 추정된 글자는 15자에 이르러, 도합 31자가 된다. 대게 甲에 속한 죽간 한쪽에는 많게는 28~29자가 수록되나, 최대 32자 정도가 수록된 예가(甲 15쪽) 있어, 자수로는, 갑, 을의 옮김이 크게 틀렸거나 비약은 아니다. 본문의 글자는 추정, 유추된 것인데, 최대한 초간에 가까운, 백서 갑을 참조하되, 갑이 유실되면, 을, 을도 유실됐으면, 현행 도덕경을 참조하고, 또 특별히, 초간에만 쓰인 글자의 쓰임도 감안됐다.

[백서 이하 비교]

통용본 제64장의 일부분으로 위치한다. 이미 앞서 언급했듯이 통용본의 입장에서 보자면, 초간 14-①이 앞에, 초간 6-⑤가 뒤에 나와 하나의 장을 이룬다. (또한 6-⑤는 丙本에 異本으로 한 차례 더 있다) 물론 백서 갑부터 이러한 꼴이다.

통용본 제64장 (上)

其安易持 其未兆易謀 其脆易泮 其微易散 爲之於未有 治之於未亂.
合抱之木 生於毫末. 九層之臺 起於累土. 千里之行 始於足下.

안정된 것은 유지하기가 쉽고, 아직 조짐을 보이지 않은 것은 도모하기가 쉽고, 무른 것은 반죽하기 쉽고, 미세한 것은 흩어지기 쉽다. 아직 있지 않는 것에서 꾸미고, 아직 어지럽지 않은 것에서 다스린다.

한 아름의 나무도 털 끝(같은 씨앗)에서부터 태어났고, 9층의 조망대도 (건물의 토대가 되는)흙을 쌓는 것에서부터 세워졌고, 千里의 원행도 발아래에서 시작하는 것이다.

백서 갑 (제27장)

其安也 易持也, [其未兆也 易謀也, 其脆也 易破也, 其微也 易散也,
爲之於其未有也 治之於其未亂也.]
[合抱之木 生於]毫末. 九成(層)之臺 作於蠃土. 百仁之高 台於足[下].

백서 을

전반부 훼멸

[合抱之]木 生於毫末. 九成(層)之臺 作於藁土. 百千(仞)之高 始於足下.

초간과 비교하여 볼 때, 백서에서 통용본까지 의미의 변화는 미미하다. 글자가 바뀌었어도 아직 마음이 틀을 갖추기 전에 일을 도모하는 것이 가장 최고라는 뜻으로 풀이가 되기 때문이다. 다만 '그 其'가 무엇을 가리키는 것인지, 또는 무엇을 나타내는 말인지는 초간이 나타나고야 명확해졌다. 백서는 이 문장을 제13편 뒤에 두지 않아 속담이나 격언처럼 하나의 일반적인 모습(현상, 법칙, 상태, 뜻)을 말하는 것으로 알았다.

예시문인 앞부분은 백서 갑과 을의 훼손이 심하고, 글자 몇 자가 바뀌었지만, 의미가 통해 논의 대상에서 제외한다.

0. 爲之於其亡又也 絢之於其未司
3. 爲之於未有 治之於未亂

3. 아직 있지 않음에서 이것을 꾸미고, 아직 어지럽지 않음에서 이것을 다스린다.

백서는 모두 망실되고 없다. 초간의 문장은 '예시문을 정리하여 그것이 말하는 뜻은 이런 것이다'고 설명하는 글인데, 통용본은 그러한 뜻인지 알기 어렵다. 초간을 본 상태에서는 통용본을 이렇게 번역하지 않겠지만 없는 상태에서는 이 문장도 예시문처럼 보일 뿐, 초간처럼 번역하기는 어렵다.

0. 會(抱之木 甲於毫)末 九城之臺 甲(於贏土 百{身心}之高 台於)足下
1. [合抱之木 生於]毫末. 九成(層)之臺 作於贏土. 百仁之高 台於足[下].
2. [合抱之]木 生於毫末. 九成(層)之臺 作於虆土. 百千之高 始於足下.
3. 合抱之木 生於毫末. 九層之臺 起於累土. 千里之行 始於足下.

1.2. 合抱之木 生於毫末 9층(높이)의 조망대도 뒤집어엎은 흙(들 것2)에서 (부터) 지어졌다. 모든 어짊의 최고는 足 아래에서 갈린다.(百千의 최고는 足 아래에서 시작한다.2)
※ 백서 成으로는 문장번역이 어렵다. 마지막 부분은 모두 다르다.

백서의 입장에서는 마지막 문장이 아니지만, 초간은 마지막 문장이다. 앞부분은 초간을 비롯하여 백서 또한 훼멸이 심해, 중국의 高明은 통용본을 들어 '생어호말 구층지대'로 보았으나, 초간이 발견된 지금 썼다면 저자처럼 고쳤을 것이다. 초간 甲자 일부가 뒤에 살아있어 이에 따라 앞 글자도 甲으로, 城은 백서 모두 成이라 해서 層이 아니라 城이었을 것은 당연하다. 이 문장들은 사실 마지막 문장을 말하고자 함이다.

초간은 '족하'만 있고, 백서 갑이 '백인지고 태어족하'에서 백서 을이 '백천지고 시어족하'로 통용본이 '천리지행 시어족하'로 진행되었다. 의미적으로는 백서 갑은 초간이 인용한 것과 같이 정치의 색채가 드러나는데, 백서 을이 仁을 千으로, 台를 始로 바꿔, 번역처럼 足을 '만족'이라고 풀어야 할지, '발'이라고 풀어야 할지 모호하게 만들었다. 이에 통용본은 '기어누토, 천리지행'처럼 앞의 격언과 같은 꼴로 고쳐버린 것이다.

제14편 - ②장

[원문]

[해독]

智之煮弗言 言之齊弗智
지 지 자 불 언   언 지 제 부 지

{門戈}其{辶兌} 寶其門 和其焱 逈其{幺言斤}
{폐} 기 {태}   보 기 문   화 기 (염) 동 기   {서}

{畜刃}其{介覞} 解其紛 是胃玄同
{취} 기 {영}   해 기 분   시 위 현 동

古丕可得而薪 亦不可得而足, 不可得而利 亦丕可得而害, 不可得而貴
고 비 가 득 (이?) 신 역 불 가 득 이 족 불 가 득 이 리 역 (비?) 가 득 이 해 불 가 득 이 귀

亦可丕可得而戔 古爲天下貴 ■
역 가 (비?) 가 득 이 잔 고 위 천 하 귀

안다고 하는 이가 삶아 익어지면(者)[37] 말을 떨고, 말이 가지런히 쌓이면(쓰)

---

[37] 者의 번역이 '놈 자'처럼 일반적인 훈이 아니기에, 독자에게 좀 더 명확히 나타내고자 원래 글자 (者)를 넣었다. 이는 기존서들이 너무 의역을 하고 있으면서도, 정작 어떤 글자를 그렇게 번역했는지는 표현하지 않아, 그러한 폐단을 고쳐보고자 한 방법이다.

말이 가지런히 쌓여감은

안다 하는 이를 떤다.

그것이 기쁨으로 나아가기를 문에서 (창으로)막아서면 그것의 (드나드는)문을 보배롭게 하고, 그것이 불꽃(焱)처럼 붉게 타오르기를 (달래어) 調和롭게 하면 그것은 (자잘한 말조차 끊어진) 침묵에 같이 나아가고, 그것이 (꽃 모양으로 치장한 목걸이처럼) 예쁘게 두른 끈을 (머리 묶은 가축(소)을 칼로 풀어주듯) 끊어 풀어주면 그것이 (실처럼) 엉켜 어지럽기를 낱낱이 해체할 수 있다. 이것이 '가물가물한 하나같기'를 소화함이다.

옛날, (玄同을 소화한 者는 부귀공명이라는 걸) 얻을 수 있기가 클 뿐(이어도) 땔감붙이로 (하찮게) 여겼고 또 (반대로) 획득할 수 있지 않았을 뿐(이어도) (자신에) 족해했고, 손에 넣기가 不可할 뿐(이어도) 이롭다 하고 또 획득하기가 커져질 뿐(이어도) 해롭다 여기고, 획득이 不可할 뿐(이어도) 귀하다 여기고 또 (부귀라는 것을) 획득할 수 있음이 커져질 뿐(이어도) (그런 마음을) 갈기갈기 찢을 수 있었다. 옛날 (캄캄한 하나같기는) 천하의 귀함이 되었다.

[해설]
이 장은 유독 誤字가 많다. 침묵으로 해독되는 {幺言斤}서에 중복문자부호가 붙고, 而로 쓰여야 할 곳에 天이 한 번, 조가 쓰여야 할 곳에 不이 2번이나 잘못 쓰여 있다. 원문을 보면, 而와 天이 비슷하고 조와 不이 비슷하기 때문이다. 이 모든 것은 내용을 알 길 없는 필사가의 단순 오기다. 내용상 번역은 고쳐서 했다.

智가 곰삭으면 말을 떨고, 말이 가지런히 정돈되면 안다 하는 이를 떤다.

안다고 하는 이(智)의 지혜가 삶아 익어가면(之煮)은 말(言)을 자신에게서 털어낼 수 있다는 것이요, 말이 밖으로 나가지 않고 가지런히 가슴속에 쌓인다면, (또는 알파에서 오메가까지 가지런히 정리되면) 안다고 하는 자신의 모습을 자신에게서 떨어낼 수 있다는 것이다. 즉, 안다 하는 이의 지혜로움이 글자를 아는 것을 지나 인간에 대한 이해를 넘어 우주 만물에 대한 성찰(煮)로 나아가는 내면으로 들어가 곰삭으면, 드디어 지혜를 지나 깨달음의 문에 다다름이요, 그러한 말들이 가지런히 내면에 쌓이는 것(쓰)은 이제 안다 하는 이를 자신에게서 떨어낼 수 있는 것이다. 그럼 어떻게 안다 하는 자가(智之) 곰삭아(煮) 말을 떨(弗言) 수 있고, 말을 가지런히 쌓아둘 수 있을까? 그 구체적인 수행법이 이어지는 3가지 예시문이다.

입에서 말이 들떠 나오기를 제어하면 입을 보배롭게 한다.

즉 말이 흥에 겨워 정제되지 못하고 기쁨으로 나아감을 내부와 외부가 나누어지는 門(입)에서 창을 들고 죽자 살자 꽉 막을 수 있다면, 그것의 문, 즉 좁게는 입(口)일 수 있고, 넓게는 입의 본체인 아는 자(智)를 보배롭게 한다. 말이 마음을 통제하지 못하고 아무렇게나 입에서 나오는, 즉 제어되지 못하여 활활 타오르는 불꽃처럼 얼굴빛이 붉게 타오르거나, 거친 말로 뱉어지는 것을 달래어, 가지런한 말로 서로 어우러지도록 調和롭게 한다면, 말이라는 그것은 자잘한 말조차 끊어진 침묵으로 통한다. 그리고 마지막으로 말이 꽃 모양으로 치장한 목걸이처럼 예쁘게 꾸미고 멋 부리고 쌓인 것을, 머리 묶은 가축(소)의 끈을 칼로 끊듯 풀어주면, 말이 실처럼 엉켜 어지럽게 얽히고설킨 것을 낱낱이 해체할 수 있다. 즉 전할 내용만 간단히 말한다는 것이다. 이것이 '가물가물한 하나같기'를 소화함이다.

즉 이렇게 3가지의 수행법을 할 수 있어 사람이 곰삭으면 이는 가물게 하나같기를 소화함이니, 이는 가물가물한 하나같기(玄同)다. 뜻은 결국 道의 존재 모습 즉, 영원히 亡名한 道의 한(一) 속성과 같다고 풀이할 수 있다.

그럼 가물기를 득템하면 智는 어찌 되는가? 즉 어찌 사는가? 바로 그것에 대한 대답이 마지막 단락이다. 내용은 간단하다. 富貴라는 外現에 휘둘리지 않았다는 것이다. 마지막 단락을 풀이하면 다음과 같다.

玄同은 天下의 貴가 됨이라

옛날, 재물을 움켜 쥔(貝又) 재물 쥐기(得) — 이것은 물질적인 富일 수도 있고, 비물질적인 貴일 수도 있고, 더 나아가 功名일 수도 있다. — 즉, 부귀공명을 소유할 가능성이 매우 컸을 뿐이어도 땔감붙이처럼 하찮게 여겼다. 그래서 소유하거나 머물지 않았다. 또 반대로 소유하기가 不可했을 뿐이어도 땔감붙이처럼 하찮게 여기는 마음에 스스로 足했다. 그래서 소유하려 하지 않았다. 소유가 불가할 뿐이어도 없어서 화근이 없다고 생각해 이로워했다. 또 그랬기에 반대로 소유할 가능성이 매우 컸을 뿐이어도 毒이라 생각하여 해롭다 했다. 그래서 멀리했다. 소유가 불가했어도 도리어 不可한 상태를 귀하게 여겼다. 또한 소유할 수 있기를 커지게 할 수 있을 뿐이어도 마음이 족했으므로 부귀라는 욕망뿐인 마음을 갈기갈기 찢을 수 있었다.

즉, 3가지의 수행으로 가물게 하나같기를 소화하면, 부귀공명을 얻기(움켜 쥐기)가 不可했어도 자신의 삶의 모습에 足해하고, 이로워하고, 귀히 했고, 반대로 또한 재물을 움켜쥐는 재물 얻기를 할 수 있기가 커질 뿐이어도 하찮고, 해롭고, 그래서 갈기갈기 찢었다. 결국 이래저래 외물에 휘둘리지 않고 부귀공명을 멀리했다는 것이다. 이 말이 핵심이다. 이것이 가능한 것은 무엇일까? 그것은 玄同을 소화함(胃)이다. 그리고 그 현동은 삶아 익은 말(言)이 가지런히 쌓인 상태며 그것이 예시문이다. 까닭에 그것이야말로 천하의 貴가 되는 것은 당연한 것이다. 마음보다 言을 더 중시한 듯 보이나 이는 내면의 상태가 아닌 드러난 그리고 관계를 잇는 것이기 때문이다.

마지막 문장은 '이미 현동한 자'의 삶의 모습이다. 그래서 古(옛날, 까닭)다. 부귀공명을 할 수 있기가 커져도 반대로 부귀공명이 不可해도 관심이 없다는 것이다. 왜? 이미 玄同했음으로 자신의 名에 足했기 때문에….

《 智之者(煮)弗言 言之쓰弗智 》

이 문장의 뜻은 안다 하는 이(智)가 어설픔을 떨고 깨우침으로 가는 방법, 즉 수행론을 말하고 있는 문장으로, 노자가 智에게 앎(知)보다는 깨우침을 당부하는 글이다.

그것은 안다 하는 자(智)가 삶아 읽혀지는 것, 그러니까 아는 것을 지나 인간 그리고 만물에 대한 성찰로 나아가면 곧 곰삭는 것(煮)으로 말을 자신에게서 떨쳐내게 된다(智之煮弗言)는 것이다. 그리고 그러한 말들이 가지런히 내면에 쌓이는 것(쓰)은 이제 안다 하는 이를 자신에게서 떨어낼 수 있는 것이다(言之쓰弗智). 弗言은 '말을 떨다'고, '떨다'는 다르게 말하면 '떼어내다, 없애다'는 뜻이다. 그럼 '말을 떼어내고 없애다'라고 할 수 있고, 그 주체는 智, 즉 '안다 하는 자'여야 한다.

초간에서 새롭게 안 것은 노자는, 도의 성품을 모르는 것이 아니라, 정확히 이해하고, 알고, 설명하고 있다는 것이다. 그중의 하나가 이 편이기도 하다. 즉 첫 문장은 그 잘난 안다 하는 이(智)에게 道者가 되는 방법을 설명하기 전에 道者란 이런 것이다 하고 노자가 정의를 내리는 것이다.

노자의 자연관은 속된 말로 '내버려 두라'는 것이다. 왜? 이미 규정되어졌기 때문이다(名亦旣又). 이것을 정치에 적용한 것이 '망위자연'이다. 천지가 능히 도의 신하되기를 떨어버릴 수 있음도, 천하가 즐겁게 나아갈 뿐이고도 해악질을 떨어버릴 수 있는 것도, 도의 성질 즉 영원히 名을 잃어버린 것으로 인함이다. 반면 만물은 名을 이미 가졌다. 가진 名을 덧칠하는 것은 萬勿의 소관이다. 예를 들어 세상이 조용하지 못한 것은 名을 모르고 날 띄는 智나 {虍壬}들에 있다고 본다.

[고문자 해독]

❶ 者(煮); 쌓아 놓은 장작 밑에 불을 지피는 꼴로, 금문 者에 가까운 '삶아, 끓이고 익힐 煮'의 원자다. 篆文에서 火발(灬)을 덧붙인 '煮'가 생길 때까지, 煮의 뜻으로도 혼용됐다.

❷ 竝(齊); 가지런히 쌓인 장작 꼴로, 齊의 古字라 하기도 하는 '가지런할, 가지런히 쌓을 竝자(제, 재)'라 추정한다.[고문자류편, p408 참조] 전 구에 쓰인 者와 글자 꼴이 다르다.

❸ {門戈}; 문(門)에서 창 들고(戈) 지킬 '폐'다.

❹ {辶兌}; 兌는 사람의(儿) 입, 머리 얼굴(口)이 나누어지고 분산된(八) 꼴로, 字源은 기도의 말(口)로 맺혔던 기분이 풀리는(八) 기쁠 '태'다. 초간은 여기에 '천천히 걸을 辶'을 붙여, 기쁨에 빠졌다는 뜻의 '쾌락'을 의미한다.

❺ 焱?; 상火하炎(or赤) 꼴로 '탈, 불사를, 더울 焱염?'인 욕망이나 '붉힐, 성할, 크게 성낼 赫炼(=赫)'에 가깝다. 백서 갑 이하 '빛 光광'이다. 초간 제15편-②장의 赤적(比於赤子)의 고문자와 비교된다.

❻ 迥; 속 빈 원통(同) 속을 꿰뚫고 갈(辶), '지날, 통할, 통달할 동'이다.

❻¹ 同; 몸체와 뚜껑이 잘 맞도록 만들어진 통의 象形으로, 지름이 같은 데서 '같다, 화합할 동'의 뜻을 나타낸다.

❼ {幺言斤}; 言이 머리에 幺를 이고 斤과 나란해, 초간 {午言斤}처럼, 자잘한(幺) 말(言)조차 끊어진(斤) 침묵 '요'라 추정한다. 글자 끝에 중문부호가 붙었는데 誤記다.

❽ {畜刃}; 머리에 끈을 단 짐승, 가축(畜)에 칼날로 베어 끊은 刃인을 더한 꼴로, 억지로 잡은 것을 풀어주고 끊을 '쉬'로 푼다.

❾ {尒賏}; 상尒하賏 꼴로, 아름답고 성한 꽃 모양 爾의 약자인 尒이 아래 자개를 이어 꿴 목걸이 賏영이다. 꽃 모양으로 아름답게 치장한 목걸이 '영'이다.

❿ 新(薪); 나무를 베 장작으로 한, '땔나무 薪신'의 원자다. 親과 통한다.

⓫ 戔; 창(戈)으로 거듭 찍어서 갈가리 찢은 모양으로, '찢을, 찢길, 해칠 잔'이다.

⓬ 天, 不 (?); 동일 구조 열거문을 보면, 而가 있던 자리, 조가 있던 자리로 고문자 꼴이 비슷해 而, 조와 혼동했다고 본다. 고쳐서 했다.

[백서 이하 비교]

통용본 제56장에 위치한다. 노자는 이 장 전체를 智를 대상으로 썼다고 해도 과언이 아니다. 그런데, 백서는 智(안다 하는 자)를 知(앎)로, '지지자, 언지제'의 之와 글자를 고치고 생략해, 깨달은 자를 벙어리로 만들고 대상은 일반 전체로 확대했다. 또 명쾌하고 단순한 예시의 글을 아주 기괴한 글자들로 고쳐 둘째 줄에 배치해 깨달음(형이상학)의 글로 바꾸어 버렸다.

통용본 제56장

知者不言 言者不知.
塞其兌 閉其門 挫其銳 解其紛 和其光 同其塵 是謂玄同.
故不可得而親 不可得而疏 不可得而利 不可得而害
不可得而貴 不可得而賤 故爲天下貴.

(도를) 아는 자는 말하지 않으며, (도를) 말하는 자는 알지 못한다.

통로를 막고 문을 닫으니, 그의 예리한 것을 꺾으면, 빛으로 어우러졌고, 그의 섞이어진 것을 풀어보면, 먼지와 같다. 이것은 '가문 것으로 같음(玄同)'을 이르느라.

까닭에 (깨달은 자는) (깨달음을) 얻었을 뿐 (그 누구와 특별히) 가깝다 함은 옳지 않고, 얻었을 뿐 멀다 함은 옳지 않다. (깨달음을) 얻어서 (그 누구에게 특별히) 이롭다 함도 옳지 않고, 얻어서 (누구에) 해롭다 함도 옳지 않다. (깨달음을) 얻었을 뿐 (그것으로 인해 특별히) 귀하다 함은 옳지 않고, 얻었을 뿐 천하다 함은 옳지 않다.

까닭에 (도를 안은 자는) 천하의 귀함이 된다.

백서 갑 (제19장)

[知者]弗言 言者弗知.
塞其悶 閉其[門 和]其光 同其{軫土}(塵) 坐(挫)其閲(銳) 解其紛 是胃玄同.
故不可得而親 亦不可得而疏 不可得而利 亦不可得而害 不可[得]而貴 亦不可得而淺(賤) 故爲天下貴.

백서 을

知者弗言 言者弗知.
塞其垸 閉其門 和其光 同其塵 銼(挫)其兌(銳)而解其紛 是胃玄同.
故不可得而親也 亦[不可得]而[疏 不可得]而利 [亦不可]得而害 不可得而貴 亦不可得而賤 故爲天下貴.

초간 편(장)의 위치는 반드시 뜻하는 바가 정확히 드러나는데, 백서 갑부터 글자를 고치고 위치를 바꾸어, 대상을 일반화하고 깨우침의 글을 형이상학의 추상적인 글로 만들어, 노자의 原意를 드러나지 않게 만들었다.

0. 智之者弗言, 言之㲋弗智
1.2. 知者弗言, 言者弗知,
3. 知者不言, 言者不知,

0. 안다 하는 이가 익어 가면 말을 떨고, 말이 가지런히 쌓이면 안다 하는 이를 떤다.
1.2. 아는 자는 말을 떨고, 말하는 자는 앎을 떤다.

백서에서 통용본은 弗을 不로 고친 것으로 내용의 변화는 없다. 반면 초간에서 백서는 대상이 바뀌고 뜻이 변한다. 특히 이 문장으로 인해 깨우친 자는 말을 하지 않아야 한다는 우스꽝스러운 논리가 전개되었다. 즉 도를 말하는 자는 道를 아는 자가 아니라는 논리가 백서부터 전개된 것이다. 그러나 초간은 정제되지 않고, 설익은 말의 위험성을 智를 통해 이야기하고 있지 不言을 선언한 글은 아니다.

문법적으로는 백서 갑부터 者(삶다)가 '놈 자'로 바뀌었다. 까닭에 사람을 나타내는 智가 知로 되고 之가 사라지고 言之㲋가 言者로 되면서 앞 문장과 대구의 글이 되었다. 초간 古文字를 보면, '놈 者'와 '가지런할 齊'의 글자가 상당히 다른데, 초간 해석서 3인은 言之者고, 최진석과 김홍경은 言者로 했다. 言者(말하는 자)와 言之㲋(말이 가지런히 쌓이면)는 전혀 다르다.

0. {門戈}其{辶兑} 寶其門 和其焱 逈其{幺言斤} {畜刃}其{介貝} 解其紛 是胃玄同
1. 塞其悶 閉其[門] 和其光 同其(塵) 坐其閲 解其紛 是胃玄同.
2. 塞其垸 閉其門 和其光 同其塵 銼其兑而解其紛 是胃玄同.
3. 塞其兑 閉其門 挫其銳 解其紛 和其光 同其塵 是謂玄同.

0. 그것이 기쁨으로 가기를 문에서 막아서면 그것의 문을 보배롭게 하고, 그것이 불꽃(焱)처럼 제어되지 못하고 붉게 타오르기를 調和롭게 하면 그것은 (자잘한 말조차 끊어진)침묵으로 같이 가고, 그것이 (꽃 모양으

로 치장한 목걸이처럼)예쁘게 두른 것을 (묶은 소를 칼로 풀어주듯)끊어 풀어주면 그것이 엉켜 어지럽기를 풀어헤칠 수 있다. 이것이 '가물가물한 하나같기'를 소화함이다.

1.2. 그 번민함을 막고, 그 문을 닫는다. 그 빛으로 어우러지고, 그 먼지와 함께한다. 그 기쁨이 빠지는 문에 앉고(그 기뻐함을 꺾고서 2) 그 섞이어진 것을 풀어본다. 이는 '가물게 하나같음(玄同)'을 소화함이다.

백서 갑에서 전혀 다른 글자로 고쳐, 내용도 깨달음의 경지에서 보는 道의 모습처럼 바뀐다. 특히 초간은 3개의 예시문이 전후 한 문장씩인데, 백서부터는 그렇게 번역이 될 수 없게 만들었다.

이 문장은 얼마나 많은 사람들이 관념으로 보았던지 종교까지도 있다. 和光同塵을 모토로 하여 나무아미타불만 외치면 천국 간다는 저 일본의 이상한 자가 만든 남묘호랑교다. 돈이 엄청난지 우리나라의 대도시에 큰 건물들도 있고, 신문도 발간한다.

그러나 초간은 명확하고 괴상망측한 글귀가 아니다. 특히 其가 가리키는 것은 첫 문장에 나온 言이다.

0. 古丕可得而薪 亦不可得而足, 不可得而利 亦丕可得而害,
   不可得而貴 亦可丕可得而戔 古爲天下貴
1. 故不可得而親 亦不可得而疏 不可得而利 亦不可得而害
   不可[得]而貴 亦不可得而淺(賤) 故爲天下貴.
2. 故不可得而親也 亦[不可得]而[疏 不可得]而利 [亦不可]得而害
   不可得而貴 亦不可得而賤 故爲天下貴.
3. 故不可得而親 不可得而疏 不可得而利 不可得而害
   不可得而貴 不可得而賤 故爲天下貴.

1.2. 까닭에 얻기가 不可해도 가깝고 또 얻기가 不可해도 (트여) 친하지 않다. 얻기가 불가해도 이롭고 또 얻기가 불가해도 해롭다. 얻기가 불가해도 귀하고 또 얻기가 不可해도 천하다. 까닭에 천하의 貴가 되었다('얕을 淺'은 貴와 어울림이 적다).

초간의 古는 백서에서 모두 故로 바뀐다. 新은 여기서는 薪(땔나무)을 뜻해 '하찮게 여기는 마음'의 뜻으로, 백서 이하 親(가깝다)과는 거리가 있다. 특히 초간은 '클 丕'가 내용에 맞추어 3차례 쓰였는데, 백서 이하 모두 不로 고쳐, 문장이 모두 '불가득'이 되어 뜻이 무엇을 말하는지 알 수 없다.

그래서 생각한 것이 저자의 통용본과 같은 번역이거나, '불가득'이라는 글자를 거의 무시하고 대구로 번역하는 것이었다. 예를 들어 초간의 '비가득이해'는 '얻을 수 있기가 컸어도 해롭다 했다'는 뜻이, 백서는 '불가득이해'로 써 '얻기가 불가해도 해롭다'가 되어 문맥의 어울림이 적을 수밖에 없었다. 마찬가지로 통용본을 본 우리도 '고위천하귀'라는 결론에 짜 맞추어 '얻고 잃는 것, 또는 상반되는 것에 흔들리지 않았다'는 뜻이라고 짐작했을 뿐, 정확히는 알 수 없었다.

[쉬어가기]

여기 智之者(煮)弗言은 제6편-⑤장의 爲之者나 執之者의 之와는 용례도 다르고 번역도 다르다. 물론 통용본은 모두 之가 없는, 知者나 爲者처럼 같은 꼴이기 때문에 번역이 같으나 초간은 전혀 다른 경우다. 풀이는 생략하고 智之者만 언급한다.

이 문장을 자전의 용례 중, '가다(안다는 이가 삶아 익어 감은)'와 '이르다(안다 하는 이가 삶아 익음에 이름은)'의 2가지로 번역할 수는 있겠으나, 역시 가장 문장이 매끄러운 것은 번역처럼 도치문(수동태)으로 보아, '안다고 하는 이가 삶아 익으면'이다. 여기서 불완전 명사 '것'으로 하지 않은 것은 煮(삶다)의 목적어가 바로 智이기 때문이다. 만약 者를 '놈 자'로 보면 번역이 안 된다. 혹자는 '안다고 하는 자로 가는 자는, 안다고 하는 자에 이르는 자는'처럼 가능하지 않는가라고 볼 수 있으나, 이는 이미 초간 제1편의 絶智(안다 하는 이를 끊다)와는 논리적으로 모순이 된다(여기의 之는 도치문의 의미 없는 삽입글자다). 이 문장도 초간에서 새롭게 풀린 내용이다.

제15편 - ①장

[원문]

[해독]

以正之邦 以{奇戈}甬兵 以亡事取天下
이 정 지 방 이 {기} 용 병 이 망 사 취 천 하

{虍壬}可以智其然也
{호} 가 이 지 기 연 야

夫天多期衛而民{介西}戛 民多利器而邦慈昏
부 천 다 기 위 이 민 {서} 측 민 다 리 기 이 방 자 혼

人多智而{可戈}勿慈{辶己} 法勿慈章 覡惻多又
인 다 지 이(이) {기} 물 자 {기} 법 물 자 장 조 측 다 우

是以 聖人之言曰 我銕事而民自福 我亡爲而民自蠶
시 이 성 인 지 언 왈 아 무 사 이 민 자 복 아 망 위 이 민 자 잠

我好靑而民自正 我欲不欲而民自樸~
아 호 청 이 민 자 정 아 욕 불 욕 이 민 자 박

(정벌처럼) 올곧게 뻗어가 바로잡음(正)으로써는 나무로 경계 삼은 봉토(나라)이고, 기이하고 범상치 않은 창으로써는 병기(사)를 꿰어 쓰고, 기원해 받은 일을 잃음으로써는 천하를 거둔다.

호랑이 껍질을 둘러쓰고 다스리는 이(폭군)도 그것이 그런지를 안다 하는 이

로써 할 수 있다 함이라.

보라! 하늘은 (계절마다) 일정한 절기가 많을 뿐(이어도), 백성들은 쟁기질한 밭을 꽃 거른 바구니로 하니, 백성에게 이로운 器物이 많을 뿐(이어도) 봉토(나라)가 날 저물기(망하기)를 사랑한다.

(또한, 지배계층)사람에게 안다 하는 이가 많을 뿐(이어도), 기이한 날림(사람)들은 사사로이 가기를 사랑하니, (자기)본받기를 욕망하는 날림(사람)들은 명백히 나타나길 사랑하여, 조정은 슬픔이 끊이지 않았다.

이 때문에 (옛날)성인이 말씀한 것에 이르기를, "내가 (기원해 받아 줜) 일을 (춤을 춰 털어내듯) 없앨 뿐(인데도) 백성은 저절로 (제대에 올려진 가득 찬 술통처럼) 편안하고 행복하여 기뻐하였고, 내가 짓기를 잃을 뿐(이어도) 백성은 스스로 누에치(듯 주인됨으로 살아갔)고, 내가 푸르길 좋아할 뿐(인데도) 백성은 스스로 바로 잡았고, (이처럼) 내가 (만인들이 싫어하여) 하고자 하지 않기를 하고자 할 뿐(이어도) 백성은 스스로 통나무(처럼 본바탕으로 돌아 왔었)다."

[해설]

제14편은 마음(心)과 말(言)을 소재로 다루었다. 제15편은 굳세고 단단함은 道가 아니니 버리고 慮을 두텁게 쌓아가라는 내용이다. 소재로는 전쟁(시 人·民의 마음①)과 갓난아이②를 예로 들었다.

天下를 取하는 것은 오직 亡事뿐이니, {호}도 알리라

상대방의 의사에 反하는 행위로써 마을, 고향, 나라(口) 등을 일직선으로 곧장(一) 쳐들어가 세우는(止) 정벌(征)과 같은 바로잡는 것(正)으로써는 언덕에 나무를 심어 경계를 삼는 봉토 정도인 것으로, 큰 나라 즉 천하를 취하기에는 어렵다는 것이며, 구부려져 기이한 창을 든 사람 혹은 기이하게 무력을 쓰는 재주로써는 고작 병사들을 일사불란하게 꿰어 요리할 뿐이다(자연스럽지 못한 무력은 크지 못한다). 오직 신에게 간절히 빌어 받은 命板을 줜 일(임무)까지도 잃어버리는 곳까지 가는 것으로써야(以亡事) 드디어 天下를 거느리고 다스릴 수 있(게 된)다는 것이다. 그리고 이러한 이치를 노자는 폭군처럼 무력으로 왕위를 노리는 거짓 왕(虐壬)들도 충분히 역사 속에서 그것이 그런지를 안다 하는 이로써 할 수 있다고 생각한다.

노자가 亡事로써만이 天下를 취할 수 있다고 주장하는 이유는 무엇인가? 이어지는 문장이 그 이유다. 전쟁의 폐해를 지배계층과 피지배계층으로 나누어 피지배계층에서는 농사로, 지배계층에서는 야망을 품은 자들의 출현으로 亡事의 당위성을 설명하고 있다. 그 당위성이 예시문으로만 되어 누구도 풀지 못

전쟁은 사람을 삐뚤어지게 하고 나라를 무너뜨린다

한 채 저자의 손에까지 들어왔다. 문장이 너무 아름답다 보니, 이 문장이 전쟁의 폐해를 이야기한 것인 줄을 전혀 알지 못했다.

전쟁은 밭을 망치고 人·民을 굳세게 만들어 나라를 위협한다.

보라! 하늘은 계절마다 백성(民)이 논밭을 가꾸도록 사시사철 절기를 주었으나, 백성들은 그때그때 씨 뿌리고 가꾸고 거둘 수가 없으니, 많은 백성들이 왕실과 정권을 위해 농사 대신 兵卒로 차출되어 훈련과 장비 제작에 매달리는 까닭이다. 전쟁은 때를 말하고 일어나지 않는 이유로 농사짓기는 거의 불가능에 가깝다. 까닭에 백성이 지어야 할 농토는 쟁기질도 못 하고 봄이 되면 풀만 무성하여, 멀리서 보면 풀꽃 늘어진 꽃밭으로 변하게 되는 것이다. 이런 농토를 바라보는 농부 병사의 마음은 애간장을 끊듯 녹아내릴 것이다. 까닭에 농사 짓기 위한 이로운 器物이 많을지라도 백성들은 봉토(나라)가 날 저물듯 망하기를 사랑하게 되는 도구로 사용하게 되는 것이다.

또 지배계층은 어떤가! 사람(人)에게 안다고 하는 이가 많을 뿐이라도 (또는, 사람에게 하늘을 안다고 하는 이가 많으면), 나라를 위해 써야 할 창이 아니라 社稷(정권, 나라)를 향하는 구부러진 창을 가진 기이한 날림(사람)들만 사사로이 가기를 사랑하게 만들어, 남들에게 본받고 싶어 하는 날림(사람)들만 어지러운 시기를 틈타 명백히 나타나길 사랑하니, 조정에는 슬픔이 많이 있었다.

전쟁을, 전쟁의 폐해를 이렇게 아름다운 문장으로 드러낼 수 있는 자가 있을까? 초간이 발견되지 않았다면 이 문장은 영원히 드러나지 않았을 것이다.

전쟁은 농토를 황폐하게 만들고 백성은 피폐해진다. 가을 오곡백과로 물들어야 할 황금 들녘은 온갖 잡초꽃으로 무성하여, 농토인지 꽃밭인지 모를 땅으로 변해 있다. 까닭에 백성(民)에게 수고로움을 덜어줄 편리한 농기구, 즉 좋은 利器가 많이 있다고 해도, 백성들은 전쟁만 일삼는 왕이 자신들을 괴롭힐 뿐이라는 것을 알기에 나라가 망해 끝나기를 두 손 모아 간절하게 기원한다. 나아가 기회가 주어지면 농기구라도 들고 일어날 것이다. 또 지배계층 사람(人)에게 (하늘을 안다 하는) 지혜로운 자가 많을지라도 전쟁이란, 나라에 도움이 되기보다는 오히려 사사로운 욕심으로 가득 찬 기이한 사람들만 난무하게 만들어, 안다고 하는 자들 중에는 이때다 싶어 남들에게 본받고자 욕망하는 날림(사람)들은 나라나 백성의 안위는 내팽개치고 오직 자신만을 위해 大란 임금(王)으로 세상에 나타나길 사랑하니, 그 나라나 조정은 끊임없는 혼란으로 슬픔만 넘쳐났다.

초간 노자와 그 밖의 노자

聖人이 말씀하신 4가지의 정치術

　이러한 이유로 노자는 과거 성인의 다스림으로 나라를 이끌기를 바란다. 그 문장이 是以 以下 聖人의 말씀이다(번역도 있고, 언급도 많이 해 문장 설명은 줄인다). 성인의 4가지 정치술이자 삶의 모습으로, 그러한 다스림이 옳다는 것을 주장한다. 왜? 이미 수차례 말했듯이, 4가지 예시문의 결론은, 萬勿은 자신의 그릇 즉 名을 갖고 태어났기 때문에 우두머리가 조용히 있으면 각자는 저절로 名이 드러나 각자의 역할을 하게 되면서 만족함으로 살아갈 거라는 것이다. 포악한 전쟁은 인간이 지닌 道性을 파괴한다. 죽기 아니면 살기인 이분법적 논리에서 무엇도 벗어날 수 없기 때문이다. 이런 까닭에 인간에게 철학(깨우침)이 없는 지식(學)과 첨단기술은 인간을 한없는 욕망덩어리로 만들게 된다. 부모와 자식 간 일지라도.

[쉬어가기]
　{虍壬}可以智其然也 夫天多期衛而民{亇西}叟 民多利器而邦慈昏 人多智 天(而){可戈}勿慈{辶己} 法勿慈章∨覒惻多又는 그 어떤 해석자도 뜻을 읽지 못한 곳이다.

　백성의 행위를 구속하고 제어하는 법 같은 날림들이 세상에 널리 또렷이 새겨져 있어도(章), 조정이나 종묘사직을 지켜 주지 못한다는 것이다. 특히 여기서는 세세히 나누어진 절기(期韋)나, 이로운 인재(利器), 아는 자와 그 지혜(智), 그리고 무수한 법령(法勿)과 같이, 세상 사람들이 많으면 많을수록(多多) 세상이 더 좋게 나아지게 된다, 믿었던 좋은 것들이, 많아질수록 오히려 해가 되는 역설을 보여주고 있다. (블로그, 해설 인용)

　이 장에서는 모든 법제, 법령, 지식을 끊고 '무위(無爲)'의 통치를 하라고 말하고 있다. "대저 하늘에 대해 금기시하는 것이 많으면 많을수록 백성들은 점점 더 가난해지고, 백성들에게 이로운 기기가 많으면 많을수록 나라는 점점 더 혼미해지며, 사람들에게 아는 것이 많아지면 많아질수록 기이한 것이 점점 더 생겨나며, 법령이 많이 나타나면 나타날수록 도적이 많아진다."는 말에서 노자가 살았던 시대의 전쟁과 권력의 횡포가 얼마나 참혹했는가를 느낄 수 있다. (최재목, 〈노자〉, p191)

　→ 초간의 글은 전쟁을 밑바탕에 깔고, 전쟁과 같이 어지러운 시대의 지배계

층(人)과 피지배계층(民)의 마음(慈)을 이야기하는 내용이다. 따라서 法勿은 '법령, 법제'나 '법 같은 날림들'이 아니다. 통용본이면 인용문처럼 해석해도 할 말이 없다. 글자가 그렇게 해설하도록 고쳐져 있기 때문이다. 그러나 초간은 그 뜻이 아님을 우리에게 말해주고 있다. 문장 속 法은 제11편의 '인법지 지법천…'의 法과 같은 '본받다'는 의미로, 여기서는 '남들이 자신을 본받고자 욕망하는'을 의미한다. 다음, 慈章의 章은 字源에 "먹물 샘이 있는 큰 '무늬·표지'의 뜻을 나타냄"으로 나오고, 뜻에서도 오늘날 많이 사용되는 '법, 글, 단락' 등의 명사보다는 '밝히다, 명백하다, (역경, 서경) 나타나다(중용)'의 용례에서 보듯, 노자 당시의 의미는 '명백히 밝히고, 나타내고, 드러내 뽐냄'을 의미하는 뜻이 강하다. 또한 勿은 다른 모든 곳(예: 물{장}즉노)에서 살아있는 생명체를 가리키는 것임으로 여기 또한 勿은 안다 하는 자(智)들 중의 '누구'다. 그를 노자는 순리를 따르지 않는 인간으로 보아 (또는 뜻을 쉽게 알아채지 못하도록) 勿을 쓴 것이다.

→ 지금의 사람 일반(人間)을 나타내는 글자가 아니다. 적어도 초간이 쓰인 당시의 人은 一人之下 萬人之上의 王을 모시는 지배층이 될 수 있는 자들로 民에 대응하는 지배계급이다. 노자가 개념을 정의해 놓지 않아 저자가 통용본에서 물음표로 놔둔 것이다. 저자는 이곳에서 읽었고 전체에서 확신했다.

[고문자 해독]

❶ 正; 갑골문부터 쓰여 征의 原字로, 나라나 마을[口(一)]로 곧장 진격하다(止)는 뜻이며, '바를, 바로잡을 정'이다. 자전은 金文부터 征이 분화된 것으로 나온다.

❷ {奇戈}; 奇는 구부리고 선(可) 사람(大)에 '창 戈과'를 붙인 꼴로, '창이 크게 구부려져 기이하고 범상치 않은 기'의 뜻이거나, '창을 든 기이한 사람 기'다.

❷⁻¹ 奇; 大+可, 大는 두 팔다리를 벌리고 선 사람의 형상. 可는 '갈고리 모양으로 구부러지다'의 뜻. '구부리고 선 사람'의 뜻. 踦(절뚝발이 기)의 原字다.

❸ 甬; 용종의 대롱 모양 꼭지 '용'인데, 동사로 '꿰어 흔들다, 쓴다(用)'는 뜻이다.

❸⁻¹ 用; 갑골문부터 보이며, 용종의 상형으로 鏞鐘의 原字다. 종의 꼭지를 잡고 올리다의 뜻에서, '파생하여 끌어 쓰다, 쓰다'의 뜻이다.

❹ {虍壬}; 상虍하壬의 '호랑이 假面(虍)을 뒤집어쓰고 나선 사람(壬) 호' 또는 '호랑이 가죽(虍)을 쓰고 다스리는 이(壬) 호'다. 백서부터 노자를

지칭하는 '나 吾'로 바뀐다.

고명의 [고문자류편]이나 큰 〈字典〉에도 언급되지 않는 글자다. 저자가 판단컨대 이 글자는 고문자 어디에도 없을 가능성이 크다. 왜냐하면 의미상으로 '거짓 왕', '폭군', '깜이 못 되는 지도자'를 뜻하는 이 글자는 누구도 쉽게 쓸 수 없었을 것이기 때문이다. 이 글자를 쓴 노자의 본의는 초간이 발견되기까지(지금도 진행형이지만) 영원히 감춰져 버렸다.

虎는 적어도 山中豪傑인 王을 지칭한다. 다만 호랑이가 아닌 호랑이 무늬 껍질(虍=皮)이므로 '거짓 또는 가짜'일 뿐이다. 壬은 字源에 상형으로, '베 짜는 실을 감은 모양을 본떠 베 짜는 실의 뜻을 나타냄'이라고 설명된바, 노자의 글에서 '실로(을) 꿴다(絢)'는 의미는 대부분 다스림과 관계가 있다. 또 옆에 사람 인(人)만 붙으면 '맡을 任'이 되어 어떤 식으로든 다스림과 이어진다(壬 자체에도 '맡다'는 훈이 있다). 따라서 {虍壬}은 '亡名을 사냥하지 못한 자요, 亡爲를 지키지 못한 자'로, '깨우침이 없는 왕'이요, '왕이라 할 수 없는 왕'이니, 백성의 목숨을 한 줌 흙보다도 못하다고 생각하는 왕 깜이 못 되는 '폭군'인 것이다.

5 {日丌}(期); 상日하丌 꼴 {日丌}는 금문 '기약 기(期)'가 뒤집힌 이체자로 구획 진(其) 시간(日,月)에서, 때, 주기, 일정 기간, 정해진 기한, 기약의 뜻이다.

6 韋(衛); 어떤 장소에서(口) 다른 방향으로 발걸음을 내디뎌(舛) '어길, 떨어뜨릴 기'인데, 고대엔 '돌며 지킬 衛'와 同字로 쓰여(p118 참조) 여기선 문맥상 衛의 뜻이다.

7 {尒西}; 상尒(꽃 모양 爾의 약자) 하西(술 거르는 대바구니 西[고문자류편, p501 참조])로, '꽃 거른 바구니 서'로 추정한다.

8 {八夊田}(畟); 상八중夊하田 꼴로, 나누어(八) 밝은(夊) 밭(田)으로, 밭 가는 꼴인 '밭 갈 畟측'이 뒤집힌 이체자라 할 수 있다.

9 利器; '이로운 그릇'인데, 대부분 '그릇 器'를 뛰어난 인재를 뜻한다고 푼다. 그러나 저자는 문맥상 무기화될 수 있는 금속의 각종 농구로 본다.

10 慈; 상玆하心 꼴 '마음(心)이 (두 가닥의 실로 붙어 있어, 우거지고, 불어나고, 실을 뽑듯 이어진다) 자을(幺幺=玆) 자'로, '사랑할 慈'의 금문이라 이하 慈라 표기한다. 백서 갑은 '초목 붙어 우거지다'는 玆고, 통용본은 '물 불어날, 번성할 滋'다.

11 昏; 주로 해(日)가 발밑에 떨어진(氏) '어두운, 해 질 녘, 날 저물 무렵 혼'이다.

12 {可戈}; 구부러진 모양 可에 창 戈로, '구부러진, 기이한 창 가(기)'다. 초간 문장의 의미는 '도에 합당하지 않은 무력'의 뜻이다.

⓭ {辶己}; 己는 실을 감아 두는 실패인 '벼리 紀'의 원자며, 몸, 자기, 자아, 사사, 사욕의 뜻으로 '사사롭게(己) 말려 갈(辶) 기'로 볼 수 있다. 통용본은 '일어날 起'다.

⓮ {視兆}(覜)惻; {視兆}조는 見이 선 사람(儿)이 보는(目) 視 꼴 변에 兆자다. 앞·뒤 글자가 바뀐 '천자 알현할 覜'로 '조정, 사직'의 뜻이다. 초간 고문자에는 오늘날 한자와 비교할 때 앞뒤가 바뀐 글자가 가끔 있는데, 觀(23-②)도 그런 경우다. 또 위아래가 바뀐 것은 '밭 갈 夎측'이다. 惻측은 초간 전체에서 刂없이 쓰인 則처럼 역시 '슬퍼할 惻'에서 刂가 누락된 것으로 추정된다. '조정의 슬픔'으로 초간 2편(통19)에도 쓰였는데, 惻의 글자체가 조금 다르다. 백서 이하 도둑과 역적인 盜賊이다.

경학자는 좌우가 바뀐 觀의 경우는 觀이라고 풀었으나, 覜는 글자가 전혀 다른 盜로 釋文했다. 이는 통용본을 따른 것이다.

⓯ 糅; 현재의 상용한자 '우거질 무'는 아니다. 양손에 산가지를 들고 춤추는 무당 꼴로, '춤춰 털어버릴 무'다. 초간에선, 처음으로 亡과 나란히 쓰여 비교되고 있다. 字源에 糅는 篆文부터고 無는 舞와 같은 어원으로 해서 갑골문부터 쓰였다. 한편 초간에서 糅는 제25편에 한 차례 더 쓰였다.

유일하게 이 장에만 亡事와 糅事가 쓰였다. 노자가 다르게 쓴 이유가 있을 것이다. 是以 以下 聖人은 이미 王이기 때문에 '취천하'하는 亡事일 수 없다. 반면 {호}는 나라를 취하려는 일, 즉 '하늘에 간절히 빌어 받은 명판을 쥐는 일(事)'인 까닭에 (以)亡事다. 즉 '전쟁 같은 굳센 것을 잃음으로써'가 된다. 한편 糅事는 '전쟁 같은 굳센 것이 없다'거나, 신에게 빌어 허락받은 큰 사업이 없다는 뜻이다. 즉 전쟁이나 백성을 동원하는 큰 사업이 성인 즉 거룩한 왕에게 없으니 백성은 곡식을 가꾸며 농사를 짓는 일에 최선이다. 등 따뜻하고 배부를 것은 당연하지 않겠는가? 전쟁 등으로 인한 죽음을 잊었으니 이 어찌 복이 아닐 것인가!

⓰ {富示}(福); 上富하示 꼴로, 집(宀면)안에 가득 찬 술통(畐복)을 제대(示)에 올린, 福의 금문 중 하나다.([고문자류편, p177] 참조) 신에게 가득 찬 술통을 바쳐 술통처럼 그득 차, 부유하고, 넉넉하길 빈다는 뜻이다.

⓱ 蠶?; 좌상曰, 좌하虫, 우상兂?(비녀, 빠르다, 꽂다 '잠')의 머리 부분, 우하虫의 자형으로, 이에 가장 가까운 꼴 '누에 蠶잠'으로 추정한다. 백서 갑 이하 化다.

⓲ 取天下; 천하를 취하다의 뜻. '이망사'는 천하를 취하는 방법론이다.

⓳ 我; 들쑥날쑥한 무기의 상형으로, 여기서 我는 문장 그대로 聖人이다. 즉 도를 깨우쳐 體現된 성인이 자신을 칭할 때 표현한 글자다. 한편 五

는 어원이 '다섯'이지만, '나 吾'의 五는 어원이 다섯(五)이 아니다. 즉 五
와 '나 吾'의 '五'는 어원이 다르다. (자전 참조)

⑳ 靑; 초간에서만 본편과 제23편-①장에 1회씩 쓰였다. 靜은 제6편-①장
만 2회가 쓰였는데, 백서 갑은 본편은 靜이고, 제23편의 靑은 '푸르게
볼 靚정'이다. 문구상 靑을 개념 정의하기는 어렵다. 음양학적으로는 木
이 生하는 봄이며 방호로는 東이다.

㉑ '인다지' 다음의 글자는 天으로 쓰였으나, 문맥상 而로 하였고, '법물자
장' 뒤에 통용본은 而가 있으나 초간은 없다. 저자도 없이 번역했다.

[백서 이하 비교]

초간처럼 통용본도 앞과 연이어 있다. 문장의 변화로는 {호}가 처음 등장하
는데, 역시 백서 이하에서 吾로 바꾸어 놓았다. 이를 비롯해 글자가 많이 바뀌
어 전쟁의 폐해를 묘사한 글도, 人·民도 해석을 불가능하게 만들었다.

통용본 제57장

以正治國 以奇用兵 以無事取天下.
吾何以知其然哉? 以此.
天下多忌諱 而民彌貧. 民多利器 國家滋昏.
人多伎巧 奇物滋起. 法令滋彰 盜賊多有.
故聖人云 我無爲而民自化 我好靜而民自正
我無事而民自富 我無欲而民自樸.

(옛 성인은) 바름으로 나라를 다스리고, 기이함으로 병(기)을 쓰고, 일(事)이
없음으로 천하를 얻었다.

내가 어떻게 그는 그랬는지를 안다고 보는가? 이것으로써 이다.

천하에 꺼리거나 싫어하는 것이 많으면 백성은 더욱 가난하고, 백성에게 이
로운 기물이 많다면 국가는 더욱 어둡고, 사람에게 기묘한 재주가 많다면 기이
한 물건이 사방에서 일어나고, 법령이 세세히 드리우면 도적이 많이 있음이다.

까닭에 성인은, "내가 꾸밈이 없다면 백성은 (나를 따라) 스스로 변하고, 내
가 고요함을 좋아하면 백성은 스스로 바르고, 내가 일이 없다면 백성은 스스로
부유하고, 내가 (무언가를 의지적으로) 하고자 하는 마음이 없다면 백성은 스
스로 순박할 것이다."라고 말했다.

백서 갑 (제20장)

以正之邦 以畸用兵 以无事取天下. 吾何[以知其然]也哉?
夫天下[多忌諱]而民彌貧. 民多利器 而邦家兹(滋)昏.
人多知 而何(奇)物兹(滋)[起. 法物滋彰 而]盜賊[多有].
[훼멸] 我无爲也而民自化 我好靜而民自正 我无事民[훼멸]

백서 을

以正之國 以畸用兵 以无事取天下. 吾何以知其然也才?
夫天下多忌諱]而民彌貧. 民多利器 [而邦家兹]昏.
[人多知巧 而奇物滋起. 法]物兹章 而盜賊[多有].
是以[聖]人之言曰 我无爲也而民自化 我好靜而民自正
我无事民自富 我欲不欲而民自樸

문장에서 백서 갑은 처음 부분이 거의 일치한다. 그러나 백서 을에서 邦을
國으로 바꿔 통용본에서 治國으로 된다. 邦이 國으로 된 것은 고조 '유방'의 이
름을 피휘한 자로 연도를 예측하는 데 도움을 줬을 뿐 내용의 해석에 중요도는
없다. 초간 {虍壬}可以智其然也가 백서 갑부터 吾何以知其然也哉?로 바꿔 대
상과 정치의 글임을 숨겼다. 이어 나온 문장들도 이에 맞추어 틀었다.

  0. 以正之邦 以{奇戈}甬兵 以亡事取天下 {虍壬}可以智其然也
  1. 以正之邦 以畸用兵 以无事取天下. 吾何以知其然也哉?
  2. 以正之國 以畸用兵 以无事取天下. 吾何以知其然也才?

  1.2. 바로잡음으로써는 나라고, 기이함(畸)으로써는 兵을 쓰고, 일이 없음으
      로써는 天下를 취한다. 내가 어떻게 그런지를 안다고 하는가?

초간의 전하지 않는 글자 {기}는 백서 갑에서 '우수리 畸'로 바꾼다. 물론 '기
이하다'는 훈도 있다. '망사'는 '무사'로 됐다. 이어 백서 갑이 문장을 완전히 바
꾼다. 초간은 이미 모든 것을 알고 이 글을 쓴 노자가 {호}도 알 거야'라면서
다음에 그 이유를 언급하는 정치론의 글인데, '내가 어떻게 아는데?'로 바꾸어
버린 것이다.
문법적으로 백서 乙까지 之로 쓰이다 통용본에 治(이정치국)로 바뀐 것은,
다른 의도도 있을 것이나, 저자는 고문법적으로 통용본에서 之의 뜻을 몰라 고
친 것으로 본다. 여기서 之는 '것' 말고는 설명될 수 없다. {자전 속 문법으로

보자면, 그냥 무의미한 조사라면 모를까 (도치문일 때 성립함으로 이 역시 올 수 없는 字다) '이르다, 가다'의 경우 邦(나라에)이 부사 꼴이 되어, 之가 뒤에 위치해야 한다. (초간 제6편-①장 참조)} 저자가 읽은 책은 거의 통용본을 따라 가차자나 본 글자라고 하여 治로 고쳤다.

0. 夫天多期衛而民{介西}㬥 民多利器而邦慈昏
　　人多智而{可戈}勿慈{辶己} 法勿慈章 䚦惻多又
1. 夫天下[多忌諱]而民彌貧. 民多利器 而邦家玆昏.
　　人多知 而何物玆[起. 法物滋彰 而]盜賊[多有].
2. 夫天下[多忌諱]而民彌貧. 民多利器 [而邦家玆]昏.
　　人多知巧 而奇物滋起. 法]物玆章 而盜賊多有.
3. 天下多忌諱 而民彌貧. 民多利器 國家滋昏
　　人多伎巧 奇物滋起. 法令滋彰 盜賊多有

1.2. 대저 천하가 꺼리거나 피하는 것이 많으면 백성은 더욱 가난하고, 백성에게 이로운 기물이 많으면 국가는 무성히(玆) 어둡다. 사람이 앎이 많으면 어떤 물건이 무성하게(玆) 일어나고, 법령이 세세히 드리우면 도적이 많이 있음이다.

　초간의 처음 문장 '부천다기위'가 '부천하다기휘'로 틀어졌다. '하늘이 주는 규칙적인 절기'를 '천하가 꺼릴 것이 많다'는 식으로 가버린 것이다. 이렇게 틀어진 글은 같은 듯 다른 뜻으로 흘러갔다. 글자도 백서 갑의 글 그대로 번역하면 玆(초목이 붙어 우거지다, 무성하다, 지금, 여기, 흐리다) 昏(어둡다)은 통용본의 滋(더욱 더, 번성하다, 물 불어나다)와 거의 유사어가 되어 초간의 慈(사랑하다)와는 거리가 나버렸다. 또 백서는 초간의 勿을 모두 物로 고쳐, 저자가 최대한 문장이 되게 번역해서 그렇지, 직역하기에는 여러 곳이 걸린다. 번역도 天下를 주어로 하면 마치 民에 대응하는 王처럼 이해되고, '天下에서'로 번역하면 저잣거리 세상이 된다.
　초간은 폭군 또는 무력으로 나라를 취하려는 자에게 그것이 어려운 이유를 피지배층과 지배층으로 나누어 설명하는 글인데, 백서 갑이 번역처럼 임금이 나라를 다스리기 어려운 이유로 바꾸어 통용본에 그대로 이어져 온다. 전쟁과 깨우침이 없는 안다 하는 자의 범람이 주는 조정의 어려움을 말하는 글이, 전쟁은 사라지고 세세한 법령이 넘쳐나고 民에게 인재가 많아도 나라 다스리기가 어렵다는 쪽으로 흘러가 버렸다.

전쟁은 사람을 삐뚤어지게 하고 나라를 무너뜨린다

백서에서 통용본으로의 변화도 다른 곳에 비해 큰 편이나, 이는 뜻의 변화라 기보다는 백서가 가진 어색한 문장이나 유사글자를 문맥에 맞게 바꾼 것에 불과하다. 백서의 '부천하'는 '천하'가 되어 초간 '부천'의 의미는 사라졌다. 이것은 이미 백서가 '다기휘'로써, 지우는 것이 더 좋기 때문이다.

0. 是以 聖人之言曰 我蠶事而民自福 我亡爲而民自䗪
   我好靑而民自正 我欲不欲而民自樸
1. [훼멸] 我无爲也而民自化 我好靜而民自正 我无事民[훼멸]
2. 是以[聖]人之言曰 我无爲也而民自化 我好靜而民自正
   我无事民自富 我欲不欲而民自樸

초간에서 백서로의 변화가 크지 않다. 위치가 한군데 바뀌고, 䗪(누에치다)이 化로 바뀐 것 정도다.

초간의 입장에서는 중요한 글자가 있는데, 我蠶事而民自福에서의 蠶다. 이는 노자가 亡과 蠶를 구분하였다는 것을 뜻하여, 백서가 초간의 亡을 无(無)로 고친 것은 同義語여서 그런 것이 아니라, 전혀 다른 뜻으로 바꾸었음을 증명하다. 이에 대한 것은 많은 후학들에 의해 앞으로 깊이 있게 연구되어야 할 부분이라 생각된다.

초간에 쓰인 '무'는 蠶다. 자전은 蠶가 '무성하다'로 나와, 무당이 산가지를 양손에 잡고 터는 뜻에서 '없앨 무'의 의미로 노자가 쓴 것인지, 아니면 字解처럼 '무성하다'는 의미로 쓴 것인지 생각했다. 결론은 '없앨, 없을 무'로 했다. 事가 지금처럼 급여를 지급하고 자리를 만들어주는 정당한 사업이라면 '무성한'이겠지만, 백성의 목숨까지 군주의 소유물로 생각한 시대에 이렇게 하지는 않았을 것이다. 중국 수나라 양제가 저지른 대규모 토목공사나 대운하 건설만 보아도 알 수 있다. 까닭에 백성을 동원하는 일(事)을 없애는 것(蠶)이 백성을 위한 것이라 생각했다. 지금은 많이 다를 것이다.

[쉬어가기] – 無에 대한 이야기

39. '없음'이 지속적, 절대적 상태로, '있음'과 독립해, 원래부터 없다는 無의 '관념'이 생긴 것은 아마도 보다 후기에 적어도, 초간 丙본의 이본이 노자의 亡을 모두 继로 고쳐 쓴 이후에 继를 중시하면서, 천천히 확립되었던 것이라 보인다. (따라서 노자에서도 有無相生이 나타난 것은 漢代 도덕경에 이르러서 다) (블로그 인용)

→ 인용문은 '원래부터 없는 無'의 관념의 시작은 초간 丙본의 異本 以後라고 본다.

자전에 無는 舞와 혼용되어 갑골문부터 쓰였다. 즉 노자 이전부터 無가 '없다'는 뜻으로 쓰였다. 다만, 그 의미가 '있다가 없는 無'인지 '지속적, 절대적 상태로 원래부터 없다는 無'까지 인지는 알 수 없다.

다만 저자의 생각을 올리면, 이것으로 백서 이하 '무'로 쓴 글자를 초간이 亡이라고 썼다고, 이를 '원래부터 없을 무'의 개념이 없었다고 단정할 수는 없다는 것이다. (학계는 이러한 이유로, 亡을 無의 뜻으로 보는 것 같다) 즉 노자가 本無論을 주장하지 않았다고 '원래부터 없다는 개념의 無'가 없었다고 단언할 수는 없다는 것이다. 초간 제11편의 '천하지모'인 道를 묘사한 글을 보면, 無가 아니라 '이장충성', '촉립'처럼 '시원이 없는 시원'인 것으로 道를 묘사했기 때문에 즉 본무론의 입장이 아니기 때문에 주장하지 않았을 뿐이다. 인도의 "영(0)" 이야기가 후대에 나온다고 노자가 원래부터 없다는 無의 관념을 몰랐다고 단언하기는 아직 이른 판단이라고 본다.

제15편 - ②장

[원문]

[해독]

猷悳之厚齊 比於赤子
음 덕 지 (후)제 비 어 적 자

蚰,蠚,蠚它弗蠚 攫鳥 獩獸弗扣 骨溺 筋鞣而捉固
유 채 채 사 불 학 확 조 누 수 불 구 골 닉 근 유 이 착 고

未智牝戊之會 亥怒 精之至也
미 지 빈 무 지 희 (해)노 정 지 지 야

終日唬而不憂 和之至也 和曰{同示} 智和曰明
종 일 호 이 불 우 화 지 지 야 화 왈 {동} 지 화 왈 명

{益貝}生曰羌 心使氣曰{侃力} 勿{爿 或}則老 是胃不道 ■
{익} 생 왈 강 심 (사)기 왈 {간} 물 {장} 즉 노 시 위 부 도

빛나는 눈·마음을 얻은 悳을 마셔 두텁고 가지런히 쌓인 것은 갓 난 아이에
견준다. (왜?)

　지네, 전갈, 독사가 독침을 쏘기를 떨어버리고, 움켜쥐는 (큰) 새, (잡아먹을
듯) 으르렁거리는 짐승이 당기길 떨어버린다.

　뼈가 (자궁의 양수에) 빠졌었고 근육이 부드러울 뿐(인데도) 단단히 붙잡고,
아직 암소(음)와 새벽(양)이 모이는 것을 아는 이가 아닌 데도 늦은 밤에 곤두

서니, (댓 긴 쌀처럼) 맑고 투명한 마음에 이른 것이다 함이라.

하루를 마치도록 울부짖을 뿐(이어도) 걱정하지 않으니, 어우러짐에 다다른 것이다 함이라.

어우러짐은 '하나같이 봄'을 일컬으니, 안다 하는 이가 어우러짐은 대낮같이 밝음을 일컫는다. 재물을 쌓듯 더하는 삶(生)은 (제사에 쓰일 양을 산 채로 들고 있는 사람처럼) 굳세기만을 일컫고, 마음이 낱알 이어진 열기(몸 기운)를 부림은 강직한 힘이라 일컫는다.

날림들이 쪼개져 길며 날카로울 땐 늙는 법이니, 이는 도이지 않음을 소화함이다.

[해설]

제15편-①장은 왜 전쟁(무력)이 나라를 다스리는데 해악이 되는지에 대해 人·民으로 나누어 설명을 하고, 성인의 다스림으로 정리해 주었다. 즉 무력을 버리라는 것이다. 반대로 이 장은 처음 悳(빛나고 환한 눈·마음을 가진·얻은·획득한 것)을 언급해 쌓인 悳이야말로 최고라는 뜻을 펼친다. 이야기 소재만 유약한 '갓 태어난 아이'를 예로 들어 설명한다.

갓난아이를 설명하는 문장이 비논리적일 수도 있게 느껴진다. 그러다 보니 노자를 잘 못 이해한 설익은 안다 하는 자들은 노자가 영생불사하는 글을 썼다고 생각한다. 그러나 갓난아이는 萬勿(인간) 중에서 가장 자연에 순응하는 생명체라고 생각해야지, 그 이상을 말하는 것은 아니다.

悳이 두텁고 가지런히 쌓인 것은 갓난아이에 견준다.

노자는 體化된 곧은 마음을 '마신 덕'이라고 표현하며 '후제' 즉 그것이 두텁게 쌓이는 것은 갓난아이에게 비유될 수 있다고 표현한다. 피도 마르지 않은 붉은 핏덩이인 갓난아이, 손대면 터질 것만 같은 핏덩이를 '마신 곧은 마음이 두텁게 쌓인 것' 즉 상태에 비유하고 있다. 이는 가장 虛한 (텅 비어있는) 상태로 갓난아이를 보기 때문이다.

이어 노자는 지금이라면 좀 황당할 수 있는 말이겠지만, 예전에는 충분히 이야깃거리로 전해졌을 법한 말을 한다. 즉 갓난아이는 지네, 전갈, 독사 같은 곤충이나 짐승들이 죽이려 독침 쏘는 것을 떨어버리고, 거대한 독수리처럼 웬만한 짐승을 움켜쥘 수 있는 큰 새도 먹이로 삼지 않고, 잡아먹을 듯 으르렁거리는 큰 짐승도 갓난아이를 잡아먹기 위해 물어 당기길 떨어버린다고 말한다. 즉 독충과 짐승들도 悳이 體化된 사람은 알아본다는 것이다. 또 아이의 뼈가 젖은 활의 깃털처럼 자궁의 양수에 10개월의 기간 동안 빠졌었고, 근육은 또 다

듣어 마름질 된 가죽처럼 부드러운데도, 잡는 것을 보면 단단히 붙잡고, 계속해서 아직 음과 양의 이치를 알지 못함에도 음기가 강한 늦은 한밤에도 고추가 곤두서니, 대낀 쌀처럼 맑고 투명한 마음에 이르렀다 볼 것이다. 그리고 온종일 범 소리처럼 크게 울부짖어도, 부모는 머리 목덜미 잡는 마음으로 걱정하지 않으니, 이유인즉 갓난아이는 이미 어우러짐에 다다랐기 때문이다.

어우러짐(和)은 같은 곳을 보는 것({同示})이요, 대낮같이 밝은 明이다.

결국 이 예시들은 어우러짐에 이른 갓난아이를 설명함이다. 단 한 톨의 생각도 없는, 만일이나 혹시 하는 의구심을 품지 않는 그 무엇의 상태다. 그것을 노자는 和之至也, '어우러짐에 이른 것이다 함이라'로 마무리한다. 그리고 어우러짐은 '하나같이 봄'을 일컫는다고 말한다. 제대(示)위의 同이니, 인간의 눈이 아닌 신의 눈으로 혹은 그 정도의 간절한 기원으로 하나같음이다. 적어도 노자는 그렇게 생각하고 이해한다. 까닭에 밝은 눈과 마음(悳)에 하나가 되는 것, 그것이 道가 스며든 마음은 아닌지 생각해볼 일이다.

이 말들은 모두 누구에게 하는 말인가? 智다. 안다 하는 자들이다. 까닭에 이들이 어우러짐을 아는 것이야말로 한낮과도 같은 '밝음(明)'이다. 반대로 재물을 더하고 쌓는 삶을 살아가는 것은 굶주려 재물 양을 걸쳐 든 사람처럼 굳세기만을 말하는 것이니 버려야 할 것이요, 꽉 찬 마음으로 氣를 이렇게 저렇게 컨트롤함은 이미 가득해 버린 강직한 힘({侃力})이라 일컫는다. 마음이든 몸이든 물질이든 꽉 들어참은 만물이 정점에 이른 것이나 진배없어, 곧 늙고 내려감이니, 이는 不道를 소화함이다.

[고문자 해독]

❶ 酓(飲); '술(酉)을 입에 머금을(含) 염'의 금문 꼴로[고문자류편, p329], '마실 飲음'의 原字다. 현재는 '산뽕나무, 술맛 쓸 염'자로 알려져 있다.

❷ 赤; 상大하炎 꼴, 赤의 금문으로 추정한다. 초간 15-②의 염(혁)자로 보이는 글자와 흡사, 비교된다.

❸ {由虫虫}(蚰); 상由하虫虫 꼴, 귀신 머리(불, 비) 벌레(곤) '유'라 추정한다. 머리가 무서운 벌레인 마디발 벌레, 그리마 蚰유와 흡사해, 아마도 물리면 쓰리고 아픈 독이 있는 '지네'를 뜻한다.

❹ 蠆; 상萬하虫虫 꼴, '전갈 채'자가 중문부호로, 두 번 반복됐다. 蠆는, 본래 전갈인 萬이 수사(數詞)로 쓰임에 따라, 여기에 虫虫을 붙여 전갈, 가시, 독을 뜻했다.

5 蠆它; 다시 반복된 蠆는 뒤에 '뱀 蛇사'의 古字인 '它사'를 수식해, 전갈과 같은 독 있는 뱀 '독사'를 뜻한다.

6 蠚; 원문은 상若하虫 꼴 {若虫}로, 상용한자 중엔 '쏠 蠚학'과 가장 흡사하다. 벌레의 독, 독침으로 쏜다는 뜻이다.

7 {用夐}(攫); '움킬 攫확'의 扌(수)변 대신 用의 금문 꼴 변이다. 攫鳥란 날카로운 발톱으로 움켜쥐는 새로, 독수리 등의 맹금류를 뜻한다.

8 {需犭}(獳); 좌우가 뒤바뀐 '으르렁거릴 獳누'의 이체자로 추정한다. 獳獸는 으르렁거리는 짐승으로 몸집이 큰 동물을 뜻한다.

9 {用口}(扣); 역시 扌변 대신 用변을 쓴 '두드릴 扣구'자다.

10 菫(筋); '제비꽃 菫근'의 원자인데, 문맥으로 보면, '제비꽃'이긴 어렵고, 혹 竹, 艹를 혼동한, 대나무 따위 섬유 줄기로, '살 속 힘줄 筋근'과 통하는 '껍질 흰 대 箽근'이다

11 {矛求}(鞣); 상矛하求(찢어발긴 짐승가죽) 꼴, 부드러운, 창질 된 가죽 鞣유다.

12 {用足}(捉); 扌변 대신 用변인, '단단히 묶고, 붙잡을 捉착'이다.

13 戊; 도끼날 달린 창 꼴로 가차해, '다섯째 천간 무'다. 시각으로는 오전 4~5시로, 양기가 시생하는 새벽의 勃起발기 상태를 암시한다.

14 亥?; 상亠중一하勿 꼴로, '돼지 亥?해'에 가깝다. 亥는 가차해 십이지의 제 십 위로, 시간으론 밤9~11시 사이, 아마도 음기가 강한 늦은 밤을 뜻해, 아래 '분노할 노{艹女心}'와 함께, 음기가 강한 밤에도 발동하는 갓난애의 몸 상태를 상징했다.

15 {艹女心}(怒); 상艹중女하心 꼴로, 위로 들어 올린 양손이나 풀 자라는 꼴(艹) 여자의 마음으로 '성내고, 분기하고, 곤두서고, 기세가 대단할 怒노'로 푼다.

16 {青米}(精); 상青하米 꼴, 깨끗이 대낀, 정맥한 쌀 '정'으로, 맑은 마음인데, 후에 생식의 원질, 정기도 뜻했다.

17 {頁心}(憂); 상頁하心 꼴, 머리와 목덜미(頁혈) 마음(心)으로, 초간 乙본의 제19편-①장 絕{與子}亡憂의 '우'에서 夊쇠가 빠진 '걱정할 우'다.

18 {同示}; 상同하示 꼴로, 제대(示) 위에 맞춰진 원통에서(同), '맞추어 볼 동' 또는 하나같음(同)을 제대(示)에 올렸으니 '하나같은 마음으로 볼 동'으로 추정한다.

19 {益貝}; 상益(초간 제19편-①장의 益은 皿명이 없다)하貝 꼴로, '재물(貝) 더할(益) 익'이라 추정한다.

20 {羊衆}(羌); 상羊하衆으로, 양이 많은 사람(衆의 본자)에 들려져, 역시 羊을 든 사람(儿)인 '羌강'과 통할 수 있다. 羌은 양치는 오랑캐, 굳세고 굶주린다는 뜻이다.

㉑ {卜日又}(使?,吏?); 상卜중日하又, 점친(卜) 팻말(日)을 들고(又), 神意를 수행한다는 뜻의 '사, 리'로 '부릴 使사', '아전 吏리'의 古字로 추정한다. 백서 이하 使.

㉒ {皀次灬}(氣); 상皀次하火, 음식(皀) 이어진 다음(次)의 열기(火)인, '몸의 기운'으로, 고개를 돌릴 만큼(旡) 센 열기(火)인 旡기나 이와 同字이면서도, 전문에서부터 쓰이기 시작한 氣로 추정할 수 있다.

㉓ {侃力}; 상侃하力, 굳세고 바른 '강직할 侃간'에 '팔, 힘, 무기 力력'이 붙어, 마음이 마음대로 조절하는 氣를 의미하여 부정의 뜻이다. 이미 제11편에서도 쓰였으며 강압적으로란 뜻의 强강과 유사하다.

㉔ {爿戜}; 爿(세로로 쪼갠 나무 중 왼쪽조각 장)+戜(날카로울 질)로 널판 날카로울 '장'이나, 戕(긴 창, 죽일 장)+呈(드러날 정)으로 눈에 띄게 긴 창 '장'인데, 모두 길어 부러지기 쉬운 무기를 뜻한다. 의미적으로는 여름의 끝이요, 만개한 꽃이다.

㉕ 백서 이하는 '빈무지회' 다음에 而가 있으나 초간은 없다. 없이 번역했다.

[백서 이하 비교]

초간은 道를 깨우쳐 체화된 사람(悳)을 '음덕'(마신 덕)이라고 표현하여 갓난 아이에 비유한다. 그 비유가 지금으로는 논리성을 벗어나지만, 그만큼 몸에서 품어져 나온다는 것을 말하는 것이다. 마치 성령의 아우라처럼.

통용본 제55장

含德之厚比於赤子. 蜂蠆虺蛇不螫 猛獸不據 攫鳥不搏.
骨弱筋柔而握固 未知牝牡之合而全作 精之至也. 終日號而不嗄 和之至也.
知和曰常 知常曰明 益生曰祥 心使氣曰强. 物壯則老 是謂不道 不道早已.

품은 덕이 두텁다 함은 갓 태어난 아이에 견줄 수 있다.

벌, 전갈, 독 있는 뱀이 쏘지 않고, 猛獸(맹수)가 (죽이려) 웅크리지 않고, 움킬 수 있는 (큰) 새가 잡아가지 않는다. 뼈가 약하고 근육이 부드러우나 쥐는 것이 단단하고, 아직 암수(음양)의 합을 아는 것이 아니면서도 완전히 지으니 精이 다다른 것이다. 하루가 다하도록 울어도 목이 쉬지 않으니 조화로움(의 극)이 이름이라.

(이처럼) 조화로움을 아는 것이 가로되 常(영원함)이요, 常(영원함)을 아는 것이 가로되 明(삶의 지혜)이요, (반대로) 삶을 유익하게 하려는 것은 祥(재앙)이요, 마음이 기를 부리는 것은 가라사대 굳셈이라.

만물은 壯해지면 늙는 법이니 이는 不道를 말함이요, 不道는 일찍 마치리라.

백서 갑 (제18장)

[含德]之厚[者] 比於赤子 逢(蜂){彳刺}(蠆){虫畏}(虺)地(蛇)弗螫
{扌瞿}(攫)鳥猛獸弗搏
骨弱筋柔而握固 未知牝牡[之會而朘怒] 精[之]至也.
終日號而不{心夕}(嚘) 和之至也.
和曰常 知和曰明 益生曰祥 心使氣曰强 [物壯]則老 胃之不道 不道[早已]

백서 을

含德之厚者 比於赤子 螽癘(蠆){丿虫}(虺)蛇弗赫(螫)
據(攫)鳥孟(猛)獸弗捕(搏)
骨弱筋柔而握固 未知牝牡之會而朘怒 精之至也. 冬日號而不嚘 和[之至也.]
[휘멸]常 知常曰明 益生[曰]祥 心使氣曰强 物[壯]則老 胃之不道 不道蚤已

문장의 내용이 아이를 비유적으로 쓰다 보니, 뜻은 동일하나 글자가 조금씩 변화되었다. 마지막 마무리 부분은, 초간이 和之至也 和曰{同示}로 썼으나 백서 갑이 和之至也 和曰常 知和曰明처럼 글자를 바꾸니, 말 잇는 글이 아니어서 백서 을이 知常曰明으로 고친다. 이에 통용본이 다시 앞부분에 和를 넣어 和之至也 知和曰常 知常曰明으로 마무리한다.

1. 骨弱筋柔而握固 未知牝牡[之會而朘怒] 精[之]至也.
   終日號而不(嚘) 和之至也.
2. 骨弱筋柔而握固 未知牝牡之會而朘怒 精之至也.
   冬日號而不嚘 和[之至也.]
3. 骨弱筋柔而握固 未知牝牡之合而全作 精之至也.
   終日號而不嗄 和之至也.

1.2. 뼈가 약하고 근육이 부드러우나 단단히 쥐고, 아직 암수(음양)의 만남(會)을 아는 것이 아니면서도 불알이 곤두서니 精에 다다른 것이다. 하루가 마치도록 울어도 목이 잠기지 않으니 어우러짐에 이른 것이다

첫 줄은, 초간 및 백서는 독을 가진 것들과 큰 동물(새와 짐승)로 2분 하여 말한 부분이 통용본에서 3개의 문장으로 나뉘어 졌다. 의미적으로는 같아 설명을 생략했다. 두 번째 줄은 溺이 弱으로, 智가 知로 바뀌는 등 글자의 변화가 심한 편이지만, 초간의 뜻은 번역처럼 통용본까지 통한다(여기서 智는 지식인을 가

리키는 말이 아니라, 갓난아이를 가리키기 때문에 知로 고쳐도 말이 된다).

다만, 통용본의 嗄(목 잠길 '애, 사')로 대상이 갓난아이이나, 백서는 嚘(한숨 쉴, 탄식할 '우', 목이 메다)여서 부모나 갓난아이 모두 해당하는 꼴이다. 반면 초간은 憂(근심하다)이니 부모다. 백서가 초간에서 통용본의 중간 역할을 하고 있는 꼴이다.

0. 和曰{同示} 智和曰明 {益貝}生曰羌 心使氣曰{侃力} 勿{나} 或}則老 是胃不道
1. 和曰常 知和曰明 益生曰祥 心使氣曰强 [物壯]則老 胃之不道 不道[早已]
2. [知曰]常 知常曰明 益生[曰]祥 心使氣曰强 物[壯]則老 胃之不道 不道蚤已
3. 知和曰常 知常曰明 益生曰祥 心使氣曰强. 物壯則老 是謂不道 不道早已.

1.2. 어우러짐(앎2)은 가로되 영원함이요, 어우러짐(영원함2)을 아는 것은 가로되 밝음이다. 삶을 더함은 가로되 祥상서로움이요, 마음이 氣를 부림은 가로되 강직함이다. 萬物은 성해지고 굳세어지면 늙나니, 이것은 不道를 소화함이라, 부도는 일찍 그친다.

글자의 변화를 보면, 백서 갑이 먼저 미흡하게 고치니, 백서 을이 완전히 틀어지게 만든다. 즉 백서 갑이 초간의 和를 知로, {동}을 常으로 하는 것에서 그치니, 이렇게는 이어지는 글 '지화왈명'과 어울리지 않아 乙이 백서 갑의 '지화'를 '지상'으로 고친다.

초간의 뜻은 {同示}(하나같이 봄)을 써서 어우러짐(和)을 정의하고, 다음의 문장에 나온 智에게 그 어우러짐을 아는 것이 대낮같이 밝은 明이라고 가르쳐 주는 글이다. 반면 백서 갑은 智를 쓰지 않아 대상을 일반화하고, {동}을 常(영원함)으로 바꾸어, 초간의 명확한 의미를 추상성이 강한 깨우침의 글로 만들었다. 초간의 {益貝}도 백서부터는 재물을 나타내는 '조개 貝'가 없어, 초간은 '재물을 더하는 삶'처럼 앞에서부터 번역을 하나, 백서는 '삶을 더함은'처럼 뒤에서 번역하도록 되어있고, 의미도 사실 긍정인지 부정인지 불명확하다. 계속해서 羌(굳세다)은 祥(상서롭다)으로, {간}은 强(껍질이 두꺼운 바구미)으로, 勿은 物로, {장}은 壯으로, 그리고 초간은 마무리로 '시위부도'로 끝을 맺는데, 백서는 '위지부도 부도조이'(不道를 소화함이니 不道는 일찍 그친다)로 마무리 지었다 (백서 을이 '벼룩, 바구미 蚤'를 썼는데, '일찍 조'의 뜻도 있어 의미는 없다).

萬勿은 인간이라고 말했다. 그럼 萬이 없는 勿은 범위가 어떻게 될 것인가? 저자의 판단으로는 오늘날의 萬物에서 무생물을 뺀 것, 즉 살아있는 모든 것을 이른다. 초간 제17편 '천하지물'의 勿과 같은 것이다.

제 16 편

[원문]

[해독]

名與身{竹言}親 身與貨{竹言}多 {之貝}與{亡貝}{竹言}旁
명 여 신 {독} 친 신 여 화 {독} 다 {치} 여 {망} {독} 방

甚愛必大{蚰百貝} {阝 句}贓必多{亡貝}
심 애 필 대 {비} {후} 장 필 다 {망}

古智足不辱 智{之止}不台 可以長舊 ■
고 지 족 불 욕 지 {지} 불 태 가 이 장 구

이름(규정)에 함께하는 몸은, (사당의 늘 푸른 대나무처럼) 한결같은 두터움이 (땔감붙이처럼 한 뿌리에서 나뉘어) '가깝다'이다. 몸과 함께하는 재화는, (변함없는) 두터움이 (고기가 겹쳐 있듯) '많다'다. 재물 쫓기에 함께하는 재물 잃기는, 변할 수 없는 屬性이 (서로) '기대어 있다'이다.

(그래서) 지나치게 마음 집착하면 반드시 크게 (벌레가 수없이 좀먹은 조개처럼) 손상하고, (아무도 모르는) 구석진 곳에 부정으로 숨긴 재물도 반드시 재물 읽기가 겹치듯 많다.

옛날 안다 하는 이는 (스스로) 足하여 욕을 당하지 않았으니, 안다 하는 이가 멈춘 것은 마음 갈리지 않음이다. 긴 지혜로 쓸 수 있으리.

[해설]

노자는 여러 방면에서 한 곳을 향하는 이야기를 들려준다. 그래서 단 한 줄만으로도 언제나 아름답고 다함이 없다. 다만 문장이 새롭다 보니 핵심을 모르면 역해가 옆으로 간다. 이곳도 첫줄 名與身의 名에 대한 풀이가 다른 해석자들과 다르다. 다른 해석자는 '명예(명성)'으로 해석하나 저자는 名(이름, 규정성, 본바탕의 무엇)으로 본다. 백서 갑부터는 문장을 의문문의 형태로 고쳤다.

名(규정성)과 몸(身)의 두터운 공통점은, 같은 땔감붙이(薪)에서 나누어진 '가까움'이다

처음 3가지는 노자 필법이 그렇듯 예시문에 해당한다.

함께하는 각각에는 변할 수 없는 한결같은 공통분모가 있으니 처음은 新(한 나무에서 갈렸다)이요, 두 번째는 多(많으면 좋다)요, 마지막은 旁(떨어져 있는 것이 아니라 옆에 찰싹 붙어 간다는 것)이다. 즉, 이름과 몸(名與身)은 곧 道에서 갈려 그릇(名)에 딱 맞는 자루(身)로 만들었으니 둘은 薪(같은 뿌리다)인 까닭에 자신을 잘 보아 탈 없이 살라 함이요, 몸과 재화(身與貨)에 대한 인간의 변치 않는 한결같은 공통분모는 '많다'면 하는 것이다. 몸이 여러 개라면 목을 거는 짓거리도, 온갖 시험도 마다하지 않을 것이다. 이는 재화도 마찬가지다. 그러나 정작 이 2가지 예문은 사실 마지막 재물 쫓기에 한패가 된 재물 잃기({之貝}與{亡貝})라는 글을 이야기하기 위한 전제로 노자가 쓴 것이다. 마지막 예시문 3구는 이렇다. 재물 쫓기와 재물 잃기, 보기는 상반되는 듯한 이 둘의 변할 수 없는 속성은 각기 따로따로 가는 것이 아니라 동전의 양면처럼 찰싹 곁에 붙어있어 떨어지거나 털어짐 없이 같이 간다는 것이다. 이 말은 무슨 뜻인가!

재물 쌓는 것과 재물 잃음은 동전의 양면이니, 사람이 그칠 줄 아는 것은 오랜 지혜다.

그것이 甚부터 {亡貝}다. 재물을 향함과 재물에 대한 잃음, 둘은 아주 깊숙이 관여되어 있으니, 몸이든 마음이든 한쪽으로 심하면, 다른 한쪽으로 심함을 당하게 된다는 것이다. 아무리 꽁꽁 숨겨도 재물을 잃는 것은 '반드시'다. 즉 '필연적인 것'이다. 비록 자신은 부귀영화를 누리다 저세상으로 갈지 모르지만 인위적으로 쌓은 것은 언젠가는 허물어지게 되어있다는 숙명론적인 글이다.

그리고 마지막 절에서 혹 노자의 주관적인 말이라 오해할까 봐, 객관성을 담

보하기 위해 옛날 足함을 알았던 智者의 삶을 이야기한다. 곧 足이란, 부귀영화를 full로 채우는 것이 아니라 스스로 멈추는 것이다. 멈춤도 그냥이 아니라 마음 갈리는 것 없는 멈춤이니, 이것이야말로 세월 타지 않는 영원한 진리다. 까닭에 가진 너희들도 만족해 살라고 당부하며 끝을 맺는다.

내용을 보듯 노자의 글은 존재의 이야기지, 우리가 생각하는 가치를 이야기하지 않는다. 노자가 낯설고 쉽게 받아들이기 어려운 것도 바로 이런 이유일 것이다. 그러나 노자의 입장에서는 존재 자체가 곧 가치(고유성, 의미체)이기 때문에 이야기하지 않은 것이다.

《 名與身{竹音}新 》

이 편은 내용보다는 첫 구의 名에 대한 해석을 두고 후세에 혼란을 겪고 있다. 즉 名이 사람의 '명예, 명성'을 나타내는지, 아니면 저자처럼 이름(규정, 모습)을 나타내는지에 관한 것이다. 이 문장의 名은 노자가 이름과 규정성을 달리 의미 부여하고 있다는 것을 알아차릴 수 있는 몇 안 되는 문장인데도, 지금까지의 석학들은 모두 名을 '명예, 명성'으로 해석하여 그동안 스스로 해석하는 노자의 名(이름)과도 다르게 전혀 생뚱맞게 풀이한다. 그러나 그러한 풀이는 노자의 격을 수준 이하로 떨어뜨리는 것일 뿐이다.

첫 문장 名與身의 名은 字(이름)가 아니라 그가 道로부터 부여받은 규정성(名)을 나타낸다. 又名의 名이다. 만약 태어나서 갖는 이름이라면 누가 보더라도 '몸과 함께하는 이름'으로 나와야 논리적이다(이는 명예, 명성도 마찬가지다). 즉, '名與身이 아니라 身與名신여명'(몸에 더분 이름, 몸과 함께하는 이름)이 되어야 한다는 것이다. 왜냐하면, 시간상 또는 의미상 몸이 생기고 나서 이름이 붙기 때문이다. 따라서 이름(名)은 '이름'(字)이 아니며, 身에 앞서 그가 그이게끔 규정된 본바탕이다. 노자 전체에서 名은 오직 그 뜻일 뿐이다. 그런데, 그런 名을 몸과 한패로 보았다. 노자가 몸을 얼마나 소중히 여기는 것인지 여기서도 분명하다. 名과 몸을 한 뿌리로 여기고 있기 때문이다.

저자는 治者나 많은 종교지도자 등이 어떻게 깨우치면, 인간의 몸을 흔한 물건처럼 업신여길 수 있는지, 그래서 전쟁도 두렵지 않고, 목숨이라는 것도 쉽게 버리라고 선동할 수 있는지 궁금하다. 진정 바른 지도자라면 凡夫들에게 몸을 소중히 다루라고 이야기해야 한다. 그들 또한 당신과 같은 唯一無二한 意味體이기 때문이다. 모두는 보살님이다. 사회 속에서 사람들이 자연스럽게 계층과 계급으로 나뉘어 자리를 잡았지만, 그것은 인간 사회의 소관일 뿐, 하늘이 준 인간 각자는 자신만의 固有性이 있다. 그래서 이 세상에 존재하는 것이다.

다르다는 것은 어우러짐(和)으로 하나가 되는 것이지, 차별의 이유가 되어서는 안 되는 것이다. 반대로 '같다'는 것은 필연적으로 다름(차별)을 만든다. 역설적이지만 분파적인 언어이기 때문이다. 누구보다도 그 말을 사용하는 자들이 잘 안다. '우리가 남이가?'는 그래서 진리일 수 없다. 획일적 평등을 주장하는 공산주의는 그래서 거짓이다. 실재하는 러시아, 중국, 그리고 북한을 보라. 그 나라는 오직 1인을 제외하고 평등한 人民共和國일 뿐이다. '각인은 하고 싶은 만큼 일하고 먹고 싶은 만큼 먹는다.'는 공산주의의 표어는 사탕발림일 뿐이다. 인간이 신이 되어 신이 필요 없는 레벨에서나 가능한 이야기일 뿐, 현상에서는 불가능하다. 한배는 탈 수 있어도 앞뒤는 있는 것이다.

《 名與身{竹帛}新의 역해 비교 (2) 》

본편의 名은,… 명성, 명예의 뜻에 한정되어 있어,… 名을, 그 본래적 뜻인, 사물을 분별, 정의하는 행위와 그 결과를 의미하는,… '이름'의 뜻으로 보기 어렵게 한다는 것이다. 그러나 초간… 본편(의)… 名은 이미… 철학적 명제로 정의돼… 사물에 대해 이름하고, 분별한다는 보다 포괄적이고, 보편적인 뜻이 일반적인 가운데, 본편에서만… 이미 전술된, 보편적인 名의 뜻과 함께, 부분적, 일시적으로, 명예, 명성의 뜻도 포함해 볼 수 있을 뿐이다. (블로그 인용)

→ 노자의 名은 萬勿(인간) 이전 또는 쪼개짐과 동시적인 규정성 즉 이미 주어진 모습이나 역할 즉 운명 같은 것으로 身 以後의 이름(이것을 字로 풀자)을 말하는 것이 아니다. 즉 名은 단순 이름(字)일 수도 없고, 또한 명예나 명성일 수도 없다. 여기의 名 또한 그렇다.
名은 몸 이전 또는 몸과 동시적인 규정이다. 이 글자를 여기에 쓴 것은 욕심 많은 智(안다 하는 자)의 만족을 요청하고 있기 때문이다. 이것이 처세로 보일 수는 있겠으나, 노자의 말은 名을 따라 그것에 만족하라는 것이다.

이름(명칭)과 몸(생명), 어느 것이 절실한가? (번역, p206)
5. 명(名)을 비판하고 신(身)을 중시하는 사상이다. 이러한 사상은 왕필본 〈노자〉 제7장에 "시이성인… 외기신이신존(그러므로 성인은… 그 몸을 도외시하니 몸이 보존된다)"과 제13장에 "고귀이신위천하… 애이신위천하(그러므로 자신의 몸을 귀하게 여기기를 천하처럼 하면… 자신의 몸을 아끼기를 천하처럼 하면)"에 잘 드러난다. 당시 명(名)을 중시한 것은 유가(儒家) 쪽이었다…. '명여신숙친'은 이러한 유가에서 볼 수 있는 등의 명(名) 중시 사상을 비판하는 것으로 볼 수 있다. (p207~208, 한자 생략)
이 장에서는 '명(名)과 신(身)'→'신(身)과 화(貨)'→'화(貨)의 득(得)과 망

(亡)'을 차례로 물어가는 형식으로 되어 있다. 그러나 내용상으로는 신(身, 몸·육체적 생명)이 무엇보다도 소중함을 강조한다. 사람들은 항상 자신의 몸을 가벼이 여기며 명리를 자랑하고, 탐욕을 부려 위험이나 죽음을 돌보지 않는다. 노자는 세상 사람들이 생명을 귀중히 여겨야지, 명리를 위해서 자신의 몸을 돌보지 않아서는 안 된다는 것을 각성시킨다. (해설, p210)

→ 최재목의 역해다. 명예(명성)와 조금 다른 듯 번역을 했는데, 주해나 해설을 보면 名利(명리)처럼 역시 '명예나 명성'이다. 특히 최재목은 이곳처럼 초간의 문장이 평서문이 분명함에도 통용본을 따라 해독 글자를 孰(누구 숙)의 의문문으로 해석한다. (초간 해석서 모두 같다) 통용본의 형태를 취한 것이다. 그러나 몸을 소중히 하라는 해석은 노자의 뜻과 같다.

[고문자 해독]

❶ 新; '땔나무 薪'의 原字로, 본래 하나의 나무를 벤(斤) 땔나무에서, '하찮다'거나 땔감붙이처럼 '가깝다(親)'는 뜻이다. 본편에선 땔감처럼 하찮다는 것이 아니라 '하나'의 나무에서 나누어진 땔감붙이처럼 가깝다는 뜻이다.[고문자류편, p172]

❷ 多; 살(夕=月=肉)이 겹쳐(多) '많다'는 뜻이다. 문장 속 身과 貨에 多를 쓴 것은 일반 사람들의 생각을 쓴 것이다. 까닭에 훈은 반드시 '많다'로 해야 한다.

❸ {之貝}{亡貝}; 원문은 상之하貝, 상亡하貝 꼴이다. 조개(貝)를 향해 가는(之) '재물 쫓을 치'고, 조개(貝)를 잃는(亡) '재물 잃을 망'이다. 백서 갑은 '얻을 得', '잃을 亡'이라 했다.

❹ {凡方}(旁); 좌凡우方 꼴로, 두루, 곁 旁의 古字다.(자전 및 [고문자류편, p366] 참조) 다만, 갑골, 금문은 상凡하方인데, 초간은 좌凡우方의 병렬 꼴이다. '곁 傍'과 동자고, 널리, 두루, 기대고 의지한다는 뜻이다.

❺ {夂心}(愛); 상夂하心 꼴로, 아래를 향한 발 또는 발자국(夂치)으로 '내려가다'의 뜻과 마음(心)에서, '비탈길처럼 가파르게 내려가는 마음 치'의 뜻이다. '외로 쏠리는 마음 애{旡(기, 무)心}'에 夂와 동일어 이체자인 '夊(쇠)'를 붙인, 통용본 '귀애할, 사랑할 愛'와 통용된다.

❻ {蚰百貝}; 상蚰중百하貝 꼴로, 벌레(蚰곤)가 수없이(百) 좀먹은 조개(貝) '비'로 크게 훼손, 손상됐음을 뜻한다. 통용본은 '허비할 費'다.

❼ {阝句}; 상阜하句 꼴로, 언덕(阜부) 아래 갈고리처럼 구부러진(句) 후{阝句}다. {阝句}는 아래 한글 사전엔 떠날 후, 땅이름 구라 했는데, 이보단

초간의 문맥상 언덕(阜) 굽은(可=句) '언덕, 기슭, 산비탈 阿아'에 가까운 뜻으로 보인다.

8 贜; 상장(藏)하貝 꼴로, 뇌물로 부정하게 거두고 감춘 '금품, 장물 贜장'으로 추정한다.

9 台; 쟁기질로(厶는 금문에서 以와 같고, 以는 농구 중 쟁기(㠯)의 상형) 흙을 부드럽게 갈아 '풀다'는 데서 '마음 갈(릴), 풀어질 태'다. '나, 기뻐할 怡이'의 원자이다.

10 舊; 절구통(臼)에 걸터앉은 머리에 깃이 난 새(萑) 꼴로, 특히 올빼미를 뜻한다. 올빼미는 오래 살며, 눈이 크고, 좋기도 해서 지혜를 상징했다. 오래 사귄 벗, 늙은이, 노인, 구의 등을 뜻했는데, 久와 음이 같아서 오래 지나 '낡다, 옛날'의 뜻으로도 쓰였다.

[백서 이하 비교]

역시 중요한 글자들이 바뀌었다. 평서문이 의문문으로 바뀌고, 속성이 두텁다는 뜻은 '선택을 한다면?'의 뜻으로 바뀐다. 내용은 역시 노자의 이야기 주 대상이었던 智를 知로 바꾸어 대상을 일반화했다.

통용본 제44장

名與身孰親? 身與貨孰多? 得與亡孰病?
是故甚愛必大費 多藏必厚亡.
知足不辱 知止不殆 可以長久.

名譽(명예)와 몸(생명) 중 어느 것이 가깝냐? 몸(생명)과 재화 중 어느 것이 (귀함이) 많은가?

(금전이나 부귀공명을) 얻는 것과 아무것도 없는 것은 어느 것이 병이 될까?

이런 까닭에 사랑이 심하면 반드시 (몸을) 크게 소비하고, (재화의) 축적이 많으면 반드시 두텁게 망하리라.

족함을 알아 욕을 당하지 않고, 그칠 줄을 알아 (삶이) 위태롭지 않다면, (생명이) 길고 오래갈 수 있으리라.

백서 갑 (제7장)

名與身孰{立木}(親)? 身與貨孰多? 得與亡孰病?
甚[愛必大費 多藏必厚]亡. 故知足不辱 知止不殆 可以長久.

백서 을
名與 [이하 훼멸]

지금까지 초간의 문장이나 글자를 보면 이곳 예시문의 {之貝}, {亡貝}(재물 쫓기, 재물 잃기)처럼 뜻하는 것이 분명하다. 그런데 백서부터는 得與亡으로 바뀌어, 해석하면 무엇을 얻고 무엇을 잃는 것인지 대상이 불명확하다. 즉 해석에서 넣어줘야 할 부분들이 많다. 전체적으로는 무엇인지 알 수 있으나 '딱 그것이다'고 단정할 수 없게 만들었다.

0.   名與身{竹言}親 身與貨{竹言}多 {之貝}與{亡貝}{竹言}旁
1.2.3. 名與身孰(親)? 身與貨孰多? 得與亡孰病?

0.   이름과 몸은 두터운 공통분모가 땔감붙이처럼 한 줄기에서 나뉜 '親'이다.
1.2.3. 名譽(명예, 명성)와 몸(생명) 중 어느 것이 가깝냐?

첫 문장만 번역했다. 초간은 의문문이 거의 없다. 그것은 노자가 정치철학을 펼친 글이기 때문이다. 그런데 백서 이하는 이것을 많이 의문문으로 바꾸었다.

초간의 {독}은 이미 제13편에 나와 '한결같다, 도탑다(篤), 변함없다, 속성 등'의 뜻을 나타낸다. 즉 초간은 비교하고자 하는 둘은 {독} 다음의 글자로 '닮은 것이 많다'는 의미다. 그런데 백서 갑은 이것을 둘 중 선택해야 하는 문장의 의문문으로 만들어 버렸다. 즉 어느 것이 더 친하고, 더 많고, 더 병이냐는 식이다.

이렇게 만들어서 특히 '명여신'의 名을 '명예, 명성'으로 해석하도록 유도하고 있다. 노자가 초간에서 '{구}절우명'이라고 하여 '규정성'을 뜻하는 名을 부귀공명과 같은 '명예'로 바꾼 것이다. 이는 3번째 문장과 유사한 문구다. 그래도 후손은 이 또한 노자의 말과 연결되어 그런 뜻을 말하는 것으로 이해하였다.

그러나 초간의 3번째 문장은 둘의 '속성'이라고 하여 '그렇다'는 뜻의 단정, 주장 글이기 때문에 '곁, 옆 旁'을 쓸 수 있는 반면, 백서 이후는 둘 다 病이지만 어느 것이 더하고 덜하냐는 식의 문장으로 바뀌다 보니, 초간에서 쓴 '곁, 옆 旁'을 쓸 수가 없어 전혀 의미가 다른 病(질병)으로 고쳤다.

0. 甚愛必大{虫虫百貝} {阝 句}臧必多{亡貝} 古智足不辱 智{之止}不台 可以長舊
1. 甚[愛必大費 多藏必厚]亡. 故知足不辱 知止不殆 可以長久.
3. 是故甚愛必大費 多藏必厚亡 知足不辱 知止不殆 可以長久.

저자가 초간, 백서, 통용본의 문장을 역해하면서 느낀 것은, 본의가 드러나지 않게 글자가 바뀌었는데 말이 된다는 것이었다. 특히 체언(주체, 주어)을 없앴는데도 말이 되는 것이 신기했다. 여기도 그런 형태다. 분명 智(안다 하는 이)가 知(알다)로 바뀌어 글자가 안 되어야 하는데, 신기하게도 초간에서는 서술어인 足(족하다)이 백서 이후에서는 목적어(족을)가 되면서 문장이 된다는 것이다. 한문이 표의문자이다 보니 가지는 특징이다. 광개토대왕비도 어떻게 띄어 읽느냐에 따라 뜻이 대립하는 문장이 있다는데, 고쳤거나 표의문자의 특징 때문이다. 문장은 손을 보지 않고 글자만 비슷하게 고쳐도 새로운 글이 되는 한문, 마음도 쉽게 如反掌할 수 있지 않나 하는 생각이 들었다.

　　초간의 舊는 백서 이하 久로 바뀐다. 초간은 長이 시간의 개념이라 舊는 '지혜'여야 하나, 통용본은 長과 같은 시간의 개념으로 '오래다'는 뜻이라 중복의 글자라고 해야 할 것이다.

초간 노자와 그 밖의 노자

제17편

[원문]

[해독]

返也齊 道僮也 溺也齊 道之甬也.
반 야 제 도 동 야 닉 야 제 도 지 용 야

天下之勿 生於又 生於亡 ■
천 하 지 물 생 어 우 생 어 망

흐름을 버티며 되돌려 간다 함이 가지런히 쌓여 감은 道가 (꺼리며) 삼간다 함이고, (물에 털어진 활시위처럼) 순응한다 함이 가지런히 쌓임은 도가 (용종의 꼭지처럼) 꿰어 흔들어 쓰는 것이다 함이라.

하늘 아래 날림(勿)인 것들은 가지기에서 살기도, 잃기에서 살기도 한다.

[해설]

이 편은 전체적으로 道가 모든 것(天下之勿)의 행간에 작용하는바, '천하지물' 역시 순리를 따라 흐름에 거슬러서는 안 된다는 것, 즉 순응을 이야기한다. 그것을 도의 성품으로 설명하는 것이 앞부분이며, 고유성을 전제로 해서 날림들은 다 다르다는 것, 즉 다름에 순응해야 한다는 것을 묘사한 것이 두 번째의 문장이다. 이는 또한, 제8편 亡又之相生也(인간)가 天下之勿로 확대되었다고 보면 된다.

道가 꺼리는 것 반대로 道가 쓰는 것

한순간 흐름을 거슬러 갈 수는 있다. 그러나 거슬러 가는 것이 순리인양 쌓여 갈 수는 없다. 순리가 아니기 때문이다. 그것이 역사다. 따라서 도는 삼가고 멀리하는 것이나, 반대로 물에 빠지고 잠긴 '터럭'처럼 단 하나의 마찰도 없는 순응적인 것이 가지런히 차곡차곡 쌓여가는 것은 도가 鐘의 꼭지처럼 모든 것의 결과(줄기)로 쓰는 것이다. 道의 마음가짐이요, 道의 품성(名)을 느낄 수 있는 대목이다.

온 천하의 勿(살아 있는 것)은 각자의 바(所) 대로 살아간다.

온 세상의 날림들 즉 살아있는 생명체는 道의 자식으로 태어나 살아가고 있다. 그러나 살아가는 모습은 다 다르다. 즉 같은 種이면서도 위치나 장소에 따라 각자의 것을 가지거나 잃고서 살아가며, 또 다른 種間에는 서로 가진 것을 갖지 못하고 살아가기도 한다. 인간의 경우는 보이는 재물을 쥐거나 잃거나 일 수 있고, 보이지 않는 무형의 재능(능력)일 수 있고, 육체적인 몸에서 각자 차이 나는 다름일 수 있다. 그래서 고유하고, 그래서 의미체인 것이다. 즉 하늘 아래 현상들은 저마다의 모습이 있다.

《 天下之勿 生於又 生於亡 (本無論, 도창생설) 》

본 편의 경우, 백서 이하의 글에서는 天下之物 生於有 有生於無로 쓰여 있고, 또 道에서 一, 二, 三, 萬物이 생했다는 문장도 있어, 도창생설에 대해서 거의 異論이 없었다. 그러나 초간은 이 편이 도창생설을 이야기하지 않는다. 문장이 '천하지물 생어유 생어망'이고, 또 道에서 一, 二, 三, 萬物이 생했다는 문장도 없기 때문이다.

그렇다고 초간이 도창생설이 아니라고 하면 안 된다. 이미 제11편에서 '道는 天地의 生보다 먼저(先天地生) 홀로 섰고(蜀立) 자신으로부터 인연의 실을 이어와(敂{和糸}) 천하의 시원(母)'이라 했기 때문이다. 물론 道가 太一인지 無인지는 알 수 없어 本無論이라고는 단언할 수 없다. 다만 道가 언급된 다른 편을 종합해도 道는 天下의 어머니요, 우주 만물의 어머니가 충분하다. 적어도 노자는 사유의 결론으로서 現狀(名)이전의 형이상학을 생각했고, 그것이 道라는 것은 초간에서 충분히 읽을 수 있다. 육신(인생)이 중요한 것은 그러한 이유다. 따라서 도창생설은 틀림이 없다.

다만, 노자가 운명론적인 명리학의 창시자인지는 단언할 수 없다. 저자의 생

초간 노자와 그 밖의 노자

각은 최소한 노자는 깨우침에 의해 名이 존재하는 이유는 '다르기 때문'임을 이해하였다는 것이다. 그것은 운명론에 기반한다고 본다. 즉 초간이 말하는 뜻이 道가 名한 대로 스스로 족하여(自足) 살아가는 것이며, 그것이 道가 따르는 것이기 때문이다. (道法自然) 즉, 저자의 생각은, 易역이 周나라에서 완성되었고, 주나라는 춘추전국시대와 거의 일치하니 명리학은 周易의 시발이든 진행 중이든 완성이든 어느 시점에 어떤 식으로든 노자의 自然觀으로 연결되고 있다. 다만, 말했듯 노자가 그것을 체계화시켰는지는 알 수 없다. (※ 공자가 주역의 계사전을 지었다면 동시대 또는 그 이전의 인물로 추정되는 노자는 당연히 주역을 알고 있다고 보아야 한다. 왜냐하면 '사기'든 '장자'든 노자와 공자의 관계에서 공자는 노자에게서 가르침을 받았기 때문이다.) 또 곽점본 죽간에서 孔孟의 글이 아닌, '大一生水'의 죽간이 나왔다는 것은 萬物에 대한 일원론적 사고가 있었음을 반영한다 할 것이다. (※ 초간 '태일생수'가 〈노자〉의 일부분이라는 뜻은 아니다.)

노자가 정치서라면, 적어도 주장하는 글에 객관성을 두어야 할 것이다. 그래서 道가 언급되는 것이다. 어떤 논문이든 자기의 글을 주장하려면 객관성을 도입해야 하고 그 객관성은 역사적인 경험론(聖人)일 수도 있고, 사유적인 합리론(道)일 수도 있어야 한다. 그렇지 않은 주장은 모래위의 철학일 뿐이다.

[고문자 해독]

1 返; 反에 '천천히 걸을 辶착'이 붙어 '삼갈 僮'과 함께, 부정적인 뜻으로 쓰였다. 형상으로 보면, 反은 내리 덮치는 바위(厂)와 같은 중압을 버티는 수동적 뜻인 데 비해, 본편의 返은 굴러 내려오는 바위를 막아, 되 굴려 되돌아가고, 거슬러 올라간다는 능동적이며 적극적인 뜻이다.

2 쓰(齊); 厽는 가지런히 쌓인 장작 단면의 상형이거나, 혹은 복잡한 글자의 축약형으로, '가지런할 제, 재, 자齊'의 古字다. 백서 이하 '놈, 것 者'로 쓰였다.

3 僮; 사람(亻)의 어린 애, 종, 노복 '종'이다. 여기서는 어리석고 무지몽매하여, 조심하고, 두려워해 삼간다는 서술어의 뜻이다.

4 {弓勿水}(溺); 상弓勿하水 꼴, 활시위(弓)의 터럭들이(勿) 물에 떨어진(水) '닉'으로, 앞 문장 '거슬러 올라갈 返'과 대비된다. 수동적, 무저항적 '순응'의 뜻이다.

5 勿; 초간은 勿을 대명사로 써서, 털어 날리는 미미한 것을 뜻해, 오늘날의 사전적 개념으로는 살아있는 생명체를 가리킨다.

6 백서 을이 여기에 有를 덧붙여, 천하의 物들이 있음에서 생하고(生於有), 있음은 无에서 생했다(有生於无)는 本無論을 만들었다. 최재목, 안기섭, 김홍경 등은 통용본처럼 없는 有를 넣어 역해를 하고 있고, 양방

웅, 최진석의 경우는 초간처럼 有가 없는 문장으로 설명하고 있다(있다는 쪽은 '중문부호가 빠졌을 것이다'는 중국학자의 견해를 인용하고 있고, 양방웅, 최진석은 그것이 옳지 않음을 주장하는 글이 있으나, 내용 설명은 저자하고 다르다고 본다).

有가 있고 없고의 문제는 정말 중요한 문제. 상식적으로 글자도 아니고 고작 중문부호 ㄴ를 빠뜨렸다면 충분히 검토과정에서 다시 넣을 수 있고, 죽간도 충분한 공간이 있는데, 이를 누락했다는 것은 받아들이기 어려운 논리다.

[백서 이하 비교]

단 몇 자로 이루어진 이 편은 백서 이하 모든 만물이 無에서 태어났다는 우주의 생성론 즉 본무론을 탄생시켰다. 그러나 초간은 순리대로 가는 것이 道를 따르는 것이며, 생명들이 쥐거나 잃거나 혹은 인간이 부귀영화를 틀어쥐(又)거나 잃(亡)거나 하는 것은 삶의 과정이라고 말한다.

통용본 제40장

反者 道之動 弱者 道之用.
天下萬物 生於有 有生於無.

(근원으로) 되돌리는 것은 道의 운동이요, 약한 것은 도의 쓰임이다.
천하 만물은 있음(有)에서 생겨났고, 有(있음)는 없음(無)에서 생겨났다.

백서 갑 (제4장)

[反也者] 道之動也 弱也者 道之用也. 天[훼멸].

백서 을

反也者 道之動也 [弱也]者 道之用也. 天下萬物 生於有 有[生]於无.

몇 자 안 되지만 초간의 글귀는 백서부터 통용본까지 바르게 이어져 온 문장이 아니다. 초간이 인간사의 이야기라면, 백서 이하는 형이상학의 이야기로 전개된 까닭이다

0. 返也齊 道僮也 溺也齊 道之甬也 天下之勿 生於又 生於亡
1.2. 反也者 道之動也 弱也者 道之用也. 天下萬物 生於有 有生於无
3. 反者 道之動 弱者 道之用 天下萬物 生於有 有生於無

1.2. 구르는 바위를 지탱하듯 버티며 되돌린다 함인 것은 道가 움직이는 것이고, 弱하다는 것은 道가 쓰는 것이다. 온 세상 만물은 有에서 生하고, 있음은 없음에서 난다.

글자는 몇 자 안 되지만, 바뀌고 더한 몇 글자로, 뜻은 근본이 바뀔 정도로 엄청나다. 초간의 두 예시문은 '가지런히 쌓는다.'는 뜻을 나타내는 齊를 써서 앞이 道가 부정하는 것, 뒤는 긍정하는 문장인데, 백서는 모두 道의 성질(본성)로 바꾸어 놓았다. 초간의 返(되돌려 간다)을 反(되돌린다)으로 고친 것은 이러한 논리 때문이다. (고문자 해독 참조) 백서 이하는 모두 긍정의 문장이기 때문에 저자도 그랬지만 대부분 反을 '모든 생명체들이 生을 다한 후에 道로 되돌아가는 것'으로 묘사한다. 그리고 이 두 문장을 體用관계로 푼다. 사실 백서는 문장이 그렇게 해석되도록 고쳤다. 즉 2번째 문장이 초간은 '천하지물 생어우 생어망'인데, 이를 '천하만물 생어유 유생어무'로 고쳐 놓아 누가 봐도 그렇게 번역할 수밖에 없게 되어있었다.

초간에서 백서로 바뀐 글자를 보면, 글자를 유사글자로 고치면서 자수도 최대한 맞춰가며 뜻을 바꾼다(지금까지 계속 그렇다). 쁘(齊)는 者로, 僅은 動으로, 溺은 弱으로, 甬은 用으로, 그리고 天下之勿 生於又 生於亡은 天下萬物 生於有 有生於无로 고치면서 뜻은 해석처럼 바뀌어 버렸다. 덕분에 후대의 철학자들은 깨우침의 글이란 초간처럼 명료한 것이 아니라, 백서 이하처럼 딱히 정의내리기가 어려운 관념적인 글들이라고 생각을 하게 되었다. 이어 백서에서 통용본은 어조사 '말 이을 也'를 없애 反者처럼 간략히 고쳤다.

제18편 - ①장 [甲本 끝]

[원문]

[해독]

{之木}而涅之 不不若已. 湍而羣之 不可長保也
〔지〕 이 영 지 불불약 이　단 이 군 지 불 가 장 보 야

金玉涅室 莫能獸也 貴福喬 自{辶夕刀少}咎也
금 옥 영 실 막 능 수 야 귀 복 교 자 　〔간〕　구 야

攻述身退 天之道也～
공 술 신 퇴 천 지 도 야

　(균형 있게 크는 나무의 가지처럼) 가지 뻗칠 뿐, 거침없이 넘쳐지는 것은 그 치기를 따르지 않지 못하고, (물살 빠른) 여울일 뿐(이고도) 떼 지어 가지는 것은 길게 보전하지 못한다 함이라.

　금, 옥(같은 재물)이 방에 흘러넘(칠 만큼 쌓여 있어)쳐도 능히 (완벽한 내 것으로) 사냥할 수 없다 함이며, 귀하기, 복 되기, 높이 우뚝 서기는 스스로 재앙에 밀착해 간다 함이라.

　(이런 까닭에 한 명의 낙오자도 없는) 다스림이 이어지고 몸이 물러남은 하늘의 道인 것이다 함이라.

[해설]

부귀영화를 황궁에 쌓고 이름을 후세에 남기고자 짓고(爲) 사업(事)하는 治者나 정권은 오래가지 못한다. 天之道(하늘의 도인 것)가 아니기 때문이다. 이 18-①편은 대상이 治者다. 그래서 해석도 우두머리를 염두에 두고 해야 한다. 노자는 이 장에서 하늘의 道가 세상에 있고, 무상한 세상사 이치가 그러하니 정치도 세상사 이치에 맞추라고 말한다.

귀하기, 복 되기, 높이 우뚝 서기는 스스로 재앙에 밀착해 간다.

자연에 맞추어 그리고 자신의 몸에 균형을 유지하며 크는 나무의 가지처럼 적정하게 가지 뻗는 것이면 좋을 것인데({之木}而), 자신의 그릇에 맞게 적당한 때 멈추지 않고 지나쳐, 막힘없이 흐르는 너울 물같이 온통 쓸어버릴 것처럼 엄청나게 많은 유량으로 흘러넘쳐 나는 것(涅之)은 '그침'을 따를 수밖에 없다(不不若已)는 것이다. 그 '그침'은 이미 '결과가 예견되거나 결정되어 버렸다'는 것이니, 넘쳐나는 것은 고갈될 수밖에 없음이다. 엄청나게 많은 유량으로 빠르게 흘러가는 여울일지라도(湍而) 한꺼번에 무리 지어 가는 것은 얼마 지나지 않아 바닥을 드러낸다. 이처럼 자연스러운 모습을 넘어서는 것은 길게 가지 못한다는 것이 처음의 2구다. 그 자연스럽지 못함이 인간 세상에서는 榮華와 富貴로, 빠져나가는 금은보화는 잡아두기 어렵고, 貴는 재앙을 당하기 십상이며, 드러나게 높이 우뚝 서는 것은 모난 것과 같아 저절로 하늘이 내리는 재앙에 밀착해간다고 할 것이다. 따라서 후왕은 이것을 알고, 자신을 위해 짓(爲)거나, 사업(事)을 하지 말라는 것이다. 그것이 바른길이다. 그래서 나라가 끌로 치는 다스림처럼 한 사람의 백성(人과 民)도 無意味하게, 낙오되지 않게 모든 것이 완벽하게 다스려지면서도 몸은 물러나 얌전히 앉은 여인처럼 소리 소문 없이 살아가는 것이야말로 하늘의 道라고 설명하고 있다.

[고문자 해독]

❶ {之木}; 상之하木 꼴, 나무(木) 위에서 나간 발(之;간다) '가지 뻗칠 지'라 추정한다.

❷ 涅; '거침없이 흐를, 통류 영'으로, 앙금, 나머지, 가라 앉다는 뜻으로도 쓰인다.

❸ 不不若已; 초간에선 若이, 본래의 '따를, 쫓을'의 뜻으로 쓰여, '그침을 (已) 따르지(若) 않지(不) 않는다(不)' 즉 이중부정을 통한 강한 긍정으로 '그침을 따른다. 그칠 뿐이다'는 뜻이다.

---

❸⁻¹ 若; 상형이며 갑골문부터 쓰여, 머리를 흐트러뜨리고 神意를 듣는 무녀 (巫女)의 모양에서 '따르다'의 뜻을 나타낸다. 가차하여 '같다'로도 쓰이나 초간은 없다.

❸⁻² 如; 형성이며 갑골문부터 쓰였으나, 초간에는 쓰인 예가 없다.

❹ 湍; '여울 단'으로 소용돌이치는 급류를 뜻한다. 통용본은 '헤아리, 측량할 揣취'라 했다.

❺ {尹羊}(羣); 상尹하羊인, '무리 군'의 벽자다. [고문자류편, p191] 떼 지어 모인(尹) 羊 무리, 떼를 뜻한다.

❻ {畐示}(福); 상畐하示로, 술통(畐)이 제대(示)위에 놓여, 畐, 富가 示의 옆이나 위에 있는 福의 금문 꼴들 중 하나다.[고문자류편, p177] 초간 15-①에선 상富하示 꼴이 쓰이기도 했다.

❼ 喬; 상力하高인 喬의 금문 꼴로, 높은 누각 위에 손잡이가 구부러진 창(力)이 걸려, 높다, 높이 우뚝 서다는 뜻으로 여기선 높은 지위에서 구부러진 창을 건 권세, 위세를 상징한다. 백서 갑에서 거만하다는 뜻인 '교만할 驕'로 바뀐다.

❽ {辶夕刀少}; 상夕刀하少에 '천천히 걸을 辶착'이 붙은 꼴로, 틈 사이(夕刀=間)가 적게(少) 붙어 갈(辶) '간(소)'로 추정한다. 틈, 사이, 간격이 좁혀지고, 밀착해가서, 서로 붙어있게 된다. 즉 재앙을 '불러들이고, 招來한다'는 뜻이다.

❾ 咎; 신에게서 사람에(人) 미치는(各) 재앙 '구'다.

❿ 攻述; 초간은 '끌로 치는 즉 한 치의 오차도 없는 다스림을 뜻하는 攻공'과 차, 수수 열매 '이어진 述술'로써, 태평성대의 시대를 말한다.

[백서 이하 비교]

초간과 비교하여 백서 이하 문장의 변화가 심하게 바뀌지는 않은 곳이다. 내용을 그렇게 비틀어야 할 것이 없기 때문이다. 그래도 獸가 守로 되는 등 적지 않은 곳이 바뀌었다.

통용본 제9장

持而盈之不如其已. 揣而梲之不可長保.
金玉滿堂莫之能守. 富貴而驕自遺其咎.
功遂身退天之道

지속해서 이것을 가득 채우는 것은 그것이 그침만 같지 않다.

헤아리면서 동자기둥을 세는 것(대궐)도 길게 보전하지 못하니라.

(또한) 금은보화가 집에 가득 차도 이것을 능히 지켜내지 못하니라.

(물질적인) 부유함과 (높은 지위의) 고귀함은 (그 자체로) 교만함과 같아 그것은 허물을 저절로 남기느니, 공이 이루어지면 몸이 물러나는 것은 (곧) 하늘의 도이니라.

백서 갑 (제53장)

揁(持)而盈之 不[若其已. 揣而]兌(銳)之 [不可長葆(保)之(也).

金玉盈室 莫之能守也. 富貴而{馬高}(驕) 自遺咎也. 功述身芮 天[之道也]

백서 을

揁(持)而盈之 不若其已. {扌 短}(揣)而兌(銳)之 不可長葆(保)也.

金玉[盈]室 莫之能守也. 富貴而驕 自遺咎也. 功遂身退 天之道也

지금까지 비교의 문장들을 보았겠지만, 백서 갑에서 백서 을로, 그리고 통용본으로의 변화는 크지 않다. 문장이나 문맥에 맞게 어조사나 대사를 넣고 뺀 것이 거의 전부고 중요글자는 변화가 적다. 그러나 초간에서 백서는 변화가 심하다. 이미 보았듯 뜻의 변화도 넘쳐나고, 자수나, 글자의 변화도 심하다. 여기도 다른 곳에 비해 많지 않을 뿐 마찬가지다.

0.   {之木}而涅之 不不若已. 湍而羣之 不可長保也 金玉涅室 莫能獸也

1.2. 揁而盈之 不若其已. (揣)而兌之 不可長葆也. 金玉[盈]室 莫之能守也.

3.   持而盈之 不如其已. 揣而梲之 不可長保. 金玉滿堂 莫之能守.

1.2. 멀리 던지고(揁)도 이것을 가득 채우는 것은 그것이 그침만 같지 않고, 손 짧으(헤아리)면서 기뻐하고 빛냄(동자기둥을 세는 것3)은 길게 보전하지 못하며, 금은보화가 집에 가득해도 능이 이것을 지킬 수 없음이라 (葆에는 '보전하다'는 훈도 있다).

초간의 예시문은 백서에서 글자가 상당히 바뀐다. 다만 초간 예시문의 뜻을 나타내는 글자들(그침을 따른다, 길게 지키지 못한다, 사냥할 수 없다)이 백서 이후에도 거의 유사하게 쓰여(그침만 같지 않다, 보전할 수 없다, 지킬 수 없다) 바뀐 글자의 뜻을 이것에 맞추어 해석할 수 있다. 뜻은 유사하다는 것이다.

다만 초간은 자신의 名을 넘는 과도한 것은 '아니다'는 뜻인데, 백서 이하는 범주 내의 것이라도 많은 것은 '아니다'는 뜻으로 해석될 여지가 있다. 또 하나, 초간은 금은보화를 獸(사냥할 수 없다)고 표현했다. 그런데 백서가 守(지킬 수 없다)로 고친 것인데, 이는 노자가 재물을 보는 관점을 알 수 있는 대목이다. 저자가 생각기로 백서가 굳이 그렇게 고칠 필요가 있었는지 모르겠다.

[참고]

처음 문장을 양방웅은 殖而盈之 不若[其]已로, 안기섭은 持而盈之 不若已로, 최재목은 持而盈之 不若[其]已로 해독했다. 두 번 쓰인 不을 衍文(잘못 끼어든 글자)으로 보고 하나를 제거한다. 이는 첫 4구를 통용본을 따라 석문한 까닭이다.

0. 貴福喬 自{辶_夕刀少}咎也 攻述身退 天之道也
1.2. 富貴而(驕) 自遺咎也. 功遂身退 天之道也
3. 富貴而驕 自遺其咎. 功遂身退 天之道

1.2. 부귀는(그 자체로) 교만함과 같아 스스로 허물(재앙)을 남긴다. 공이 이루어지면 몸이 물러나는 것은 하늘의 道이니라.
(※ 다른 해석서는 대부분 '귀하고 부하다 해서 교만하면'의 방식이다.)

초간의 貴福喬自{辶_夕刀少}咎也가 백서에 富貴而驕 自遺咎也로, 攻述身退가 功遂身退로 바뀌어 있다. 백서는 운율을 따라 자수를 맞추려 한 것으로 보인다.
초간의 뜻은, 貴는 벼슬(출세)이고, 福은 富(재물)와 유사한, 즉 富의 결과물로서의 福(행복, 풍족)되기며, 이어 조화하지 못하고 높이 선 그래서 뽐냄인 喬를 뜻해 3가지를 예시했는데, 백서 이하는 富貴 2가지로 한정했다. 또한 뜻도 '而驕이교'를 써서 '부귀해도 뽐내지만 않으면 된다.'는 식의 문장으로 바꾼다. (저자의 번역은 다르다) 초간의 보다 근본적인 '부귀교'의 속성을 지적한 글이 변질된 것이다. 마지막, 초간의 '공술'은 백서 이하 '공수'로 바뀐다. '끌로 치는 다스림이 계속 이어진다.'는 뜻이 '힘들여 쌓아 이룬다.'는 功遂로 바꾸어 태평성대를 이룬 다스림이, '공적'이라는 일반적인 의미로 변질이 된다.

제18편 - ②장 [乙本]

[원문]

絢人事天 莫若嗇 夫唯嗇
구 인 사 천 막 약 색 부 유 색

是以{日來} 是以{日來}{彳萉} 是胃重積惪
시 이 {래} 시 이 {래} {비} 시 위 중 적 덕

重積惪則 莫智丕{卜曰尹}
중 적 덕 즉 막 지 비 {윤}

莫智丕{卜曰尹}則莫智其恒
막 지 비 {윤} 즉 막 지 기 항

莫智其恒 可以又{邑或} 又{邑或}之母 可以長舊
막 지 기 항 가 이 우 {역} 우 {역} 지 모 가 이 장 구

是胃深槿固氏 長生舊視之道也 ■
시 위 심 근 고 저 장 생 구 시 지 도 야

[해독]

　(지도자와 民의 사이에 있는 지배층인)사람을 (흐트러짐 없이 一絲不亂하게)꼬고 하늘을 섬겨 기원함에는 검약(보리·호밀 저장창고)을 따를 게 없다. 대저! 오직 검약(호밀창고)이다. 이(검약) 때문에 호밀 위로 해 뜨고, 이 때문에 호밀 위로 해 뜨기가 갖춰져 가니, 이는 거듭(重) 쌓아(積) 얻은 밝은 눈과 마음

(悳)을 소화함이다. 거듭 쌓은 빛나는 눈·마음일 때는 신의 계시를 받아 다스리기가 커짐을 아는 이가 전혀 없는 법이다. 신의 계시를 받아 다스리기가 커짐을 아는 이가 전혀 없을 땐 (당연히) 그의 영원성을 아는 이도 없는 법이다.

그의 영원함을 아는 이가 없음은, 무장으로 경계 진 읍(읍국=小國)을 가지는 것으로써 할 수 있고, 읍국이 어미(道)인 것을 가지면, 긴 지혜로써 할 수 있다. 이는 모체 깊은 무궁화 단단한 근본이며, 길게 살며 묵은 지혜로 살피는 道인 것을 소화했다 함이다.

[해설]

제17편이 주제로 '순응'이라면, 제18편은 그 주제를 정치지도자에 대입한 곳이다. 앞 장(18-①)이 '치적'에 대해 순응하는 방법을 이야기한 것이라면, 이 장(18-②)은 '지도자 감(의 삶)'에 대해 순응하는 방법을 주제로 이야기하는 장이다. 따라서 더 구체적이며 더 세밀하게 노자의 정치(지도자)관이 드러난 곳이다. 통용본은 治人이라고 되어 있어 물을 것도 없으나, 노자처럼 絢人이라고 해도 이미 정치 이야기다.

그 정치지도자의 최고 꼭짓점은 天下를 지배하는 것이다. 그러나 노자의 관점에서는 人의 최고인 侯王이 펼치기에는 너무 큰 덩어리로 보는 것 같다. 그래서 웬만큼 한 나라(소국, 邑或)다.

하늘을 섬기고 사람을 하나로 안음에는 임금의 嗇(검약)이 최고다.

노자는 정치의 시작 즉 지배계층(人)사람을 꿰어 엮고, 하늘을 섬기는 최고의 방식으로 검약을 말한다. 그것도 누구나 할 수 있는 검약이 아니라 검약의 끝자락에 있는, 嗇(인색함)을 따를 것이 없다고 주장한다. 그리고 그 주장만으로도 부족해 또 한 번 대저 오직 색이라고 강조한다. 노자의 정치가 거의 종교적이요, 철학적임을 알 수 있다.

검약! 검약은 쉬운 것이 아니다. 특히 사람의 생명을 쥐락펴락할 수 있는 권좌를 꿈꾸는 자들에게, 세상의 부귀영화를 마음대로 누릴 수 있는 자들에게, 그것을 모두 털어버리고 검약하라는 것은 거의 죽음의 고통에 가까운 삶이나 진배없다. 검약하려고 총칼 들고, 사람 죽이고 王하겠는가?! 오죽하면 酒池肉林이라는 사자성어가 있겠는가!

이것이 이어져 호밀 위로 해가 뜨는 행복한 일상이 백성들의 삶에 이어지니({日來}), 백성의 곤궁함이 사라지고 또 그러한 백성의 삶이 예비 되는 것이다.({日來}{彳葍}) 임금이 오직 검약인데, 백성이 자신의 일에 매진함은 당연한 것이다. 허투루 보내지 않고 열심히 일을 하니 온 천하가 기계처럼 맞물려 잘 돌아갈 것은 불문가지다. 순수한 본바탕으로 돌아간 백성이라면 말이다.

거듭 쌓아 획득한 곧은 마음(重積悳)은 길게 살아가며 묵은 지혜로 살피는 道를 소화함이다.

이러한 다스림이 곧 亡名의 道를 거듭(重) 자신에게 쌓아(積) 획득한, 환하게 빛나는 눈·마음(悳)이다. 이쯤 되면 지도자의 깊이가 더욱 깊어져, 이러한 삶 자체에 대해 신의 계시를 받아 다스리기가 커짐을(조{卜曰尹}) 지혜롭다 하는 자도 알 수 없게 된다. 즉 안다 하는 이(智)도 더 이상 지도자의 레벨에서 떨어져 나가 아래에 처지는 것이다. 이는 곧 지도자의 깨우침 즉 깊이의 영원성을 도저히 알 길이 없다는 것을 의미하니, 드디어 그러한 깊이에 도달하고서야 읍국{邑或}(小國)을 쥘 수 있는 자격이 있다고 할 수 있다. 그렇게 나라를 틀어쥐었으면 끝이라 여길 것이나 노자는 그 정도에서 끝을 보지 않는다. 즉 그 나라가 1,000년 사직을 간직할 수 있으려면 나라({邑或})가 어미(母)인 것을 가져야 한다. 그 어미는 바로 마지막 문장 곧 '이는 모체 깊은 무궁화 단단한 근본이며, 길게 살며 묵은 지혜로 살피는 道인 것을 소화했다 함이다'다. 즉 지도자가 道를 소화했다는 것이다. 지금껏 해석자들이 알 수도 없고 볼 수도 없다는 그래서 인간은 불가능하다는 그 道를.

《 小國 》
초간에서 전까지 편·장의 글이 현실을 바로잡는 글이라면, 이 장은 노자의 정치사상이 반영된 곳이다. 문제는 이전까지 天下가 주로 언급되다 갑자기 又{邑或} 즉 '자그마한 나라를 쥐다'는 것이 나와 혼란스럽다. 저자가 생각해보면, 지금껏 노자가 언급한 天下는 '선정을 베푼 성인의 나라'였거나 '성인의 행실은 천하에서 최고다'는 뜻, 또는 그냥 문장 풀이 속의 '지역'을 나타내는 것이었고, 정작 천하를 얻는 것을 논한 것은 15-①의 '취천하'가 유일하다. 그런데 그 문장이 들어있는 뜻은 노자의 정치철학이라기보다는 전쟁으로 천하를 얻으려는 폭군(거짓 왕)은 천하를 얻을 수 없다는, 철학적 또는 역사적 사실에 대한, 방어적이며 수동적인 설명의 글일 뿐이다. 정작 노자의 정치철학에서 나라의 지도자가 되는 방법을 언급한 것은 여기가 처음이다. 즉 노자가 자신의 철학으로 언급하는 것은 天下 같은 大國이 아니라 小國이 유일하다.

[고문자 해독]

1 絇; 좌변 '실 糸', 우변이 '굽을 句'인[고문자류편, p500] '구'로, 자전 등에 '신코 장식 끈, 피륙의 합사, 올, 올가미, 갈고리'라 했다. 여기서는 人(지배계급)을 목적어로 삼아 한 사람의 이탈자도 없이 이끄는 다스림을 뜻한다.

2 嗇; 보리, 호밀(來) 넣는 전원지대의 곡식 창고(靣름)에서 '아낄, 거둘, 인색할 색'이고, 금문부터 禾를 붙인 '거둘, 농사 穡색'의 原字이자 同字로 혼용되었다. 이 장을 해석하는 데 있어 중요한 글자 중의 하나로, '창고'의 의미라면 '수확된 곡식으로 가득한 곳집'을 의미한다. 곡식 창고에 곡식이 가득하다는 것은 절기에 따라 民이 농사를 지을 수 있음을 전제하고, 이는 전쟁이 없는 평화로운 시절을 뜻한다.

3 {日來}; 상日하來 꼴의 '래'다. 字形이 '호밀(來) 위로 해(日)가 걸린' 모습인데, 이는 嗇(곡식창고)과 연관 지어 생각하면, 절기에 맞추어 즉 제때 농사를 지어 호밀이 자란 위로 낟알이 영글도록 해가 떠 있다는 뜻인 바, 전쟁 없는 시절을 상정한다.

4 {彳甫}; 彳 이 '조금 걸을 彳척'으로 쓰인 備(갖출 비) 꼴 중 하나[고문자류편, p22]로, 備의 이체자로 추정한다.

5 悳; 상◇중目하心 꼴로, '빛나는, 환한(◇) 눈(目) 마음(心)을 얻은, 가진 덕'이라 푼다. 자전 속 悳의 金文 꼴과 유사하며, 心+直이며, 直은 得과 통하여, 사람이 마음속에 교양으로서 획득한 것의 뜻을 나타낸다. 일설에는 直이 '곧다'의 뜻이므로 '곧은 마음'의 뜻으로도 본다.

6 {卜曰尹}; 상卜중曰하尹 꼴로, 장관, 다스린다는 뜻인 尹이, 점괘 적힌 팻말(卜曰)을 받치고 있는 모양으로, '신의 계시 받아 다스릴 윤'으로 추정한다.

7 莫智; '안다 하는 이가 없다'는 뜻으로 깨달음인 悳(道)의 깊은 경지를 말한다. 이 문장을 '아무도 알 자 없다'로 번역해, 無量, 즉 헤아릴 수 없다, 인간의 지력이 미칠 수 없는 경지란 뜻으로 해석하는데, 번역 검토가 필요해 보인다.

8 {邑或}; 고을(邑)이 무장한 지역(或) '역'으로 푼다. 나무로 경계 지은 읍(邑) '邦'과 다르고, 특히 고대 은나라의 도시국가인 '邑國'을 뜻할 수 있어, 통용본에서 언급하는 小國정도로 본다. 노자가 생각하는 무결점의 나라는 다스림도 없고, 다스림을 받는 것도 없는 小國이다.

9 舊; 초간은 유실됐고, 백서가 초간 16편이나 본편 아랫구의 '절구통에 앉은 올빼미 舊'를 久라 했던 것을 보면, 여기도 舊였을 것으로 추측한다.

10 沈槿固氐; 유실돼 '백서 갑'으로 대신한다. 槿은 꽃이 오래 피고 지는 무궁화 '근'인데 氐는 예리한 날붙이(氏)를 숯 돌바닥(一)에 대는 데서, 근본, 근원 '저'다.

사람을 꿰고 하늘을 섬김에는 검약이 최고다

⑪ [초간] 乙 2쪽이다. 乙本 초간은 평균 24자다. 한편 長까지 남아 있는 16
자를 빼면, 7~9자 정도가 유실로 추정된다. 또 바로 다음 죽간(3쪽) 글
자 수가 23자로 16자를 빼면 7자가 빈다. 한편 복원된 글자는 (舊 是胃
深槿固氏갑)로 획이 많은 글자가 대부분이고, 내용상 심근고저(내면)와
장생구시(외면)로 나누어, 이 둘을 모두 道와 연관 지을 수 있다고 판단
해 7자로 추정 복원한다.[38]

[백서 이하 비교]

이 장부터는 乙本이다. 통용본은 덕경 제59장에 위치한다. 초간에서 그동안
은 정치를 직접 논하는 것과는 좀 거리가 있는 도의 성품이나 많은 사회의 제
모습들에 대해 왕, {호}, 智들에게 설명을 한 글이었다면, 여기는 노자의 정치
철학이 적극적으로 전개되고 있는 장이다.

통용본 제59장

治人事天 莫若嗇 夫唯嗇 是謂早服 早服謂之重積德.
重積德則無不克 無不克則莫知其極.
莫知其極可以有國. 有國之母可以長久.
是謂深根固柢 長生久視之道.

사람을 다스리고 하늘을 섬김에는 절약, 내핌과 검소함(嗇)만한 것은 없다.
대저 오직 절약, 내핌과 검소함이니라. 이것은 조복(早服)을 칭함이라. 조복이
란 이를 일컬음이니 거듭 덕을 쌓음이라.
(이렇게)거듭 덕을 쌓으면 (그는)이기지 못할 것이 없는 법이며, 극복하지 못
할 것이 없게 되면 (백성이)그의 끝을 알 수 없는 법이다.
(백성이)그의 끝을 앎이 없음으로 (드디어)나라를 소유할 수 있고, (그 나라
에는)나라의 어머니(道)가 있음으로 길고 오래갈 할 수 있다.
이것은 깊고 단단한 뿌리(를 내린 나무)처럼 길고 오래도록 살며 볼 수 있는
도(道)를 일컫는다.

백서 갑 (제22장)

[앞 모두 毁滅]
可以有國. 有國之母 可[以長久 是胃深{根土}(根)固氏 [長生久視之]道也.

---

38 블로거는 '심근고저' 다음에 之惠을, 양방웅은 之法을 붙여 9자로 본다. 안기섭, 최재목은 저자 꼴이다.

백서 을

治人事天莫若嗇 夫唯嗇 是以蚤服 蚤服是胃之重積德.
重積[德則无不克 无不克則]莫知其[極] 莫知其[極 可以]有國.
有國之母 可[以長久] 是胃[深]根固氐 長生久視之道也.

의미적으로는 내용이 엉뚱하게 간 곳이다. 즉 '거듭 쌓은 곧은 마음'을 뜻하는 '중적덕' 다음을 초간은 안다 하는 이(智)가 알지 못하는 깊이의 다스림을 말하는 것을 뜻하는 데 반해, 백서 이하는 '이기지 못할 것이 없다'는 문장으로 고쳐 역시 초간에서 대상을 특정한 것을 일반으로 고쳐버린 것이다.

0. 絢人事天 莫若嗇 夫唯嗇 是以{日來} 是以{日來}{彳備} 是胃重積悥
2. 治人事天 莫若嗇 夫唯嗇 是以蚤服 蚤服是胃之重積德.
3. 治人事天 莫若嗇 夫唯嗇 是謂早服 早服謂之重積德.

2. 사람을 다스리고 하늘을 섬김에는 嗇만한 것이 없다. 대저 오직 절약이라. 이 때문에 蚤服(일찍 옷을 입는다)이다. 일찍 옷을 입는 '조복'이란 이를 소화함이니 거듭 덕을 쌓음이라.

백서 을의 번역은 통용본과 거의 같다. 초간 '구인사천'은 백서 이하에서 '치인사천'이다. 여기서 '絢가 治와 다른가?' 하는 것인데, 같다(노자가 의미상으로 달리 썼을 수는 있다). 노자시대에 治가 사용된 글자인지는 모르겠으나, 句는 갑골문부터 쓰여 絢가 治보다는 훨씬 먼저 쓰인 글자다(治는 자전에는 전문부터, [고문자류편]에는 金文에 쓰여 있다).

다음, 是以 이후의 문장은 백서가 전혀 다르게 글자를 고쳐버린다. 글자를 만들어 의미만 통한다면 된다는 식으로 넣어버렸다.
'풍요로움'이나 '태평성대'를 뜻하는 {래}는 백서에서는 蚤服조복이고 통용본에서는 早服조복이 되어, 초간 2개의 문장, '시이{래} 시이{래}{비}'는 백서가 '시이조복 조복'으로 만들고, 이에 통용본이 '시위조복 조복'으로 되었다. 백서의 '시이'(이 때문에)가 '시위'(이는~이른다)가 된 것은, 백서가 '조복'으로 바뀌, 문장상 謂(이르다)가 더 합당하기 때문이다. 마지막 초간은 '이는 중적덕을 소화했다'인데, 백서가 '조복'을 잇는 문장으로 고쳐, 이에 통용본이 불필요한 是를 뺀 것이다. (이 장은 전체적으로 머리와 꼬리가 거의 같아 의미전달은 유사하다.)

---

0. 重積悳則 莫智丕{卜曰尹} 莫智丕{卜曰尹}則莫智其恒 莫智其恒 可以又{邑或}
2. 重積[德則 无不克 无不克則]莫知其[極]. 莫知其[極 可以]有國
3. 重積德則 無不克 無不克則莫知其極. 莫知其極可以有國.

가운데 부분이다. 역시 백서는 통용본과 번역이 같다. 초간의 '막지비{윤}'은 백서 이후 '무불극'으로 바뀌고, '막지기항'은 '막지기극'으로. '우{역}'은 '유국'이 되었다.

초간은 '중적덕'(거듭 쌓은 빛나는 눈 마음)하게 되면 '안다 하는 이가 {윤}(계시로 다스리기)이 커져 감을 알 수 없다'는 것을 시작으로 나라{邑或}를 틀어지는 것까지 진행이 되는데, 백서 이후는 '막지비{윤}'을 통째로 빼고 '무불극'으로 대체한다. 그래도 뜻은 통한다. 초간의 알지 못하는 대상(智)이 사라지고, 백서 이하 생략된 지도자가 '이기지 못할 것이 없다'는 것으로 바뀌었을 뿐이다.

결국은 초간이나 백서, 통용본 모두 작은 나라({邑或}·國)를 틀어줄 수 있게 되는 것으로 통일된다.

0.   又{邑或}之母 可以長舊 是胃深槿固氐 長生舊視之道也
1.2. 有國之母 可以長久. 是胃深{根土1}(根2)固氐 長生久視之道也.
3.   有國之母 可以長久. 是謂深根固柢 長生久視之道.

글자의 변화를 보면, 초간의 舊는 백서 이하 久로, 槿은 根으로 되었다. 백서 끼리는 根이 약간 다를 뿐 같다. 백서와 통용본은 氐(근본바탕,뿌리)가 柢(뿌리)로, 胃가 謂로, 也를 생략한 것뿐 같다. 舊와 久는 의미 차이가 있으나, 큰 틀에서 결론 문장의 뜻은 비슷하다.

제19편 - ①장

[원문]

[해독]

{臾子}者曰益 爲道者曰{血矢}
{유} 자일익 위도자일 {휼}

{血矢}之 或{血矢}以至亡爲也, 亡爲而亡丕爲、
{휼} 지 혹 {휼} 이지망위야 망위이망비위

  끌어올리려는 자는 날마다 더하여 쌓고, 도를 짓고자 하는 자는 날마다 구휼을 베푼다.
  구휼 베풀어진 것이 혹 (습관처럼 되어, 의식조차도 없는) 짓길 잃음에 이름(至)으로써 구휼 베푼다 함이면, 짓기를 잃었을 뿐(이지만) 짓기가 커지길 잃음이다.

[해설]

  道는 恒亡名하여 예나 지금이나 그리고 앞으로도 정확히 안다고 할 수 없다. 그럼에도 인류 이전의 아주 오랜 옛날부터 인간이 불확실성에 직면한 현재에도 있다. 노자 당시에도 글자나 알고, 부귀영화를 누리는 즉 방귀 좀 뀐다는 자들은 모두 道를 언급했다. 즉 널리 회자되었던 것이다. 다만, 각 지배집단이나 권력자들은 道의 개념을 각기 我田引水식으로 해석하고 있었다. ({虍壬}가 설명하는 道는 이를 증명한다. 제11편 참조) 지금도 어떤 이나 집단은 노자가 써놓은 '위도자'의 정의를 들려준다면, '개 풀 뜯어 먹는 소리다'고 할 것이다.

亡爲는 지음조차 잃어버리는 것

도를 짓는 자는 날마다 널리 구휼한다.

亡名이란 무엇인가? 자신의 이름(규정, 모습)을 잃어버린 것이다. 그럼 인간은 어떻게 자신의 모습을 잃어버리는가? '지허항야 수중독야'라. 텅 비우기에 항구히 다다랐다 함이며, 이는 곧 속을 사당의 늘 푸른 대나무처럼 간절한 한 마음으로 두텁게 사냥했다 함이다. (또는 허에 이르러 영원하다 함은 속을 사냥함이 두텁다 함이다) 지도자라면 자신을 텅 비워 대신 백성의 마음으로 자신의 마음을 꽉꽉 채워 넣는 것이다. 그것을 노자는 이곳에서 爲道者 즉 '도를 짓(고자 하)는 자'라고 하며, 그 꽉꽉 채우는 방법으로 '날마다 구휼을 베푸는 것이다(日{血矢})'라고 말한다. 구휼을 베푸는 것은 그것 자체로 他者를 의미한다. 자신이 아니다. 반대로 자신을 끌어올리려는 자는 자신의 욕망만을 위해 매일 더하고 더함을 반복하여 쌓는다.

그런데 구휼은 1회로 끝나는 것이 아니다. 일회성이 아니다. 일회성은 짓는 것이다. 언제 어디에서 어떻게 했는지 평생 또렷이 기억나는 무엇이다. 그래서 노자가 정말로 중요하게 말하는 것은 구휼을 베풀고 베풀어 종국에는 일상이 되고 일상이기에 아무것도 아닌, 그냥 자신의 삶이 되는, 즉 자신을 잃어버리는 곳에 도달함으로써 베푼다 함이면, 이는 곧 구휼이 구휼임을 잊어버리고 자신의 삶이 되어버린 그곳이다. 그 시점에 이르렀을 때 드디어 나와 타자는 하나가 됐다는 것이다. 그리고 바로 그곳은 짓기를 잃었다 뿐이지만 실상은 쌓고 쌓아 산더미만큼 쌓인 구휼 베품을 잃어버린 곳이요, 산더미처럼 짓기가 커져 가는 것을 잃어버린 곳이다. 바로 그것이 도지음(爲道)이요, 그자가 道者다.

《 亡爲而亡不爲 》

'짓기를 잃었다 뿐이지만 짓기가 커짐을 잃음이다'는 문장은 근원(기미)인 베푸는 것, 짓는 것을 잃었지만 기실 중요한 사실은 '그것에서부터 잊어버렸기 때문에 짓기가 쌓이고 쌓여 커졌을 또는 커지는 결과물조차 잊어버린다는 것'을 말한다. 이는 쌓이고 쌓인 구휼의 커짐조차 망각하는 것이야말로 가장 위대한 도 지음(爲道)이 된다 함을 말함이며, 하늘의 道가 가는 길이라는 것이다. 즉 亡爲라는 '행위의 망각'이 쌓은 구휼 베품(행위의 결과물)을 잊게 할 수 있다는 것일 뿐이다. 시작을 잊어버렸는데, 그것에서 파생된 결과물을 기억하는 것은 그것 자체로 비논리적이요, 짓기를 잃었는데 짓기가 쌓이는 것을 기억하는 것도 이상한 일일 것이다.

[고문자 해독]

❶ {血矢}; 상부는 그릇(皿) 위로 뭔가 떠서 血혈의 갑골문에 가깝고, 하부는 矢시 꼴의 상血하矢로 추정한다. 益과 상반되고 亡爲이니, 피 쏟는 희생, 구휼(血=恤)이 화살(矢)처럼 널리 베풀어진다는 '휼(恤)'이다.

❶⁻¹ 恤; 전문부터 쓰였다. 마음으로부터 피가 흘러, 근심하다, 불쌍히 여기다의 뜻.

[백서 이하 비교]

초간은 '끌어올리기'를 제19편의 大綱으로 삼고, 구체적인 내용으로 3개의 장을 나누어 쓴 글인데, 통용본은 {臾子}를 '배움(學)'으로 바꾸었다. 전체적으로는 글자의 삽입이 많아 뜻을 드러나지 않게 노력한 흔적이 보인다.

통용본 제48장 (上中)

爲學日益 爲道日損.
損之又損 以至於無爲 無爲而無不爲. (이상 19-1)
取天下常以無事 及其有事 不足以取天下.

학문을 하면 나날이 (지식이) 더하여지고, 도를 하면 나날이 (지식이) 덜어진다. 던 것이 또 덜리어 꾸밈이 없음에 다다르면, (드디어) 꾸밈이 없어서 꾸미지 못할 것이 없느니라.

천하를 취함은 늘 일이 없음(無事)으로써 해야지, 그것이 일이 있음에 미침으로는 천하를 취하기가 족하지 않으리라.

백서 갑 (제11장)

[전반부 훼멸]
取天下也 恒[无事 及其有事也 不足以取天下].

백서 을

爲學者日益 聞道者日云(損).
云之有損 以至於无[爲 无爲而无以爲.]
取天下 恒无事 及其有事也 [不]足以取天[下].

노자는 이 장에서 끌어올리기({臾})와 도 지음(위도)에 대해 언급하는 것으로 끝을 냈는데, 백서가 마지막에 새로운 문장을 만들어 천하까지 언급하였다.

亡爲는 지음조차 잃어버리는 것

0. {與子}者日益 爲道者日{血矢}
2. 爲學者日益 聞道者日云.
3. 爲學日益 爲道日損.

2. 학문을 하는 자는 나날이 더하여지고, 도를 듣는 자는 나날이 돌며 올라
   간다.(云)

자전을 보면 學은 갑골문부터 쓰여, 당연히 노자도 學字를 알았을 것이다.
까닭에 學을 쓰지 않고 {유}를 쓴 것은, 유사한 의미를 내포할 수는 있어도 최
소한 學은 아니다는 뜻이다.
　초간에서 백서는, 字數의 변화가 눈에 띈다. 초간은 4·5인데 백서가 5·5로
고쳤다. 이에 통용본이 문장에 맞추어 者를 빼고 4·4로 정리했다.
　초간 '끌어올리려는 자는 나날이 더한다. 반면 도를 짓는 자는 날마다 널리
구휼을 베푼다.'는 뜻은 백서에서 번역처럼 변한다. 이에 통용본은 백서를 그
대로 따르지 않고, 사람(者)을 뺀 상태에서 앞 문장에 대칭되는 문장으로 완전
히 고쳐버렸다. 이는 백서가 다음에 이어지는 글에서 損(덜다)을 썼기 때문에
더 자연스럽다고 판단한 것이다.

0. {血矢}之 或{血矢}以至亡爲也, 亡爲而亡丕爲
1.2. 云之有損 以至於无爲 无爲而无以爲.
　　取天下(也) 恒无事 及其有事也 不足以取天下.
3. 損之又損 以至於無爲 無爲而無不爲.
　　取天下常以無事 及其有事 不足以取天下.

1.2. 돌며 올라감이 (덜고) 덜어짐을 가져 짓기가 없음에 이름으로써면, 짓기
　　 가 없을 뿐 지음으로써도 없다. (이하 생략)

최대한 백서 원문에 가깝게 번역한 것이다. 초간의 명확한 뜻과 달리, 백서
는 앞 문장과 이어 읽어봐도 당최 무슨 뜻인지 알 수 없다. 그도 그럴 것이 초
간의 뜻과는 처음부터 전혀 어울리지 않는 글자들을 써서 새로운 문장을 만들
었기 때문이다. 그나마 통용본은 덕경 제48장에 있어 제38장을 한 번 해석한
뒤라, 있는 머리 없는 머리 다 짜내어 해석할 수 있을 뿐, 백서의 연결로는 말
이 될 수 없는 문장이다.
　이런데도 초간의 모르는 글자들을 假借字, 訛字나 誤記라 하여 백서나 통용

　　　　　　　　　　　　　　　　　　　　초간 노자와 그 밖의 노자

본의 글자로 고친다면, 이는 초간을 해석하는 것이 아니라, 초간을 통용본의 조각으로 만들 뿐이며, 이는 초간을 쓰레기로 만들어 버리는 것임을 알아야 한다. 해석자는 스스로 노력하고, 모르면 접고 풀릴 때까지 생각해야 한다. 그게 독자에 대한 배려다.

초간은 여기서 문장이 끝난다. 그런데 백서는 이후 '取天下(也) 恒无事 及其有事也 不足以取天下'를 넣어, 앞서 無不通知의 경지에 다다르면, 드디어 天下를 취할 수 있다는 내용으로 갔다.

제 19 편 - ②장

[원문]

[해독]

絶{與子}亡憂
절 {유} 망 우

唯與可 相去幾可 {耑攴}與亞 相去可若
유 여 가 상 거 기 가 {단} 여 아 상 거 가 약

人{之所}{之所} {鬼示}亦丕可以丕{鬼示}、
인 {소} {소} {귀} 역 비 가 이 비 {귀}

끌어올리길 끊음은 (머리 목덜미 뒤처지는) 근심 걱정을 잃음이다.

'예'와, 함께 사용하는 '응'과는 서로의 떨어짐이 미세하다 할 수 있다. (마찬가지로) 쳐서 된 꼭대기와 맞물린 버금(2류)도 서로의 떨어짐은 연이어 졌다 할 수 있다.

사람이 (一定한) 바인 것은 (이미 名되면서 주어진) 바인 것이니, (어떤 이의) 귀신같이 보기(와 같은 능력) 또한 귀신같이 보기가 컸기 때문에 할 수 있기가 컸음이다.

[해설]

이 문장이 말하는 것은, 본성(道)은 모든 인간이 지녔지만 개별적으로는 천차만별이니 너를 너로 태어나게 해준 각자의 역할(名)을 보고, '끌어올리기'를 버렸으면 하는 내용이다.

의사 표현이면 되지 자신을 끌어올리는 학문을 통해 배운, 절차나 격식에 필요한 언어나 표현들이 꼭 필요한 것인가! 더 나아가 목숨까지 바쳐서 얻어야 할 권좌인가! 하면서, 부귀공명을 쫓는 사람에게, 어떤 사람이 귀신같이 보는 현안(능력)이 있다손 쳐도 이는 배워서 된 것이 아니라 주어진 그릇(名)이 그래서, 그것이 발현됐을 뿐이라고 가르치는 문장이다.

끌어올리기를 끊으면 근심을 잃는다.

만물은 부모의 피를 이어받는 순간부터 道에 의해 名을 부여받았다. 즉 각자의 소관이 있는 것이다. 그런데 끌어올리기가 사람을 근심과 욕망덩어리로 만들어 버렸다. 인간은 보고 배우는 사회화의 기능을 선천적으로 갖고 있다. 그것에서 그치면 좋으련만, 경쟁은 자연스럽게 인위적으로 끌어올리려는 것으로 일반화되고 세월과 함께 사회 일반에 만연해져 갔다. 문명은 발전했으나 그것이 인류를 희망으로 이끄는지는 장담할 수 없다.

노자는 말한다. 名대로만 살라, 그러하면 근심·걱정이 없을 것이라고. 그리고 그 근심의 최고, 즉 꼭지를 언급한다. 물론 예시문을 앞에다 놓고 시작한다.

배워서 절차를 갖추는, 그래서 공손하게 느끼는 '예'와 같은 대답이나, 상대방이 거칠게 느끼는 '응(그래)'과 같은 대답이나 비교해 보면, 간격이라는 것이 얼마라 할 수 있나! 즉, 배우지 못한 자의 거친 대답인 '그래'와 배워 예절을 갖춘 자가 대답하는 '예'가 모두 대답이라는 본질에서는 '떨어져 있다고 볼 수 없다'는 것이다. 이것은 노자 화두의 핵심적인 뜻이다. 이는 정치로 이어져 두 번째를 말한다. 쳐서 얻은 꼭대기와 버금(2류)을 비교하면, 서로의 떼어짐 즉 거리는(相去) 따른다. 즉 연이어 졌다(若) 할 수 있다(可). 이것도 '차이 나는 것은 없다 (정확히는 미미하다)'는 뜻이다. 어떻게 꼭지와 버금을 차이 나는 것은 없다고 할 수 있는가! 꼭지나 버금이나 백성들 앞에서 언행을 뒤로 아래로 해야 하는 깨우침은 같아야 하기 때문이다. 지도자기 때문이다. 쳐서 얻은 것은 반자연적인 것으로 道가 취하는 것이 아닌, 즉 이는 하늘의 뜻이 아니다.

예와 무례는 본질의 문제가 아니다.

그동안 이야기한 자신의 名을 직시하여, 결코 만족을 줄 수 없는 배움으로 자신을 끌어올리려는 것을 버리고 백성(民)을 위해 마음을 다하라는 말이다. 반자연적인 무력을 사용하여 뭇사람을 수없이 죽이며 빼앗은 자리가 백성의 입장에서 무슨 소용이며, 그것이 더 큰 大義를 위한 것이었다 한들 변명 이상 무엇이겠는가. 결국 문제는 안다 하는 이간질 하는 측근(智)과 꼭지가 되고자 하는{龍心} 본인{虍壬}의 욕망이다. 까닭에 '끌어올리기'는 본질의 것이 아니다.

사람마다 저마다 주어진 그릇의 크기가 있는바, 혹여 배워서 일거라 생각할지 모르는 귀신같이 보기도 기실 저마다 주어진 그릇의 크기가 발현된 것이다. 바로 그 말이 다음에 이어지는 人{之所}{之所} 이하 문장이다. 즉 사람들이 배워 높이고자 하는 직무의 능력이라든지 철학적 깊이라든지 여하튼 능력이 출중하다는 것들은 다 타고난 名에 있다는 것이다. 즉 어떠한 것도 그 사람이 그 사람으로 지어진 바인 것은 自然으로 그리된 바인 것으로, 귀신같이 보기 또한 타고난 그릇 크기 안에서 분별할 수 있는 능력이 커졌기 때문에 할 수 있기가 커진 것이지, 어떤 인위적인 끌어올림에 의해 귀신같이 보기가 커지는 것은 아니다는 뜻이다. 노자의 말이다.

[고문자 해독]

❶ {与子}; 위에서 아래 어린애(子)를 양손으로 끌어올리는(与) 꼴에서, '끌어올릴 유'라 추정한다. 백서 이하는 '학교, 배울 學'이라 했다. 하지만 學은 갑골문부터 쓰여 노자가 몰랐다고 볼 수 없다. 노자는 學과는 다른 개념으로 이 글자를 사용하였다. 學(배움)은 唯與可를 해석할 때 적용할 수 있겠으나 전체적으로는 不用이다.

❷ {頁心夊}(憂); '머리, 목덜미 頁'이 '心'을 깐 우에 '천천히 걸을 夊쇠'발이 붙어 '근심 憂'와 같다.

❸ 唯與可; 唯유는 諾락보다 공손한 '예'고 즉답의 소리며, 可 역시 썩 좋지는 않으나 그만하면 쓴다는 동의하고 긍정하는 말(답)이다.

❸⁻¹ 可; 입안 깊숙한 데서 큰 소리를 내어 '꾸짖다'의 뜻으로 呵(가), 訶(가)의 원자다. 파생하여 '좋다, 可能(긍정)'의 뜻으로 쓰인다. 여기서는 거친 대답으로 푼다.

❸⁻² 阿; 언덕, 모퉁이, 아첨할, 대답하는 소리 '아'다.

❹ 幾可; 금문부터 쓰여, 幾는 본래 전쟁 시 수비병(戍)이 품는 미세한 마음씨(幺幺;자잘한 실 유) 상태로부터, '희미하다'의 뜻과 '위험하다'의 뜻

을 나타낸다. 또 가까울 近과 통해, '가깝다'의 뜻도 있다. 여기서는 평서문의 문장으로 '희미하다, 미세하다'는 뜻이다. 반면, 백서 갑 이하 幾何는 의문문으로, 幾는 '어느 정도, 얼마'의 뜻이다.

5 与(與); '어금니 牙'와 同字(篆文)고 與의 俗子로, 백서 이하 與라 했다.

6 耑与亞; 耑이 초간 8편 장단의 단보다 획수가 적고, 같은 편의 '버금 亞'와 대비된 {耑夂}의 耑과 같아, 미쳐 夂을 쓰지 못한 {耑夂}으로, 본편에서도 長이 아닌, 亞와 맞물려(与), '처음 꼭대기를 친 최고 단{耑夂}'이다.

7 可若; '따른다(若) 할 수 있다, 해도 좋다(可)'는 긍정의 뜻이다.

8 {之所}{之所}; 상之하所 꼴에 이중부호가 있는 꼴이다.

9 {鬼示}; 발 없는 귀신이(鬼) 제대 위에서 보는(示) 꼴로, 귀신같이 또는 보통과 달리 이상하게(鬼) 본다(示), 즉 '잘 분별할 귀'라 추정한다. 字源에 示는 신에게 희생을 바치는 臺의 象形으로, 조상신의 뜻을 나타내며, 또 '보이다'의 뜻도 나타낸다. 백서 乙 이하 '두려워할 畏'다.

[백서 이하 비교]

초간은 역시 전 장에 이어 '끌어올리기'에 대해 핵심의 뜻만 표현한 장이다. 백서 이하 전반부의 일부 문장에 해당한다. 그러나 백서는 이 내용을 사회에 대한 노자의 두려운 마음으로 고치기 위해 너무 많은 글자를 만들어 초간에 이었다.

통용본 제20장

絶學無憂
唯之與阿 相去幾何? 善之與惡 相去何若? 人之所畏 不可不畏. (이상 초간)
荒兮 其未央哉! 衆人熙熙 如享太牢 如春登臺.
我獨泊兮 其未兆 如嬰兒之未孩. 儽儽兮 若無所歸.
衆人皆有餘 而我獨若遺. 我愚人之心也哉 沌沌兮.
俗人昭昭 我獨昏昏. 俗人察察 我獨悶悶.
澹兮 其若海. 飂兮 似無所止.
衆人皆有以 而我獨頑且鄙. 我獨異於人 而貴食於母

학문을 끊었다면 근심이 없었으리.
'예'와 '응'은 서로 얼마나 떨어졌나, (또한) '선(착함)'과 '악(나쁨)'은 서로의 거리가 얼마인가?
(그렇다고)사람들이 두려워하는 것은 (나도)두렵지 않다고는 하지 못하겠다.

삭막하고 거칠음이여, 그것(두려운 마음)이 아직 끝장나지 못하였구나!

뭇사람들은 기쁨에 겨워 온갖 산해진미를 누리고, 봄날에 누각에 오르는 것 같(이 즐거워한)다.

나만 홀로 (한 곳에)머무름이여, 그것은 아직 조짐을 나타내지 않으니, 어린아이가 아직 웃지 않는 것과 같고, 나른하고 피곤함이여, 돌아갈 곳이 없는 것과 같구나.

뭇사람들은 모두 여유가 있는데 나만 홀로 남아 있다. 난 어리석은 사람의 마음이냐? 어둡고 어리석음이여!

세상 사람들은 (처세, 이윤 등에) 밝디밝은데 나만 홀로 캄캄하구나.

세상 사람들은 서로 돌아보며 세세한 것까지 살피며 사는데 나만 혼자 번민하듯 틀어박혀 사는구나.

(그렇지만)깊고 깊음이여, 그것(마음)은 바다와 같고, 바람처럼 그칠 곳이 없는 것과 같다.

사람들은 모두 (이처럼 살아가는)이유가 있는듯한데 나만 외로이 완고하고 또 어리석은 것 같구나!

나만 홀로 남들과 달라서 음식(食)과 어머니(도, 본질)만을 귀히 여길 뿐이로다.

백서 갑 (제64장, 초간 부분만 표시)
[훼멸] 唯與訶, 其相去幾何? 善與惡, 其相去何若? 人之[所畏], 亦不[훼멸]

백서 을
絕學无憂 唯與呵, 其相去幾何? 善與亞, 其相去何若? 人之所畏, 亦不可以不畏人

초간은 사람의 능력, 본질(名)에 관한 이야기다. 그것을 2가지의 예시문과 사람(人)의 예지력을 통해 이야기하고 있다. 그런데 백서는 많은 문장을 창작해 이어붙였다. 마치 노자 자신이 배움이 없는 무식한 자였으면 좋았을 것인데, 그렇지 못한 것에 대한 즉 자신의 박식한 삶에 대한 넋두리의 글로 만들어 버렸다.

0. 絕{與子}亡憂 唯與可 相去幾可 {岩攴}與亞 相去可若
1.2. 絕學无憂 唯與訶(呵2), 其相去幾何? 善與惡(亞2), 其相去何若?
3. 絕學無憂 唯之與阿 相去幾何? 善之與惡 相去何若?

1.2. 학문을 끊었다면 근심이 없었으리. '예'와 '그래', 그것은 서로 얼마나 떨어졌나? '선'과 '악(버금2)', 그것은 서로의 거리가 얼마인가?

[詞(呵)는 '꾸짖다. 성내다'는 훈으로 '대답'의 뜻은 없다. 내용상 唯에 대응하는, '거칠고 무례하여 함부로 대하며 꾸짖고 성내는 표현이나 대답'으로 의미를 확장한다. 양방웅과 안기섭은 '꾸짖다'로 해석해 學과 다르게 해석하고 있다. 특히 양방웅은 첫 문장 '절학무우'를 앞 19-①의 끝에 붙였다.]

초간은 '절{유}망우'인 반면 백서 이하는 '절학무우'다. 여기서 알아야 할 것은 '{유}는 學이 아니다'는 사실이다. 두 개의 예시문이 그 답이다. 그러나 백서 이하는 초간의 예시문이 다르게 바뀌어 學이 맞을 수 있다. '절{유}망우'는 노자가 대상이 아닌 반면 백서 이하는 대상이 노자가 되기 때문에 번역도 올린 것처럼 다르다.

두 개의 예시문은, 첫 문장의 주장에 대한 이유 즉, '왜냐면?'이라는 것을 설명하는 글이다. 문장의 형식에 있어서, 초간은 '상거기가'처럼 평서문으로 쓴 반면, 백서가 '기상거기하'로, 이에 통용본이 불필요하다고 판단한 지시사 其를 빼고 '상거기하'처럼 의문문으로 표현하였다. 字數도 초간이 '유여가'인데 반해 통용본은 '유지여가'처럼 4자로 만들었다. 4·4조의 운율을 생각한 것이다. 예시문 중 첫 문장은 배움 즉 學의 유무를 밑바탕에 깔고 있다. 저자가 오늘날의 시각으로 해석하자면, 깨우침 없는 배움은 毒果라는 뜻이다.

초간의 두 번째 예시문 {尙攴}與亞는 백서에서 善與惡(亞2)로, 통용본에서 善之與惡으로 변화한다. 백서에서 통용본으로의 변화는 의미상 중요도가 없다 할 수 있으나, 초간에서 백서로의 개작은 초간의 본의를 감추는 본질의 변화다. 초간 '{쳐서 된 꼭대기}와 버금은'의 문장은 정치에 관한 이야기다. 반면 백서 이하 '서로 좋은 善과 미워하는 惡은' 깨우침에 관한, 철학의 문제이자 가치의 문제이기 때문에 學과 연결이 된다. 이처럼 백서는 초간의 정치색을 철저히 지우려 노력했다. (또는 용상을 taboo視 하였다) 그러나 노자의 뜻을 완전히 가리지는 못했다. 저자는 첫 책에서부터 〈노자〉는 '깨우침을 바탕으로 쓴 정치서'라고 썼기 때문이다. 다만 이것 외에는 거의 다 틀렸다. 섬세함과 내용의 질에서는 초간과 백서는 전혀 질이 다른 책이다.

0.   人{之所}{之所} {鬼示}亦丕可以丕{鬼示}
1.2. 人之所畏, 亦不可以不畏人
3.   人之所畏 不可不畏

1.2. 사람이 두려워하는 바는 또한
     (나도) 사람을 두려워하지 않음으로써는 불가하다
3.   사람이 두려워하는 것, (나도) 두려워한다.

초간은 이 문장이 마무리이므로 문장을 정리하는 글이 이어진다. 서론, 본론, 결론의 3단으로 아주 명확히 뜻을 전달하고 있는 완벽한 문장이다. 그러나 백서는 다음에 장문의 글을 이어야하므로 초간의 문장을 그대로 가져올 수가 없다. 물론 이미 처음부터 그런 수순이었을 것이다.

초간에서 백서는 {소}를 한 번만 쓰고, {귀}를 畏(두렵다)로 고쳐 앞에 붙였다. 그리고 조는 不이 되면서 다음 장의 첫 글자 人을 끄집어와 이 글자의 뒤에 '외인'처럼 붙여버린 꼴로 바뀐다. 엄청 고생했을 것이다. 이에 통용본은 백서의 '역'과 '이불'을 삭제하고 4·4조의 스마트한 문장으로 번역처럼 마무리한다. 특히 통용본은 백서에서 목적어로 사용된 마지막 人이 주어인 人과 동일인이 된다면, 논리적 모순이 됨으로 두려운 대상이 사람인지 아닌지 모르게 人을 지워버린다. 이어지는 다음 장에서, 없어서는 안 될, 중요한 의미를 차지하는 人이 흔적조차도 없이 사라진 것이다.

초간 노자와 그 밖의 노자

제19편 - ③장

[원문]

[해독]

人{龍心}辱若繩 貴大患若身 可胃{龍心}辱 {龍心}爲下也
인 {용} 욕약묵 귀대환약신 가위 {용} 욕 {용} 위하야

得之若繩 遊之若繩 是胃{龍心}辱、繩
득지약묵 유지약묵 시위 {용} 욕 묵

可胃貴大患若身 {虍壬}所以又大患煮
가위귀대환약신 {호} 소이우대환자

爲{虍壬}又身 返{虍壬}亡身 或可患矣
위 {호} 우신 급 {호} 망신 혹가환의

故貴以身爲天下 若可以厇天下矣 愛以身爲天下 若可以迖天下矣 ■
고 귀 이 신 위 천 하 약 가 이 탁 천 하 의 애 이 신 위 천 하 약 가 이 겁 천 하 의

    (지배계층)사람의 용이고자 하는 마음은 욕되기로 두 가닥 검댕이 노끈(처럼 쉽게 끊어질 수 있는 줄)을 따르지만, (그래도 사람들은)몸을 따라 큰 근심 거리로 귀하게 여긴다.

    (하지만)용상의 마음은 (이미)욕됨을 소화했다 할 수 있으니, 용의 마음은 아

래가 된다 함이라. (용상은)손에 넣어지는 것도 두 가닥 검댕이 노끈을 따르고, (그 자리에서)노니는 것도 두 가닥 검댕이 노끈을 따른다(즉 용상을 획득하거나 용상에 앉아 있는 것 모두 하늘의 뜻이 아니라면 검게 탄 끈일 뿐이다).

이는 용이고자 하는 마음은 욕되요, 두 가닥 검댕이 노끈을 소화함이며, 몸을 따라 큰 근심으로 귀하게 소화했다 할 수 있다. 호랑이 가면을 쓰고 다스림을 맡은 자(폭군, 거짓 王)가 크게 삶아 익힌 근심을 가진 까닭은, 호랑이 가면을 쓰고 맡은 자(거짓 王)가 몸을 가졌기에 ({龍心}을) 지음이니, 거짓 王이 몸을 잃어버리기에 미치어 간다면, 혹 근심할 수 있지 않은가!

까닭에, 몸으로써 천하를 삼을 만큼 귀하게 여기기를 따르면 천하를 벼랑 밑 풀잎(처럼 하찮거나 위험한 것)으로써 할 수 있지 않을까?

(또한)몸을 천하로 삼을 만큼 마음 집착해 애착하기를 따르면 천하를 떼어버리고 가기로써 할 수 있지 않을까?

[해설]

제19편은 총 3개의 장으로 구성되었다. 앞선 2개의 장은 '끌어올리기'라는 명확한 공통분모가 있는데, 이 장에는 {유}가 없다. 그러나 이 편은 非道인 '끌어올리기{臾子}'를 핵심어로 숨기고 노자가 결론적으로 말하고자 하는 주제를 다룬 글이다. 즉, 제③장에 '끌어올리기'가 나오지 않아 의아해할지 모르나, 龍床이 인간이 꿈꾸는 최고의 자리라면 쉽게 이해될 것이다. 까닭에 끌어올리기의 최고봉 즉 정점인 권좌(龍床)를 가장 마지막 제3장에 배치하여 논하고 있는 것이다.

사람들의 {龍心}은 이미 썩은 동아줄을 잡은 것이다.

지배계층의 사람들(人)중에는 용상을 꿈꾸는 거짓 왕{虎壬}들이나 안다 하는 자(智)들이 있다. 그들은 용상에 앉기 위한 탐욕으로 날 밤을 설치며 큰 근심과 걱정거리로 자신의 모든 것을 쏟아서 귀하게 여긴다. 그러나 왕이 되고자 하는 마음가짐은 이미 그것 자체로 욕됨을 만든 것이니, {龍心}은 이미 마음에 작용이 일어나 꾸미게 되었기 때문이다. 즉 자연스럽지 못하다는 것이다. 까닭에 무력으로 왕이 되고자 하는 마음은 이미 자신과 가족과 가문에 치욕스러운 앞날을 예약함이나 다름이 없어, 욕됨을 소화했다 할 수 있다. 이런 이유로 용이 되고자 하는 마음은 이미 그것만으로도 살아가는 지혜로써는 삶의 가장 아래가 된다고 할 것이다. 혹여 무력으로 빼앗아 올랐다고 해도 두 가닥 검댕이 동아줄처럼 언제 죽을지 모르는 긴장에서 살아가야 할 것이니, 그 자리에서 노니는 것도 죽임을 예약한 것이나 다름없다. 이처럼 순리를 따르지 않는 모든 것은 하늘의 뜻이 아니라면 검게 탄 끈일 뿐이다.

{虎壬}가 몸을 가졌기에 {龍心}을 지음이다.

그런데 왜 {虎壬}에게 그런 마음작용이 생기는 걸까? 노자는 말한다. 멸문지화를 당할 수도 있는, 무시무시한 마음인 {龍心}이 그의 깊은 곳에 크게 삶아익힌 근심으로 자리한 까닭은, 그가 몸을 가졌기에 생겨나고, 실행으로 옮기려하는 행위를 짓게 된 것이다. 즉 마음 작용의 실체는 몸 때문이다. 귀하게 여기는 그 큰 근심덩어리인 {龍心}은 몸이 있어 생겨난 것이다. 그래서 몸이 없다면 道의 DNA를 가진 나는 근심이 없다. 주종관계로 보자면 몸이 主요, {龍心}은 從이라는 것이다.

큰 근심의 원인을 찾아 왜?, 왜? 계속 질문하여 올라가 보니 그 꼭지(밑바탕)에 몸이 있었다. 즉 지금까지 부귀영화를 꿈꾸고 추구했던 그 모든 것이 결국 몸 때문이었다는 이야기다. 그럼 왕이 되려고 발버둥 치는 것이나, 부귀영화보다도 더 소중한 것이 몸 아닌가?! 당연하다.

그럼 몸이 없으면 되는가? 당연히 된다. 그러나 그것은 죽는 것뿐이거나 살아서는 道처럼 영원히 亡名하는 것뿐이다. 그러나 그것은 깨우침이다. 욕망덩어리인 자는 虛에 이르기는 거의 불가능하다. 까닭에 그가 자신의 몸에 대한 존재 자체를 잃어버리는 亡身에 미치어 간다면, 그렇게 될 수만 있는 방법이 있다면, 그것을 찾기 위해 혹 근심할 수 있지 않은가! (이것 자체도 거의 깨달음인데, 욕망덩어리들에게 가능할지 의문이다.)

몸을 천하로 삼을 만큼 마음 애착하고, 귀하게 삼으면 천하를 버릴 수 있다.

따라서 몸을 귀히 여기는데, 그 귀히 여기는 정도가 어느 정도냐면, 내 몸의 존재가치가 곧 천하라고 생각할 정도로 여긴다. 이쯤 되면 천하는 벼랑 밑 풀잎처럼, 떼어버리고 갈 수 있다고 말한다. 즉, 내 몸이 곧 천하라고 할 정도로 귀하고 소중하게 생각한다면, 천하를 벼랑 밑 풀잎처럼 하찮게 생각할 수 있다는 것이다. 언제 바위가 굴러 뭉겨질지 모르는 연약한 풀잎처럼 위험하고 위태롭게 천하를 여겨, 미련 없이 버릴 수 있다는 것이다. 그처럼 몸을 소중하게 생각한다는 것이다. 또, 몸으로써 천하를 삼을 만큼 마음 집착해 애착하기를 따르면, 즉 몸에 대한 간절한 애착이 어느 정도냐면, 천하만큼 소중하게 여겨, 마음 집착해 애착하면 그에 따라 천하를 미련 없이 떼어 버리고 갈 수 있다고 한 것이다.

{龍心}을 버리고 몸을 잘 보전하라

귀 기울여 하늘과 백성의 말을 들어 다스리는 자(聖人)가 王이 되어야 한다.

백성과 인류에 대한 깨우침은 버리고, 오직 자신만을 끌어올리려는 者들이 용상을 배움({與子})의 동기이자 목표로 삼는다면 그 사회는 항상 어지럽고 백성은 곤궁하다. 당연히 그 나라는 바른길로 갈 수 없다. 먼저 최고를 빼앗고자 사람을 죽일 것이요, 뺏고 난 다음에는 유지하기 위해 또 사람을 죽여야 하기 때문이다. 역사가 그랬다. 결국 그 왕조는 꾸미고 짓고(爲), 하늘에 빌어 받아 사업하나(事) 멀리 오래 갈 수 없다. 그럼에도 智(안다 하는 이)들 중 일부[거짓 왕(虎壬)들]는 용상을 꿈꾸다 열에 아홉은 형장의 이슬로 사라졌다. 까닭에, 그 무엇도 몸보다 앞설 수 없다. {龍心} 또한 몸이 있어서 생겨난 것이다. 따라서 몸이야말로 가장 아끼고 소중히 해야 할 것이다.

그럼 후왕은 누가 되는가? 나 아닌 다른 생명도 道의 자식임을 알고, 나와 같지 않음을 이해하고, 물러날 때까지 도의 亡名을 되새김질해 보는 것, 바로 그런 자가 왕이 되어야 한다. 널리 구휼 베풀고, 짓고 지어도 짓는 것조차 잃어버린 자가 왕이 되어야 한다.

옛날 전설 속의 聖人처럼, 누구든지.

《 {虎壬} 》

{虎壬}는 '폭군, 거짓 왕'이다. 저자도 해독할 정도로 문장에서 충분히 읽혀낼 수 있다. 그런데도 중국이나 우리의 철학자들은 노력 없이 백서 이하 통용본에서 吾(나)로 나왔다고 '오'의 異體字나 假借字로 해독한다. 그러나 {虎壬}는 '왕 하고 싶어 무장하고 일어난 智(안다 하는 자)들'이다. 즉 춘추시대의 群雄이거나 暴君들이라고 보면 된다.

《 學 》

이상으로 주제를 絶{與子}절유라 볼 수 있는, 초간 제19편 세 장, 모두를 살펴보았다. 특히 {與子}가 쓰이지 않은 이 장이 {與子}의 최종 목적지임을 알아채는 것이 중요하다(이처럼 노자는 {유}의 본질은 최종적으로 용상을 차지하는 것으로 본다. 인간의 생사여탈권을 맘대로 행사했던 노자시대에는 오직 용상이었을 것이다. 오늘날 의미의 확장은 각자의 소관이다). 그러나 백서 이하는 {유}를 學으로 고치고, 모여 놓은 제19편 3개 장을 찢어 놓아 노자의 본의를 숨겨버렸다. 다른 하나, 우리가 판단해볼 문제는 노자가 學을 부정했을까 하는 것이다. 그럴 수 있다. 다만 절대는 아니라고 말하고 싶다. 저자가 노자의 입장에서 말하자면, '學 이전에 깨우침(철학)'이다. 이것이 전제되지 않는 학은 독이라는 것이 노자의 뜻이라고 저자는 생각한다. 제24편 '대도가 짓밟히고서 편안히 어짊과 의롭기만을 가지나!'라는 문장은 저자의 주장을 반증한다 할 것이다. 만약 배워서 고칠 수 있다는 것이 유교의 사상이라면 대척된다고 할 수 있는 부분이다.

[고문자 해독]

❶ 人; 人은 오직 초간에서만 이곳에 있다. 뒤에 쓰인 {龍心}과 함께 '주어구'를 형성하며, 이 문장의 내용에서 없어서는 안 될 중요한 의미를 갖는다. 人이 지배계층을 염두에 둔 글자(字)라는 것을 모르면 이 장은 바르게 풀 수 없다.

백서 갑은 人이 없고 {龍心}은 龍이다. 이는 혹 {龍心}을, '임금, 용상 龍용'으로 봐서 이와 겹친 주어, 人을 누락한 것이다. 이와 달리 '희롱할 弄롱'이라 한 백서 을에선 人이 다시 나타났는데, 그 위치가 초간으로 봤을 때 전 단락의 末句인 亦不可以不畏人의 끝에 붙여 놓아 뜻이 통하지 않는다. 통용본은 {龍心}을 임금(龍)의 사랑(愛)인 '총애, 괼 寵총'이라는 뜻의 주어로 삼아, {龍心}앞의 人을 누락했다.

❷ {龍心}; 상龍하心 꼴로, 초간도 오직 이 장에만 있는 고문자며, 오직 노자만이 마음에 두고 쓴 글자다. {龍心}은 '용(의) 마음 용'이다. 그리고 그 말이 무엇을 뜻하는지는 문장을 보고 추리하고 생각에 잠기면 충분하다. 글자 앞에 人이 쓰여 있어 이어보면 '사람의 용 마음'이기 때문에 그리 깊이 생각하지 않고도 (사람의) '용이고자 하는 마음'이요, '왕이 되고자 하는 마음'이다. 따라서 辱과 대비된 글자가 아니며, 문장 속 {龍心}의 위치는 주체(주어)의 자리이면서 앞에 人과 같이 '주어구'를 구성한다. 즉 '人(지배계층 사람)의 용이고자 하는 마음'이요, '지배계층 사람의 왕이 되고자 하는 마음'이다.

통용본에 寵(괼 총)으로 나와 대부분의 해석가도 辱과 대비된 寵愛로 번역을 하고 있으나, 이는 바른 해독이 아니다. 그럼 후대에 왜 글이 변형되었을까? {龍心}은 그것 자체로 逆心일 수 있다. 이름자도 피휘하는 당시에 임금이 되고자 하는 마음을 언급하는 것은 그것 자체가 반역의 굴레를 쓸 수 있는 것이다. 저자가 진본〈노자〉가 써진 직후부터 개작이 이루어졌을 거라 판단하는 이유이며, 백서나 통용본에 人이 누락되고 글자가 변형된 것 또한, 이런 이유가 한몫했다고 생각한다.

❸ {黑黑糸}(纆); 상黑黑하糸 꼴로, 두 개의 검댕이(黑黑)가 하나의 실(糸)로 꼬인 '두 가닥 검댕이 노 纆묵'의 古字로 추정한다.

---

4 、; 위구의 若繩이나 아래 구의 若身과 달리, '약'이 없고, 대신 {、}표와 공간이 있다. 이는 '열거'를 뜻하는 '쉼표'로, 繩墨을 직접 是胃와 연결해 주는 것이다.

5 유실치 않은 인접 5, 8쪽을 참조하면, 5~6자 정도가 유실된 것이다. 백서 갑은 何胃貴大梡의 5자인데, 백서 갑이 초간의 유사문인 可胃{龍心}辱의 可를 何라하고, 초간 患을 梡이라 했음을 감안하면, 초간은 可胃貴大患 5자였다 추정한다.

6 초간 乙본 7쪽 하단 或 이하가 유실됐다. 인근 4, 8쪽을 참조하면, 6~7자 정도가 유실됐다. 백서 갑은 아래, 초간 마지막 문장의 可~矣를 何로 옮겼던바, 혹 초간은 可~矣다. 또한 왕필 본은 貴以身으로 이것이 초간 대구 문 愛以身과 같은 형식이니, 본래 초간은 貴以身이었을 것이다. 따라서 원문은 백서 갑 梡, 故를 초간 글자 患, 古로 수정한 可患矣! 古 貴以身 7자로 추정한다.

7 若; 무당이 머리를 풀고 신의를 따르는 데서, '따를, 좇을 약'인데, 후에 如와 통용되어 '같다'로도 쓰였다. 如와 若은 갑골문부터 쓰여, 초간의 두 글자는 뜻이 달랐다. 이에 어원을 따라 '따를, 좇을 약'으로 푼다.

8 厇; '벼랑, 바위(厂엄) 밑에 있는 풀잎(乇척) 탁'으로, 백서 갑의 {辶石}과 뜻이 통하는 '벼랑, 바위에 기댄 풀잎처럼 위험하고 보잘것없는' 뜻으로 푼다. 아래 한글 자전엔 '칠, 펼칠 책'이라 했다.

9 {夂心}(愛); 가파른 언덕을 내려가는 발자국의 모양으로, 넘어지지 않게 단단히 착지된 발(夂쇠, 夂치) 마음(心)인, 옆으로 가지 않고 '아래를 향해서만 내려가는 마음 치' 또는 '마음 집착해 애착할 치'로 '사랑 愛'의 이체자로 추정한다.

10 迲; '떼(버리)고, 떨(어지)고, 버리고(去) 갈(辶) 겁(거)'이다. 자전에는 '자래 거'로 나뭇단을 세는 단위로 나와, 우리나라에서 만들어진 한자로 소개되어 있다.

11 마지막 문장은 초간, 백서 갑, 을, 하상 본, 왕필 본 모두 달라, 큰 논쟁이 되었음을 보여준다. 문장이 제각각이라는 것은 의미 즉 노자의 뜻을 정확히 읽어내지 못한 것에서 온다. 몸(身)이 名과 같은 형제(新)요, 몸을 소중히 하라는 노자의 글을 정확히 읽어내지 못한 자들은 이 글을 해석하기가 무척 힘들었을 것이다. 마지막 古 이하의 문장은 以A爲B(A를 B로 삼다)를 써 보았다.

12 迲{虍壬}亡身 或(可患矣! (폭군이 몸을 잃어버리기에 미치어 간다면, 혹 근심을 할 수 있음이 아닌가!); 몸의 영달을 위해 {龍心}을 내었고 그로

인해 욕됨도 당하고 생명도 잃을 수 있으니 영달을 없애기 위해 몸을 잃어버리는 깨우침에까지 갈 수 있다면, 충분히 그것에 대해 번뇌할 만한 것이 아닌가라는 뜻이다.

이 문장은 통용본에서는 의미가 "내가 몸이 없음에 미친다면, 나에게 어떤 근심이 있겠는가!"(급오무신 오유하환)라고 되어있다. 그것이 맞아 보이는 방식이다. 그러나 분명 뒤의 或可患矣는 '혹시라도 근심을 할 수 있지 않나?'라는 문장이다. 그렇다면 이 문장의 患은 앞에서 이어지는 일반적인 患과는 다른 '번뇌해야 한다. 번뇌해 볼 만 하다'는 '긍정의 의미'를 담은 患이어야 문맥이 맞다.

[백서 이하 비교]

초간의 내용이 逆心을 이야기하다 보니, 백서 이하 글자의 변형이 심하다. 오직 이곳에만 쓰인 {龍心}을 바꾸고, 人을 지우고, 글자를 첨삭하고, 위치를 바꾸어 노자의 본의를 교묘하게 감추었다.

통용본 제13장

寵辱若驚 貴大患若身 何謂寵辱若驚? 寵爲上辱爲下.
得之若驚 失之若驚 是謂寵辱若驚.
何謂貴大患若身?
吾身所以有大患者 爲吾有身 及吾無身 吾有何患!
故貴以身爲天下者乃可以寄天下 愛以身爲天下者乃可以託天下

(세상 사람들은) 예뻐하거나 욕됨에 놀라워하는 것 같다. (그래서) 몸과 견줄 만큼 (총욕을) 큰 근심으로 귀히 여긴다. 총은 최상을 삼고, 욕은 최하를 삼아, 총애나 욕됨을 얻거나 잃음에 놀라워하는 것 같다. 이는 '총욕약경'을 이른다. 몸과 같이 큰 근심으로 귀하다는 것은 무엇을 이르는가?!

내 몸에 (총욕이라는) 큰 근심이 있는 것을 생각한바, (그 이유는) 내가 몸이 있음에 꾸미는 것이니, 내가 몸이 없음(無)에 다다른다면 나에게 어떤 근심이 있으리오!

까닭에 몸을 천하로 삼을 만큼 귀히 여기는 자에게는 이에 천하를 맡길 수 있고, (또) 몸을 천하로 삼을 만큼 사랑하는 자에게는 이에 천하를 (그에게) 의지할 수 있으리라.

{龍心}을 버리고 몸을 잘 보전하라

백서 갑 (제57장)

龍辱若驚 貴大梡若身 荷胃龍辱若驚?
龍之爲下. 得之若驚 失[之]若驚 是胃龍辱若驚.
何胃貴大梡若身? 吾所以有大梡者 爲吾有身也 及吾无身 有何梡!
故貴爲身於爲天下 若可以{辶_石}(託)天下矣 愛以身爲天下 女可以寄天下

백서 을

弄辱若驚 貴大患若身 何胃弄辱若驚?
弄之爲下也. 得之若驚 失之若驚 是胃弄辱若驚.
何胃貴大患若身? 吾所以有大患者 爲吾有身也 及吾无身 有何患!
故貴爲身於爲天下 若可以橐(託)天下[矣] 愛以身爲天下 女可以寄天下矣

통용본의 번역처럼 백서 이하는, 신하나 백성들이 임금의 사랑을 받고 못 받고에 매달리는 것 같다는 내용이다. 그러나 초간은 원래, 지배계층의 목숨 건 욕망에 대해 경고하는 문장이다. 특히 백서가 듔로 바꾼, {虍壬}호에게 하는 글이다.

0. 人{龍心}辱若纆 貴大患若身 可胃{龍心}辱 {龍心}爲下也
   得之若纆 遊之若纆 是胃{龍心}辱、纆
1. 龍辱若驚 貴大梡若身 荷胃龍辱若驚 龍之爲下.
   得之若驚 失[之]若驚 是胃龍辱若驚.
2. 弄辱若驚 貴大患若身 何胃弄辱若驚? 弄之爲下也.
   得之若驚 失之若驚 是胃弄辱若驚.
3. 寵辱若驚 貴大患若身 何謂寵辱若驚? 寵爲上辱爲下.
   得之若驚 失之若驚 是謂寵辱若驚

1. 임금(龍)이 욕됨에 놀라는 것 같다. 몸과 같이 큰 도마(장작, 땔나무)를 귀히 여긴다. 책망(규탄)은 '용욕약경'을 소화함이니, 임금은 下를 삼는다. 얻거나 잃음에 놀라는 것 같다. 이는 '용욕약경'을 소화함이다.
2. 희롱과 욕됨에 놀라는 것 같다. 몸과 견줄 만큼 큰 근심으로 귀하게 여긴다. 무엇이 '농욕약경'을 소화함인가? '희롱하는 것'은 下를 삼는다. 얻거나 잃음에 놀라는 것 같다. 이는 '농욕약경'을 소화함이다.

초간이 발견되지 않았다면 노자는 영원히 제 뜻을 속 깊게 밝히지 못했을 것이다. 백서도 龍, 弄(희롱하다)으로 쓰고, 통용본도 寵으로 틀리게 쓴 {龍心}

초간 노자와 그 밖의 노자

용, 지금까지 초간을 해석한 철학자들도 寵(임금의 사랑)으로 해독하는 글자지만, 저자 같은 특이한 자도 가끔은 있어, 이 글자를 {용 마음}이라고 읽고, '용이고자 하는 마음'으로 해독하는 자도 나올 수 있는 것이다.

특히 {용}의 주체인 人을 없앤 것은, 의도적으로 또 명백하게 초간의 위험한 내용을 고친 것이다.

내용을 살펴보면, 백서 갑은 龍을 체언(주어)으로 쓸 수 있으나, 번역 1처럼 될 수밖에 없어 王의 입장에서는 기분 좋은 문장이 아니다. 그리고 '큰 도마'가 무엇인지도 정의하기 어렵다. 물론 당시에는 뜻이 통해 넣었던 글자일 것이나, 지금은 알 수 없는 문장이다. 백서 갑이 人을 빼고 {용}을 바꿔 초간이 말하고자 하는 내용은 사라졌지만 문장으로서는 형편없다. 이에 백서 乙이 龍을 弄으로, 梡을 원래대로 해서 문장을 고쳤으나, 역시 弄으로는 철학적인 깊이를 갖기는 어려운 문제다. 이에 통용본처럼 최대한 매끄럽게 다듬어진 것이다.

[쉬어가기]

초간의 人은 저자의 번역을 보듯 없어서는 안 될 정말 중요한 字인데, 경학자들도 이해하지 못하고 추측만 있다. 이 부분은 초간 해석서보다는 초간을 검토한 김홍경, 최진석의 책이 더 넓게 언급하고 있어 올려 본다.

지금 해설하고 있는 문장은 초간문에도 나온다. 초간문과 백서는 크게 차이가 없지만 초간문에는 문장 앞머리에 '인(人)'자가 하나 더 붙어 있다. 팽호는 이것을 보고 흥미로운 주장을 제기했다… 백서 을본을 보면… 구절 뒤에 '인(人)'자가 더 붙어 있다. 정리조는 이것이 잘못 들어간 글자라고 하였다. 팽호의 재미있는 주장은 이 '인'자가 왜 잘못 들어가 있을까에 관한 것이다. 곧 그는 『노자』를 편집한 사람이 초간문을 보면서 '인'자 전에서 구두해야 할 것을 실수로 잘못 구두하여 '인'자까지 "남이 두려워하는 것은 두려워하지 않을 수 없다"는 문장에 붙여 읽었다고 주장했다. 초간문을 보면 '외(畏)'뒤에 단구 부호가 있기 때문에 '인' 자는 이 문장에 속하는 글자가 확실하다… 만약 이 추론이 옳다면 원래 이 문장은 "사람은 총애나 욕됨에 모두 놀라는 듯이 하고…"였던 셈이다.(김홍경, p648~p649)

➔ 팽호는 편집자가 구두점을 실수로 잘 못 찍었다고 본다. 김홍경의 번역은 사람(人)의 계층성을 읽지 못했고, {龍心}을 寵으로 읽는 까닭에, 굳이 人(사람)이 없어도 되는, 불필요한 글자만 있는 꼴이다.

이 장은 언뜻 읽어 보면 쉬운 듯하지만, 사실 이해하기가 상당히 까다로운 부분이다… 죽간본에는 "인총욕약경人寵辱若驚"으로 되어 있다. 죽간본에는… 외畏 자와 인人 자 사이에 장을 나눌 때 쓰는 기호가 찍혀 있어 비교적 분명하게 "인총욕약경"으로 하고 있다. 그러나 죽간본을 제외한 모든 판본들이 '인' 자를 떼고서 제13장을 시작하고 있고, 또 의미 연관을 보더라도 '인' 자가 있으면 어색한 느낌을 주므로 죽간본이 장을 나눌 때 쓰는 기호를 잘못 찍지 않았을까 하고 의심해 본다. (최진석, p112)

→ 초간이 장을 나눌 때 쓰는 기호를 人 뒤, 寵 앞에 찍었어야 했는데 잘못 찍었다고 의심한다. 이 경우 人은 '백서 을'처럼 있는 꼴인데, 그곳에서도 人은 굳이 쓰지 않아도 될 글자다. {龍心}용 또한 아무 의심 없이 寵(총)으로 해독하고 있다. 그러나 人은 반드시 있어야 할 중요한 글자요, 그래야 뜻이 풀어진다. 또 人이 있음으로 해서 초간의 {龍心}은 寵이 아님을 증명할 수 있다. 왜냐하면 寵이면 최진석의 풀이 글처럼 人은 굳이 나올 필요가 없는 아주 어색한 글자이기 때문이다.

0. 可胃貴大患若身 {虍壬}所以又大患煮 爲{虍壬}又身 返{虍壬}亡身 或可患矣!
1. 何胃貴大梡若身? 吾所以有大梡者 爲吾有身也 及吾无身 有何梡!
2. 何胃貴大患若身? 吾所以有大患者 爲吾有身也 及吾无身 有何患!
3. 何謂貴大患若身? 吾身所以有大患者 爲吾有身 及吾無身 吾有何患!

1. 무엇이 몸과 견줄 만큼 큰 도마(梡)로 귀하기를 소화함인가?! 내가 큰 도마인 것을 소유함으로써인 바니, 내가 몸이 있음에 짓는다, 내가 몸이 없음(无)에 미치면 어떤 도마가 있으리!
2. 몸과 견줄 만큼 큰 근심(患)으로 귀하다 함은 무엇을 소화함인가? 내가 큰 근심이란 것을 소유함으로써인 바로, 내가 몸이 있음에 꾸미는 것이다, 내가 몸이 없음(无)에 미치면 어떤 근심이 있으리!

초간은 {호}를 써서 이 문장이 누구를 대상으로 쓴 글인지 명확하게 말하고 있다. 그런데, 백서는 {호}를 吾로 바꿔, 의미적으로는 인간 군상 모두를 말하는 글로 바꾸었다. 백서는 {호}의 자리에 그대로 吾를 썼는데, 통용본은 문장의 운율 때문인지 吾를 1회 더 넣었다. 초간은 반어적 의문조사 矣를 써서 의문문을 나타냈는데, 백서 이하 可를 何로 바꾸고 矣를 뺐다.

초간 노자와 그 밖의 노자

0. 故貴以身爲天下 若可以厇天下矣 愛以身爲天下 若可以迲天下矣
1. 故貴爲身於爲天下 若可以(託)天下矣 愛以身爲天下 女可以寄天下
2. 故貴爲身於爲天下 若可以橐(託)天下[矣] 愛以身爲天下 女可以寄天下矣
3. 故貴以身爲天下者 乃可以寄天下 愛以身爲天下者 乃可以託天下

초간은 {호}더러 천하를 버릴 수 있지 않겠느냐는 뜻인데, 백서가 천하를 寄託할 수 있지 않겠는가로 바꾸어 통용본도 그대로 이었다. 이렇게 바꿀 수 있는 것은 바로 앞에서 특정인을 대상으로 한 글자 {호}를 불특정 사람을 이르는 말 吾로 고쳤기 때문에 가능하다. 기타 글자의 소소한 변화는 있으나 의미의 변화를 가져오지는 않는다.

초간 제19편은 백서 이하 學으로 바뀐, '끌어올리기 {유}'를 대강으로 각 주제를 다룬 곳이다. 다만, 이 장은 앞의 2개 장과 다르게 {유}가 없음에도 여기에 있는 이유를 아는 것이, 이 장을 이해하는 핵심이다. 저자 역시 이 장이 여기에 없었다면 노자의 '끌어올리기'가 무엇을 의미하는지 정확히 읽을 수 없었을 것이다. 백서 이하 글자를 빼고, 고치고, 이 편을 해체하여, 각기 다른 곳에 배치한 것은 이처럼 아름다운 글을 정치서라는 이유로 없애기 너무 아까워 살려내기 위해 부단히 노력한 백서 甲의 공이라고 해야 할 것인지, 유교의 조력자라고 해야 할 것이지 후대의 연구가 기다려진다. 어쩌면 우리가 이미 6-⑤의 異本을 본 바와 같이 진본〈노자〉가 쓰이고 얼마 지나지 않은 때부터 이본은 생겨나고 있었는지 모른다.

제 20 편

[원문]

[해독]

上士婚道 堇能行於其中. 中士婚道 若婚若亡.
상 사 혼 도 근 능 행 어 기 중　중 사 혼 도 약 혼 약 망

下士婚道大{艹犬}之. 弗大{艹犬} 不足以爲道矣
하 사 혼 도 대 　{소}　지　불 대 　{소}　부 족 이 위 도 의

是以 建言又之 明道女孛 {辶尸二}道女纇 進道若退
시 이　건 언 우 지　명 도 여 패　　{인}　도 여 뢰　진 도 약 퇴

上惪女浴 大白女辱 往惪女丕足 建惪女偸 質貞女愈
상 덕 여 욕　대 백 여 욕　왕 덕 여 비 족　건 덕 여 투　질 (정) 여 유

大方亡禺 大器曼城 大音祇聖 天象亡型 道襃亡名 夫唯道善 ■
대 방 망 우　대 기 만 성　대 음 지 성　천 상 망 (형)　도 포 망 명　부 유 도 선

우에 장정이 도와 맺어지면 진흙 바탕(본성의 순수함)이 능히 그(土)의 속(中)에서 나아가고, 가운데 선비가 도와 맺어지면 맺기를 따르다 잃기를 따르다 하고, 아래 선비가 도와 맺어지면 크게 개 풀 뜯는 소리로 여겨졌던 것이니, 크게 개 풀 뜯는 소리(로 여기기)를 떨치면 도가 되기에는 족하지 않음이 아닌가!

이런 이유로 (붓 꼿꼿이 세워진 말인) 속담(격언)이 쥐어져 온 것이다.

밝은 도는 그늘에 조용히 앉고, 어울려 가는 도는 뭉친 실 매듭 같은 갈등에 고요히 앉고, 앞으로 나아가는 도는 물러남을 따른다.

우에의 환히 빛나는 눈·마음(悳)은 (계곡물처럼) 낮은 곳에 얌전히 앉고, (티 없이) 크게 하얗다는 욕되기에 음전이 앉고, 세상에 나가 함께하는(往) 體化된 마음(悳)은 둔이 커짐에 조용히 앉고, (외현에 흔들리지 않게) 꼿꼿이 선 빛나게 환한 곧은 눈·마음을 가진 덕(悳)은 임시변통처럼 가벼움에 (보거나 행동으로) 고요히 앉고, 타고난 성질의 의문 되는 점을 묻는 점 보기는 빠져나간 마음에 얌전히 앉는다. 큰 쟁기(나눔)는 가름(구별)을 잃고, 큰 그릇은 (城을 여인이 꼼꼼히 화장하듯) 길게 가고 늦게 차며, 큰 소리는 귀 기울여 신의 듣기를 공경하며, 하늘의 象(하늘의 계시)은 틀(모양, 규정성)을 잃는다.

도는 (폼 넓은 도포의 자락처럼) 너무나 넓고 넓어 규정(이름)을 잃으니, 대저 오직 道만이 누구에게나 모두에게 좋다.

[해설]

이 편부터는 '道의 실천'을 이야기하는 정리의 글이라 할 수 있다. 그 첫째 편인 제20편은 도입부에서 3단계의 선비(士)로 나누어 이야기를 하고 있으나, 속 내용은 그동안 노자가 언급한 어머니의 道性이나 정치론에 대해 의심의 눈길을 보내지 말고 나의 말을 믿고 따라 열심히 수행하라는 말이다. 그 뜻을 도와 맺어진 上士의 행실로 보여준다. 도와 맺어진 上士는 (여인처럼 앉아있음으로) 上下左右를 가리지 않고 어느 누구와도, 어떤 자리에도 편안하고 깊게 도를 드리울 수 있다. 이는 天上의 소리가 아니라 이미 예부터 많은 격언으로 전해져 왔으니 그 뜻이 建言又之 以下로 오고, 그래서 대저 오직 道만이 모두에게 공평하고 좋다는 것으로 마무리를 한다.

선비(士)가 道와 맺어졌을 때의 3가지 반응

우에 장정이 道와 결혼하듯 실타래가 맺어지면, 그의 몸은 주머니 속의 사향처럼 보이지 않아도 밖으로 향기를 뿜어내니, 말(言)과 삶(行)이 초지일관, 그의 깊은 속(본바탕)에서 능히 나아가, 행동으로 드러나 이어져 사방에 뿌려질 수 있는 것이다. 그 말이 옳다는 것은 세 명의 장정(士) 글 뒤에 이어지는 예시문들로 붓 꼿꼿이 세워져 내려온 말들이다. 반면, 가운데 장정(中士)은 있는 듯 없는 듯 반신반의하니 따르기도 하다가 잃기(포기)도 하다가 하고, (또는 맺기를 따르다가 잃기를 따른다. 즉 중도 포기를 하고) 마지막 가장 아래의 장정(下士)은 어머니의 道와 맺어지는 기회가 있어도 전혀 관심이 없으니, 들으면 개가 풀 뜯어먹는 소리라고 크게 비웃는 것이 道다. 만약 그들이 道와 만나 경건함을 갖추고 옷소매를 엮는다면, 그것은 道가 되기에는 족하지 않다고 할 것이다.

세상 속의 격언들, 대저 오직 道만이 누구에게나 공평하고 좋다

이 때문에 세상에는 이러한 원리가 예부터 지켜지고, 전해져 왔으니 다음과 같은 격언들이 있는 것이다. 나열된 격언들은 여러 이야기를 하고 있으나 전체 예시문 문장은 道와 悳의 본 모습은 일반 人·民의 욕심스러운 마음이나, 智나 {虍壬}가 생각하는 것과는 반대다.

즉, 바른 道와 悳은 전 편(15-①의 谷不谷)에서 말한 人·民들이 싫어하는 곳(하고자 하지 않는 곳)에 단단히 자리 잡아 머물 수 있다는 것을 구체적으로 묘사하고 있는 문장이거나, 마음(心)이 아닌 객관적 입장({卜灬})에 자리 잡는다(女)거나, 조급하게 결과를 바라는 것이 아닌 늦다거나, 고리타분한 소리에도 공경한다거나, 자신을 잃어버린 象으로 존재한다는 것들이다.

여기서 중요한 것은, 예를 들어 대낮같이 밝은 道란 씨방 밑 그림자에 고요히 앉았다(明道女孝)는 것은 그냥 그렇게 있다는 것이지 그것을 바탕으로 인위적인 어떤 행위가 이루어진다는 것은 아니다. 또한 道를 깨달아 획득한, 직시하는 곧은 마음(悳)도 이와 같다. 이어 속담이나 격언과도 같은 문장이 이어진다. 역시 道性을 이야기한다. 天象亡型은 저 우주 하늘에 드리운 현상들(天象)은 거푸집 같은 정해진 틀(型)을 잃는다(亡型). 즉 시시각각으로 천 번 만 번 변화한다. 大方亡禺도, '큰 나눔은 얄팍한 가름(구별)을 잃는다'는 뜻이다. 이들은 모두 천하가 어머니인 도의 자식이지만 같지 않다는 '不二論을 바탕으로 한 구분'을 말하는 글이다. 당연히 다스림은 이러한 깨우침에서 이루어져야 한다. 이는 얄팍하게 눈치나 보는 사이비 임금의 일반적인 처세론이 아니라, 본질을 직시한 바른 행위의 길을 가는 처세론이다.

순수한 民은 지배층인 智들이 자신의 모습에 足하여 14-②장의 후미처럼 청렴하게 살아간다면, 民은 마치 아이처럼 쉽게 따라간다. 民이 깨우쳐서 가는 것이 아니다. 이런 속에서 나온 것이 (굳이 처세법이라고 보자면) 다스림에 있어서의 처세법이다. 따라서 〈노자〉에는 당연히 처세법에 대한 언급이 있다. 모든 예가 다 그렇다.

이처럼 천하에 있는 격언들은 모두 道性을 이야기하는데, 그것은 스스로 낮은 곳에 임하는 江海와 같은 자세라고 할 것이다. 이런 까닭에 마지막으로 역시나 道만이 不偏不黨함이 없이 모두에게 좋을 수 있다고 결론을 내린다.

[쉬어가기] -《초간의 昏道와 통용본의 聞道 비교》

'도와 맺어지다'(초간)가 '도를 듣다'(통용본)보다 더 깊다. 도를 듣는 것은 맺어지지 않고도 가능하기 때문이다. 인간은 도와 맺어질 수 있다. 이미 초간 제11편에서 {虐壬}(폭군)도 비록 틀렸지만 (道는 恒亡名임으로 규정하지 못한다) 道를 大 이하로 규정하고 있고, 노자는 깨우침을 바탕으로 도를 설명하고 있다. 당연히 추리나 판단, 인식 그리고 六感이나 깨우침을 통해 어머니인 道를 깨치지 못했다면 이 글이 쓰일 수는 없을 것이다. 따라서 도를 깨쳤다는 것(昏道)을 전제로 행위법이 언급되는 것은 당연하다. 道를 알면서 자기 수양만을 하라 가르치는 것은 종교의 한 분파일 수는 있어도 철학서일 수는 없다.

이는 오늘날 종교 자체에도 보기 어렵다. 우리는 종교가 사회 깊숙이 들어와 인간 이성의 판단마저 중독 시키고 있음을 조금만 관심 있게 보면 알 수 있다. 특히 제도 깊숙이 영향을 미치고 있다. 그러나 벌이 제값을 못하면 사회적 역할을 잃는다. 인간 군상의 집단이 모여 사는 사회는 반드시 벌이 제 역할을 해주어야 한다. 사회가 유지되는 최후의 보루이기 때문이다. 그러나 자유진영은 종교가 사회화되면서 변해가고 있다.

천부인권은 모두에게 해당하는 말인데, 특히 피해자에게 해당하는 말이어야 하는데, 이상하게 피고인에게 해당하는 말처럼 해석되고 있다. 벼룩을 잡으려, 청결을 유지하는 것이 아니라, 초가삼간을 태우려는 제도가 양산된 까닭이다. 벌이 이처럼 균형을 잃어버린 것은, 종교가 종교로 남지 못하고 인간의 이성을 중독 시켜 사회제도를 넘어온 弊害 때문이다. 결국 그 사회는 죄와 벌이 균형을 잃은 까닭에, 무질서가 난무하게 될 것이다. 기울어지면 쏠리는 것은 법칙이기 때문이다.

[고문자 해독]

❶ 昏(婚); 氏 꼴이 제15편 昏, 제24편 緒민, 제25편 {昏耳}문에 쓰인 氏의 금문과 다르다. 가운데 十이 ◇ 꼴인 氏의 갑골문에 가깝다. [고문자류편, p53] 전체 昏 꼴 역시 '황혼, 어둡다'는 뜻인 昏의 갑골문과도 다르다. [고문자류편, p491] 초간의 문맥상, 사람이(亻) 혼인 등을 들고 있는 (중◇하日) 모양의 '혼인할 婚婚'이며, '맺(어지)다'는 뜻이다

❷ 堇; 노란 진흙, 진흙 바를 '근'으로, 주어로 쓰여 노란 진흙 같은 마음 바탕을 뜻하며, 초간 제13편에서의 쓰임과 같이 연결 지어 생각해보면, 각자가 道로부터 부여받은 본바탕, 그릇, 가소성이 가장 큰 최초, 본질, 또 다른 名이다.

❸ {艸犬}; 개(犬)가 풀(艸)을 먹는다는 뜻의, '개 풀 뜯을 소'로, 전혀 어울리지 않는 상황을 빗대 '비웃는다'는 뜻이다.

❸-1 笑; 머리털이 긴(竹) 젊은 무당(夭)의 꼴로, 기뻐서 웃는 웃음 '소'다. 3)의 글 꼴이 사라지고 '비웃다'는 뜻도 생겼다.

❹ 孛; 열매꼭지 밑 씨방이 크게 부푼 데서, 초목 우거져 그늘진 어두울 '패'다.

❺ {辶尸二}(仁); 사람(尸;다리 굽힌 사람 옆모습) 둘(二)이 가는(辶) 꼴로, {尸二}은 仁의 금문[고문자류편, 10p]이다. 그런데 仁은 또 '가까울, 늦을 尼닐'과 통해, {辶尸二} 역시 '가까울 迟니(이)'와 통할 수 있다. '어질고 가깝게 갈 인(니)'로 푼다.

❻ 초간 乙본 10쪽 끝단에, 道 이하 3~4자가 유실됐다. 동사는 바로 앞 구처럼 女거나 뒤 구와 같은 若이고, 주어가 어질고 가깝게 가는 道이니 ({인}도), 서술어는 통용본의 뭉친 실 매듭 같은 '갈등, 어그러질, 흠, 과오, 실 마디 纇뢰'로 한다. (백서 을은 '무리 類'다) 이하 유실된 주어는 술어가 물러남을 따른다는 若退니, 백서 을 이하와 같은 '나아갈 進진'이라 추정한다.

❼ 悳; 古文字는 '빛나는, 환한(◊) 눈(目) 마음(心)'이며, 마음속에 획득한, 곧은(直) 마음(心), 직시하는(直) 마음(心)으로도 본다. 德은 환한, 빛나는(◊)이 '열 십(十)'으로 바뀐 꼴인데, 이는 의미를 더 명확히·구체화한 것으로 보이며, 체현된 마음(悳)에 행위를 나타내는 彳이 붙어 뜻이 다르다고 보아야 할 것 같다.

❽ 浴(谷); 여기서 浴은 본래의 뜻인 '목욕, 씻김 욕'일 수도 있지만, 上悳에 대비되는 골짜기 아래 흐르는 물 곡{谷水}의(초간 6-①) 오기로 본다. 통용본은 '골짜기 谷'이다.

❾ 大白; 悳구에서 함께 열거되어, 획득한, 곧은, 직시하는 마음인 悳과 유사한, 희고 깨끗한 마음(心)을 상징한다. 悳(곧은 마음, 직시하는 마음, 획득한 마음)은 실천행위까지는 아니라고 해도 몸에 體化된 것까지는 봐야 한다.

❿ {之王}(往) ; 往의 금문, 초국체 꼴과 같다. [고문자류편, p114] 字典의 字源 해설도 부수를 '王'으로 보나 이곳과 제25편의 往의 고문자를 보면 '王'이 아니라 '壬'이다. 자전을 따라 王으로 표기한다.

⓫ 조 ; 원문처럼 '커질 조'로 푼다. 한편 조足이기 보다는 족하지 않다는 不足의 오기로 보는 입장도 있으나 노자의 화법상 이는 不用이다.

⓬ 초간 乙본 11쪽 하단 중간에 建德女○, ○{卜罒}女愈로 2자가 유실됐다. 백서 을과 통용본이 같은 字를 사용한 뒷글자는, 본연 그대로의 뜻인 '바탕 質질'을 취하고, 앞 글자는 백서 甲乙 모두 유실되고, 통용본은 '훔치고, 탐하고, 구차하고, 고식적이고, 가벼울 偸투'다. 建이 '붓 뻗어서 훤칠하게 서다'는 뜻에서 단단히 서고, 열쇠와 통해, 상대어로 偸가

어울린다. 쓰인 시기도 管子, 論語 등으로, 기원전부터 쓰였던 글자로 판단하여 偸(경솔하고, 가볍고, 임시방편적이다)로 한다.

⑫-1 자전에 {十目木}는 '곧을 直'의 古字와 유사하다.

⑬ {卜罒}(貞?); 상卜하罒(目을 옆으로 눕힌 꼴) 꼴로, '점 볼 정(貞?)'으로 추정한다. 문맥의 의미는 '하늘에 물어 게시 받다'는 뜻이다.

⑭ 愈; '빠져나간(넘어간) 마음 愈유'다. 초간 12편에도 쓰인 愈유는 金文에 兪와 愉는 같고, 愉는 또 愈와 같다고 하지만, 이곳과 제12편은 파자한 뜻 '빠져나간(넘어간) 마음 愈유'의 뜻 그대로다. 달리 쓰자면 객관적이요, 외물에 휘둘리지 않고 마음의 깊은 속(中)에 있음을 뜻한다. 기쁘다는 愉는 거리가 있다.

⑮ 方; '모 方'이다. 양쪽으로 내민 손잡이가 있는 쟁기 꼴에서 나란히 서서 '논밭(땅) 갈기, 나란히 늘어설, 곁(竝, 旁)'의 뜻이고, '견주어 비교하고 나누어 구별하다'의 뜻이고, 갈려 나눠진 땅의 '방위'고, 땅은 또 반듯이 네모져 '네모진, 또 그 형상, 품행이 방정하다'는 뜻 등이 있다.

⑯ 禺; 큰 머리와 꼬리를 가진 원숭이의 상형으로, 여기서는 '구역, 구별, 가름 우'의 뜻이다.

⑯-1 寓; 나무 같은 집(宀)에 원숭이들이 나뉘어 있는 모양(禺)으로 '남에게 의지하여 부쳐 살, 부칠, 청탁할 우'다.

⑰ 曼; 금문 꼴이 모자를 쓰고 눈 아래, 위에 손을 대 화장하는 모양을 본 떠, '시간이 길, 길게 끌, 아름다울, 흠치르르 할, 없을 만'으로 통용본의 '늦을 晩'과 음이 같고 뜻도 유사하지만, '없을 無'의 뜻은 없다.

⑱ 祗; 전체적 자형이 '공경할 祗지'의 금문, 초국체 꼴 [고문자류편, p176] 및 자전과 흡사하다. 원문은 머리가 事의 상부 꼴로, 기원의 말을 나뭇가지에 매단 팻말이고, 아래는 '수염 而'인데, 이는 머리털을 밀고, 수염을 기른 무당의 상형이다.

⑲ {井土}(型?); 땅(土)에 판 우물(井), 함정 '阱정' [고문자류편, p451 참조]인데, 문맥상 거리가 있어, 刂가 누락된 '거푸집, 본보기 型형'의 오기로 본다.

⑳ 초간 乙본 12쪽, 道 자 이하 하단 죽간이 유실했다. 유실된 쪽 죽간 길이로 보면, 道를 포함해서 최대 8자 이상 있다고 보기 어렵다. 유실되지 않은 백서 을이 道襃(포)无名, 夫唯道善始且善成이고, 통용본은 道隱(은)無名, 夫唯道, 善貸且成으로, 백서는 4자, 통용본은 3자가 더 많다. 백서의 始는 초간에서 쓰이지 않은 글자로, 혹 始 이하가 백서 을에서 덧붙여졌다고 보면, 道善까지 8자가 되고 문맥도 더욱 좋다. 한편 道는 '항

망명'이니 초간은 亡이며, 백서 을의 襃와 통용본의 隱은 백서 을의 '클, 넓을 襃포'로 한다. 자락이 넓고 불룩한 옷(衣)으로써 '자락 클, 넓을 포'는, 다용도로 활용된다는 점에서 역할 규정을 할 수 없어, 규정성을 잃었다는 道와 합치하기 때문이다. 이하 표점도 유실되어, 단락이 장·편의 어느 쪽인지 확인할 수 없으나, 내용이 크게 전환돼, 분장의 표점은 ■(편)이 있다 함께 유실된 것으로 추정한다.

[백서 이하 비교]

초간을 기준으로 이 편부터는 글의 끝을 향한다. 상사, 중사, 하사를 언급했지만, 내용으로는 그동안 노자가 언급한 道를 바탕으로 한 정치술에 대해, 열심히 깨우쳐 마신 悳이 두텁게 쌓이기를 바라는 글이다.

통용본 제41장

上士聞道 勤而行之. 中士聞道若存若亡. 下士聞道大笑之. 不笑不足以爲道.
故建言有之 明道若昧 進道若退 夷道若纇.
上德若谷 太白若辱. 廣德若不足 建德若偸. 質眞若渝.
大方無隅 大器晩成 大音希聲 大象無形 道隱無名.
夫唯道 善貸且成.

최상의 선비는 도를 들으면 이것을 힘써 따른다. 중간의 선비가 도를 들으면 있는 것인지 없는 것인지 한다. 최하의 선비가 도를 들으면 크게 비웃는다. (최하의 선비가 도를 듣고서) 웃지 않는 것으로 도를 삼기에는 족하지 않다.

까닭에 격언에 이런 것이 있다.

밝은 도는 어두운 듯하고, (앞으로) 나아가는 도는 물러나는 듯하고, 평탄한 도는 기복이 많은 듯하다. 최고의 덕은 계곡과 같고, 큰 진리(태백)는 욕됨과 같다.

넓은 덕은 (베풂이) 부족한 듯 보이고, 확실하게 세운 덕은 (기반이 없어 곧 쓰러질 듯) 엷어 보인다. (그리고) 바탕이 참인 것은 달라진 것처럼 보인다.

(또한) 크게 모난 것은 모서리가 없고, 큰 그릇은 이루기를 면하고, 거대한 소리(음)는 (너무 거대하여) 소리가 희미하고, 큰 象은 形象이 없고, 도는 숨어 있어 이름이 없다.

대저 오직 道는 완벽히 베풀고 또 이룬다.

백서 갑 (제3장)

[앞 전부 훼멸]道 善[始且善成.]

초간 노자와 그 밖의 노자

백서 을

上[士聞]道 菫能行之. 中士聞道 若存若亡.

下士聞道 大笑之. 弗笑 [不足]以爲道.

是以建言有之曰 明道如費(昧) 進道如退 夷道如類.

上德如浴 太白如辱 廣德如不足 建德如[偸]. 質[眞如渝].

大方无禺(隅) 大器免成 大音希聲 天象无刑

道襃无名 夫唯道 善始且善成.

문장을 바꿔야 할 만큼 초간이 정치를 이야기한 곳이 아니다. 누가 보더라도 깨우침의 글이요, 悳으로의 道닦음의 글이다. 따라서 백서도 내용을 바꾼 것은 없다. 그러나 노자가 묘사한 세세한 단어들은 백서 이하 초간의 수준보다는 낮게 바꿔었다. 노자가 이해한 도와 백서가 이해한 도는 질이 다르다고 표현하는 것이 바른 말일 것이다.

0. 上士婚道 菫能行於其中 中士婚道 若婚若亡

　　下士婚道大{艹犬}之 弗大{艹犬} 不足以爲道矣!

2. 上士聞道 菫能行之 中士聞道 若存若亡

　　下士聞道 大笑之 弗笑 [不足]以爲道

0. 上士婚道면 노란 진흙인 순수한 본바탕(菫)이 上士의 깊숙한 속에서 나아가고, 中士婚道면 若婚若亡하고, 下士婚道면 크게 개 풀 뜯어 먹는 소리로 여겼던 것이니, 큰 비웃음(소리)을 떨어내면 도를 삼기에는 충분치 않음이 아닌가?

2. 최상의 선비가 도를 들으면 노란 진흙(순수한 바탕)이 능히 이것을 行하고, 중간의 선비가 도를 들으면, 있는 것인지 없는 것인지 하고, 최하의 선비가 도를 들으면 크게 이를 비웃는다. (만약) 웃음을 떨면 도를 삼기에는 족하지 않다.

백서에서 통용본으로의 진행은 '근능행지'가 '근이행지'로 바뀐 것 정도다. 통용본이 '근이행지'로 바꾸도록 유도한 것도 역시 백서가 '근능행지'로 바꾸었기 때문이다. 반면 초간에서 백서로의 진행은 단어의 변화가 많다.

초간은 '맺을 혼'을 썼는데, 백서부터 '들을 문'으로 했다. 초간의 菫能行於其中은 백서가 菫能行之(노란 진흙에서 이것을 행하고)로, 다시 통용본이 勤而行之(힘써 행한다)로 바꾼다. '비웃다'는 초간에 {艹犬}로 나오나, 백서부터는 사라지고 대신 笑(웃다)가 그 뜻을 대신하고 있다.

0. 是以建言又之 明道女孛 {辶尸二}道女纇,
   進道若退 上悳女浴 大白女辱 往悳女丕足 建悳女屈
   質貞女愈 大方亡㝢 大器曼城 大音祇聖 天象亡型
2. 是以建言有之曰 明道如費 進道如退 夷道如纇
   上德如浴 太白如辱 廣德如不足 建德如[偷].
   質[眞如渝] 大方无禺 大器免成 大音希聲 天象无刑

2. 이 때문에 전해오는 속담이 있어 가로되, 밝은 도는 소비하는 것 같고, 나아가는 도는 물러남 같고, 평탄한 도는 同纇인 것 같다. 우에 덕은 계곡물 같고, 큰 진리는 욕됨 같다. 넓은 덕은 부족한 것 같고, 붓 꼿꼿이 세운 덕은 옅어 보이고, 質眞如渝고, 큰 모서리는 긴꼬리원숭이처럼 (차별하는) 구분이 없고, 큰 그릇은 늦게 이룬다. 大音希聲이고, 하늘의 象은 틀이 없다.

초간이 '건언'이라고 하여 오늘날 속담이나 격언을 뜻하는 말을 써서, 下士가 들으면 크게 비웃을 12가지의 문장을 열거하고 있는데, 백서 이하도 12가지는 맞으나, 이해하기 어려운 글자는 과감히 고쳐, 초간의 뜻이 드러나지 않게 했다.
특히 초간에서는 女를 서술어로 하여 '고요히 있다, 얌전하게 있다'는 뜻을 나타내고 있는데[若(따른다)은 1회 사용], 백서가 모두 如(같다)로 고쳤다. 이 때문에 초간은 문장의 뜻이 황당하지 않는데, 백서 이하는 앞·뒤의 문자가 반대임에도 '같다'고 하여 뜻이나 문맥이 맞지 않게 가버렸고, 이후 우리는 그것이 道요 悳이라고 오해하게 된다.

0. 道襄亡名 夫唯道善
2. 道襄无名 夫唯道 善始且善成
3. 道隱無名 夫唯道 善貸且成

초간의 글자도 일부 망실되어 백서를 참고해서 넣은 것이다. 그러나 다행히 죽간의 길이로 글자 수를 예측할 수 있다.
백서는 초간의 2개 문장 중 뒤 문장에서 道善(道만이 누구나 좋다)을 나누어, 서술어 겸 마무리로 쓰인 善을 '선시차선성'(완벽히 시작하고 또 서로 좋게 이룬다)이라는 군더더기 한 문장을 만들었다. 이에 통용본이 '포'는 '은'으로, '시'는 '대'로 바꾸고, 善 하나를 빼 '선대차성'(완벽히 베풀고 또 이룬다)으로 고친 것이다.

제 21 편

[원문]

[해독]

閟其門 賽其{氵_兑} 終身丕{矛山}
비 기 문 새 기 {태} 종 신 비 {무}

啓其{氵_兑} 賽其事 終身不逑 ■
계 기 {태} 새 기 사 종 신 비 (뢰)

   그가 들고 나는 문을 닫아 삼가고, 그가 (향락 같은) 기쁨에 빠져가기를 제물로 바치면, 몸을 마치도록 (험난한 인생행로와 같은) 산 뚫고 가기가 커지고, (반대로) 그가 (쾌락으로) 기쁨에 빠져가기에 열려 있고, 그가 (간절히 빌어 받아 쥔) 일을 제물로 바치면, 몸을 마치도록 (앞날이 멈추는 것과 같은) 수고롭기가 커진다.

[해설]

   전 편이 '나의 말을 믿고 따르라'는 내용이라면 이 편은 이어 나의 말을 따르면 終身 즉 '몸을 마치도록 험난한 인생행로를 잘 헤쳐 나갈 수 있다'는 것을 말하는 곳이다.

   초간은 많은 글자를 사용하여 뜻을 나타내지 않는다. 특히 이 편처럼 고작 대구의 문장 하나로 하나의 편을 이루는 것도 꽤 있다.

道의 길만이 험한 인생의 등불이 될 수 있다.

그가 들고 나는 문을 닫아 세상 풍파에 마음 흔들리는 것을 삼가고, 그가 기쁨에 빠져가기를 즉 쾌락이나 즐거움에 놀아나는 것을 자기에게서 떼어내 하늘에 제물로 바치면, 하늘이 준 生을 다할 때까지 산 뚫고 가는 것과 같은, 즉 험난한 인생행로를 헤쳐 가는 능력이 커지는 것이다. 여기서 그가 들고나는 문은 '마음'이 제1이요, '말'이 제2요, '행실'은 제3이라 할 수 있겠다. 결론을 치단는 정리의 글인 까닭에 딱 하나로 단정할 필요는 없다고 생각한다.

반대로, 그가 육체적인 쾌락에 빠져들어, 헤어날 수 없는 기쁨에 몸과 마음이 미쳐서 열려 있고, 또 그가 기원해 섬겨 쥔 일 즉, 반드시 수행하여야 할, 그래서 간절히 하늘에 빌어 어렵게 하늘로부터 받은 소중한 일을 방탕하여 제물로 바치듯 버려버리면, 몸을 마치도록 미래(來)가 암울하게 멈추는 것(止)과 같은, (또는 호밀을 발로 까는 것과 같은) 고단한 수고로움이 커질 것이다.

이 문장은 비슷한 꼴로 제14편-②장에 {門戈}其{辶兌} 寶其門 和其焱(or 烁)처럼 일부가 나온다. 그곳에서 其가 가리키는 것은 사람이 아니라 '말'이었다. 그러나 여기서 其가 가리키는 것은 말(言)이 아니라 '사람'이다. 결론을 치닫는 곳에 위치하여, 내면의 것보다는 외적 대상을 직접 언급한 글이기 때문에 '사람'으로 보는 것이 합리적이다. 지금껏 제14편 2개 장의 其를 모두 '마음'으로 해석한 것도 잘못이지만, 여기의 其를 마음으로 해석한 것 또한 아니다.

[고문자 해독]

❶ 閟; 문(門) 앞에 장식 끈을 단 말뚝(必)을 세운, '문 닫을(힌) 비'라 한다. '숨고, 숨기고, 닫을, 닫힐, 깊고, 으슥할, 삼가 근신할, 마칠'의 뜻이다.
❶⁻¹ 必; 자원은 八+弋익 꼴로, 八은 장식이 늘어진 끈의 상형이고, 弋은 말뚝의 뜻이다.
❷ 賽; [고문자류편]에는 없고, 자전에는 전문부터 쓰인 것으로 되어 있으나, 초간보다 모양이 복잡하다. '굿, 굿할, 내기, 주사위 새'로, 원래는 재화를 잔뜩 祭物을 바쳐 복을 축원함과 동시에 재앙을 막는다는 뜻이나, 초간 문구상으로는 목적물을 제물로 신에게 받쳤다는 서술어로, '제물처럼 신에게 받쳐 내 것이 아니다'는 뜻이다
❸ {辶兌}; '기쁨에(兌) 빠져갈(辶) 태'로, 쾌락에 빠지기 쉬운 마음 성향이나 쾌락에 빠진 마음을 나타낸다.
❹ 조{矛山}; 산(山)에 세 개의 미늘창(矛)이 꽂힌 '산 이름 嵍무' [고문자류

편, p459]로, 산(山) 뚫고(務) 나감이 커진다(丕), 즉 '난관을 뚫고 헤쳐 가기가 커진다'는 뜻이다.

5 丕{來止}(逨?); 來는 호밀의 상형으로, 오는 '미래'를 뜻하고, 금문부터 辶착을 합친, '올, 도달할, 나아갈, 수고로울 逨래(뢰)'와 혼용됐었다. [고문자류편, p106] 초간은 상來하止로, 逨에서 彳이 누락된, '미래(來)가 멈추다(止)'거나 '수고로울 逨뢰'로 풀이한다. 이에 수고롭기가 커진다는 丕逨비뢰다.

[백서 이하 비교]

백서 갑이 많은 글자를 첨가하여 새롭게 만들었다. 역시 통용본만 전체를 인용하고, 백서는 초간에 맞추어 같은 곳만 인용하였다. 초간은 문장의 마무리를 하는 곳에 위치해, 긍정과 부정의 대구 문장으로 표현했다면, 백서 이하는 글자를 고치고 삽입하여 초간의 명확한 뜻이 잘 드러나지 않는다.

통용본 제52장 (中)

天下有始 以爲天下母. 旣得其母 復知其子 旣知其子 復守其母 沒身不殆.
塞其兌 閉其門 終身不勤. 開其兌 濟其事 終身不救.
見小曰明 守柔曰强. 用其光 復歸其明 無遺身殃 是謂習常.

천하는 처음이 있음으로 (그것은) 천하의 어미(도)를 삼는다.
이미 그는 어미를 (태어날 때) 얻었고 거듭 그(천하)의 자식(만물)을 안다. (그리고) 이미 그(천하)는 자식(만물)을 알았고, 거듭 그(천하)의 어미(도)를 지켜낸다면, 몸이 다할 때까지 위태롭지 않을 것이다.
그의 통로를 막고 그의 문을 닫는다면 몸이 끝날 때까지 근심하지 않을 것이다.
(반대로) 그의 통로를 열고 그의 일을 구하려 한다면 몸이 다할 때까지 구제받지 못할 것이다.
작은 것을 보는 것이 곧 밝음이요, 부드러움을 지키는 것이 곧 굳센 것이니.
그의 빛을 사용하여 그의 밝음으로 거듭 돌아온다면 몸에 재앙을 끼칠 것이 없을 것이니, 이것은 習常을 말한다.

백서 갑 (제15장)

塞其{門忘}(兌) 閉其門 終身不菫 啟其悶 濟其事 終身[훼멸]

道의 길만이 인생행로를 뚫기가 커진다

백서 을

塞其坑 閉其門 冬身不蓳 啟其坑 齊其[事 終身]不棘

초간은 대구의 2개 문장으로 노자의 뜻을 모두 드러냈다. 반면 백서 이하는 필요 이상의 문장들을 만들어 앞과 뒤에 붙였다. (통용본 참조) 그렇게 장문의 글이어도 의미는 초간의 뜻 그 이상도 이하도 아니다. 특히 초간은 문장이 긍정(커진다)의 문장을 주로 사용하는 반면, 백서 이하는 모두 부정(않다, 아니다)의 문장을 사용한다. 〈노자〉의 글귀 하나하나에 깨우친 노자의 심성이 들어 있다.

0. 悶其門 賽其{辶_兌} 終身丕{矛山} 啓其{辶_兌} 賽其事 終身丕遜
1. 塞其(坑) 閉其門 終身不蓳 啟其悶 濟其事 終身
2. 塞其坑 閉其門 冬身不蓳 啟其坑 齊其[事 終身]不棘
3. 塞其兌 閉其門 終身不勤 開其兌 濟其事 終身不救

1.2. 그가 어진 마음의 문(기뻐함 坑2)을 막아버리고 그의 문을 닫는다면 몸을 마치도록 (노란 진흙을 바르는) 수고를 하지 않을 것이다. 그가 번민함(기뻐함 2)에 열려 있고 그가 일을 건넌다면(가지런히 하면 2) 몸을 마치도록 가시밭길을 걷지 않을 것이다.

초간의 '비기문 색기{태}' 문장은 백서 이하 글자를 고치고, 자리도 '색기태 폐기문'처럼 바뀌었다. 반면 뒤의 문장은 바꾸지 않았다.

내용에서는 초간이 {무}(=난관 뚫다)를 써서 丕를 사용하였는데, 백서는 不을 사용하여, 蓳(누런 진흙 근)을 썼다. 어원상 같은 글자는 아닌데, 蓳이라는 글자의 뜻 자체에 '진흙을 바르다'는 뜻이 있어, '수고롭다, 힘들다'는 의미가 있다고 해석하면, 초간의 '비{무}'는 백서 이하 '불근'으로 써도 의미는 통한다.

반면 2번째 문장은 백서가 '가시 棘극'을 사용하여, 번역처럼 바른 문장이 될 수 없다. 이에 통용본이 棘대신 救(구제받다, 건지다)를 사용하였다. 문장이 되려면 어쩔 수 없는 선택이다. 즉 뒤 문장은 부정의 뜻을 나타내는 문장이 와야 하는데, 丕 대신 不을 사용했기 때문에 '극'으로는 부정의 문장이 될 수 없다. 통용본이 그것을 문장에 맞추어 救로 고친 것이다.

초간 노자와 그 밖의 노자

제 22 편

[원문]

[해독]

大城若夬 其甬丕{采市}, 大涅若中 其甬丕{宀身},
대 성 약 쾌 기 용 비 {불}　대 영 약 중 기 용 비 {신}

大考若{亻出} 大城若詘, 大直若屈 ■
대 고 약 {출}　대 성 약 굴　대 직 약 굴

  큰 성은 활깍지처럼 터짐을 따르니, 그것은 슬갑(왕, 제후의 무릎 덮개)의 크기를 꿰어 흔들고, 크고 거침없는 흐름은 속(안)을 따르니, 그것은 집안의 몸(집주인)의 크기를 꿰어 흔든다.

  크게 (조각칼로 치는 듯한) 깊고 날카로운 생각은 (사람이 나가고 없는 것과 같이) (깊고 많은 생각 없어 보이는) 짧은 꼴 직관을 따르고, (그 어떤 미동도 없는) 큰 성은 (말이 나가 없는) 말 막혀 궁한 묵묵함을 따르며, (곧게 뻗은 나무처럼) 큰 곧음은 (짐승의 등과 꼬리가 움푹 팬 곳에 넣어진 것과 같은) 굽힘을 따른다.

[해설]

  모든 나라는 하나도 빠짐없이 큰 도를 펼치고 있다고 선전한다. 모두가 크다는데, 그러면 어떻게 그 나라에 펼쳐지는 도의 크기를 알 수 있을까? 도가 펼쳐지는 나라의 크기는 어떻게 알 수 있을까? 노자는 이 편에서 그것을 가늠하는 방법을 우리에게 알려주고 있다. 도·덕이 펼쳐지는 나라의 모습이란 이런 것이다.

크고 단단히 쌓은 城은 활깍지처럼 툭 터져있다.

진정 큰 성이란 내적으로는 단단히 틀을 세워 누구도 들어올 수 없도록 굳건하겠지만, 외적으로는 그 누구도 오갈 수 있게 막힘없이 터져있는, (사실 경계를 생각한다면 이처럼 입체적인 城을 생각할 수 있지만, 저자의 판단으로 '대성약쾌'는 이것보다는, 지도자와 백성 간에 끊어질 수 없는 피와 같은 끈끈한 新(한 몸, 한 핏줄)으로 맺어진 관계가 최고라는 뜻이 더 가깝다.) 진정 그런 다스림 또는 생활의 모습 속에서 지도자의 덕의 크기를 가늠할 수 있을 것이다. 또 크고 막힘없이 흐를 수 있는 거대한 근원은 婚道하여 慮을 쌓은 인물의 깊숙한 속(中)을 따라 나오는 것이기에, 그것으로는 집이나 지도자의 크기를 가늠할 수 있다.

그런 것은 인물의 크기를 가늠할 수 있는 잣대다. 지도자라면, 지도자에 대한 찬양의 소리가 들리는지 아닌지 관심도 없이, 조용히 앉아 있는 여인처럼 능히 고요히 사냥되어져 있을 뿐, 세상은 서로서로 맞물려 어우러져 돌아간다.

지도자는 강해처럼 언제나 고요했다.

이후 3개의 句는 주의 주장을 하는 처음 2개의 문장에 대한 해석 방향을 제시한다. 그것은 지금껏 외쳤던 것으로, 우리가 보기에 멍청히 천하고 낮아 보이고, 말 없어 뒤처져 보이고, 꼬리 내려 비굴하게 고개 숙이는, 그래서 하찮게 쓸모없어 보이는 것이 바로 道의 마음이요, 道의 모습이니, 지도자는 그것을 따라야 한다는 것이다. 예를 들어, 지도자의 조각칼로 치는 듯한 크고 날카로운 생각도 마치 사람이 나가고 없는 것처럼(그러나 이미 깨우쳐 처음부터 끝까지 정리돼 있음이다), 생각 없는 듯이 바로 뱉는 것 또는 짧은 형태의 직관을 따르고, 그 어떤 외물에도 흔들리지 않는 큰 성은 지도자에게서 마치 벙어리나 되는 것처럼 말이 나가버리고 없는 말 막혀 궁한 묵묵함을 따르며, 큰 곧음이라는 것도 대나무처럼 꼿꼿이 서 꺾이고 부러지는 것이 아니라, 짐승의 등과 꼬리가 팬 곳에 들어가 고개만을 내미는, 즉 스스로 낮다고 인정하는 것처럼 비굴하게 숨어 고개를 낮추는 굽힘을 따른다는 것이다.

이 편을 노자의 內心에서 정리하자면, 제20편이 오직 道만이 모두에게 좋으니 나의 말을 믿어 닦고 따르라. 제21편, 제22편은 실천에 관한 것이니, 제21편은 몸이요, 제22편은 나라다. 즉 그런 삶과 다스림 만이 만백성이 樂進而弗詀 즉 즐거이 나아갔을 뿐 해악질을 떨치는 것처럼 '영원하리라'는 것이다.

[고문자 해독]

❶ 夬; 활시위를 당기기 위해, 상아 따위로 만들어 속을 후벼 낸 깍지를 손(又)에 낀 상형의, '터놓을 쾌'로 決결과 같은 뜻이 있다. 열려 있다는 뜻이다.

❷ 釆{釆市}; {釆市}은 상釆하市 꼴로 짐승의 갈라진 '발톱 釆변' 아래, 천자, 제후가 앞으로 늘어뜨려 무릎을 덮었던 헝겊인 '슬갑 市불'이 있다. 釆은 '나눌, 분명히 할, 분별할 辨'의 本字고, 字源의 뜻이 '낱낱이 분해한다.'는 뜻이다. '천자나 제후의 그릇(亡名) 됨을 낱낱이 분해하여 구분한다.'는 뜻이다. 이에 釆{釆市}는 '슬갑(제후나 천자의 그릇) 분별하기가 커진다.'고 할 수 있다.

❸ 浧; '물(水) 나타나(呈정) 통할 영'으로, 막히지 않고 거침없이 흐르는 흐름, 통류를 뜻한다.

❹ 釆{宀身}; {宀身}이 상宀하身 꼴로, 집안(宀)에 있는 사람의 몸(身)으로, 문맥상 집(나라)의 우두머리를 뜻한다. 釆와 합하여 집(나라) 가장(우두머리)의 깨우친 慮의 깊이의 크기(커지기)를 뜻이다.

❺ {亻出}; 사람이(亻) 나가고 없는(出) 꼴인데, 한글 자전엔 '짧다, 짧은 모양 출'이다. 문구상 '사람이 나가고 없는, 짧은 것'에서, 이미 알고 이해하고 정리되어야 한다는 것을 전제로, 짧은 꼴 마음속 '직관'을 뜻할 수 있다. 또 말로 하면, 생각 없고 대수롭지 않게 바로 뱉음을 말한다.

❻ {十目木}(直); 상十중目하木 꼴로, 전체적 자형은 자전 속 直의 古字와 같아, 直의 本字이거나 이체자로 추정한다.

❼ {尾出}(屈); 상尾하出 꼴로, 屈의 金文 꼴이다. 짐승의 등과 꼬리를(尾) 움푹 팬 곳(出)에 구부려 넣은 상형으로 '굽히다, 두려워하고, 겁내다'는 뜻이고, 비굴한 모양이다.

[백서 이하 비교]

초간 제22편은 다음 23-①로 된 단문의 장과 함께 통용본 덕경 제45장에 위치한다. 백서 갑부터 제23편-①장이 이 편의 말미에 붙게 된 것이다. 편이 달라 전혀 내용이 다른 독립된 다음 장을 이 장으로 가져오기 위해 많은 글자를 바꾸었다.

통용본 제45장 (上中)
大成若缺其用不弊. 大盈若沖其用不窮.
大直若屈 大巧若拙 大辯若訥. (22편)
躁勝寒 靜勝熱 淸淨爲天下正. (23-①)

크게 이룬 것은 (어딘가) 결핍된 것 같으나 그것의 쓰임은 모자라지 않는다.

크게 가득 찬 것은 비어 있는 것 같으나 그것의 쓰임은 끝이 없다.

큰 곧음은 꺾여 있는 것 같고, 큰 기교는 (낯선 듯) 서툴러 보이는 것 같고, 크게 말 잘함은 (과묵하여) 더듬는 것 같다.

떠드는 것이 추위를 이기고 조용함이 열(더위)을 이기듯, 맑고 깨끗함은 천하의 바름이 된다.

백서 갑 (제8장)

大成若缺 其用不幣. 大盈若{沖皿}(盅) 其用不{宀郡}(窮).

大直如詘 大巧如拙 大贏如{火內}(朒).

백서 을

[大成若缺 其用不幣 大]盈若沖 其[用不窮]

[大直如詘 大巧]如拙 大贏如絀(朒).

백서부터 초간에서 말한 의미는 사라지고, 道의 특성(본성)을 서술한 문장으로 바뀌었다.

0. 大城若夬 其甬丕{釆市} 大涅若中 其甬丕{宀身}
   大考若{亻出} 大城若詘 大直若屈
1. 大成若缺 其用不幣 大盈若(盅) 其用不(窮) 大直如詘 大巧如拙 大贏如(朒)
2. [훼멸]盈若沖 其[훼멸]如拙 大贏如絀.
3. 大成若缺 其用不弊 大盈若沖 其用不窮 大直若屈 大巧若拙 大辯若訥

1.2. 크게 이룬 것은 (항아리 일그러지고 터지듯) 결핍된 것 같으나, 그것의 쓰임은 소중한 비단幣이(해져 낡弊3)지 않다. 크게 가득 찬 것은 빔(沖, 盅) 같으나 그것의 쓰임은 끝이 없다. 큰 곧음은 말 어눌함과 같고, 큰 기교는 서툴러 보이는 것 같고, 크게 여윈 것은 살찐 것(물리치고, 꿰매고, 굽히고, 겸양한 것絀2) 같다.

道를 깨우쳐 두텁게 덕을 쌓아 바른 행위의 길만을 걸었던 성군의 나라를 알 수 있는 방법을 묘사한 초간 글은 백서 갑에서 도의 특성을 묘사한 글로 바뀐다.

그렇게 만들기 위해, 첫 문장의 경우, 8자에서 5자나 유사 형태의 글자로 바꿨다. 한문은 참 재미나는 글자인 것 같다.

초간 노자와 그 밖의 노자

초간의 '새앙 쥐 한 마리 들어올 수 없이 완벽하고 크고 단단하게 쌓은 城은 허허벌판과도 같은 툭 터짐을 따른다.'는 뜻은 백서 갑에서 '큰 이룸은 이지러지고 모자람과 같다.'로 완전히 바뀐다. 그리고 나머지 초간의 문장도 이러한 형태로 만든다. 그러나 이러한 형태, 즉 앞뒤의 상반되는 문장이 같다는 것을 道나 慮의 특성으로 묘사하는 문장은 이미 제20편에서 나왔다. 이처럼 백서는 같은 의미의 글을 계속 반복한다. 글자가 늘어나는 이유다. 여기도 초간 전체를 이렇게 만드니 마무리가 없는 꼴이 되어 초간에서는 제23편-①장의 문장인 '조{승}창 청{승}연 청청위천하정'을 가져와, 글자를 조금 고쳐 마무리로 써버린 것이다.

그러나 백서의 번역을 보듯, 문장이 비논리적이어서 매끄러울 수가 없다. '비단 幣'를 써서는 문장이 될 수 없고, '말 더듬을 訥눌'도 있어야 할 자리로는 좋지 않다. 또 大嬴如絀(크게 약한 것은 겸양하여 물리치는 것과 같다)의 문장은 상반된다고 보기도 어려운 문장 형태다. 통용본은 이러한 백서의 모순을 모두 고쳐 완성된 것이지만, 역시 초간에서는 멀리 떠나버린 내용이다.

제 23 편 - ①장

[원문]

[해독]

梟{乘力}蒼 靑{乘力}燃 淸淸爲天下定、
조 {승} 창 청 {승} 연 청 청 위 천 하 정

떠들썩한 새 떼의 지저귐이 초목 짙푸른 곳집을 힘차게 타오르고, (초목 우거진 나무 사이사이로) 푸르름은 강력한 불사름 빛으로 힘차게 타고 오른다.
물 푸른, 맑고 깨끗함은 天下를 (자신의 본바탕으로) 바로잡아 자리하게 만든다.

[해설]

통용본에서는 앞 제22편과 함께 제45장을 구성하면서 문장의 결론 역할을 한다. 그러나 이 장은 사실 제23편의 결론 역할을 하는 장이다. 목가적인 전원 풍경이 그려지는 마치 한 편의 詩文을 보는 듯한 문장이다.

오직 물 푸르고 푸른 지도자의 깨끗함 만이 천하를 제자리로 돌린다.

나뭇가지 사이사이로 떠들썩한 새 떼의 지저귐이 오곡으로 가득한 초목 짙푸른 곳집을 힘차게 타오른다. 이는 그대로 한 폭의 그림일 수 있고, 새들을 백성으로 치환하고 나무를 성인이나 나라로 본다면, 오곡 가득한 창고(곳집)를 가진 평안함으로, 만백성들이 나무라는 나라에 기대에 각자의 소리를 내며 조화로운 하모니를 만들어내고 있는 모습이라고 볼 수 있다.
이어 푸르름은 불사름처럼 힘차게 타고 오른다. 즉 봄의 푸르름으로 보아 고

초간 노자와 그 밖의 노자

기를 불사를 때 타오르는 불빛같이 산하가 푸른빛으로 힘차게 타고 오른다고 풀 수 있거나, 푸르른 나뭇잎의 싱그러움이 초목 우거진 나무들 사이사이로 이리저리 흩어지듯 빛에 쬐여 반사되고 있는 모습이라고 할 수 있거나, 아니면 또 생각해볼 것이, 노자가 그동안 누누이 강조한 바와 같이 굳센 것은 도이지 않은 것을 소화함이니, 반대로 푸르른 봄의 색깔은 그대로 도를 따르는 生의 모습이다. 즉 앞 구가 조화와 어울림의 모습(원인)으로 인해 어머님의 삶(道悳의 삶=靑)이 불 싸지름처럼 활활 타올라 힘차게 타오른다는 결과의 문장일 수 있다. 이 문장은 청각(새소리)과 시각(푸른빛)으로 모든 것이 풍요롭고 평안함을 나타낸 詩想을 느끼게 하는 글귀다.

그리고 이런 목가적인 세상을 만드는 것은 어디에서 오는가! 마지막 6구로 정의한다. 물 푸르고 푸른, 심연의 밑바닥까지 드러내 보이는 맑고 깨끗함이 온갖 것들이 얽히고설켜 모여 사는 天下의 인간들을 道가 名한 본바탕으로, 결정하고 정해진 자리로 자리하게 만든다.

즉, 그런 풍경을 만든 근본 원인이 되는 것으로 淸淸 즉 '물 푸르고 물 푸른, 맑고 깨끗함'을 들고 있다. 그리고 天下가 바르게 된다(正)가 아니라 천하 만물이 각자 있어야 할 자리로 돌아가듯, 원래의 자리였던 곳에 자리한다는 定이 온다.

이는 淸淸의 주체가 누구인지를 가늠할 수 있는 글이다. 과거 聖人과 같은 인물 감인 지도자여야 한다.

제23편은 3장으로, 뜻이 묶어져 있다. 이 장은 淸淸을 도입부로 하여, 이상향의 모습을 그린 것이고, 다음 ②장은 선덕을 베푼 자인 孫孫이 제사로써 모셔진다는 것을 예시로, 청청한 마음 바탕에서 펼쳐지는 道悳의 향연을 {虍壬}에게 보여준다. 그리고 마지막 ③장은 그동안 에둘러 표현했던 폭력의 비인간성을 직접적으로 들춰내고 있다. 글이 전혀 어울릴 것 같지 않은데, 놀랍게도 이어놓았다. 이는 거꾸로 뒤집어 보면 확연히 드러난다. 사람을 죽이는 폭정의 정치를 버리고③ 선정을 베풀면 孫孫으로 이어지는 제사로써 영원히 모셔지게 될 것이니② 그 나라는 영원하리라①는 뜻이다.

[고문자 해독]
❶ 喿; 나무 위(木)에 새들이 울어(品) 떠들썩할, 시끄러울 '조'다.
❷ {乘力}; 상승하力로, 힘차게(力) 타고 오를(乘) '승'이다.
❷⁻¹ 乘; '탈, 태울, 오를, 이길, 곱할 승'이다. 갑골문부터 쓰였다. 사람이 양 손발을 벌리고 나무에 붙들어 매어진 모습에서, 사람이 배·기회 따위를 '타다'의 뜻이다.

❸ 蒼; 풀 푸른(艹) 곳집(倉) 창이며, '(초목)푸를 蒼'[푸른빛(깔), 푸르다, 우거지다, 무성하다]이다. 백서 갑 이하 '추울 寒한'이다.

❹ 靑; 푸를, 봄, 동쪽, 젊음 '청'이다. 푸른 풀빛(生)의 우물 난간 속의 물감(丹;단)의 꼴로, 문장 속 槀조와 대비되는 글자다. 靑은 나무 사이사이로 들치는 빛줄기에 반사되어 빛나는 푸른 나뭇잎의 싱그러움을 표현한 것이다. 제15편-①장의 我好靑과 연결 지으면 역시 음양학적으로 생동하는 봄이요 木이요 東으로 볼 수 있다. 사람으로는 赤子 즉 갓난아이일 것이다.

❺ 然(燃); 초간에선 '개고기 肰연'이 然으로 쓰여, 然은 '탈, 사를 燃연'의 原字이자 古字다. '산' 제물로서 개고기(肰)를 불로 굽다(灬)에서 일반적으로 '불사르다, 불태우다'는 뜻이다.

❻ 淸淸; 물 푸르고, 맑고 깨끗할 '청'이다. 티 없이 맑은 지도자의 마음을 나타내는 말이다.

❼ 定; 정해질 '정'으로, 집 안(宀)에 그 자리가 바로 잡히듯(正) 결정되고 정해져 있고, 정해진다는 뜻이다.

[백서 이하 비교]

백서 이하에서는 앞 제22편과 함께 한 章의 일부로 쓰였다. 초간이 앞 편과 이 장의 사이에 마침표(■)를 두지 않았다면, 초간에서도 나누는 데 애를 먹었을 것이다. 그처럼 이 23-①은 낯선 문장이다. 제23편은 다른 곳과 달리 세 개의 장들이 한 편으로 연결된 대강을 찾기가 어렵다. ①, ②, ③장, 그리고 초간 전체를 꿰지 못한다면 이 장이 어떤 관계로 묶여 이곳에 위치하는지 쉽게 찾기 어렵다. 만약 초간이 발견되지 못했다면, 이 장은 계속해서 제22편의 마무리를 하고 있을 것이다.

통용본 제45장 (下)
躁勝寒 靜勝熱 淸淨爲天下正

떠드는 것이 추위를 이기고 조용함이 더위를 이기듯, 맑고 깨끗함은 천하의 바름이 된다.

백서 갑 (제8장)
趮勝寒 靚勝炅 請靚可以爲天下正.

백서 을
趮朕寒 [靚勝熱 請靚可以爲天下正].

초간과 비교하여 백서는 거의 글자를 다르게 바꾼다. 초간이 글의 마무리에 해당하며 도가 펼쳐지는 목가적인 아름다운 전원풍경을 그린 시적인 글이라면, 백서는 마무리를 느낄 수 없는, 지금껏 보아온 대구 되는 의미의 유사글자로 이루어진 하나의 문장일 뿐이다. 또한 통용본의 번역처럼 앞의 3·3자와 뒤의 6자는 억지로 연결을 지어 그렇지 문장이 되지 않는 글이다.

0. 喿{乘力}蒼 靑{乘力}燃 淸淸爲天下定
1. 趮勝寒 靚勝炅 請靚可以爲天下正.
3. 躁勝寒 靜勝熱 淸淨爲天下正.

1. 조급함은 한기를 이기고, 고요함(靚)은 빛 (열, 열기)을 이긴다. 고요함을 청(請)함은 천하의 바름(正)이 된다 할 수 있다.

백서가 초간을 고치는 방법을 보면, 완전히 다른 글자는 드물고 거의 유사체로 바꾸는 것이 대부분이다. 여기도 초간의 喿(떠들썩하다)는 백서에 趮(조급함)으로, 통용본은 躁(조급함, 떠들다)로 바뀐다. 셋 모두 거의 유사어이기 때문에, 뒤의 문장이 바뀌지 않았다면, 내용이 틀어지지는 않았을 것이다.
백서의 저자는 노자가 만들어 쓴 {승}처럼 오늘날 전하지 않는 글자는 거의 대부분 글자를 바꾼다. {승} 또한 勝으로 고쳐 '비교 우위'의 글로 고쳤다.
저자도 어려웠지만 백서를 쓴 이도 '청{승}연'을 어떻게 해석할 것인가에 난감해한 것 같다. 초간에서 한 번도 사용한 적 없는 請(뵈다, 알현하다, 청하다)을 초간의 靑 대신 쓴 것이다. 이에 통용본이 '경'의 훈 중에 '열, 열기'를 사용하여 그에 대응하는 靜(고요)으로 고쳤다.
마지막 6자도, 백서는 번역처럼 되기 때문에 '고요해라'(靚정)는 뜻이다. 이는 앞의 3글자만을 받는 꼴이 되어 종합적인 글로 될 수 없고, 굳이 쓸 이유도 없다. 아마 통용본은 백서의 두 글자에서 靑이 있는 淸(맑다)을 생각했고, 두 번 반복은 아닐 거라 보고, 淨정으로 쓰고, 문장의 결어로는 약한 '가이' (생각할 수 있다)는 뺐을 거라 생각한다.

제23편 - ②장 [乙本 끝]

[원문]

[해독]

善建者丕採 善保者丕兌 孫孫 以其祭祀丕託
선 건 자 비 채 선 보 자 비 태 손 손 이 기 제 사 비 탁

滌之身 其悳乃西 滌之{爪家} 其悳又舍.
척 지 신 기 덕 내 (서) 척 지 {가} 기 덕 우 사

滌之鄉 其悳乃長 滌之邦 其悳乃奉 滌之天下 其悳乃博
척 지 (향) 기 덕 내 장 척 지 방 기 덕 내 봉 척 지 천 하 기 덕 내 박

以{爪家}觀{爪家} 以鄉觀鄉 以邦觀邦 以天下觀天下,
이 {가} 관 {가} 이 향 관 향 이 방 관 방 이 천 하 관 천 하

{虍壬}可以智天下之然也、
{호} 가 이 지 천 하 지 연 야

　모두에 좋도록 꼿꼿이 세웠던 자는 (손자에서 손자로) 모셔짐이 커지고, 서로 좋도록 지켜냈(돕)던 자는 기쁨이 커지니, 손자에서 손자로 (풀꽃 늘어지듯) 의탁하기가 커지는 제사 그것으로써 이다.
　깨끗이 씻은 몸인 것, 그것은 환히 빛나는 눈·마음(悳)이 이에 몸 깊숙이 깃

들게 되고, 깨끗이 씻은 집안 다스리기인 것, 그것은 곧은 마음(悳)이 쉴 수 있는 집을 가지고, 깨끗이 씻은 고향인 것, 그것은 획득한 환한 마음(悳)이 이에 길게 가고, 깨끗이 씻은 봉토인 것, 그것은 마음 직시(悳)가 이에 받들어 이어지고, 깨끗이 씻은 천하인 것, 그것은 마음속에 깃든 빛나도록 환한 눈·마음(悳)이 이에 마음 널리 퍼진다.

(이 같은 곧은 마음은) 집안 다스리기로서 집안 다스리기를 지켜보고, (읍·면 같은) 고향으로써 고향을 지켜보며, 봉토로써 봉토를 지켜보고, 천하로써 천하를 지켜보(면 아)니, 호랑이 가면을 쓴 권력자(폭군)도 천하의 그러한 것을 아는 자로써 할 수 있다 함이라.

[해설]

대다수의 인간들은 출세하여 立身揚名하려는 것으로 자신의 이름을 드러내고자 한다. 여기의 {虍壬}는 그것이 머리에서 발끝까지인 자다. 목숨을 걸었기 때문이다. 노자는 바로 이런 자를 대상으로 이 글을 쓴 것이다. 가문의 후손이나 종묘사직에서 길이길이 모시는 제사를 예로 들어 '德行만이 이름을 길고 오래도록 남길 수 있느니라' 하고 말하는 것이다.

道·悳의 삶과 정치를 펼친 자는 손자에서 손자로, 제사로써 길이 모셔지리라.

누구에게나 좋도록 완벽하게 붓 꼿꼿이 세웠던 자 즉 깨우침으로 후손들에게 널리 덕을 베푼 선조는 대대손손 길이길이 캐내짐 즉 뽑혀 모셔지는 것이 크다. 그리고 모두에게 좋도록 마을을, 고향을, 나라를, 지켜냈던 자 즉 각자가 있어야 할 자리에 자리 잡아 모두가 행복한 삶을 살아가도록 널리 悳을 베푼 선조는 마찬가지로 손자에서 손자로 길고 오래도록 후손에게 기쁨으로 커져만 간다. 어떻게? 후손 대대로 삶의 지표로 살아가기 위해 선조의 덕행을 자신의 삶의 길라잡이로 삼아 의지해 살아가는 제사 그것으로써 이다. 할아버지는 아버지에게, 아버지는 아들에게, 아들은 또 그 아들에게 이어지고, 이어지게 悳을 찬양하고 숭상할 것이다. 이는 가정이나 나라나 마찬가지다. 여기서 建(세우다), 保(지키다)의 목적어는 뒤에 나오는 체언 즉 身, {爪家}, 舍, {北曰}, 邦, 天下다.

몸·집·마을·지역사회·국가·세상에 펼쳐진 道

그럼 어떻게 후손들은 '선건자'요 '선보자'를 알까? 노자의 생각은 '드러난다'고 본다. 그들은 감추어져 있어도 드러나기 때문에 후손들이 알 수 있다. 어떻게 드러나나? 드러난 몸에서부터 세상까지, 즉 우리가 사는 이곳에서부터 이 나라까지 드러난 세상을 보면, 그곳의 우두머리의 그릇이 '선건자'요 '선보자'인지를 알 수 있다. 그것을 2단계로 나누어 1단계에서는 道를 깨우쳐 悳을 닦아 펼친 범위에 맞추어 그 평안함을 언급하고, 2단계에서는 그 평안함은 외부로 펼쳐진 것으로 알 수 있다고 말한다.

여기서 攸(滌)은 '어머니인 道를 깨달아, 환히 빛나는 눈·마음인 것(悳)을 닦음(펼침)'을 말한다. 그것은 곧은 마음(悳) 즉 빛나게 환한(◇) 눈(目) 마음(心)으로 '선건자'로 깃들고, 이웃과 나라에 '선보자'로 펼쳐진다. 이것을 말한 문장이 修之身부터 其德乃博까지다. 마음을 두드려 씻어내듯 하여 갓난아이의 마음으로 돌아간 몸인 것(척지신), 그런 몸에는 곧은 마음 또는 체화된 빛나는 눈을 가진(目) 마음(心)인 悳이 이에 어머니의 게시(卜)로 내려와 깃들게(田) 된다. 그 사람의 행실이 아름다울 것은 不問可知다. 씻은 집안 길들이기 즉, 식솔들이 함께 살아가는 집을(家) 길들이는(爪) 것(척지가), 그것은 곧은 마음(心)과 같은 悳이 食率의 心身이 쉬는 집(舍)을 틀어쥔다. 계속해서 씻은 이웃(마을)에서부터 씻은 천하인 것까지 이어진다. 그럼 어떻게 곧은 마음 즉 환히 빛나는 눈을 가진 마음(悳)이 그 사람에게 깃들고, 집에 깃들고, 마을에, 나라에, 천하에 깃들어 있음을 알까?

{虐壬}(폭군)도 이러한 이치를 알 것이다.

드러난, 그래서 함께 살아가는 그 모습, 그 표정, 그 言行에서 그 집, 그 마을, 그 나라, 그리고 天下를 알 수 있다. 누가 가정과 이웃과 나라를 해하는 폭군이고, 누가 나라를 행복으로 이끄는 聖人인지. 그리고 그러한 이치는 천하를 취하고자 병기를 사용하여 살육을 일삼는 거짓 왕(폭군)들도 잘 안다고 하는 자라고 말할 수 있다. 노자의 말은 이 마지막에 있다. 즉 이 23-②장이 말하고자 하는 것은 '살육을 일삼는 폭군들아 후손 대대로 추앙받고 길이길이 이어지는 제사로 모셔지고 싶거든, 그리고 만백성의 우러름을 받고 싶거든 무기를 거두고 道의 품성으로 悳을 닦아, 혜안과 바른 행위의 길을 살며 베풀라' 하는 것이다. 이 장이 이렇게 끝나는 까닭에 23-③장으로 부드럽게 이어지는 것이다(초간 丙本이 본문의 일부분인 것은 이처럼 문장이 반듯하게 이어지기 때문이기도 하다).

누누이 강조하지만 〈노자〉는 일신의 깨달음을 위해 쓰인 글이 아니라 정치 철학서다. 노자가 어려운 것은 목적어도 마찬가지지만 주체를 명확히 하지 않은 문장이 너무 많아 전체를 일관하지 않으면 낙동강 오리알로 빠질 가능성이

非一非再하다는 것이다.

이 장의 주체도 마찬가지다. '선건자'나 '선보자'가 누구인지 딱 지목하기가 어렵다. 그러나 전체를 일관했을 때 여기의 주체는 聖人처럼 道悳의 정치를 펼친 자나 깨우친 자다. 그리고 '무엇을' 세우(建)고 지켜낸다(保)는 것인지는 문장에서 나온다. 그것은 身, {爪家}, 舍, {北曰}, 邦, 天下다. 만약 이 글자들을 하나하나 넣어 문장을 만든다면, 이 장은 2·3배는 길어야 할 것이다. 즉 攸(滌)의 목적어는 각각의 身, {爪家}, 邦, 天下 등이다. 예를 들어 攸(滌)之身은 '씻은 몸인 것'이다. 여기서 '무엇을'에 해당하는 목적어는 '몸'이다. 도구는 무엇인가? 그것은 제사가 끊어지지 않는 성인(선건자, 선보자)의 내적인 道와 體化된 悳이다.

노자는 누구를 생각하면서 이 장을 썼을까? 이야기의 대상은 누구일까? 당연히 마지막 연의 {虍壬}다. {호}처럼 권력 지향의 안다고 하는 지배층이다. 왜냐하면 폭군이라고 유추되는 {虍壬}는 이미 세상을 어지럽히고 있는, 즉 진행형의 위험인물이며, 다음 장을 쓰게 된 대상이기 때문이다. 물론 지금의 우리는 누구나 이다.

지도자의 자리는 대물림의 자리이거나 사람들의 謀事에 의해 만들어서 앉는 자리가 아니라, 만백성의 마음을 자신의 마음으로 채울 수 있는 亡名한 자, 깨우침으로 백성에 의해 선택된 자가 다스리는 자리어야 한다. 그러한 자는 나라의 큰 영광으로 백성들이 오래도록 기념하는 式이 끊이지 않는다. 당연히 모두에게 편안한 삶을 준, 道悳을 갖춘 자는 그 나라가 존재하는 한, 영원히 추앙의 대상으로 남을 것이다.

[쉬어가기]

여기까지가 초간 乙本이다. 이후 丙本이 이어지는데, 병본 3개 편(장)은 모두 죽간이 나누어져 처음부터 시작하고, 편을 구분하는 표점(■)이 쓰였다. 그래서 3개 중 어느 것을 이 장의 다음으로 이을지에 대해 여러 설도 있고, 아예 논하지도 않는 글도 있는 등 제각각이다. 중국 정리조가 나눈 죽간 번호로 보면, 저자가 제24편으로 분류한 것을 이 장 다음에 놓고, 저자가 제23편-③장으로 놓은 장을 마지막에 분류했다. 그들 역시 내용을 이해하지 못한 것이다. 저자는 병본 3개 편중 君子 편을 제23편-③장으로 이었는데, 이에 대한 설명을 올린다.

異本을 제외한 丙本 3개 편 중, '전쟁'이 아닌 나머지 2개 편은 내용상 정리에 해당한다. 까닭에 23-③으로 해서 이곳에 들어올 여지가 없다. 반면 君子의 장은 {虍壬}로 마무리되는 이 장과 내용으로 바르게 연결이 된다. 노자가 {虍

壬}를 누구로 생각하는지 아주 정확히 드러나는 장이기 때문이다. 또 제23편 3개의 장은 폭정을 버리고③ 덕을 베풀어② 전원 같은 세상을 만들라①는 내용으로, 논설문으로 보자면, ③장은 서론 부분으로 '天下를 차지하려는 자 즉, 지도자를 꿈꾸는 자는 폭력을 버려라'는 주제고, 이 ②장은 본론 부분으로 선정을 펼친 자는 길이길이 모셔지리라 즉 '선정을 베풀라'고, 제①장은 결론 부분으로 '선정이 펼쳐지는 나라, 전원생활과도 같은 나라의 모습'을 보여주고 있다. 정말 저자로서는 {虍壬}가 지워지거나 훼멸되지 않고 죽간에 쓰여 있는 게 얼마나 다행인지 모른다. 결론적으로 군자의 장③은 ①,②장과 함께 유기적으로 연결이 된 아주 당연한 글이다. 까닭에 君子가 나오는 죽간은 반드시 제23편에 이어야 한다.

[고문자 해독]

❶ {臼木}(採); 상臼하木 꼴로, 양손(臼)으로 나무(木)를 끌어올리는 모양이다. 爪 대신 臼를 쓴 '캘 采'로 볼 수 있다. 采는 또 손(扌) 하나를 더 붙인, '캘 採'와 同字다. 과일을 따고, 채취하고, 가리고, 선택, 채용할, 벼슬의 뜻이다.

❶⁻¹ 臾; 臾유자 또한 字源에 물건을 양손으로 끌어올리고, 잡아 말리는 뜻으로 臼와 의미가 같다(19-①, ②는 臾로 해독했었다).

❷ 保; 口가 누락된 保의 金文이다. '쉴 休'에 가까우나 고문자 木이 아니며, 6-④ '보차{인}자'의 '보'와 가깝다.

❸ 兌; 빛나고, 기쁠 '태'다.

❹ 孫孫; 원문은 孫= 꼴로, 중문부호로 孫을 겹쳤다. 백서 이하 쓰인 子孫보다 더 길고 오래다는 뜻이거나, 글자를 줄이기 위한 방법으로 판단된다.

❺ 乇(託); '풀잎. 부탁할 탁'이다. 자형이 초간 제21편-③장 尼책의 乇과 같고, 6-④의 屯둔과 다르다. 乇은 땅 아래 뿌리 내리고, 위로 잎 늘어져 돋아난 풀잎, 꽃이다. 字典에 부탁할 託의 譌字와자로 나와 僻字다.

❺⁻¹ 托; '밀 托탁'에선, 乇이 집 안에 몸을 의탁한 사람의 상형자다.

❻ 攸(滌); 사람 등(亻)에 물(丨;水의 생략형)을 끼얹고 손으로 씻는(攵;손으로 가볍게 칠 복) 꼴로 '깨끗이 씻을 滌'의 原字다. 字源에 攸는 갑골문부터 쓰였고, 修수(닦다)는 篆文부터 쓰여 '攸유와 통하여'로 나오고, 滌척(씻다) 또한 전문부터 쓰여 攸유가 原字로 설명되어, 초간시대 攸는 修와 滌의 원자다. 선택의 문제가 따르는데, 앞 장의 끝이 淸淸으로 끝나 滌이 어울린다. 백서 갑 이하 닦고, 다스려 고칠 '修수'다.

❼ {卜田}(西?); 초간 제6편-⑥장, 제22편{卜罒}과 유사한 꼴 상卜하田 꼴로, 西의 僻字[고문자류편, p501] 중 하나며, 자전 속 古文과 흡사하다.

술 따위를 거르기 위한 용구를 본뜬 모양으로, 가차해 방위로 서향, 새가 보금자리에 깃들일 '서'다. 백서 乙 이하는 眞이다.

8 {爪家}; 상爪하家로, 손(爪)이 家를 짚어, 코끼리(象)를 손보아 길들이(爪)는 爲처럼, '집(家)'을 길들이며 다스릴(爪) 가'의 뜻이다.

9 悳; 호롱불처럼 빛나 환히 볼 수 있는(◊) 눈(目) 마음(心) '덕'이다. '곧은, 직시(直)하는 마음(心)'일 수 있고, '획득한(得) 마음(心)'일 수 있다. 깨우친 道가 몸에 體化된 상태를 나타낸다고 본다.

10 舍; 余+口의 꼴이다. 금문부터 쓰여, 심신이 자유롭게 머무르고, 쉬고, 휴식하고, 깃드는, 그러한 장소인 쉼터, 집 '사'의 뜻이다

10⁻¹ 余여; 끝이 날카로운 除草具를 나타낸 모양으로, 자유로이 뻗고, 자라가다의 뜻을 나타낸다.

11 {北曰}(鄕); 상北하曰 꼴로, 사람이 서로 등지고(北배) 말할 수 있는(曰왈), 그처럼 가까운 '고향 향'으로 푼다. 백서 갑 이하 '시골 鄕향'이라 옮긴 것처럼, 문장 속에 위치하는 자리를 참고하면, 오늘날 읍·면의 크기를 생각하면 되겠다.

12 奉; 양손을 모아(廾) 물건을 바치는(丰봉;다가붙이다) 꼴로, 바치고, 두 손으로 받들고, 공경하여 이을, 모실 '봉'이다.

13 博; 초간이 유실되어, 백서 을의 글자로 대신한다. 十은 '사방'의 뜻이며, 尃부는 '논의 모를 넓게 심다'의 뜻으로 '넓다, 깔다, 널리 펼칠 博박'의 뜻이다. 곧 마음 널리 펼쳐, 깔릴 만큼 넓다는 뜻이다.

14 초간 乙본 17쪽 하단의 天 이하 죽간이 깨져, 이웃한 죽간을 참고하면, 8자 정도가 유실됐다. 그러나 백서 갑은 下, 其德乃愽, 以身觀身. 以家觀의 12자로 4자가 더 있다. 문맥상 下, 其德乃愽과 초간 18쪽 상단의 첫 자 {爪家}가 남아 있는 以{爪家}觀구를 취하면, 以身觀身의 4자는 백서 갑부터 덧붙은 것이다.

15 초간 乙본 18쪽 天 이하 하단 죽간이 떨어져 나가, 4~5자 정도가 유실했다. 백서 乙 해당 구절은 下之然茲? 以此. 6자로 1자 이상이 많다. 초간에는 何가 쓰인 적이 없고, 의문문이 아니었을 것이니, 以此가 덧붙었고, 통용본이 백서 茲자를 의문조사 哉재(허사)로 바꾼 것을 보면, 초간 원문은 茲자가 없었다. 또 초간 15-①의 유사문, {虍壬}可以智其然也를 참조하면, 초간 원문은 下之然也 4자로 추정한다.

[백서 이하 비교]

초간과 백서 이하를 비교하여 가장 다른 부분은, 대상이 바뀐 것이다. 내용은 유사성을 가지나 초간은 편이 끝나지 않아 마무리가 없는 반면, 백서는 '이차'를 써서 문장이 여기서 끝남을 표현하였다.

통용본 제54장

善建者不拔 善抱者不脫 子孫以祭祀不輟.
修之於身 其德乃眞. 修之於家 其德乃餘. 修之於鄕 其德乃長.
修之於國 其德乃豐. 修之於天下 其德乃普.
故以身觀身 以家觀家 以鄕觀鄕 以國觀國 以天下觀天下.
吾何以知天下然哉? 以此.

완벽히 선 자는 뽑히지 않고, 완벽히 안은 자는 벗어나지 않으니, 자손이 제사를 그치지 않으리.
이것(道)을 몸에 닦으면 그의 덕은 이에 참되고, 이것을 집에 닦으면 그의 덕은 이에 남음이 있고, 이것을 마을에 다스리면 그의 덕이 곧 길게 가고, 이것을 나라에 다스리면 그의 덕이 곧 (온 나라에) 풍성하고, (또한) 이것을 천하에 닦으면 그의 덕이 곧 (천하에) 널리 미친(칠 것이)다.
까닭에 몸으로써 몸을 보고, 가정으로써 가정을 보고, 마을로써 마을을 보고, 나라로써 나라를 보고, (또한) 천하(를 다스리는 것)로써 천하를 본다.
내가 무엇으로 천하가 그런지(상태)를 알겠는가? 이것(道)으로써 이다.

백서 갑 (제17장)

善建[者不]拔 [善抱者不脫] 子孫以祭祀[不絶]
[脩之身 其德乃眞. 脩之家 其德乃]餘.
脩之[鄕 其德乃長 脩之國 其德乃豐 脩之天下 其德乃博]
以身[觀]身 以家觀家 以鄕觀鄕 以邦觀邦 以天[下觀天下.
吾何以知天下然哉? 以此]

백서 을

善建者[不拔 善抱者不脫] 子孫以祭祀不絶.
脩之身 其德乃眞. 脩之家 其德有餘.
脩之鄕 其德乃長 脩之國 其德乃夆 脩之天下 其德乃博
以身觀身 以家觀[家 以國觀]國 以天下觀天下. [吾何以知]天下然玆? 以[此]

내용은 거의 같다고 보아도 무방하다. 그러나 초간의 丕가 백서 이하 不로 되고, 대상을 정치에서 철학(깨우침)으로 바꾸려 보니, 글자의 첨삭과 변형이 크다.

0. 善建者丕拔 善保者丕兌 孫孫 以其祭祀丕託
1. 善建[훼멸]拔 [훼멸] 子孫以祭祀[훼멸]
2. 善建者[훼멸] 子孫以祭祀不絶.
3. 善建者不拔 善抱者不脫 子孫以祭祀不輟.

1.2. 완벽히 선 자는 뽑히지 않고, 완벽히 안은 자는 벗어나지 않으니, 자손이 제사로써 끊지 않는다.

초간은 항상 긍정의 문장이며, 방향이나 뜻을 정확히 말해주는 글이다. 반면 백서부터는 부정어를 많이 사용하며, 글자가 거칠다. 백서 갑·을은 훼손된 글자가 많다. 갑과 을을 서로 참고하면 문장은 통용본에 가까웠을 것으로 본다.

초간은 採(캐냄), 兌(빛남, 기쁨)가 커진다고 했는데, 백서 이하 不을 사용하여 拔(뽑히다) 脫(벗기다)로 바꾼다. 그래도 희한한 게 어떻게 해석하느냐에 따라 말은 된다.

다음, 이유를 말하는 문장도 초간이 丕를 사용하여 백서 이하 당연히 글자를 바꾼다. 백서가 '부절'(끊지 않다)로 하고, 통용본은 '불철'(그치지 않다)이라고 했다. 강조 어구인 '이기'는 '기'를 빼고 '이'만 살려 초간의 8자를 7자로 만든다.

0. 滌之身 其悳乃{卜田} 滌之{爪家} 其悳又舍.
   滌之鄕 其悳乃長 滌之邦 其悳乃奉 滌之天下 其悳乃博
2. 脩之身 其德乃眞. 脩之家 其德有餘.
   脩之鄕 其德乃長 脩之國 其德乃夆 脩之天下 其德乃博
3. 修之於身 其德乃眞. 修之於家 其德乃餘.
   修之於鄕 其德乃長. 修之於國 其德乃豐. 修之於天下 其德乃普.

초간의 척, 백서의 수, 통용본의 수 모두, 초간의 원자가 彶유이기 때문에 유사하다. 그리고 각 단계마다 쓴 글자도 비록 조금씩은 다르나 뜻은 통한다. 하나만 보면, 초간의 '편히 쉴 집을 갖는다'는 又舍가 백서에서 '남음이 있다'는 有餘가 되어, 통용본에서는 '이에 여유가 있다'는 乃餘가 되었다.

번역으로는 초간과 백서가 '닦은 몸인 것, 닦은 몸은'처럼 번역이 되는 반면,

통용본은 '이것을 몸에 닦으면'처럼 할 수 있어, 마치 무형의 道와 悳을 어떤 사물로 취급하여 외물을 가져올 수 있는 것처럼 묘사했다고 할 것이다.

0. 以{爪家}觀{爪家} 以鄕觀鄕 以邦觀邦 以天下觀天下
   {虍壬}可以智天下之然也
1. 以身[觀]身 以家觀家 以鄕觀鄕 以邦觀邦 以天 [훼멸]
2. 以身觀身 以家觀[훼멸]國 以天下觀天下. [훼멸]天下然玆? 以 [此]
3. 故以身觀身 以家觀家 以鄕觀鄕 以國觀國 以天下觀天下.
   吾何以知天下然哉? 以此.

형식으로는 앞의 예시가 5가지라서 여기도 5가지가 합당해 보이나, 죽간의 자수를 맞춘다면 저자와 같다. 백서 갑이 '이신관신'을 넣어 백서 이하 통용본은 5가지다. 마지막은 초간이 '{호}가이지천'까지 있고 나머지는 훼손됐다. 반면, 백서는 갑·을 모두 유실이 많은데, 高明이 서로를 비교하고 통용본을 참고하여 쓴 것이다. 아마 백서 갑부터 그렇게 쓰였을 것이다.

초간은 '{호}도 그러한 이치를 알 거다.'고 썼다. 반면 백서 갑 이하는 [호]를 吾로 고쳐 대상을 노자로 바꾸고, 평서문을 의문문으로 하여서 반어적인 문장으로 고쳐버렸다. 그리고 '이차'를 붙여 문장이 앞의 예시문을 가리키는 것으로 끝을 맺어버린다. 즉 뒤로 이어지지 않게 끊어버렸다. {호}를 吾로 고친 해석서들은 丙本의 君子 편이 어떻게 이 장과 연결이 되는지 찾을 수 없다. 어떻게 붙였다고 해도 내용은 바를 수가 없다.

제23편 - ③장 (丙本)

[원문]

[해독]

君子居則貴左 甬兵則貴右 古曰兵者不祥之器也
군 자 거 즉 귀 좌 용 병 즉 귀 우 고 왈 병 자 불 상 지 기 야

不得已而甬之 鑪{糸龍廾}爲上 弗{耑女}也
부 득 이 이 용 지 로 {공} 위 상 불 {단} 야

敢之 是樂殺人 夫樂殺人 以得志於天下.
감 지 시 락 살 인 부(락) 살 인 이 득 지 어 천 하

古 吉事上左 {噩攴亻}事上右
고 길 사 상 좌 {악} 사 상 우

是以{下又}將軍居左 上將軍居右 言以{噩攴亻}豊居之也
시 이 {하} 장 군 거 좌 상 장 군 거 우 언 이 {악} 례 거 지 야

古殺人則 以{衣心}悲位之 戰{乘力}則 以{噩攴人}豊居之 ■
고 살 인 즉 이 {의} 비 위 지 전 {승} 즉 이 {악} 례 거 지

군자가 단단히 자리 잡아 머물 땐 곧 왼쪽을 귀히 여기고, (무력을 쓰는) 병
(기)을 꿰어 흔들 땐 곧 오른쪽을 귀히 여겼다. 옛날 일컫기를 병(기인) 자(武

將, 武力)는 상서롭지 못한 그릇인 것이다 함이라(따라서 사용하지 않음이 최상이다).

(어쩔 수 없이) 부득이하게 (兵者라는 무력이) 꿰어 흔들어지는 것은, 화로처럼 (은은하나 뜨겁게), 용을 새긴 자수 깃발을 받듦으로 (즉, 두려움의 권위를 떨치는 것으로) 우에(上)를 삼아, (최고의 다스림인) 꼭지에 고요히 앉음을 떨어냈다 함이다.

(부득이하다고 전쟁이) 감행해지는 것. 이는 사람 죽이기를 즐거워함이다.

대저 사람 죽이기를 북치고 방울 울리며 즐김은 천하에서 뜻을 얻으려함으로써 이다.

옛날 길하여 복되길 기원함에는 왼쪽이 위였고, 망해 죽길 저주하는 기원에는 오른쪽이 위였다.

이 때문에 아래를 쥔 장군은 왼쪽에 단단히 자리 잡고, 위의 장군은 오른쪽에 단단히 자리 잡았으니, (무력이란) 망해 죽길 저주하는 차례로써 단단히 자리 잡은 것이다 함을 말한다.

(까닭에) 옛날, 사람을 죽이려 할 땐 마음에 (수의)옷을 입은 비통함으로써 자리해졌던 것이요, 힘을 타는 (무력을 최고로 삼는) 전쟁(일) 땐 곧 망해 죽길 저주하는 차례로써 단단히 틀 잡아 머물렀던 것이다.

[해설]

백서 · 통용본과 달리 초간은 무력을 사용하는 전쟁(兵)을 이야기한 편이 거의 없다. 6-③, 15-①과 오직 이곳뿐이다. 노자는 이미 제6편-③장에서 '이{인}차인종자'는 兵(무력)으로써 하고자 하지를 않는다고 하였다. 그리고 15-①에서는 전쟁은 人·民을 굳세게 만들기만 할 뿐이어서 나라(종묘사직)는 더욱 혼란에 빠진다고 했다. 여기는 君子를 들어 자신의 뜻을 더 강하고 직설적으로 펼친다. 그 대상은 앞 장의 끝에 나오는 {虍壬}인 창과 칼로 정권을 탈취하려는 자다. 전쟁의 목적이 백성이 아니라 천하에서 너의 뜻을 얻으려는 것이 아니냐고 말하기 때문이다. (以得志於天下)

사람을 살상하는 兵이라는 것은 상서롭지 못한 器物이다.

군자가 生의 삶을 살 때는 왼쪽에 단단히 자리 잡아 살고, 兵(무력)을 꿰어 사용할 땐 오른쪽을 우(上)로 하여 살아간다(그래서 군을 편제할 때 左장군 보다 右장군이 지위가 높았던 모양이다). 이에 노자는 古曰 즉 "옛날에 말하길"이라는 말로 자신의 의견을 드러낸다. 군자가 그렇게 나누는 것은 兵(무력)이란 이미 상서롭지 않은 그릇을 전제하는 것이다. 따라서 무력을 사용해야 하는 전쟁을 받을 수밖에 없는 상황, (먼저 쳐들어가는 전쟁은 언급도 없다) 즉 어쩔 수 없는 전쟁으로 무력(兵者)을 써야 할 땐(不得已而甬之), 용광로와 같은 범접할 수 없는 뜨거운 권위를 바탕으로 (또는 제단을 꾸미고 신을 부르는 향을 피우는 화로처럼 경건함, 은은함, 또는 슬픔으로) 자수로 새겨진(糸) 龍의 깃발을 드높이 받드는 것(卅), 즉 위엄을 떨쳐 보이는 것(鑪{糸龍卅})을 최고의 방책으로 삼아(爲上) 꼭지에 고요히 앉아 있음을 떨쳐냈다고 말한다(弗{峀女}也). 즉 어쩔 수 없이 兵者라는 것을 꿰어 써야 할 경우가 발생할 경우라도, 전쟁을 회피하는 것을 최상으로 삼았다는 뜻이다.

兵을 꿰어 쓸 땐 '로{용}'을 최상으로 삼았다.

그리고 敢之가 나온다. 이 문장이 不得已而甬之 鑪{糸龍卅}爲上 弗{峀女}也 이후에 나와 대부분의 해석서들은 '不得已而甬之~弗{峀女}也' 이후에 전쟁을 하는 것으로 해석을 한다. 즉 '부득이 병자를 꿰어 쓰려면 노{용}이 최고다. 만약 전쟁을 감행하는 것은'처럼 번역하여 어떤 식으로든 살인을 부르는 전쟁을 치르는 것은 살인을 즐긴다는 식으로 해석한다.

그러나 이 문장 '감지'는 不得已而甬之의 '용지'와 대치되는 글자다. 즉 不得已而敢之라고 할 수 있다. 설명을 하자면, 鑪{糸龍卅}爲上 弗{峀女}(娛)也 없이 兵者를 쓰는 것을 말한다.

회피 없이 감행함은 살인을 즐기는 자다.

어쩔 수 없는 전쟁에 임하여 兵者를 꿰어 써야 할 경우라도 '로{용}'위상 불{단}야해야 하는데, 어쩔 수 없다는 이유로 '바로' 무력인 兵者를 꿰어 전장에서 殺人을 하는 자는 북치고 방울 울리며 살인을 즐거워하는 자라고 못 박는다. (是樂殺人) 이어, 그러한 전쟁으로 살인을 북 치고 피리 불 듯 즐거워함은 ②장의 끝에 나오는 호피무늬를 뒤집어쓴 자{虍壬}들, 즉 假王(폭군)들이 天下에서 자신의 뜻을 얻고자 하는 이유가 아니냐, 즉 사사로운 욕심 때문에 천하를 지배하고자 함이 아니면 무엇인가 하고 말한다. 이는 전쟁을 일으켜 수많은 사람을 죽이는 이유는 {호} 개인의 사사로움, 바로 너의 사사로움 그것 때문에 백성의 고혈을 짜는 전쟁을 한다는 말이다. 그러나 노자는 지금까지 무어라 했는가? 사람을 죽이는 兵으로써는 天下를 얻지 못할 것이라 했다. 즉 뜻을 펴지 못할 것이라 했었다. 결국 이 장은 전쟁이라는 무력을 앞세워 살인을 하거나 나라를 얻거나 통치해서는 안 된다는 말이다.

옛날 사람을 죽여야 할 때도 애간장을 끊는 죽음의 예로써 대하였다.

노자는 그것을 증명이라도 하듯 마지막 글을 예시로 또 잇는다. 옛날에 사람을 죽여야만 했던, 죽일 수밖에 없었던 어쩔 수 없는 상황일 땐 사람 죽이는 것은 흉사이므로 마음에 수의 옷을 걸쳐 입은 것과 같은 슬픔처럼 비통함으로써 자리했었고, 반대로 막다른 골목까지 회피함이 없이 힘을 타고 오르는 무력을 최고로 삼는 짐승만도 못한 힘의 전쟁일 땐 곧 망해 죽길 저주하는 차례로써 단단히 틀 잡아 머물러졌던 것이라고 말을 맺는다. 즉 옛날에도 무력을 앞세운 전쟁은 절대로 바른길이 아니었음을 다시 한번 상기한다. 천하를 위한답시고 兵을 드는 것은 천하를 위하는 것이 아니라 천하를 핑계로 사사로이 너의 부귀와 영화를 위한 꼼수라는 것이다.

《 로용위상 불미야 : 노자는 절대적으로 전쟁을 부정했는가? 》

부인하는 방법이 있다면 그렇게 했을 것이다. 그러나 세상은 문장으로 서술되는 세계가 아니다. 즉 노자는 전쟁을 반대하였으나 절대적으로 부정하지는 않았다고 본다. 초간에서 그런 표현이 쓰인 곳은 없다. 대부분의 해석가들은 이 ③장 '감지 시락살인'에서 절대적인 부정의 뜻을 찾는데, 저자는 이 부분을 달리 역해하기 때문에, 그 뜻을 나타내는 글은 없다고 판단한다. 敢之는 '로용위상'하지 않고, 즉 싸움을 회피하는 행위가 없이 전쟁을 맞이하는 것으로 이해하는 것이 가장 합리적이다. 즉 성군인 군자가 임하는 전쟁의 모습이 '로용위상'이다. 어쩔 수 없이 맞이하여 '로용위상' 하는 전쟁도 흉사이므로 오른쪽을 우(上)로 삼았을 뿐이다(그러나 '로용위상'이 받아들여지지 않는다면, 전쟁은 치러졌을 것이다. 개인이라면 삼십육계라도 쳤겠지만 나라와 백성이 있는데 쳐들어오는 무력을 어떻게 피할 것인가! 다만, 지금껏 說한 깨우침에 비추어 '로용위상'으로도 막지 못한 본인의 懑에 대한 反問은 있었을 것이다).

전쟁 같은 재앙의 근본 원인이 미친 '의지'는 당연하다. 모든 전쟁은 일반적이라 할 수 없는 '미친 자의지'에 의해 일어나기 때문이다. 그 '의지'는 폭군의 살인을 합리화하는 전쟁 논리의 수단을 제공할 뿐, 진리일 수 없다. 따라서 부득이하여 兵이 용종의 꼭지처럼 꿰어져야 할 경우라도 죽이는 살육을 회피함이 최상이다. 生과 死가 놓인 전쟁은 전혀 質이 다른 것이어서 삶의 편이 아니므로 노자는 받아들일 수 없었던 것이다.

[고문자 해독]

❶ 丙본 6쪽 兵者 이하 하단 초간이 깨졌다. 이웃 5쪽 내지 온전한 쪽의 자수, 자간을 참조하면, 유실된 字數는 6~7자다. 반면 백서 해당 구절은 非君子之器也, 兵者 不祥之器也, 不까지 14자나 되어, 반복된 兵者를 포함한 한 구절 이상이 덧붙은 것이다. 非君子之器也는 문맥상 이미 설명되고 있어, 없어도 무방한 반면, 不祥之器也는 내용상 반드시 필요하다. 따라서 초간문은 不祥之器也, 不 6자로 한다.

❷ 鑪{糸龍廾}; 鑪는[고문자류편, p518] 밥통(盧) 비슷한 금속제(金) '화로 鑪로'의 금문 꼴로 '화로, 향로 爐'와 同字고, {糸龍廾}은 상糸龍하廾로, 龍紋용문 刺繡자수인 글자를 두 손으로 받드는(廾) 꼴로, '용(龍)'을 자수(糸)로 세긴 깃발을 받들(廾) 공'字로 추정한다. 의미로는 향로와 깃발을 '왕의 위엄, 권위'로 쓴 것일 수 있고. 향로를 수식어로 해서 '뜨거우나 은은한 마음으로 왕의 깃발을 높이 들고'의 뜻일 수 있다.

❸ {耑女}; 좌耑우女의 꼴로 초간 8편 {耑女}과 같다. '꼭지(耑)에 여인처럼 고요히 앉을(女) 단'의 뜻이다.

❸⁻¹ 媏; 착하고 아름다울 '미'로, 美와 同字다.

❹ 丙본 7쪽 夫樂 이하 하단이 유실됐다. 유실된 길이로 보면 최대 3자 정도인데, 이미 20자가 쓰여 있어, 같은 편중에 가장 많은 字數를 가졌다고 추정되는 6쪽 21자를 넘는다. 백서 갑을 참조하여, 초간은 殺人 2자가 유실된 것으로 추정한다.

❺ {噩攴亻}; 상噩하攴人 꼴로, 뽕나무에 기도하는 쪽지를 많이 붙인 꼴로, 시끄럽게 빌어서 놀라게 하는 噩악 밑에 사람(亻)을 때리는 복(攴)이 나란하게 있어, 아마도 사람을 '저주해 죽고 망하게 할 악'이다.

❺⁻¹ 咢(=噩) ; 갑골문은 噩과 같고, 금문부터 音符인 屵역이 더해져 전문부터는 咢 꼴이다.

❻ 豊(禮); 象形으로 禮의 古字다. 감주(甘酒)를 담는 굽 달린 그릇의 상형으로, 禮를 집전할 때 쓴 제기의 뜻이며, 오늘날은 '풍성할 豐'의 俗字로 쓰인다. 여기선 백서 이하가 옮긴 것처럼, 祭祀를 상징하는 禮다.

❼ 丙본 9쪽, 殺字 이하가 유실되었다. 전후 문장과 유실될 길이로 보아 1~2자로, 앞에 殺字가 중간 정도 있어, 人 혹은 人衆이다. 저자는 人만을 취했다. 이미 앞선 문장에서 2차례나 殺人으로만 쓰였고, 또 이 문장과 대구인 다음의 '전승즉'도 사람이 없고 字數도 '살인즉'과 맞기 때문이며, 내용도 '살인중'은 맞지 않다. 백서 갑 이하 人衆이다.

⑧ {衣心}悲; {衣心}는 상衣하心 꼴로, '마음에(心) 옷을 입은(衣)의'고, 悲는 슬픈 마음, 비애 비이니, 의비{衣心}悲란, '마음에 입은 깊은 슬픔'이요, '마음에 비애를 입은 슬픔'이다. 인간이라면 당연히 가져야 할 마음으로 부정의 의미가 아니다.

[백서 이하 비교]

丙本의 첫 장이다. 丙本은 異本을 빼고 총 3개의 편(장)이 죽간의 처음부터 시작하여 마침표(■)가 있는 독립된 죽간으로 끊어져 있다. 까닭에 그동안 병본 3개 편을 정확히 나누어 乙로 잇지를 못하였다.

통용본 제31장

夫佳兵者 不祥之器. 物或惡之 故有道者不處.
是以君子居則貴左 用兵則貴右.
兵者不祥之器 非君子之器 不得已而用之 恬淡爲上.
勝而不美 而美之者 是樂殺人. 夫樂殺人者 不可以得志於天下矣.
吉事尙左 凶事尙右. 偏將軍居左 上將軍居右. 言以喪禮處之.
殺人之衆 以悲哀泣之. 戰勝 以喪禮處之.

대저 아름다운 병(기)라는 것은 상서롭지 못한 기물이라, 物이 늘 이것을 미워하는 까닭에 도가 있는 자는 (병에) 몸담지 않느니라.

이 때문에 군자는 살아감에 있어 반드시 왼쪽을 귀하게 여기고 兵器를 쓸 때는 반드시 오른쪽을 귀하게 여겼다. (이는) 병이라는 것이 상서롭지 못한 기물이라 군자의 무기가 아니기 때문이다. 어쩔 수 없이 이것을 사용할라치면 염담(恬淡)으로 최상을 삼았다.

(전쟁에서) 승리하였을 뿐 (이것을) 미화해선 안 되는데 승리를 美化(미화)하는 자는 사람 죽이기를 즐긴다 할 것이다. 대저 사람 죽이기를 즐거워하는 자는 세상에서 뜻을 얻지 못하리라.

좋은 일은 왼쪽을 숭상하고 좋지 않은 일은 오른쪽을 숭상한다.

(까닭에) 편장군은 왼쪽에 위치하며 상장군은 오른쪽에 위치함은 (軍도 사람을 죽이는 것을 業으로 한즉 상서롭지 못한 것이라서) 상(喪)의 예(禮)로써 이것을 처리한다는 말이다.

(그러므로) 사람을 죽이려는 무리는 비애로써 이것을 슬퍼하여야 하나니, 전쟁에서 이기는 것도 喪(죽음)의 禮로써 이것을 처리해야 하느니라.

백서 갑 (제75장)

夫兵者 不祥之器[也]. 物或惡之 故有(裕)者弗居.

君子居則貴左 用兵則貴右.

故兵者非君子之器也 [兵者]不祥之器也 不得已而用之 銛襲爲上.

勿美也 若美之 是樂殺人也. 夫樂殺人 不可以得志於天下矣.

是以吉事上左 喪事尚右. 是以便將軍居左 上將軍居右. 言以喪禮居之也.

殺人衆 以悲依立之. 戰勝 以喪禮處之.

백서 을

夫兵者 不祥之器也. 物或亞[之 故有者弗居]

[君子]居則貴左 用兵則貴右 故兵者非君子之器也

兵者不祥[之]器也 不得已而用之 銛{仆 龍}爲上

勿美也 若美之 是樂殺人也. 夫樂殺人 不可以得志於天下矣.

是以吉事[上左 喪事尚右]. 是以偏將軍居左 而上將軍居右. 言以喪禮居之也.

殺[人衆 以悲哀]立之. [戰]朕 而以喪禮處之.

초간에 비해 글자의 이동과 첨삭이 많다. 특히 처음 부분에 집중되어 있다. 초간에서 통용본까지 가장 핵심이라 할 수 있는 '로{용}위상'은 각 본이 다르다.

0. 君子居則貴左 甬兵則貴右 古曰兵者不祥之器也

1.2. 夫兵者 不祥之器也. 物或惡之 故有者弗居.
　　君子居則貴左 用兵則貴右. 故兵者非君子之器也 兵者不祥之器也

3. 夫佳兵者 不祥之器. 物或惡之 故有道者不處
　　是以君子居則貴左 用兵則貴右. 兵者不祥之器 非君子之器

초간의 자수는 많지 않지만 내용을 다 담고 있고 간결하다. 반면 백서는 2배 이상 늘렸으나, 초간에 없는 有者를 넣어 내용을 더 어렵게 만들었다. 즉 노자가 옛날부터 전해오는 '병자불상지기'라는 말을 자신의 말 뒤에 배치하였는데, 백서는 그것을 노자의 말로 하여 가장 앞으로 내었다. 그 말을 잇기 위해 '물혹오지'도 넣고 문장이 길어졌다.

백서와 통용본을 비교하면, 백서의 '고유자불거'(까닭에 가진 자는 머물지 않는다)가 '고유도자불처' 부분이 변했다. 아마도 통용본이 보기에 '유자'로는 말이 안 된다고 한 것 같다. '유도자'로 고쳤다.

0. 不得已而甬之 鑪{糸龍廾}爲上 弗{尙女}也
   敢之 是樂殺人 夫樂殺人 以得志於天下.
1. 不得已而用之 銛襲爲上 勿美也 若美之 是樂殺人也.
   夫樂殺人 不可以得志於天下矣
2. 不得已而用之 銛{亻龍}爲上 勿美也 若美之 是樂殺人也. 생략
3. 不得已而用之 恬淡爲上 勝而不美 而美之者 是樂殺人.
   夫樂殺人者 不可以得志於天下矣.

0. 화로처럼 은은하나 끈기 있게 龍자수를 새긴 깃발을 받듦으로 최상을 삼
   아 꼭지에 고요히 있음을 떨었다 함이다. 감행해지는 것, 이는 살인을 즐
   김이다. 대저 살인을 즐김은 천하에서 뜻을 얻기 위함이다.
1. 쟁기나 작살 같은 가래(銛섬)로 갑자기 급습함(襲습)으로 최상을 삼아 아
   름다움을 떨었다. 만약 아름다워 하는 것이면 이는 살인을 즐김이다. 대저
   살인을 즐김은 천하에서 뜻을 얻기가 불가하지 않겠는가?
2. 쟁기나 작살 같은 가래(銛)로 희롱하며 패려궂는 깽판치기({亻龍}롱)로
   최상을 삼아 아름다움을 떨었다. 만약 아름답다고 하면 이는 사람 죽이기
   를 즐김이다.
3. 고요히 편안하게(恬염), 그리고 싱겁고 담담하게(淡담)로 최상을 삼아 이
   길 뿐 아름답지 않았다. 아름다워 하는 자, 이는 살인을 즐김이다.

글자의 변화를 보면, 초간의 글자가 백서에서 가장 많이 바뀌고, 또 통용본
도 그대로 받지 않고 손을 본 곳이다.

이 문장은 이 장을 해석하는 데 있어 가장 중요하다. 어쩔 수 없이 전쟁이라는
것을 맞았을 때의 글이 묘사되어 있기 때문이다. 특히 이곳을 어떻게 해석하느
냐에 따라 노자가 전쟁을 '절대' 부정했느냐 안했느냐 하는 문제가 발생한다.

저자의 판단으로는 전쟁은 최후의 방법이며, 그 전에 엄청난 회피행위를 해
야 한다는 것으로 본다. 입장에 따라서는 '위상'을 그 이상—즉 전쟁—은 없다
는 뜻으로 해석해, 전쟁을 절대부정 한다고 주장할 수도 있겠으나, 이 글이 세
밀한 밀도로 전쟁을 논한 글이 아니어서, 절대까지는 아니라고 본다. 아무튼
초간 '로{용}위상'은 백서 갑·을, 그리고 통용본도 글자가 틀리다. 그만큼 난해
했다는 뜻이다.

초간은 '감지' 앞의 문장과 '감지' 이후의 문장이 확연히 반대의 뜻이 드러난
다. 그러나 백서는 '감지'를 '약미지'로 고치고, 통용본은 '이미지자'로 정리한
다. 문장이 모두 전환되는 것은 맞으나 초간은 앞의 '부득이이'에 연결되는 것

이 명확하나, 백서 이하는 그것이 없다.

마지막 문장은, 초간은 평서문으로 정리하는 데 반해, 백서는 이를 의문문으로 고쳐 통용본에도 그대로 이어졌다.

0. 古 吉事上左 {毆支亻}事上右 是以{下又}將軍居左
  上將軍居右 言以{毆支亻}豊居之也
1. 是以吉事上左 喪事尙右. 是以便將軍居左 上將軍居右. 言以喪禮居之也.
3. 吉事尙左 凶事尙右. 偏將軍居左 上將軍居右. 言以喪禮處之.

초간의 내용은 옛날에도, 길하여 복될 일은 '상좌' 했고, 사람을 쳐 죽이고 저주하는 나쁜 일은 '상우'했다고 하면서, 전쟁은 흉한 것이기에 이를 따랐다는 뜻이다. 백서 이하도 의미상 같다.

다만 초간의 글자 上左(右)는 백서에서 上左, 尙右로 되고 통용본에서는 모두 尙左(右)로 고쳤다. 초간의 [악]은 喪으로, {하}는 便으로 바뀌었으나, 뜻은 초간부터 통용본까지 통한다.

0. 古殺人則 以{衣心}悲位之 戰{乘力}則 以{毆支人}豊居之
1. 殺人衆 以悲依立之. 戰勝 以喪禮處之.
3. 殺人之衆 以悲哀泣之. 戰勝 以喪禮處之.

초간도 죽간이 끊긴 부분이 있는 곳이다. 초간은 모두 '법칙 則'이 있는데 백서가 지웠다. 이는 길흉을 엄격히 구분하던 노자의 시대와 달리 백서부터는 사람을 죽이는 흉사가 서서히 정치와 사회의 깊숙한 곳까지 들어와 위세를 떨치기 시작해, 반드시 흉사는 아니라는 의미를 내포한다 할 것이다.

초간의 죽간은 殺자 중간부터 끊겼다. 1자 혹은 2자가 들어갈 정도인데, 저자는 1자로 했다. 이 문장의 다른 곳도 '살인'이고, 초간 '전{승}즉'도 3자며, 古를 빼면 '살인즉' 3자를 백서가 衆을 넣어 3자로 맞추었다고 보기 때문이다. 더욱이 譯解上 또한 衆이 들어가는 것은 거리가 있다.

초간의 {衣心}는 백서 갑에서 사람(人) 몸에 휘감은 의복(衣) 꼴의 '의지할 依의'로 옮겨, 슬픔이 의지한다는 悲依라 했고, 통용본은 '불쌍히 여길 哀'를 써, 슬퍼하고 불쌍히 여긴다는 悲哀라 했다.

제 24 편

[원문]

[해독]

太上下智又之 其卽親譽之 其旣{鬼心}之 其卽毋之。
태 상 하 지 우 지 기 즉 친 예 지 기 기 {귀} 지 기 즉 (무)지

信不足 安又不信 猷唬 其貴言也, 城事述{示工}而 百{壬目}曰 "我自然也"
신 부 족 안 우 불 신 유 호 기 귀 언 야 성 사 술 {공} 이 백 {목} 왈 아 자 연 야

古大道癹 安又仁義 六親不和 安又孝孳 邦家緡亂 安又正臣 ■
고 대 도 발 안 우 (인)의 육 친 불 화 안 우 효 자 방 가 민 란 안 우 정 신

太上이란, 아래 안다 하는 이에게 가져졌던 것으로, 그(太上)는 곧 (땔감붙이처럼 아주 가깝게) 血緣으로 기려졌던 것이요, 그는 이미 귀신(같은) 마음인 것이요, 그는 곧 (짓지 말라) 잡아 말려지는 것이다.

(이처럼 아래 안다 하는 이들에게 太上이란 완전 그 자체여야만 할 것이다.) 믿음이 족하지 않으면 편안히 不信만을 가지는가! (까닭에 다스림의 지혜로써) 꾀를 내어 놀라게 하니, 그것은 말이 귀하다 함이라.

(말이 귀하다 함은) 기원해 받아 쥔 일을 성을 쌓듯 단단하고 완벽히 하고 (기기묘묘하듯) 교묘히 보이길 이어갈 뿐(이어도) 백 개의 머리 숙인 눈(만조

백관)들이 주시하여 말하길, 나(太上)는 '절로 그렇다' 함이라.

옛날, 큰 도가 짓밟히고 나서, 편안히 어짊과 의롭기만을 가졌으며, 여섯 떨 감붙이(친인척)가 어울리지 못하고,(나서) 편안히 효와 자식 잣길 가졌으며, (봉토를 가진) 나라가 무성히 어지럽고, 편안히 바른 신하만을 가졌었나!

[해설]

초간〈노자〉의 글자 수는 통용본의 1/3 수준인 약 1,700여 자다. 그래서 초간의 편·장들은 대부분 통용본보다 글자 수가 적거나 같다. 그런데 이 편은 통용본에서는 2개의 장으로 나누어진 문장이 하나로 묶인 특이한 곳이다. 내용에 있어서도 처음 4단계 지도자 상과 후반의 '고대도발' 이하 부분은 통용본과 의미가 많이 달라진 부분이다.

滿朝百官이 太上에게 가지는 3가지 마음가짐

저자는 이 편을 초간의 결론으로 본다. 太上 즉 聖人과 같은 지도자에 대한, 그리고 그의 다스림에 대한 노자의 마음이 구체적이면서도 잘 집약되어있는 정치의 글이기 때문이다.

처음, 우리가 통용본에서 익히 암송했던 4단계의 지도자상은 사실 노자의 글이 아니다. 초간은 번역처럼 큰 우(太上)에 대해 下智(아래 안다 하는 이)가 갖는 마음으로 표현되어져 있기 때문이다. 즉 太上에 대해 下智들이 又之 즉 '가져졌던 것이다'가 되어 以後 나오는 3가지의 것을 안다 하는 자(智)가 가졌다는 뜻이다. 그 3가지 마음가짐은 대상에 대한 下智의 마음가짐이니, 첫째 太上은 우리(下智)와 같은 한 조상의 자식으로 우리의 우두머리 감으로 세상에 태어나 우리를 위해 존재한다고 여기는 것이요, 둘째 그는 太上이 될 수밖에 없는 능력을 지녔으니, 이는 모든 것을 꿰뚫어 볼 수 있는 귀신같은 마음을 지녔다는 것이며, 셋째 그런 까닭에 그는 창과 칼과 같은 무력을 지닌 또는 행사할 수 있는 힘 있는 자라는 것이다. 이런 이유로 안다 하는 이가 사사로운 자신의 욕망을 위해 아무것도 할 수 없는 것이 작용하는 것이다.

그가 이렇게 다스리고 또 살아가는 이유는 무엇인가? 그것은 지금까지 말해왔듯 존재론적으로 현상(萬勿인 인간)에 대한 고유성(名) 즉 의미체론적 깨우침이 밑바탕에 깔려 있기 때문이다. (제8편 참조)

말이 귀하니 百官들은 나보고 자연이라고 한다.

만약 下智들이 太上에 대해 믿음이 절대적으로 足하지 않으면 편안히 不信

만을 가지지는 않았을 것이다. 그럼 이러한 절대적 신뢰가 굳건히 유지되려면 후왕은 어떻게 해야 할까? 노자는 말한다. 太上에 대한 下智의 경외심 즉 위 3가지의 마음가짐을 갖도록 하는 방법은 지도자가 말(言)을 아끼고 삼가며 귀하게 여겨야 한다는 것이다. 이 말의 뜻은 이어지는 글이다. 즉 말이 귀하다는 것은 하늘에 빌어 받은 일을 성을 쌓듯 단단하고 완벽하게 완수하고, 기기묘묘하게 하늘과 땅을 잇는 자처럼 신령스럽게 보이길 이어갈 뿐, 후왕을 모시는 백 개의 머리 숙인 눈(만조백관)들의 입에서 나오는 말이 '나(太上)는 스스로 그렇다'는 자연이다. 즉 下智의 입에서 후왕은 조용한 뒷방늙은이요, 고요히 앉아 있는 여인처럼 스스로 그렇게만 있는 사람이라고 듣고, 보고, 말하게 된다는 것이다. 노자가 생각하는 太上의 治다. 그것이 바로 자연의 치다. 그 이유는 무엇인가! 노자는 자신의 말을 증명하기 위해 예시글로 세상에서 높이 사고 있는 儒家의 덕인 仁을 비롯한 3가지 예를 들어 信이 밑바탕을 이루지 못한 정치철학의 논리들을 날카롭게 비판하고 있다.

큰 도가 짓밟히고서 편안히 仁義만을 가지고, 나라가 몹시 어지럽고 나서 편안히 바른 신하만을 가졌었나!

옛날, 정치나 가정에서 근본이 허물어진 상태에서 仁義가 존재했으며, 육친이 친화했으며, 마지막으로 바른 신하만 있었는가?! "그렇지 않다"라고 反問하는 것이다.

즉, 道가 무너진 나라를 보면, 仁과 義를 찾는 작용도 있지만 그렇다고 모두 仁義를 부르짖지는 않는다. 도가 무너진 그 혼란의 시대에는 슬그머니 자신이 꼭지가 될 수 있지 않을까 모사를 꾸미려는 자가 반드시 생기는 것이다. 또 혈육끼리 어우러지지 못하면서 편안히 윗사람 모시는 효와 대대손손으로 풍성한 자손이 이어졌나. 역시 아니라는 것이다. 혈육이 못하면, 모르는 남보다도 못하게 되는 것이다. 마지막으로 나라가 아주 심하게 흔들리고 어지러움에 빠졌을 때는 또 어쩌는가? 편안히 후왕을 위해, 나라를 위해 목숨을 거는 바른 신하만을 가졌는가?! 계백장군이나 매천의사처럼 나라와 함께 목숨을 바친 충신도 있지만, 나라를 팔아먹는 매국노도 또한 넘쳐난다는 말이다.

당에 백제를 팔아넘긴 공산성의 성주였던 예식진이나, 왜구에 조선을 넘긴 을사오적, 이완용처럼 말이다. 그로 인해 얼마나 많은 백성이 피를 흘렸는가! 나라와 백성을 앞에 두지 않는 자는 정치를 해서는 안 된다. '이미' 나라는 무너지고 백성은 도탄에 빠질 것이 정해져 있기 때문이다. 이건 진리다.

《 **古大道發** 》

道란 恒亡名임으로 大道라고 표현될 수 없는가?! 일편은 맞고 일편은 틀리다. 도는 영원히 규정성을 잃어버렸으므로 크다 적다 작다 많다 어떠하다 등등 규정할 수는 없다. 규정한다는 것 자체가 논리 모순을 갖는다. 그러나 그것은 어디까지나 道 자체일 때 그렇다. 그것이 上中下의 士와 맺어져 사람에게 체화되면 무형의 것은 유형의 그릇을 갖는다. 즉 大道는 하늘의 도가 아니라, 이미 인간과 결합한 그릇이 된 것이다. 다시 말해 上士와 맺어진 도는 大道가 될 것이며, 中士와 맺어진 도는 中道가 될 것이며, 下士와 맺어진 도는 下道가 될 것이다. 물론 도 자체는 변함이 없으나 그것이 物化된 인간에 의해 그렇게 가치평가 된다는 것이다.

[고문자 해독]

❶ 大上(太上); 백서 이하 太上과 같은 의미다. 大上 또한 의미적으로는 聖人과 같은 인물이며 지도자를 뜻한다. 聖人이 과거에 살았던 道를 깨우쳐 체현된 상상의 왕을 의미한다면, 太上은 노자가 생각하는 깨우친 왕을 지칭한다.

❶⁻¹ 大; 字源에 갑골문부터 쓰였으며, 두 팔 두 다리를 편안히 한 사람의 모양을 본떠, '크다'의 뜻이다. 大와 太는 종종 通用했다.

❶⁻² 太; 泰의 古文. 借用하여, 큰 위에 더 크다, 심히, 매우의 뜻을 나타냄. 자전에는 쓰인 시기가 나오지 않고, [고문자류편, p28]에는 금문은 같고 전국시대 때 太의 古字가 보인다. 따라서 大上=太上이다.

❷ {皀次}(旣); 낟알(皀) 이어져(次), 물린다는 '다할 旣'의 이체자다. 반면 앞뒤 구 모두는 卽이다.

❸ {矛人}(毋?); 상矛하人으로 '사람 人'에 세 개의 '날붙이(矛, 救무 자전참조)'나 '손 爪'을 끼어, 양손으로 물건을 끌어올리는 꼴 舁'에 손 하나를 더해 잡아 말린다(말 毋?)는 뜻이다.

❸⁻¹ 毋; 본디 '母모'와 同形으로, 어머니의 뜻을 나타냈지만, 篆文에서 두 점(點)을 하나의 세로획으로 고쳐, '없다, 말리다'의 뜻으로 쓰이게 되었다.

❹ {示工}; 巧妙히(工) 보일(示) '공'으로 추정한다. 초간에서도 본편에서만 쓰였던 글자로 백서 이하 巧와 상통한다 볼 수 있다.

❺ 百{壬目}; {壬目}은 상壬하目 꼴로, 눈(目) 위에 앞으로 몸을 숙인 또는 맡은 사람(壬)의 모양이다. 일백(百)의 맡아서(壬) 보는 눈(目)으로 본문에서는 下智를 구체화 한 관료다. 백서 갑은 '눈(目) 적은 또는 지긋이(少) 살필 省'으로 역시 백성(民)을 살피는 관료다. 도덕경의 百姓은 백 가지 성씨인 서민을 뜻하는 民이다.

❻ {辵辵又}(發); 사방(十)을 발(之)로 짓밟고(辵辵) 손으로 헤쳐(又), '짓밟

고, 벨, 제초할 발(發)'의 古字다.

7 安; 회의며, 갑골문부터 쓰였다. 집 안에서 여자가 편안해짐의 모양에서, '편안함·평온함, 안존함, 조용함'의 뜻을 나타낸다. 백서 이하 의문사로서 '어찌 안'이나, 어조사로서 '이에 안'은 초간에 쓰임이 없다. 여기서는 문맥상 의문사가 없는 반어법적인 의문문의 문장이다.

8 {身心}(仁?); 상身하心 꼴로, 임신한 몸(身) 마음(心)이니, {身心}은 자애나 이와 같은 성향의 仁과 통한다. 특히 곽점묘에서 발견된 거의 모든 책의 仁은 {身心}으로 對字됐는데, 이는 초간 丙본이 東周, 元王(제위 BC 475~468) 사후에 쓰여, 그 왕의 이름 仁을 諱諱한 것이라 추정한다. 仁은 이미 갑골문부터 쓰여, 굳이 가차자를 쓸 만한 글자가 아니며, 초간 乙본에는, 仁의 금문, 고문 꼴인 {尸二}이 {辶尸二} 꼴로 나타나(제20편) 있다.

9 孶; 자식(子) 자을(幺幺=玆자) 자로, '부지런할, 늘어날, 새끼 낳을 孶'와 유사자다.

10 緡; '낚싯줄, 새끼줄, 성할 緡민'자다. '낚싯줄 緡민'의 本字로, 맞추어 연이을, 기운이 왕성할, 무성히 성 할의 뜻이 있다.

11 초간 丙본 3쪽 끄트머리쯤에서 緡민과 반쯤 지워진 安 사이에 한 글자가 유실됐다. 백서 갑 이하 '어지러울 亂란'인데, 내용상 합당하여 이를 따랐다.

[백서 이하 비교]

초간에서 한 개의 편(장)이 백서 이하 2개의 장으로 나누어진 것은 이곳이 유일하다. 초간은 결론에 해당하는데, 백서 이하 문장의 중간에 위치 시켜 뜻이 올곧게 드러나지 않았다.

통용본 제17, 18장

太上 下知有之. 其次 親而譽之. 其次 畏之. 其次 侮之.
故信不足焉有不信焉. 悠兮其貴言. 功成事遂 百姓皆謂我自然 (17)
大道廢有仁義. 智慧出有大僞. 六親不和 有孝慈. 國家昏亂 有忠臣 (18)

최고의 정치가란 아래가 아는 것이라고는 그가 있다는 것(뿐)이고, 그것의 다음 (두 번째의 정치가)는 (백성들과 임금이) 가까워서 그를 드높이(는 것이)고, 그것의 다음 (세 번째의 정치가)는 (백성이) 그를 두려워 하(는 것이)고, 그것의 다음 (네 번째 최하의 정치가)는 (백성이) 그를 업신여긴(는 것이)다.

까닭에 (백성의) 믿음이 足하지 않으면 어찌 不信만이 있겠는가?!
(백성에게서) 멀찍함이여, 그것은 말이 귀함이다. 공이 이루어지고 일이 되어

져도 (내 術을 모르는) 백성들은 모두 '나는 저절로 그렇게 있다'고만 말한다.

큰 道가 무너지니 仁義가 있(게 되)고, 智慧가 나오니 큰 속임이 있(게 되었)다.

(또한) 부부간 부자간 형제간이 화목하지 않으니 孝와 慈愛가 있(게 되는 것이)고, 국가가 혼란에 빠지니 충신이 있(게 되는 것)이라.

백서 갑 (제61, 62장)

太上 下知有之 其次 親譽之 其次 畏之 其次 母之

信不足 案有不信 [猶呵] 其貴言也 成功遂事 而百省胃我自然 (제17장)

故大道廢 案有仁義 知快出 案有大僞 六親不和 案有畜玆.

邦家{問心}(昏)亂 案有貞臣(제18장)

백서 을

太上 下知又[之 其次] 親譽之 其次 畏之 其次 母之

信不足 安有不信 猶呵 其貴言也 成功遂事 而百姓胃我自然 (제17장)

故大道廢 安有仁義 知慧出 安有[大僞] 六親不和 安又孝玆.

國家{問心}(昏)亂 安有貞臣(제18장)

통용본과 달리 백서가 2개의 문장으로 나눈 것은 故가 있는 것을 봐도 분명하다. '원인, 결과' 등을 나타내는 故는 앞의 글이 있어야 하기 때문이다.

초간은 그동안 노자가 설명한 많은 글귀들을 좀 더 구체적으로 묘사하여 마무리한 결론의 문장이다. 앞 글귀에서 깨우치지 못했다고 해도 이 문장에서 그동안의 말들이 무엇을 뜻하는지 알 수 있다. 직설적이며 드러나는 글귀들이기 때문이다. 그리고 이 초간이 정치서임을 명확히 알 수 있는 곳이다. 그러나 백서 이하는 초간의 뜻과는 달리 4단계의 지도자 상을 나타내는 글도 바꾸고, 후미 글을 제18장으로 나누어버려 노자의 진의를 알 수 없게 만들었다.

0. 大上下智又之 其卽親譽之 其旣{鬼心}之 其卽母之
1. 太上下知有之 其次 親譽之 其次 畏之 其次 母之
2. 太上下知又[之 其次] 親譽之 其次 畏之 其次 母之

초간의 眞意는 자칭 智(안다 하는 자)가 太上(꼭지)을 향해 품어야 했던, 역으로 말하면 太上이 가져야 했던 3가지 것을 말하는 글이었는데, 백서가 엉뚱하게 지도자의 등급을 4단계로 나누는 글로 만들어 버렸다. 결론인 까닭에 그동안 노자가 설파한 글이 무엇을 뜻하는지 몰라도 여기서 구체적으로 드러나 알 수 있었는데, 그것마저 감추어 버린 것이다.

이렇게 초간의 原意가 근본적으로 지워진 것은 역시 智(안다 하는 자)를 知(알다)로 바꾼 것이다. 지금은 사람 모두가 해당하기 때문에 의미가 없는 글자일 수 있다. 그러나 당시 노자의 시대에서 民은 무지의 순수함만 있는 계층이며, 혼란의 단초는 순수함을 넘어가 버린 智에서 비롯된다는 것이 노자의 생각이다. 이렇게 사람을 지운 다음 초간의 '곧 卽'과 '이미 旣'를 지워버리고, 순차적으로 내려오는 '기차'를 쓴 것이다.

0. 信不足 安又不信 猷唬 其貴言也, 城事述{示工}而 百{壬目}曰 我自然也
1. 信不足 案有不信 [猶呵] 其貴言也 成功遂事 而百省胃我自然
2. 信不足 安有不信 猶呵 其貴言也 成功遂事 而百姓胃我自然
3. 故信不足焉 有不信焉 悠兮 其貴言 功成事遂 百姓皆謂我自然

1.2. 믿음이 足하지 않으면 어찌 不信만이 있겠는가?! 마치 나무람과 같아, 그것은 말이 귀함이다. 공을 이루고 일을 완수해도 백 개의 작게 뜬 눈들(신하) (백 개의 성씨=백성들2)은 '나는 스스로 그렇다.'고만 소화했다.

초간은 대부분 '꾀 유'를 썼는데, 백서는 이것을 '오히려, 마치~과 같을 유'로 고친다. 이에 통용본은 감탄조사 兮를 붙여 유혜(멀찍함이여)로 확정한다. '성사술{공}'은 백서가 '이룰 成'으로 고쳐 목적어 事와 {공}의 자리를 바꾼다. 바꾸면서 {공}은 글자도 '공 功'으로 고쳐 '성공수사'로 만들었다. 이미 王인 대상이 성취한 事(일)과 {공}이 마치 아랫사람이 이룬 功事인 양 고친 것이다. 이에 통용본이 글자를 바꾸어 '주어+동사'의 문장으로 만들었다. 이어 '백 개의 맡아 다스리는 눈' 즉 만조백관쯤의 뜻을 가진 '백{목}' 글자는 백서 갑이 百省(백 개의 적게 뜬 눈, 백 번의 살핌)으로 초간의 뜻을 가지고 있으나, 백서 을이 백성(백 개의 성씨=온 나라 사람)으로 고쳐 통용본이 그대로 따랐다. 백서는 또 없는 글자 胃(소화하다)를 넣으니, 통용본이 이에 백성이 모두 말한다는 뜻으로 고치기 위해 皆를 넣고 謂(이르다)로 고쳤다.

해석은 유사하나, 번역처럼 백서는 어울림이 적다. 그래서 통용본이 말이 되도록 넣고 빼고 한 것이다.

한편 이 문장은 저자와 기존의 번역이 다르다. 저자는 '믿음이 부족하면, 편히 불신만을 가지나!'처럼 문장은 평서문이지만, 반어적인 뜻으로 역해를 하는데, 기존은 安을 의문사로 보는지, 어조사로 보는지를 가지고 다툼을 하고 있다. 그러나 이 두 가지 방법은 모두 반쪽짜리 번역으로 모두 아니다. 이는 이어지는 문장에서 더 분명하다.

0. 古大道愛 安又仁義 六親不和 安又孝孳 邦家縉亂 安又正臣
1. 故大道廢 案有仁義 知快出 案有大僞 六親不和 案有畜茲.
   邦家(昏)亂 案有貞臣
2. 故大道廢 安有仁義 知慧出 安有[大僞] 六親不和 安又孝茲.
   國家(昏)亂 安有貞臣
3. 大道廢 有仁義. 智慧出 有大僞 六親不和 有孝慈. 國家昏亂 有忠臣

1.2. 까닭에 큰 道가 무너지고 어찌 仁義가 있으며, 아는 기쁨이 나가고 어찌
   큰 거짓이 있으며, 육친이 어우러지지 못하고 어찌 畜茲(孝茲)가 있으
   며, 나라가 혼란하고서 어찌 곧은 신하가 있겠나('안'을 의문문으로 푼
   것. 安, 案을 어조사로 풀어 평서문으로 번역한 책도 있다).

글자는 초간이 愛(짓밟히다)인데 백서가 廢(부서지다)로, 초간의 安은, 백서
갑이 모두 案(책상 안)으로 다시 백서 을이 安으로 했으나, 통용본이 부적합하다
고 판단해 모두 없앤다. 그러나 여기도 安(편안하게)이 있어야 노자가 말하고자
하는 의미가 살아나는데, 통용본이 安을 지워 바른 의미를 알 수 없게 숨겼다. 孝
孳는 백서 갑이 畜茲(가축 쌓기와 풀 연이어 무성한, 무성히 가축을 쌓음)로, 백
서 을이 畜만 孝로 고치니, 통용본이 孝慈로 정리한다. 초간의 민란(가는 실 이
어지듯 끊이지 않고 여기저기서 일어나는 무성한 어지러움)은 백서 이하 昏亂이
되고, 正臣은 백서가 貞臣(곧은 신하)으로 이에 통용본이 忠臣으로 고친다.

내용을 살피면, 우선 저자의 역해와 다른 저자의 역해가 다르다. 초간의 그
어떤 문장이나 글자도 소중하지 않은 것이 없으나, 특히 이곳은 유가와의 관계
나, 노자의 철학을 알 수 있는 상당히 중요한 문장인데, 대부분의 번역은, 번역
1.2.처럼 安을 의문사로 하거나, 어조사로 해서 '대도가 없어지니 이에 인의가
있다. 국가가 혼란하니 이에 올곧은 신하가 있다'는 식으로 번역하고 해석한
다. 저자의 역해와 비교해서 이해하기 바란다. 또 이 문장은 앞 '신부족 안우불
신'의 풀이와 같은 꼴이다. (※ 安이 의문사냐 어조사냐 보다는, 문장을 반어적
인 의문문으로 역해하는 것이 중요하다. 그들의 방식은 모두 반쪽의 뜻에 지나
지 않는다.)

초간에서 백서는 글자나 문장의 변화가 심한 편이나, 백서에서 통용본은 글
자나 문장의 변화가 크지 않다. 이는 이미 백서 갑에서 틀이 완성되었다는 것
을 의미한다.

제 25 편

[원문]

[해독]

埶大象 天下往 往而不害 安坪大
예 대 상 천 하 왕 왕 이 불 해 안 평 대

樂與餌 {彳匕心}客{之止}, 古道之出言 淡可 其鯀味也
낙 여 이 {착} 객 {지} 고 도 지 출 언 담 가 기 무 미 야

視之不足見 聖之不足{昏耳}而不可旣也 ■
시 지 부 족 견 성 지 부 족 {문} 이 불 가 기 야

(深淵에) 대상(道)을 심고서 천하에 나아가면, 나아갈 뿐(이면서도) 해롭지가 않아, 편안한 들(땅)이 크다.

즐거움에 더 분 음식에는 천천히 걸으며 마음에 비수를 품은 손님(즉, 도적처럼 목적 없이 어슬렁거리는 사람)이 멈추는 것이나, 옛날 도가 말로 나오는 것은 싱겁다 할 수 있어, 그것은 맛이 없다 함이라.

보이는 것은 보기에 충분하지 않고, 귀 기울여 (하늘의 계시나 백성의 소리가) 들리는 것은 귀 어두워 듣기가 충분하지 않을 뿐(이니), '이미' (끝났음) 는 不可하다 함이라.

[해설]

초간의 마지막 편이다. 丙本이면서도 문장의 내용상 마지막 편으로 흐름에 손색이 없다. 그래서 초간〈노자〉의 필수 부분임이 분명하다. 제24편은 그동안 많은 글로 언급한 다스림에 대한 종합적인 결어로 '太上의 자연의 治'에 대한 설명이라면, 이 편은 道를 심은 위정자의 편한 나라를 묘사하고, 혹시나 자만할지 모를 위정자에게 지금까지 道의 속성을 이야기한 것을 다시 정리하여 설명하고, 끝없는 깨우침(도 닦음)을 요구하는 것으로 끝을 맺는다.

지도자가 大象(道)을 심고서 天下에 가면, 길 따라 다스려가서(往) 해롭지가 않다.

지도자가 만백성의 마음으로 大象인 道를 텅 빈 가슴에 심고서 천하에 나아가 다스리면, 그냥 스치는 바람처럼 갈 뿐이지 그 어떤 만물(人間)에게도 해롭지가 않아, 편안한 땅이 크거나 커져만 갔다. 즉 있기는 한데 바람처럼 무엇인지 잡히지는 않으니, 없는 듯 있어 스칠 뿐이다. 평안함이 어찌 크지 않겠는가!
[※ 天下(인간)에게 道를 심고자 간다는 해석은 불가하다.]

즐거워 북치고 방울 울리며 노니는 것과 더불어 먹는 맛있는 음식에는 천천히 어슬렁거리며 마음속에 비수를 숨긴 사람이 멈추겠지만, 옛날 도가 입에서 말로 나오는 것은 누구의 비위에 맞는 말도 아니요, 누구의 입에 맞는 맛도 아니어서, 가로되 묽고 싱겁다 할 수 있으니 그것은 맛이 없기 때문이다. 지도자를 하려는 자는 그 맛없는 도를 닦아야 한다. 왜냐하면 앞 절에서 이미 말했듯, 천하 세상에 나아가도 한여름의 바람처럼 스치기만 할 뿐 백성도, 온 세상도 평안함이 크기 때문이다.

무색무취한 道의 싱거움

'도지출구 담가 기무미야'는 道의 특성을 말한다. 즉 딱 하나로 규정지을 수 없는 그 많은 속성 중의 하나인 名을 이야기하니, 그것은 세속의 흥겨운 기쁨처럼 방울 울리며 맛난 음식이 나오는 것은 아니다. 즉 지도자는 道를 닦는 데 있어 감각적인, 또는 육체적인 행복과는 거리가 멀다는 것을 알라는 것이다.

영원한 수행

그것도 기한이 있는 것이 아니다. 道는 맛을 느낄 수 없듯이 영원히 名을 잃었기(도항망명)에 주시하나 보기에 충분하지 않은 것이고, 귀 기울여 하늘의 계시를 들으려하나 어두워 듣기가 충분하지 않은 것일 뿐, 이미 즉 깨우침이 끝났다는 것은 大象을 심은 聖人이라도 不可하다 할 것이다. 즉, 그것은 어느 단계에 들어서면 끝나버리는 성취물이 아니다. 그것은 항구히 인간이라면 몸이 塵土되는 순간까지 힘써 행하고 또 행해야 하는 과정인 것이다.

그러므로 후왕은 끊임없이 죽음이 너를 가를 때까지 중단 없이 만백성을 위해 道를 닦으며 정진해야 한다. 그것은 이유 불문이다. 따라서 道를 알아감에 다함, 즉 끝이 있을 수 없다. 만백성을 도의 성품으로 살다 돌려보내야 하는 위정자의 임무에는 안주란 없다. 그의 어깨에 만백성의 목숨이 달려 있기 때문이다.

《 시지부족견 》

不足이란 충분하지 못하다는 말이다. 즉 어떤 기준치에 미치지 못한다는 것이지, 없다거나 못한다는 말이 아니다. 즉 '시지부족견'은 '주시하여 보지만 보이는 것이 발끝까지 충분(足)하지 않은 것'이지, 도가 내적으로는 완전한 지각의 대상이 될 수 있고, 외적으로는 전혀 대상이 아니라는 뜻이 아니다. 내적으로 보인 것이 道의 파편일 수는 있어도 道일 수는 없다. 그것이 도라고 하면 이미 규정할 수 없다는 '도항망명'에 모순되기 때문이다.

[고문자 해독]

❶ 埶; '심을 예'의 금문 꼴이다. 백서 이하 '붙잡을 執'이라 봤는데, 초간은 좌변이 흙(土) 위에 나무(木)를 심는 꼴로, 수갑(辛) 꼴인 執과 다르고, 같은 초간 甲 6-⑤의 執과 자형도 다르다.

❷ 往; '갈 왕'자로, 자전의 字解와 달리 초간의 往자는 王이 아니라 壬이다. 즉 좌彳상之하壬으로 쓰인 {彳之壬}왕으로 往의 이체자나 유사자다. [고문자류편] 114쪽 및 자전의 자해는 '맡다, 다스리다'(壬)는 부수가 있어 '저잣거리로(彳) 나아가(之) 다스린다(壬)'의 뜻풀이도 가능하다.

❸ 安; 중국의 주석서 등에서는 대게 왕인지에 따라, 於是, 乃, 則으로 보았다. 그러나 본편은 '편안할 安' 본래의 뜻이다.

❹ 坪; 평평한(平) 땅(土) 평으로, '벌, 들'이다. 백서는 平(평평하다, 다스리다, 돋다, 바르다)이다.

❺ {彳匕心}; 상彳匕하心 꼴로, 문맥상 노자가 의도적으로 쓴 글자로 보아, '살피듯 조금씩 천천히 걸으며(彳) 나쁜 마음의(心) 비수를 품을(匕) 착'으로 해독한다. 한편 대부분 상부를 化의 오기로 보고, 아래에 心이 붙은 상化하心 꼴로 석문'하고, 통용본 過의 이체자로 푼다.

❻ {之止}; 상之하止 꼴로, '걸음 步'는 아니고, 두 뜻을 합쳐 쓴 '그치는 것 지'로 추정한다.

7 丙본 죽간 4쪽 끝에 道 이하가 유실됐다. 인접 죽간을 참고하면 자수
는 최대 3자를 넘지 못한다. 백서가 言을 사용한 바, 저자는 3자로 보되,
'지출언' 3자로 한다. 의미적으로는 '입을 나온 것(出口)', '말로 나온 것
(出言)' 모두 가능하다고 본다.

8 橆; 무당이 양손에 소나무 가지와 같은 산가지(木木)를 들어 액운을 털
며 춤추는 꼴로, '없을, 없앨 무'다.

9 {昏耳}(聞?); '들을 문'의 이체자로 '귀 어두울, 어둡게 들을 문'이다. [고
문자류편]에는 나오지 않고 자전에는 금문부터 쓰였으며, 자전 속 금문
의 이체 꼴이다.

[백서 이하 비교]

초간의 마지막 문장이며, 후기로 풀었다. 전 제24편과 함께 마무리의 글로
봐도 무방하다. 초간의 다른 편(장)과 비교하여 글자의 변형은 큰 편이 아니지
만, 마무리 글로 쓴 초간과 달리 중간에 넣은 까닭에 백서가 마지막 줄을 많이
손댔다.

통용본 제35장

執大象 天下往 往而不害 安平太.
樂與餌 過客止. 道之出口 淡乎 其無味.
視之不足見 聽之不足聞 用之不可旣.

大象(도)을 잡고서 천하에 나아가면, 나아가도 해롭지 않으니, 어찌 평화로
움이 크다 않으리오!
음악과 음식에는 지나는 객이 멈추지만, 도가 입을 나오면 싱거워서 그것은
맛이 없다.
(백성에게 執大象한 자가) 보이는 것은 보기에 충분하지 못하고, (백성이) 듣는
것은 듣기에 충분하지 못하고, (집대상한 자를) 쓰는 것은 이미 不可한 것이로다.

백서 갑 (제79장)

執大象 [天下]往 往而不害 安平太
樂與餌 過格止 故道之出言也 曰談呵其无味也
[視之]不足見也 聽之不足聞也 用之不可旣也

백서 을

執大象 天下往 往而不害 安平太
樂與[餌] 過格止 故道之出言也 曰淡呵其无味也
視之不足見也 聽之不足聞也 用之不可旣也

백서 갑을 쓴 이는 초간을 보고서, 불행 중 다행이라 생각했을 것이다. 정치서다 보니 노자가 주체(주어)를 쓴 글이 많지 않고, 있어도 바꾸기 쉬웠기 때문이다. 예를 들어 人多智, 民多器(제15편-①장)처럼 대상이 쉽게 눈에 띄는 것도 있으나, 대부분은 대상도 주체도 쉽게 눈에 띄지 않는다. 노자가 어렵기도 하고, 별의별 관점이나 방법으로 역해되는 이유이기도 하다. 이 편 역시 주체가 없다 보니, 번역과 해석이 다양하다.

  0.   執大象 天下往 往而不害 安坪大
  1.2. 執大象 天下往 往而不害 安平太
  3.   執大象 天下往 往而不害 安平太.

초간의 '심을 예'가 백서에서 '잡을 집'으로, '평평한 땅 坪'은 '평평한 平'이 되었다. 나머지는 통용본까지 같다.

내용으로 '심다'와 '잡다'는 다르다. 저자는 '마신 덕'이나, 昏道처럼 道가 體化될 수 있다고 보기 때문에 '심다'가 바르다고 본다. 그러나 백서는 그것이 불가능하다고 보는 것 같다.

번역에 있어서, '심다'가 타동사여서 목적어는 '대상'이 되고, 주체(주어)는 생략된 형태다. 즉 '(생략된 주어가) 대상을 심고 (천하로 나아가면)'처럼 번역이 되어야 하는데, '대상을 잡게 되면, 천하가 움직여 간다'거나 '도의 그림을 심으면, 천하가 멋대로 가버리나'처럼, 저자가 부사로 해석한 '천하'를 주어로 삼아 번역한 책도 있다.

  0.   樂與餌 {彳匕心}客{之止} 古道之出言 淡可 其舞味也
  1.2. 樂與餌 過格止 故道之出言也 曰談(淡2)呵 其无味也
  3.   樂與餌 過客止. 道之出口 淡乎 其無味.

  1.2. 큰 북치고 방울 울리며 즐기는 음악과 맛난 음식에는 지나는 객이 멈춘다. 까닭에 道가 말로 나오면 가로되, 말이 뜨겁게 엄중한 말로 (물이 뜨거워져 증발하는 수증기처럼 묽고, 싱겁고, 담박하게2) 꾸짖으니, 그것은 맛이 없다.

그동안 초간에 단 한 차례만 보였던 緐가 나왔다. 그리고 오늘날 전하지 않는, 백서 이하 過로 쓰인, {彳比心}착이 있고, {지}는 止로 쓰였다. 초간의 古는 백서에 故로 쓰였다가 통용본에서는 빠지고, 백서의 言은 통용본에 口로 바뀌었다(초간은 지워진 글자다). 초간의 '담가'(싱겁다 할 수 있다)는 백서가 '말로 꾸짖다, 싱겁구나(감탄조사)'로, 통용본에서는 '담호'(담담하여 싱겁구나)로 된다. (글자로는 이곳에 味와 緐가 쓰여 있다는 것이 중요하다.)

내용을 보면, 초간은 '{착}객{지}'처럼 뜻이 분명하다. 반면 백서 이하는 '과객지'여서 지칭하는 대상이 부정확하다. 우리는 행간을 파악하여 둘의 의미가 동일하다는 것을 알 수 있으나, 초간에 나타난 노자의 필법은 정치적으로 문장의 주어나 대상을 특정하지 않은 것과 달리, 내용에서는 뜻이나 대상을 정확히 특정해 글자를 창조하여 쓴 것이다.

0.   視之不足見 聖之不足{昏耳}而不可旣也
1.2. 視之不足見也 聽之不足聞也 用之不可旣也
3.   視之不足見 聽之不足聞 用之不可旣

0.   보려 해도 보기에 충분하지 않은 것이고, 귀 기울여 소리를 들으려 하나 (어두운 귀로는)귀 어두워 충분하지 않은 것일 뿐이라, '이미'는 不可하다 함이라.
1.2. 주시하나 보기에 충분하지 않고, 들으려 하나 듣기에 족하지 않고, 쓰려 하나 '이미'는 불가하다.

초간의 뜻은 간단하게 '지도자가 생을 마칠 때까지의 도 닦음'이라고 분명히 말할 수 있다. 그러나 이 역시 마무리의 글이기에 백서는 수용할 수 없는 문구다. 주어도 없는 문장이기에 대상도 불분명한 문장으로 만들어 깨달음의 장으로 만들었다.

초간이 없는 상태에서 백서를 볼 때, 무엇이 道라면, 보고(視), 듣고(聽)는 말이 되는데, 쓰임(用)은 언변술사가 아닌 한 논리적으로 말이 되지 않는다. 저자도 초간을 보기 전에는 번역이나 인용문처럼 이해했었다. 논리적으로는 바르다고 판단한 까닭이다. 그러나 이도 억지일 뿐이다.

이 문장은 '대상을 잡은 도자의 무한한 깊이'를 설명하는 부분이다. 마치 도를 묘사한 제14장의 첫 문구들과 비슷하게 보이지만, 여기의 보고(視), 듣고(聽), 쓰려(用)는 주체는 백성이고, 대상은 바로 집대상한 성인이다. 그러나 성인의 입

초간 노자와 그 밖의 노자

에서 나오는 도는 맛탱가리 없는 '무미'라서 사람들이 보고 듣기에 족하지 않으며, 그는 이미 통나무와 같은 자가 되어 버렸고 쌓은 공명이 없기 때문에 규정성을 갖은 사람의 그릇에는 이미 쓰려 해도 不可하다. (저자 해설 글 인용)

초간의 발견으로 이 문장의 '무엇'이 道라는 것은 이론의 여지가 없다. 그래서 인용 글은 틀렸다.

초간의 결론은 저자의 번역처럼 '생략된 주어'에게 '끝없는 도 닦음'을 강조한 마무리의 글이다. 아마 그런 의미로 초간이 聖[귀 기울여 백성(하늘)의 말소리를 들어 다스리는 사람]을 쓴 것이다.

'하늘의 계시를 읽는 것 그리고 또 수많은 백성의 소리 듣기'는 아무리 열려있어도, '어두운 귀'로 듣기에는 '귀가 어두울'{昏耳} 수밖에 없다. 그처럼 서로 다른 名을 품기에는 같은 인간의 그릇으로는 벅찬 것이다. 그래서 법은 멀고 주먹은 가까운 것이 가장 편하고 쉬운 통치 방법이다. 노자도 그것을 몰랐을 것인가?! 세상 그 누구보다도 잘 알고 있었을 것이다.

[쉬어가기] - 초간본 〈노자〉가 미완성본인가?!

저자가 갑본 제6편-⑤장의 異本이라고 말한, 丙本의 문장을 풀이한 최재목의 글에 이와 관련한 문장이 있어 언급한다.

60. 이 구절 다음의 문장은, 양자 사이에는 약간의 차이가 있지만, 초간본 〈노자〉 갑본에도 나온다. 따라서 초간본 〈노자〉는 〈노자〉라는 책이 '아직 형성되고 있는', 즉 '형성 도중에 있는 것임'을 알 수 있다. (池田, 356쪽 참조) (최재목, 〈노자〉, p294, 인용)

일본의 전문가(이하 학자)는 통용본을 완성본으로 생각한 듯, 초간은 '아직 형성되고 있는' 글로 본다. 이는 최재목의 서문에서도 읽을 수 있었다. 이러한 주장을 펴는 학자는 많은 곳에서 통용본을 기준으로 釋文을 하면서, 초간의 글자를 假借字로 풀이한다. 저자가 제6편-③장에서 '이{인}차인종자'로 해독한 글을 갖고 이야기한다.

1. '도(道)'의 이체자. '도'의 뜻.
2. '좌(佐)'의 가차자. '보좌하다'·'보조하다'·'돕다'의 뜻.
3. '주(主)'의 가차자. '주인'·'군주'의 뜻.
5. 이도좌인주자 : '도로써 군주를 보좌하는 사람'의 뜻. 다시 말하면 '(도가의) 도(道)를 체득하여, 인민들의 위에 군림하며 군주의 신하가 되어 국가의

월급을 받으며 그를 보좌하는 사람'을 말한다. 이러한 사람의 출현은 전국시대 중기 이전의 옛날 일이 아니라 전국시대 후기 이후에 일어나는 새로운 현상으로 보인다. (池田, 83쪽 참조) (1.2.3.5. 최재목, 〈노자〉, p100, 인용)

일본 학자는 통용본의 문장과 똑같이 '이도좌인주자'로 해독했다. (초간 해석서 모두 그렇게 했다) 이렇게 釋文하려면 초간의 글자가 통용본의 글자와 많이 다르기 때문에 '가차자'로 해독할 수밖에 없다. 그래서 道는 이체자로 풀고, 佐와 主는 가차자로 풀었다. 그러나 이는 초간의 문장을 통용본의 문장으로 만드는 작문일 뿐, 석문(해독)이라 할 수 없다. 그것은 초간을 미완성본으로 만들 뿐이다. 통용본을 완성본으로 보는 입장에서, 그 일부분으로 작문된 초간은 당연히 미완성본인 것이다.

그러나 통용본은 완벽한 문장이 아니다. 여러 智가 쓴 雜學의 總和일 뿐, 언뜻언뜻 보이는 불합리성이 어떻게 완벽한 문장이며 완벽한 책이라고 할 것인가?! 초간의 숭고한 글은, 백서 이하 '이도좌인주자'처럼, 깨우친 지도자는 하찮은 책사로 격하되었고, 군주는 人主가 되어 마치 성인과 격이 같은 신성불가침의 인물로 만들어졌다. {호}는 天·地·道와 같은 레벨로 규정할 정도다. 이는 모두 노자의 글이 아니다.

초간은 완벽한 글이다. 초간은 완전한 책이다. 그리고 초간은 깨우친 도자가 쓴 티 없이 맑은 정치철학서다. 더욱 놀라운 것은 자신의 정치철학을 펼치기 위해 경험론적 추론(과거 성인의 정치)과 합리론적 추론(道인 형이상학)을 자신의 철학 근거로 논리 정연하게 모두 사용하고 있다는 것이다. 또한 지금까지 읽은 바와 같이 오늘날의 논문처럼 서론 본론 결론을 정확히 갖추고 있다. 그 뜻이 왜곡되고 굴절되는 것을 증명하는 글이 丙本의 異本이며, 백서 甲이고 백서 乙이고, 오늘날의 통용본일 뿐이다. 그것들은 여러 사람이 쓴, 여러 길의 다른 책이다. 그것들의 根幹을 이루는 책이 초간일 뿐, 그것들은 진본 또는 원본의 초간에서 흩어진 지류요, 그 밖의 노자 꼴의 문장이다.

노자의 정치가 이념적일지 실재적일지는 이제 남아 있는 인간의 몫이다. 다만, 정치를 除하더라도 우리에게 주는 깨달음의 울림은 한이 없다. 마지막으로 저자가 미흡해 뜻을 풍성하게 드러내지 못할 수는 있어도, 그것은 저자의 그릇일 뿐, 초간〈노자〉와는와는 1도 관련이 없음을 밝히고 마무리한다.

편	장	내 용	소제	주제 (핵심어)	대상/비고
1-5		시급히 요구되는 노자의 정치술 (결어, 두문)	三言	絶○棄○	서문 (정치개관)
6		과거 지도자의 언행(발자취)으로 보는 노자의 자연관	경험적정리	귀납적	서론
	1	성인만이 세상을 고요하게 한다 (성인=王)	江海, 聖人=王	丕靜(後,下)	
	2	족만이 끝이 있다 (강제의 한계)	足	此恒足矣	
	3	善者의 다스림	善者果而已	其事好	
	4	善爲士者의 삶(의 모습)	保此{彳人亍} 者	不谷{尙立}呈	
	5	성인 능만물지자연이불능위 (성인의 다스림)	聖人	萬勿之自然	萬勿 (인간)
	6	6편의 결론 (노자의 생각)	{彳人亍}	{彳人亍}亙亡 爲也	萬勿 (인간)
7		노자의 철학적 정치관 (다스림)	爲, 事	○亡○	본론 총론: 7-13
8		강제는 버금에 그친다 (선언문) (자연관)	{耑攴}	{耑攴}之亞已	皆智
9		어머니(道)의 모습 - 亡名 (侯王만이 사냥 가능)	道 (亡名)	道恒亡名	
10/		자식(만물)의 모습 - 又名 (智가 名을 아는 삶이 필요)	萬勿 (又名)	{丩言}折又名	
11		어머니의 術-自然(절로 그런 것) / 未智其名	道	道法自然	{虍壬}
12/		인간사도 도의 법칙이 흐른다	天地	虛	
13/		天道(虛)만이 인간을 각자의 근원(名)으로 돌린다	侯王 (萬勿)	虛={竹亯}	
14		근원으로 돌리는 이유			각론: 14~23
	1	萬有(名)의 시작은 미미하나니 인간은 足에서 갈린다	其 (心)		-智(虍壬), 侯王 別
	2	智가 깨우침으로 가는 방법	其 (言)		智
15		전쟁 같은 무력을 버리고 어우러짐을 취하라	武力은 非道		
	1ㄴ	전쟁 같은 무력은 사람과 나라를 삐뚤어지게 한다	兵 (전쟁)	以亡事	勿,智,民, {虍壬}
	2	마신 밝은 눈 마음은 어울림이다 (방법)	憲 (빛·눈·마음)	和曰{同示}	智

本	번호		내용			
	16		{之貝}與{亡貝}{竹言}旁:공통분모 이야기 (貧富는 동전의 양면)	足	智足不辱	智
	17		足의 의미 - 구분의 順應	返, 溺	生於又(亡)	※ 차별(×)
	18		부·귀·교를 버리고 오직 검약하여 하늘의 道를 따르라			
		1ℓ	貴福僑自{辶夕刀少}咎也	攻述身退	天之道也	
乙本	2		絢人事天은 검약이 최고	嗇(검약)	長生舊視之道也	
	19		끌어올리기를 버리고 어머니의 분신인 몸을 잘 보전하라	끌어올리기		
		1	亡爲 및 爲道者에 대한 정의	{臾子}, {血矢}	以至於亡爲也	
		2	능력은 이미 주어진 것 (욕망을 버려라)	{臾子}	人{之所}{之所}	
		3/	끌어올리기의 끝인 {龍心}을 버리고 몸을 잘 보전하라	{龍心}, 身	以身爲天下	{虍壬}
	20/		노자가 결론 낸 도의 성품-道만이 모두에게 좋다	道善(모두)	夫唯道善	
	21		道의 길만이 평화로이 삶을 마칠 수 있으니 도를 따르라	其(모두)	閟其門啓其{辶兌}	깨우침
	22		도를 품은 지도자의 나라와 왕의 특징	大城(왕,모두)	大○若○	
	23		{虍壬}야, 전쟁을 버리고 빛나는 눈 마음으로 나라를 닦고 씻어 淸淸하라			
		1	지도자의 맑고 깨끗함만이 나라가 제자리를 잡는다 (결론)	淸淸	淸淸爲天下定	
		2	(스스로부터 천하까지) 밝은 눈 마음으로 닦고 씻어라 (본론)	滌(攸)	善建者丕㧑	{虍壬}
丙本	3/		전쟁은 非道의 왕, 무력을 버려야 한다 (서론)	兵者	兵者不祥之器也	
	24/		최고의 정치가 (自然과 爲亡爲를 다시 강조)	大上	我自然也	결론
	25/		영원한 수행	道(其無味)	而不可旣也	갈무리

① 죽간의 ■이 있는 것을 편으로 나누었다.
② /는 편·장이 죽간의 처음부터 시작되거나 끝났다는 뜻이다.
③ ≀는 편이 끝나지 않고 계속됨을 나타내는 표시다.
④ 편·장의 구분 : 글의 순서를 살펴볼 때 이 도표가 가장 바르다, 먼저, 甲본에서 편이 처음 시작되는 3개의 죽간(1편, 11편, 13편 → 14편 이하는 끝이 ≀로 끝나 머리로 올 수 없다)은 모두 첫 頭門이 될 가능성이 있으나, 1편~5편이 단일 문장으로 된 채 죽간 2쪽의 일부분으로 끝을 맺고 있어, 두문에 위치해야지 중간에 위치할 가능성은 거의 희박하다. 이어지는 乙본은 이 순서밖에 없다. (■처럼 편을 나누는 기호가 있기 때문이다. 장은 서두에 올 수 없다.) 丙본 23-③장은 앞장의 {虍壬}와 이어져 분명하다. 24편과 25편이 문제인데, 道에 대한 영원한 수행을 강조한 글이 '에필로그'로 오는 것이 가장 합리적이다. 따라서 이러한 편·장이 가장 바르다.

부 록

저자가 읽은 초간 해석서와 초간을 언급한 최진석의 글에 대한 所懷다.

최재목, 양방웅, 안기섭의 초간 해석서에 대한 전체적인 생각은 초간본이라기보다는 초간본을 저본으로 하여 통용본·백서본의 글자를 갖다 붙인 혼합본이라는 느낌이었다. 최재목 안기섭의 경우, 최선을 다한 고문자의 석문에도 불구하고 이를 해독함에 있어, 중국이나 일본 학자를 따라가, 스스로의 노력이 빛을 잃은 것은 안타까운 일이었다. 양방웅은 초간을 해석하면서 原釋文을 올려놓지 않았는데, (부록에 手抄本의 초간본 원문을 두었어도)이는 초간의 글자가 그것인 양 오해될 소지가 많아 문제 있어 보였다.

최재목 : 1년을 두고 초간을 해석하려 한 것은 너무 안이한 생각이라 여겼다. 최종 2년이 걸렸다지만, 좀 더 연구를 지속했다면 〈노자〉를 보지 않았을까 생각했다. 특히 자신의 석문을 믿고 이본을 잘 살폈다면, 관점을 잘 잡았기 때문에 어느 정도는 바르게 풀리지 않았을까 하는 아쉬움이 있다. 갑·을·병에 대한 연구가 없는 것도 아쉬움으로 남는다. 이 모든 것은 시간의 여유로움이 없었기 때문이 아닌가 생각했다.

갑·을·병의 초간문을 죽간 그대로 축소하여 앞에 배치하고, 각 문장도 석문마다 가차자든 인용글자든 '음'을 달고, 최대한 설명을 들었다. 또한 내용에서도 어차피 완성본이 아니라면 명확히 미완성본이라고 정리한 것은, 일본 쪽 견해였지만, 좋게 보였다.

물론 초간을 이해한 것은 아니다. 중·일을 따라 석문(해독)을 백서(통용)본에 맞추려 한 것이 책에서 많이 느껴졌다. 하나만 보면, 오늘날 '도타울 篤독'과 비슷하다는 초간 고문자 {竹言}을 제13장(저자 제13편)에서는 篤으로 해독하였으나, 제18장(저자 제16편)에서는 통용본에서 의문사인 '누구 孰'으로 바꿘 글자다 보니, 똑같은 고문자인데도 孰의 가차자라고 해버린다(이는 다른 해석서도 같다).

안기섭 : 역시 원문이라고 하여 釋文을 했다(안기섭의 考釋文을 저자는 해독으로 본다). 한자의 '음'을 넣지 않은 것은 처음부터 일반인을 고려하지 않은 것으로 보여 아쉬웠다. 그는 책을 출판한 이유로 "이 楚簡本 『老子』를 본래 면목대로 번역한 책이 없기 때문"(〈초간본 노자〉, p4)이라고 하여, 초간을 불로장생의 양생술로 풀이한다. 정치서인 〈노자〉가 비유어나 치환으로 하상공 이하 불로장생의 양생술로 풀이가 된다는 것은, 그만큼 〈노자〉가 얼마나 속 깊은 글인지를 새삼 느끼게 했다. 책 속에 불로장생의 양생술로 보는 이유를 언급한 문장이 있어, 그에 대한 답글을 적어보았다. (〈초간본 노자〉 p56에 언급된 글이다)

필자(안기섭)가 楚簡本 『老子』 중의 '人主'·'侯王'·'萬物'에서 '天下'·'天地'등을 일반적으로 사용하는 뜻으로 보지 않고 수행과 관련된 비유어로 보는 중요한 이유는 다음과 같다.

(1) 天地는 군왕(侯王, 人主)의 다스림의 대상이 아니다. 군왕이 어떠한 '道'를 지킨다고 할지라도 '天地'가 相合(合一)되지는 않는다. '萬物'이 '세상만사'를 뜻한다고 볼 경우, 군왕이 '道'만 잘 지키고 있으면 세상만사가 저절로 따른다는 것도 이치에 맞지 않다. '天地弗敢臣'하는 것이 '道'인데, '군왕'이 어찌 이것을 지킬 수 있겠는가?

 ↳ 萬物은 사실 지금까지 해석자가 차마 건들지 못한 아킬레스건 같은 것이다. 까닭에 이를 언급한 것은 칭찬할 일이다. 萬物은 이미 책에서 설명했다. 원문의 석문이 틀린 것이다. 萬物이 아니라 萬勿이며, 이는 오늘날 인간군상을 가리키는 말이다. 天地는 본문으로 대체한다.

(2) '人主'나 '侯王'을 군주로 볼 경우, 통치행위와 관련된 구체적이거나 확실한 언급이 전혀 없다…. '民'이라는 말이 나오니 이것에 현혹될 수도 있다. 그러나 '民'은 '人'과 같다. 여기에서 굳이 군주의 지배 대상으로 보아야 할 이유가 없다. 그럼에도 불구하고 사람들은 이러한 단어들이 本意에 집착하여 통치행위에 관한 추측으로 일관된 해석을 내놓았고 또 저마다 다를 수밖에 없었다.

↳ 너무나 통치술을 다양하게 생각하는 것 같다. 노자의 통치술은 저자의 제 7편 亡爲 亡事가 전부다. 그리고 그로 인한 결과 값이 自然이다. 즉, 노자 의 통치행위는 人·民을 대상으로 통치를 하라는 것이 아니라, 이미 道를 깨달아, 빛나는 눈과 마음(悳)을 가진 聖人과 같은 지도자로서 천하를 씻 어달라는 것이다. 왜냐하면, 인간은 이미 어머니(道)로부터 名을 부여받 았기 때문이다. 人과 民은 지배계층과 피지배계층의 관계로 전혀 다른 대 상이다. 그것을 보지 못한 것은 아쉬운 부분이다.

(3) 군왕을 뜻하는 말일 때의 '人主'·侯王과 聖人이라는 말과의 관계를 알 게 해주는 곳이 어디에도 없다. 군왕은 聖人을 통치행위자의 지위에 두 고 생각한 사람들이 많은 것 같다. 甲[7]과 甲[10]에는 '聖人'이 등장하지 않았지만 '無爲'의 수행을 완성한 정점의 최고수를 가리킴에 틀림없다. 聖人은 多數이다.

↳ 그의 甲[7]과 甲[10]은 聖人이 아니라 侯王에 관한 글이다. 성인과 후왕 은 전혀 다른 인물이다. (저자의 인물 정의나 내용 참조.) 후왕이 성인의 재목일지는 전적으로 후왕의 깨우침에 달렸다. 까닭에 후왕이 성인과 같 은 도덕을 갖추기를 바라는 희망을 문장에 보인다. 甲[7]과 甲[10]에 대한 그의 번역은, 바르다고 볼 수 없다. 또한, 그가 해독한 人主는 초간에 나 오지 않는다. (저자의 제6편-③장 참조) (물론 다른 저자도 유사하다.)

　　내용 중에서 몇 곳 언급하면, 그는 저자의 제15편-①장의 '부천다기위이민이 측'이라는 석문에서 "원문의 '天' 字 다음에 '下' 字가 누락된 듯하다. 後代 본 에 의거하여 보충하였다."(p94)고 표현하고, 夫天下多忌諱而民彌叛으로 考 釋文했는데, 이는 원문 그대로가 맞다(원문에 下가 있는 것, 鰈事를 亡事로 쓴 것은 편집의 오류로 보인다). 양방웅도 같고(p125), 최재목만 원문을 따라 天 으로 석문하고(p185) 설명을 들었다.
　　그의 설명 글에도 불구하고, 특히 책에서 이해되지 않는 부분은 문장 나눔이 었다. 갑[4]의 마무리를 '기사호'로 하지 않고 갑[5]의 첫 글자 長을 넣어 '기사 호장'으로 한 것과 을[3]의 마무리를 {鬼示}로 하지 않고 을[4]의 첫 글자 人을 넣어 畏人으로 한 것이다. 이는 바른 釋文注釋이 아니다. 2번째의 경우, 을[4] 의 人{龍心}의 {龍心}을 이해하지 못해, 다른 해석서처럼 괼 寵으로 풀었기 때문에 발생된 것으로 보이는데, 이는 정치서의 관점이 아니다 보니 더욱 그랬 을 것이다.

　　　　　　　　　　　　　　　　　　　　　초간 노자와 그 밖의 노자

마지막 **양방웅**의 글이다.

저자가 읽지 못한 중국 교수 곽기의 책을 너무 맹신한 것 같다. 죽간의 분장을 곽기를 따라 나누었는데, 곽기가 完整한 古原本이라고 봤다면, 죽간의 표점에 대해 좀 더 깊은 관찰이 필요했다고 본다. 처음부터 完整한 고원본이라는 의미가 무엇인지 읽고자 노력했지만, 그의 설명 외에 내용에서는 찾을 수 없었다. 一陰一陽, 太一生水의 형이상학도 있고, 변증법도 있고, 攝生, 우주적 호흡, 그리고 노자의 장수 비방이라고 하여 불로장생의 양생술 관점도 있고, 통치자가 나오는 것을 보면 정치서의 관점도 있는 등 오늘날의 통용본에서 기술된 관점 거의 대부분이 들어 있었는데, 이것이 어떻게 完整한 것인지, 내용상 이해되지 않았다. 결국, 각 문장마다 독립된 주의 주장을 들고 있다고 판단했다. {혹시 형이상학으로 시작해 형이상학으로 끝(太一)맺는 것이 이런 뜻이거나, 〈논어〉처럼 頭序없는 글들의 모음이라고 생각해서, 각각의 내용이 완전하여 전체적으로 완정하다는 뜻이라면 그렇게라도 표현했으면 어땠을까 생각했다.}

이본은 이미 본문에서 정리해 제외하고, '태일생수'의 글은 원문을 접하지 못해, 책의 글로 느낌을 대신하면 첫째, 초간의 문장체와 다르게 느껴져, '이것이 과연 노자 및 초간〈노자〉와 관련이 있는가'란 생각이 들었다. 둘째, '주역 쪽에 가깝지 않은가'란 생각이 들었다. 그래도 이것이 노자 계열이라면, 저자의 해석상 초간은 형이상학을 언급한 부분이 미흡하여, 후대 어떤 이가 그 부분을 별도로 쓴 것이라 판단된다. 그리고 이것이 세월을 타고 오늘날 전해지는 5,000여 자 통용본의 형이상학의 글로 완성되는 데 도움을 주었을 거라고 본다. (이것은 순전히 저자의 주의 주장일 뿐이다.)

내용에 들어가서, 그는 전통적 윤리 덕목으로 유가에서 중시하는 「聖·智·仁·義·禮」의 오행을, 초간본의 제8장(통행본 제19장) 및 한비의 글을 인용해, 초간은 배척하지 않았다고 주장한다. 이런 이유로 초기 유가나 도가는 서로 배척 관계가 아니었다고 본다. 결론만 말하면, 아직은 그렇게 단언할 수 없다. 그의 말처럼 초간에서 오행을 배척하는 글귀는 없다. 그러나 學(배움 또는 끌어올리기)의 위험성을 언급하는 글귀는 도처에 있다. 저자가 읽은 초간〈노자〉는, 學보다는 깨우침이 먼저라는 것이다. 달리 말해, 깨우침 없는 學은 毒이다는 것이 초간의 뜻이다. 까닭에 儒家가 學을 제1의 모토로 삼아 學으로 인성조차도 고칠 수 있다는 입장이면, 이는 초간〈노자〉와는 상당한 거리가 있다. 대척점이라고 해도 무방하다.

저자는 책 해석처럼 초간은 완벽한 1인의 저작물이고, 유일한 원본〈노자〉로 규정하는 까닭에, 오늘날 5,000자의 백서나 통용본으로 만들어지기 전까지, 그 과정에는 조금씩 달라진 다양한 이본이 있을 수 있다는 입장이다. (병본의 이본, 백서 갑·을이 그 예다.) 까닭에 한비가 본 〈노자〉가 백서본과 근본적으로 다른 책이었다는 것은 회의적이다. 통용본의 제38장 下德과 失자만 문제가 된다면, 다른 책이라기보다는 입장의 차이에 의해 본인이 그렇게 주석하거나, 몇 곳이 다른 이본을 봤을 거란 입장이다.

그의 책 부록2에서, "16. 통행본《노자의 목소리로 듣는 도덕경》에 나오는 주요 오류들(p294~299)"이라며 언급한 글의 일부분에 대한 저자의 견해다.

ⓢ "노자에게서 仁義는 여전히 道가 파괴되고 난 다음에 나오는 차선의 善으로서, 부정적으로 간주된다."라고 한 점.
→ '道'와 '德' 그리고 '仁義'의 기본 개념을 혼동하였다[道⊃德⊃仁·義·禮]. 통행본 제38장의 "失道而后德, 失德而后仁… "은 중대한 오류를 범한 글이다.

ⓤ "여기서 중요한 것은 '安^{案·焉}'자의 해석을 의문사로 하면 안 된다는 것이다."라고, 통행본 제17장과 제18장을 착각하여 해석한 점.
→ 安자를 의문사로 보느냐 아니면 어조사로 보느냐에 따라 해석이 완전히 달라진다. 의문사로 보면 '道'가 살아있어야 '仁義'가 살아난다는 해석이다. 뒤의 해석은 높은 차원의 질서인 道가 망가져야 낮은 차원의 질서인 德·仁·義가 생겨난다는 해괴망측한 논리다. 道가 망가진 곳은 곧 혼돈 상태의 암흑세계다. 그런 곳에는 오행^{知·仁·義·禮·聖}의 어느 덕목도 존재할 수 없다. 물론 '孝慈'나 '忠臣'도 존재하지 못한다. 그렇기 때문에, 앞에서 "失道而后德… "은 '중대한 오류'를 범한 글이라고 지적한 것이다.
(※ 책에는 忠信으로 쓰였다. 忠臣의 오타로 보고 저자가 정정했다.)

↳ ⓢ와 ⓤ은 같이 봐도 될 것 같다. ⓤ은 계속해서 의문사로 번역한 경우와 어조사로 번역한 경우의 표를 올려놓았다.
지금은 安이 의문사(어찌), 어조사(이에), 본뜻인 편안하다 등으로 쓰이지만, 초간 당시에 이렇게 다양했을까는 의문이다. 安이 들어간 문장을 3가지 방법으로 번역해보고 전후 문맥과 그리고 전체와도 어울림을 보면, 이 문장은 安을 갖고 논할 것이 아니라 문장을 어떻게 보냐는 것이 중요하다. 까닭에 이 문장의 安이 의문사냐, 어조사냐는 중심이 아니다. 큰 것 2

초간 노자와 그 밖의 노자

개 문장만 보자. 그는 邦家昏亂 安有正臣을 '나라가 혼란에 빠지면, 어찌 정직한 신하가 있을 수 있을까요?'(곽기, 김충렬, 김용옥, 일승)와 '국가가 혼란하여, 충신이 있게 된다.'(윤진환, 오강남, 최진석, 이석명)로 나누었다. 앞은 의문사고 뒤는 어조사로 번역했다는 뜻이다. (이 경우 의미는 정반대다.) 그러나 두 가지 방법은 바른 번역이 아니다. 이 문장은 '(내우든 외환이든) 나라가 몹시 어지러워서, 편하게 바른 신하만을 가졌나!'가 되어야 한다. 즉 安은 '편안하다'라는 뜻으로, 문장은 반어적인 의문문으로 해야 하는 것이다. 그들처럼 安을 의문문이나 어조사로 써도 '나라가 혼란에 빠지면, 어찌 정직한 신하만이 있을 수 있을까요? 또는 국가가 혼란하여, 이에 충신만 있게 되나!'가 되어, 역시 가능하다. 마찬가지로 '대도 발 안우인의'도 '큰 도가 짓밟히고서, 편안하게 仁義만을 가지나!'이다. 까닭에 둘 모두는 반쪽짜리 번역이다. 나라가 위험에 처했을 때 충무공만 있었고, 반대로 예식진만 있었던가!

⑦ "갈등과 경쟁의 원인이 되는 聖과 智의 관념을 아예 끊어버리는 구조가 국가의 이익을 극대화시킬 수 있다는 것이 노자의 생각이다."라고 한 점.
→ 이는 통행본 제19장의 "절성기지絶聖棄智"와 "절인기의絶仁棄義"에 나오는 〈聖·智·仁·義·禮〉에 관한 오행 개념을 혼돈한 말이다. 「聖은 4행智仁義禮을 해화시켜 옥음을 내게 하는 신통력」이다. 다시 말해 '聖'은 갈등의 원인이 되는 것이 아니라, 갈등을 해소시켜주는 핵심 덕목이다.

↳ 오행 간의 관계 설명 그리고 최진석의 해석이 맞느냐 틀리냐는 별개로 하고, ⑦은 언급할 문제가 아니다. 초간에는 '절성'이라는 문구 자체가 없기 때문이다. 초간에 없는 통행본의 문장은 사용해서는 안 되고, 부득이할 경우 초간 해석의, 중심적 역할이 아니라, 참고자료로만 써야 한다. 그는 絶知棄辯과 絶僞棄慮로 해독했고, 저자는 絶智棄{下又}와 絶{爲心}棄{盧心}로 해독한 부분이다.

[결론]

만일 지금도 왜곡된 통행본을 가지고 강단에서 노자사상을 강의하고 있다면, 그건 학자로서 부끄러운 일이다. 무엇이 잘못되어있는지를 알고 이를 시정한다면 학자다운 모습이지만 〈知不知, 尙矣〉, 무엇이 잘못되어있는지도 모른 채 강의하고 있다면 그건 불치의 병에 걸린 사람이다. 〈不知不知, 病矣〉 노자의 본래 목소리는, 오랫동안 도가와 유가를 대립관계로 만들어 온 통행본이나 백서본에서는 들을 수 없다.

↳ 그(양방웅)가 최진석의 글을 지적한 후 결론 부분이다. 저자는 최진석의 책도 읽어본지라, 서문에 쓰인 그의 글귀가 속된 표현으로 眼下無人처럼 느껴졌었다.

노자의 여러 주석가들은 노자의 권위를 빌리면서도 정작 우리에게 들려주고 싶었던 것은 노자의 음성이 아니라 주석가 자신들의 음성이었다. 왕필은 왕필, 노자는 노자일 뿐이다.(p8)… 그래서 나는 왕필본이나 다양한 여러 통행본들이 이미 우리에게 익숙해 있기 때문에 이미 익숙해 있는 판본들을 기본적으로 사용하면서 노자의 원래 음성에 더 가까운 것 같은 내용이 백서본이나 죽간본에 있으면, 거기에 있는 것을 선택하여 사용하겠다. (p15)

'일러두기'에도 언급되었는데, 서문 속에서 자신감과 젊은 패기가 느껴졌었다. 그의 뜻은 결국, 모든 해석서가 각자의 관점에서 〈노자〉를 해석해 바르게 읽었다고 볼 수 없는바, 최진석은 자신만의 믹서본으로 〈노자〉를 해석하겠다는 것이다. 그런데 초간 해석서 3권을 읽은 후의 느낌은, 믹서본은 해석서도 마찬가지였다(원문을 釋文한 최재목과 안기섭의 책은 후학도가 비판적 안목만 있다면 원본이나 석문을 보고, 진실을 찾을 수 있어 믹서본이라는 의미는 결과론적인 말이다). 그럴 거면 최진석처럼 문구로 남기는 것이 독자나 후대를 위해 더 낫지 않을까 하고 생각했다. 저자는 책 속에서, 술술 풀렸을 것만 같은 그의 인생행로가 느껴졌고, '노익장이 대단하구나.' 하고 생각했다. 내용의 주장은 앞서 언급했고 연구가 더 필요하다. 왜냐하면, 제대로 된 석문은 이제 시작이기 때문이다.

그는 일찍이 노자를 신봉하고 따라 많은 자료를 모으고, 다른 책도 깊이 섭렵한 것 같다. 책을 읽으면서, 형이상학 등 學이 깊다는 것이 느껴졌고, 현실 정치의 비판적 참여는 〈노자〉가 가야 할 방향이라고 생각했다. 다만 그것이 노자를 올곧게 이해했다는 뜻은 아니다. 죽간을 분류한 것부터, 내용도 '이건 아니다' 싶은 부분이 많이 보였기 때문이다. 특히 초간에 대한 釋文이 없다는 것은 정말 아쉬운 부분이다. 책의 내용 중 몇 곳만 저자의 견해를 올린다.

첫째, 그가 제15장(저자의 책 제7편)을 해석한 중에, 쉬운 일도 항상 어려운 일인 것처럼 보고 호들갑을 떨며 처리하면 어려움을 미연에 막아 평안함을 이루게 된다는 말이다. 이게 어찌 성인이 일처리 하는 요령일까? 이야말로 자신을 속이는 위선이다.…쉬운 일은 쉽게 보고 처리하고, 어려운 일은 어렵게 보고 처리한다는 말이다. 여기에는 어떤 일이 생겼을 때 초기에, 그것이 쉬운 일인지 어려운 일인지를 판별하는 능력이 있어야 한다는 점이다. (p95, 96)에 관해

↳ (저자의 편·장 분류로) 이 편은 장문의 6편이 끝나고 처음 나오는 노자의 정치술이 언급된 곳이다. 그것을 놓친 것이다. 이는 초간을 해석한 3명 모두 6편의 {인}을 道로 해독해 6편과 7편 이하의 道를 구분하지 못한 것에서 발생한 것이다. 그러다 보니 첫 구절 '위망위 사망사 미망미'를 중요하게 해석하지 않고, 엉뚱하게 그 정치술을 주장하는 까닭을 설명하는 글을 가지고 論하고 있다. 이는 설명이 쉽기 때문인데, 그의 설명 내용이 해석처럼 전혀 뜻밖이었다. 이는 석문부터 잘못이다. 그가 易로 해독한 글자는 사실 {易心}으로, 難은 {難土}로 쓰여 있다. (최재목, 안기섭은 석문은 저자 꼴로 했으나 해독은 양방웅처럼 하였다.) 이런 것이 쌓여 결국 초간 전체의 행간을 보지 못하는 사태가 발생하는 것이다.
원문 大小之 多{易心}必多{難土}을 大小之 多易必多難으로 해독하고, '큰일이든 작은 일이든 쉬운 일도 많지만, 어려운 일도 많기 마련입니다.'로 번역했으나, 이는 '크든 작은 것이든 시피보는 마음이 많으면 반드시 어려운 땅이 많으리'가 되어야 한다(초간에는 難, {難土} {難心}이 각각 있어 難을 잘못해 {難土}으로 쓴 것이 아니다). 저자가 생각하는 초간의 번역은, 있는 글자를 번역하지 않고 넘어가도 안 되지만, 없는 글자를 넣어 번역해도 안 된다는 입장이다. 전체를 성인의 글로 이해한 것이나, 석문이나 해독 그리고 번역이나 해석 모두 아쉽다. 특히 이 편의 신중한 마음가짐은 노자 정치술의 처음이자 마지막으로 초간〈노자〉전편에 흐르는 중요한 말이다. 그의 정치술은 오늘날 배움과 정보가 차고 넘치는 우리들에게는 정말 아무것도 아닐 수 있다. 진리는 단순하기 때문이다.
聖人은 우주적 기운을 부여받은 초인이 아니다. 道를 깨달아 밝은 눈과 마음을 속 깊이 마신 사람으로 진정한 人·民의 王인 사람이다.

둘째, 해석 글 중, "절학무우^{絶學无憂}"라는 구의 위치가 중요하다. '學'은 부정적이나, '爲道'는 긍정적인 뜻으로써 그 성질이 완전히 상반된다. 그렇기 때문에 당연히 '절학^{絶學}'해야 하는 것이고, 그래야 '무우^{无憂}'해진다. "절학무우^{絶學无憂}"를 이장의 끝에 둔 이유다. 1997년 형문시 박물관에서 펴낸《곽점초묘죽간^{郭店楚墓竹簡}》을 보면, 제2장과 제3장(이 책 제23장과 제24장)의 사이에 나온다. 그런데, 죽간을 정리한 연구원이 왕필본의 영향을 받아 "절학무우"다음에 온점을 찍어야 하는데, 반점을 찍는 착오를 일으킨 것이다. 이 때문에 제3장의 첫 머리에 두는 학자들이 있다. 이 경우 그 다음 글과 뜻이 연결되지 않는다.(P138~p139)와 관련하여,

↳ 중국 高明이 해석한 〈帛書老子校注〉를 보면, 고명도 백서에서 왕필을 따라 '절학무우'를 통용본 제19편 마지막에 붙였었다. 초간에서는 위치도 다르고, 백서와 달리 표점이 확실하게 있어, 고명도 잘못 판단했을 거라 생각했고, 이에 대한 異論은 사라졌다고 봤다. 그런데, 그가 초간을 따라 이제는 통용본 제19장의 마지막이 아니라, 초간 앞 문장(통용본 제48장)의 끝에 있어야 한다고 주장하고 있다. 그러나 표점이 분명하고, 의미상으로 반드시 다음 문장의 첫 구로 와야 한다. (저자의 해설 글 참조) 또한, 그의 석문은 처음부터 바르다고 볼 수 없다. 초간은 '{유}자일익'인데, '학자일익'이라 했기 때문이다. (學과 {유}는 다르다)

셋째, 초간 제11편(그의 책 갑조 제1장)의 풀이로, ○도가: "道는 천지가 생겨나기 전부터 있는 것〈先天地生〉"으로, '大'라고 부르며 天道라 하였다. 道를 '우주의 혼·신령^{神靈}'으로 본 것이다. (p290)로 설명한 부분.

↳ 이 부분 역시 꼭 그만의 문제는 아니다. 그들이 그렇게 해석할 수밖에 없는 이유는 {호}를 吾로 해독한 것 때문이다. 道는 大가 아니다. 道는 恒亡名함으로 大나 그 무엇으로 규정할 수 없다. 고작 가는 실 이어지듯 끊어지지 않고 있어온 것이 道일 뿐이다. 大라 규정한 것은 노자(吾)의 말이 아니라 {호}의 말이다. (저자의 제11편 참조) 道를 天道로 볼 것인지는 사실 부정적인 입장이다. 저자의 입장은 道라는 것이 사람에게 붙으면, 大道 中道 下道가 될 것이고, 하늘의 섭리(예를 들면 24절기)를 들먹이면 天道이지 싶다.

넷째, 그는 50권밖에 출간하지 않은 중국의 초간 手抄本을 초간본 원문이라며 책 말미에 부록으로 올렸는데, 책에는 세 군데 글자를 빠뜨렸다고 쓰여 있다. 저자가 한 번 읽어보니, 10~11곳이나 눈에 들어왔다. 특히 그가 守를 빠뜨렸다고 표현한 곳의 고문자는 獸다. 백서 이하 守로 바뀌었을 뿐, 초간은 獸로 쓰였는데도 守를 빠뜨렸다고 표현하였다. 중국 쪽 설명서가 그렇게 쓰였을 거라 생각하지만, 고문자를 석문했으면 보았을 것인데…, 의문이 들었다. 수초본에 빠진 글자다. (숫자는 죽간 번호다. ○은 빠졌다고 표현한 곳, △는 일부만 남아있는 글자) 기타 오자도 최소 3개 이상 보였고, 훼멸된 곳은 표시를 해주었으면 좋겠다는 생각이 들었다.

갑 7 {矛命}, 9 坻, 16 崩, 18 獸(守)(○), 23 道(○), 24 {篤}也, 33 {用口}, 36 大, 37 도동야닉야제(○) / 을 9 道, 婚, 10 女(△)

다섯째, 저자의 초간 제19편-②장(그의 책 제24장, p142)의 唯與可를 唯與呵로 해독한다. 이는 백서본이 초간의 可대신 '꾸짖을 訶(呵)'를 쓴 것에 따른 것이다. 고문자 可로 그대로 두던지 아니면 통용본처럼 阿를 따르지 않고, 이렇게 한 것은 백서본이 발견되기 이전의 일반적인 번역이었던 '(배워서 하는) 공손한 대답(예)과 (배우지 못한) 거친 대답(응)'으로 하지 않고, 學과는 거리가 먼 방향으로 해석하려 한 까닭이다. 아마 중국의 곽기가 그런 방향이지 싶다. 유가와 도가가 대척점이 없었다는 자신의 논리를 세우려면 어쩔 수 없는 해석 방향이다. 그러나 이어지는 '상거기가'나 2번째 예시문을 볼 때, 그리고 이 편 전체를 봐도 기존처럼 해석하는 것이 바르다고 본다. (저자 해석 참조)

독자의 입장에서… 모든 〈노자〉 해석서들이 다 그럴싸하게 설명하고 있어 보이는 이유는 사실 간단하다. 과정(내용)은 제각각이라도 거의 모든 해석서들이 〈노자〉하면 떠오르는 無爲, 無事와 自然에 맞추어 문맥을 마무리하기 때문이다. 당연히 맞게 해석한 것처럼 보일 수밖에 없는 것이다. 거기에다 사서오경과 불경, 그리고 동서고금의 학자와 책을 自由自在로 넘나들어 쓴 금과옥조와 같은 관념의 글귀들을 마주하면, 저자나 독자는 역해의 잘잘못을 떠나 절로 옷깃이 여며질 수밖에 없다. 그래서 우리는 '왜?'가 필요한 것이다. 〈노자〉를 보려면, 外皮에 대한 盲信보다 인간의 순수 이성인 비판적인 사고로 책을 對해야 한다. 맹신으로는 〈노자〉를 볼 수 없다. 그게 〈노자〉의 매력이다. 저자는 〈노자〉로 20여 년을 허비했다. 〈노자〉로.

[결론]

저자가 초간 관련 책들을 읽은 후 느낌은, 중·일의 학자가 가공한 석문·해독·번역·해석을 너무 신봉한다는 것이었다. 명백한 가차자의 오류에도 불구하고, 비판 없이 가공된 책을 수용하는 모습은 안타까움 그 자체였다.

중·일의 학문이 얼마나 깊은지 모르나, 먼저 책을 냈다는 것과 내용이 바르다는 것은 전혀 별개의 사안이다. 개척자로서 존중하고, 자료를 검토하며 참고는 해야겠지만, 전적으로 의지하는 것은 지양했어야 했다. 1,751자의 고문자가 있는데, 그들의 책을 개무시하면 안 됐을까? 우리나라의 5,000자 〈노자〉든, 초간〈노자〉든, 자세히 검토하고 냈다는 〈노자〉는, 각 편(장)마다 석문이든 해독이든 번역이든 해석이든, 반드시 저자와 다른 곳이 있었다. 까닭에, 그들의 책이 초간〈노자〉라면 저자의 책은 초간〈노자〉가 아니다. 그들의 책이 〈노자〉라면 저자의 책은 '그 밖의 〈노자〉요, 〈노자〉 꼴이다.'

돌아보며

〈노자〉를 만나 연구해보자고 한 지가 어언 20여 년이 넘었다. 대부분 〈노자〉의 저자들은 經典을 여럿 출간했으나 저자는 오직 〈노자〉의 글귀만이 머리를 맴돌았을 뿐, 나머지는 참고자료였다. 그들의 해박한 글귀가 지체 높아 보였지만, 뱁새 가랑이 찢어질 것이 빤히 보이기에 따라 하지 않았다. 대신 오직 초간의 글귀에 충실해지려 노력했다. 이 책은 그 결과물이다.

그동안 〈노자〉를 보면서, 같은 한자가 전혀 달리 번역되고 해석될 수 있음에 놀라웠고, 많은 독자를 접했을 때는 책을 내지 않았을 뿐, 〈노자〉를 이해하고 해석하고, 노자의 뜻이라 여겨 실천하는 사람들이 너무나 많다는 것에 또한 놀라기도 했다. 항상 책을 내고는 무언가 2%가 부족하다 생각했다.

저자의 책 '노자독법'을 내고 나서 인터넷을 통해 초간〈노자〉를 접했다. 약 76쪽의 초간을 찾아 내려받고, 어느 순간 불규칙적으로 필사를 했고, 또 어느 순간 컴퓨터 앞에 앉아 불연속적으로 원문을 옮기는 작업과 해석을 시작하였다. (고문자는 1차 해석 작업이 완료된 후, 책을 구입하고 나서 세세히 확인할 수 있었다. 안 한 것보다는 낫지만 처음부터 책을 구입했더라면 고생은 훨씬 덜했을 것이다.)

처음엔 거의 갑골문, 金石文에 가까운 漢字라 원문을 옮기고 해독하는 것에도 어려움이 많았다. 직접 통용본을 역해한 나도 이럴진대 독자는 쉽게 주체적인 판단을 하기 어려울 거라 생각했다. 그래서 더욱 초간 고문자를 해독하고 해석해봐야겠다고 생각했다. 마침 초간 원본을 내려받은 블로그(부엌데기 마리의 집에서 집 찾기)에는 초간 고문자 해독에서 해석까지 있었다. 그것을 텍스트로 삼아 천천히 하나하나 역과 해석을 이어갔다.

그의 역과 해석은 저자하고 많은 곳이 달랐다. 좀 더 과장하면 다 달랐다(번역을 전혀 해본 사람이 아닌가란 생각이 들었다). 무엇보다 가장 큰 차이는 첫 편부터 정치서로 읽히는 저자와 깨우침의 글로만 읽는 그와의 괴리였다. 거의 모든 곳이 서로 간에 해석 차이가 있었다. 그러나 그런 괴리가 저자로 하여금 한 번 더 생각하게 했고, 한 번 더 전체를 보게 했다. 방향이 전혀 다르다는 것은 나로 하여금 수 없는 반복과 번민, 그리고 확신을 심어줬다. 지난한 작업이었다.

1차 해석 작업이 끝난 후 출판물을 구해 읽었다. 모두 열심히 노력한 흔적이 보였다. 그러나 몇 글자 안 되는 초간을 너무 쉽게 본 듯, 연구의 기간이 짧다는 생각이 들었다. 고문자에 대한 스스로의 해독·해석보다는 중국이나 일본의 주장—예를 들면 몇 글자 없었던 시대이기 때문에 가차자가 많았을 거라는 것 등—을 비판 없이 수용한 결과, 그들의 해석 책은 백서나 통용본의 부분인 초간〈노자〉로 나와 버렸다. 비록 큰 틀로는 각기 미완성의 글, 完整한 고원본 그리고 불로장생을 위한 양생술의 입장으로 나뉘지만, 각 장들의 번역과 해석은 대동소이하다 느꼈다. 가장 큰 이유는 중·일 학자의 고문자 석문(해독)을 따르다 보니, 글자가 거의 유사하게 해독되어, 내용의 차이가 아니라, 초간을 어디에서 시작해 어디에서 끝내느냐와 글자를 비유적으로 생각하는지의 차이일 뿐이었다. 고문자에 대한 블로그의 석문이 중국이나 일본의 학자보다 훨씬 격이 높다고 생각했다.

1차 작업은 블로그와의 비교 해석 글이었다. 거의 석문이 비슷함에도 깨달음과 정치서로 읽히는 글은 독자의 입장에서 좋은 譯解書 자료가 될 거라 봤기 때문이었다. 그러나 이 작업은 여러 가지 사정으로 접고, 다시 약 반년 정도 매달려 백서와 통용본의 비교 글로 마무리되었다. 2차 작업은 이미 책을 출판한 적이 있던 터라 생각보다 많은 시간과 노력이 들지는 않았다. 이것이 출간된 책이다. 힘들어 그냥 하지 말까하는 생각도 잠시 했었지만 스스로를 다독여 끝이 보이지 않을 것 같았던 해석을 마무리한 것이다. 20여 년 동안 오직 〈노자〉만을 판 저자의 모든 것이라고 말하고 싶다. 초간이 노자의 진본〈노자〉를 벗어나지 않았다면,—내용 면에서 초간은 진본과 같다고 판단한다.—노자의 뜻은 저자의 번역이나 해석이라고 주장하고 싶다(그러나 필사본인 까닭에 1%의 가능성은 열어 두자). 다만 저자의 그릇이 깊지 못해 노자의 뜻을 깊고 넓게 드러내는 것에는 한계가 있었다. 많은 독자의 밀도 있고 깊이 있는 편달을 바라본다.

책 〈노자〉는 많은 글이 아님에도 결코 마르지 않는 샘물 같다. 형이상학을 밑바탕에 깔고 쓴 본질론적 정치서, 그래서 도저히 존재할 것 같지 않은 이상향의 정치철학이요, 깨우침의 글이다.

깨우침은 단순명료하다. 모두의 삶은 名이요, 그래서 모두의 삶도 名이어야 한다는 것이다. 세상의 혼란은 삶이 名을 벗어날 때 발생한다. 특히 당시에 可塑性가소성이 강한 '안다는 자(智)들'의 삶이 그렇다(지금은 모든 人·民이다). 세상 모든 것은 전후좌우, 위아래, 앞뒤가 있어 이끌고 따르며, 손 내밀고 잡으며, 앞서고 쫓는 것이다. 모두 꼭지가 되고자-앞이 되고자-위가 되고자 한다면 그 나라나 개인의 삶은 혼란스러울 것이다. 까닭에 다 다르다. 다르기에 고유하고, 고유하기 때문에 의미체고, 의미체이기 때문에 모든 인간은 책무가 있고 존엄하다. 이것을 모르고 사람이 名을 벗어나 서로 차별할 때 이 세상은 어지럽다.

우리는 이미 名을 가진 고유한 존재자다. 때문에 다르다. 다르기 때문에 비교된다. 다르기 때문이다. 따라서 비교는 다르다는 것을 전제한다. 따라서 다르다는 것은 당연한 것이다. 당연한 '다름'은 불평등이 아니다. 이는 우리가 서로 어우러지는 이유이지 차별의 근거가 될 수 없다. 까닭에 노자는 足하라 말한다. 족하여 이에 족하면 모든 것이 만족스럽다는 것이다. 名을 가진 존재자인 우리가 다름에 어떻게 足할 수 있는가? 노자의 답은 간단하다. 절로 그리된 名을 받아드리라.

바로 이러한 이유로 삶이 富貴한 자로 선택받은 자는 겸손하고 고마워하며 구휼하고 베풀며 살아야 한다. 부귀한 만큼 세상에 영향을 미칠 수 있는 면적이 넓을 것인 즉 그 범위 안을 지휘하고 통솔하고 지도하라는 것이 아니라, 爲를 잃어버리고 베풀고 베풀어 베풂도 잊어버리는 그런 베풂을 실천하라는 것이다. 그게 사람이 가는 바른길이다. 백성의 마음에 편안함과 행복을 주는 것은 지체 높고 富裕한 자의 본분이지 특권이 아니다. 미남미녀만 있는 나라는 미남미녀가 없다. 부귀한 자만 있는 곳에 부귀는 없다. 미남미녀가 추남추녀에게 감사해야 하고 고마워해야 하고, 절대로 멸시해서는 안 될 이유다(사실 미남 추남은 인간의 가치판단에서 나온 것일 뿐, 노자의 언어는 아니다. 노자의 언어는 구분이고 다름이다). 바로 이것이 노자의 함의다.

지금까지 이 세상은 이런 길을 걷지 못했다. 정치는 대중적인 평등이나, 개인주의적인 자유만 주장하여 끊이지 않고 혼란만 야기한다. (저자는 그런 지도자는 깨달음이 없는 자로 본다.) 오죽하면 민주주의는 피를 먹고 자란다고 하는 말이 있겠는가! 그러나 저 현인 노자는 이미 왕 1인이 나라의 주인이었던 시대에 통찰하였다. 이러한 단말마적인 논리는 끝이 없다는 것을….

사람에게 같다와 다르다가 공존한다면 진리는 '다르다'고 해야 한다. '같다'는 거짓이다(일직선의 평등을 주장하는 쪽에는 미안하지만 사실이다). 인간과 유인원의 유전자 염기서열은 97%가 같다고 한다. 단 3%의 다름이 인간과 유인원을 나눈다. 까닭에 세상 만물은 다 다르다. 그러한 고유성 때문에 우리는 각자 지금 여기에 있는 것이다. 우리가 조화롭게 살아가야 할 이유다. 다르다는 것은 대상에 대한 이해의 기준으로 상호 교류하는 것이어야지, 우월적 인자로 폭력적 지배의 기준이 되라는 것은 아니다. 그래서 貴賤이 없다.

이런 세상이 이 세상에서 가능할지 난 알 수 없다. 드러난 세상을 볼 때, 어쩌면 불가능하다는 것이 더 솔직한 말일 수 있다. 너무 진흙 바탕에서 멀리 와버렸기 때문이다. 그래도 저자는 이러한 세상을 꿈꾼다(어쩌면 노자도 이랬는지 모른다). 세상의 인간은 모두 다르다. 그러기에 내가 의지해야 할 대상이요, 나에게 의지해야 할 대상이요, 없어서는 옆구리가 시린, 내 生이 다하는 순간까지 함께 살아가야 할 소중한 존재자며 존중받아야 할 상대다.

세상에 인간으로 태어남은 축복이어야 한다. 이런 이유로 사람은, 먼 하늘에 빠지는 것이 아니라, 옆에 있는 인간에게 빠져야 한다. 지금 당장.

2020. 09.

一老 丁大喆

초간 노자와 그 밖의 노자

저　　자 정대철

1판 1쇄 발행 2020년 9월 14일

저작권자 정대철

발 행 처 하움출판사
발 행 인 문현광
교　　정 김은성
편　　집 이정노
주　　소 전라북도 군산시 축동안3길 20, 2층 하움출판사
I S B N 979-11-6440-172-7

홈페이지 http://haum.kr/
이 메 일 haum1000@naver.com

좋은 책을 만들겠습니다.
하움출판사는 독자 여러분의 의견에 항상 귀 기울이고 있습니다.

이 도서의 국립중앙도서관 출판예정도서목록(CIP)은 서지정보유통지원시스템 홈페이지(http://seoji.nl.go.kr)와
국가자료종합목록 구축시스템(http://kolis-net.nl.go.kr)에서 이용하실 수 있습니다. (CIP제어번호 : CIP2020035705)